Das kosmische Gedächtnis

PHILOSOPHIE UND GESCHICHTE DER WISSENSCHAFTEN

STUDIEN UND QUELLEN

Herausgegeben von
Hans Jörg Sandkühler (Bremen) und
Pirmin Stekeler-Weithofer (Leipzig)

Band 38

PETER LANG
Frankfurt am Main · Berlin · Bern · New York · Paris · Wien

WOLFGANG WILDGEN

DAS KOSMISCHE GEDÄCHTNIS

KOSMOLOGIE, SEMIOTIK
UND GEDÄCHTNISTHEORIE
IM WERKE GIORDANO BRUNOS
(1548-1600)

PETER LANG
Europäischer Verlag der Wissenschaften

Die Deutsche Bibliothek - CIP-Einheitsaufnahme

Wildgen, Wolfgang:

Das kosmische Gedächtnis : Kosmologie, Semiotik und
Gedächtnistheorie im Werke Giordano Brunos (1548-1600) /
Wolfgang Wildgen. - Frankfurt am Main ; Berlin ; Bern ; New
York ; Paris ; Wien : Lang, 1998
   (Philosophie und Geschichte der Wissenschaften ; Bd. 38)
   ISBN 3-631-32953-9

ISSN 0724-4479
ISBN 3-631-32953-9
© Peter Lang GmbH
Europäischer Verlag der Wissenschaften
Frankfurt am Main 1998
Alle Rechte vorbehalten.

Das Werk einschließlich aller seiner Teile ist urheberrechtlich
geschützt. Jede Verwertung außerhalb der engen Grenzen des
Urheberrechtsgesetzes ist ohne Zustimmung des Verlages
unzulässig und strafbar. Das gilt insbesondere für
Vervielfältigungen, Übersetzungen, Mikroverfilmungen und die
Einspeicherung und Verarbeitung in elektronischen Systemen.

Printed in Germany 1 3 4 5 6 7

Dem 450. Geburtstag von Giordano Bruno
(zu Beginn des Jahres 1998)
und allen unerschrockenen
Philosophen und Denkern gewidmet

Inhaltsverzeichnis

Vorwort   9

Einleitung: Die Biographie Giordano Brunos als Zeichen   13

1 Die Ruhe vor dem Sturm: die Jugend in Nola und die Ausbildung
    in Neapel   13
    1.1 Brunos Jugend in Nola (1548-1562)   13
    1.2 Die „Gigli" von Nola als semiotisches Konstrukt   16
    1.3 Bruno als Schüler in Neapel (1562-1565)   17
    1.4 Brunos Klosterlaufbahn (1565-1576)   18
2 Die Flucht aus Italien (von Rom nach Venedig)   20
    2.1 Semiotische Lektüre des Platzes vor Santa Maria Sopra Minerva und der
       Engelsburg   20
    2.2 Brunos Aufenthalt an der ligurischen Küste (Genua, Noli, Savona)   22
    2.3 Lektüre Nolis durch den Nolaner: Versuch einer semiotischen Rekonstruktion   23
    2.4 Brunos erster Aufenthalt in Venedig   25
    2.5 Der weitere Verlauf der Flucht aus Italien   25
3 Paris: Unter der Sonne des französischen Königs   26
4 Bruno in London - Spuren in seinem Werk   28
    4.1 Bruno in London: eine realistische Spurensuche   29
    4.2 London als versunkenes Atlantis und als Labyrinth der Trugschlüsse   33
5 Giordano Brunos Flucht durch Deutschland   34
    5.1 Rückkehr nach Paris   34
    5.2 Brunos Reise durch Deutschland (anhand historischer Quellen)   35
    5.3 Auf den Spuren Brunos in Wittenberg   39
    5.4 Auf den Spuren Brunos in Prag   41
    5.5 Auf den Spuren Brunos in Helmstedt   44
6 Brunos Rückkehr nach Italien   46
    6.1 Der Prozeß   46
    6.2 Auf den Spuren Brunos in Rom   48

Erste Vorlesung. Raymundus Lullus und die Architektur des Wissens oder die Basis der Gedächtniskunst Brunos   55

1 Der Baum der Erkenntnis   56
2 Kurze Charakterisierung der Wissensarchitektur in der Ars Magna von
    Lullus   60
    2.1 Buchstabenmystik und kabbalistische Spekulation als Hintergrund
       von Lullus' Klassifikation   60
    2.2 Die erste Figur   62
    2.3 Die zweite Figur   64

Inhaltsverzeichnis

2.4 Die dritte Figur ... 66
2.5 Die vierte Figur ... 67
2.6 Allgemeine Aspekte des Lullischen Systems ... 70
3 Kosmologie und Gedächtnis im Werke von Lullus ... 72
3.1 Die „Nova Geometria" des Lullus ... 72
3.2 Das Lullische System als Gedächtnis ... 74
4 Die Entwicklung des Lullismus bis ins 17. Jahrhundert ... 75
4.1 Vereinfachung und Verbildlichung des Lullismus bei Le Myésier ... 75
4.2 Das Lullische System als Verschlüsselungskunst bei Della Porta ... 76
4.3 Transformationen des Lullismus im 16. und 17. Jh ... 79
4.4 Die Ars Magna von Lullus als Inspiration für die Rechenmaschine von Leibniz ... 84
5 Schlußbemerkung zur Lullischen Kunst ... 85

Zweite Vorlesung. Die Dezentrierung der Kosmologie bei Bruno und die Konsequenzen für seine Theorie des Geistes ... 87

1 Die Geometrie als allgemeines konstruktives Prinzip in der Renaissance ... 87
1.1 Die Geometrie im Geiste Platons bei Nikolaus von Kues (Cusanus) ... 88
1.2 Die praktische Geometrie des Charles de Bovelles (Carolus Bovillus) ... 89
1.3 Die Geometrie als Theoriesprache bei Giordano Bruno ... 95
2 Der Copernicanismus des 16. Jahrhunderts ... 102
2.1 Einige Anmerkungen zu Copernicus ... 102
2.2 Die unmittelbare Reaktion auf Copernicus ... 103
2.3 Der französische Copernicanismus ... 105
2.4 Der englische Copernicanismus ... 111
2.5 Der deutsche Copernicanismus ... 113
2.6 Die dänische Kosmologie des Tycho Brahe ... 115
2.7 Die Astronomie am Hofe Rudolf II. ... 117
3 Der Copernicanismus des Giordano Bruno ... 118
3.1 Die Theorie des Sonnensystems bei Giordano Bruno ... 119
3.2 Die Mond-Theorie des Copernicus und Brunos Modell des großen Kreises ... 120
3.3 Brunos Kosmologie der unendlichen Welten als Bruch mit der mathematischen Astronomie ... 127

Dritte Vorlesung. Brunos gedächtnistheoretische Schriften (1582-1588) vor dem Hintergrund der antiken und mittelalterlichen Gedächtnistheorie ... 129

1 Der Ausgangspunkt: Von der rhetorischen Mnemonik bei Cicero bis zu Thomas von Aquin ... 130
2 Das Artifizielle Gedächtnis des Giordano Bruno in seiner historischen und systematischen Entwicklung ... 134
2.1 Die ersten gedächtnistheoretischen Schriften in Paris ... 136

2.2 Die Schatten der Ideen: das erste umfassende Gedächtnissystem (Paris 1582) 142
2.3 Die Londoner gedächtnistheoretischen Schriften 147
2.4 Das Sendschreiben des Dialoges „Das Aschermittwochsmahl"
als Anwendung des Modells in „De umbris idearum" 149
2.5 Die Sternbilder als Gedächtnisorte einer Ethik (im „Spaccio della bestia trionfante") 152
2.6 Zurück zu Lullus: die Wittenberger und Prager Schriften (1586-1588) 156

Vierte Vorlesung. Artifizielles Gedächtnis und Semiotik in Brunos letzter Schrift: De imaginum, idearum et signorum compositione (1591) 159

1 Beschreibung und Rekonstruktion des Gedächtnistempels 159
   1.1 Die Zellenstruktur des Gedächtnistempels 159
   1.2 Wege im Gedächtnistempel und das Wortgedächtnis 167
   1.3 Die Belegung der Gedächtnisorte durch Bilder (Zeichen, Ideen) 171
   1.4 Zweites Anwendungsbeispiel: AR-TEM als Silbenkonstruktion 176
   1.5 Drittes Anwendungsbeispiel 177
   1.6 Metaphorische Umwandlungen 179
2 Semantisch-lexikalische Operationen in der Schrift: De imaginum ... compositione 179
   2.1 Kohärenz der Feldbelegung 180
   2.2 Metaphorisch/metonymische Erweiterungen 181
   2.3 Metamorphosen eines Textes 182
3 Grundzüge einer bildbezogenen Semiotik im Werke Giordano Brunos 184
   3.1 Die semiotische Grundkonzeption in : De imaginum ... compositione (1591) 185
   3.2 Kompositionelle Semiotik des Bildes am Beispiel des Emblems 188
   3.3 Komplexe Bildsemiotik in Dürers „Melencolia" 190
   3.4 Semiotik des Lichtes bei Tintoretto und Caravaggio 194
   3.5 Grotesker Dekor und manieristische Architektur als Parallelen der Gedächtnistheorie 195
4 Kurzer historischer Ausblick 197
   4.1 Kunstsprachen des Barock 197
   4.2 Die Wiederbelebung der Symbol-Kunst im Barock 198

Fünfte Vorlesung. Die Aktualität der Semiotik und Gedächtnistheorie Giordano Brunos 201

1 Ein kurzer Überblick über die Aktualisierungen Giordano Brunos vom 17. bis zum 19. Jh. 202
2 Giordano Bruno als hermetischer Philosoph und die Aktualisierung des Mythos im 20. Jahrhundert 205
   2.1 Die Entwicklung hermetischer Bezüge in Brunos Werk 206
   2.2 Der hermetische Mythos und seine Zerstörung 207

Inhaltsverzeichnis

2.3 Die falsche Aktualität Brunos im Rahmen des germanischen Mythos um 1900	209
2.4 Die Funktion des Mythos im Werk von Giordano Bruno	211
2.5 Brunos Gedächtnistheorie als rationaler Mythos	212
3 Giordano Bruno und Ansätze zu einer verallgemeinerten Formen- und Valenzlehre	214
3.1 Brunos Gedächtnisfelder und die physikalischen Felder seit Newton	214
3.2 Giordano Brunos „natürliche Magie" der Bindungen und Goethes „Wahlverwandtschaften"	215
3.3 René Thoms „Morphologie Générale" im Lichte von Brunos Naturphilosophie	217
4 Die Aktualität der Semiotik Brunos	219
4.1 Giordano Bruno und Charles Sanders Peirce (1839-1914): zwei Semiotiker im Vergleich	219
4.2 René Thom: Artifizielles Gedächtnis und Semiophysik	226
5 Die Aktualität von Brunos Gedächtnismodell	234
5.1 Die Plausibilität des gedächtnistheoretischen Ansatzes von Bruno im Lichte der experimentellen Psychologie	234
5.2 Brunos Gedächtnismodell als Architektur eines maschinellen Gedächtnisses	236
6 Brunos Naturphilosophie im Lichte moderner Kosmologien	239
6.1 Unendliche Welten und die radikale Dezentrierung der Erde	239
6.2 Reguläre Geometrie, Symmetriebruch und ein inhomogenes Universum	241
7 Reflexion zum Abschluß: Über die Rolle einer innovativen Wissenschaft in der Gesellschaft	244
Bibliographie	247
1 Originaldrucke und Faksimile-Reprints	247
2 Sekundärliteratur und neue Ausgaben von Werken des 16. Jh.	254
Index der Personen- und Ortsnamen	269
Index der Sachbegriffe	275

Vorwort

Kosmologie und Semiotik, zwei Disziplinen am Rande der wissenschaftlichen *Seriosität*, der skandalumwitterte Giordano Bruno, für die Kirche immer noch Häretiker, für die Schulphilosophen ein beständiges Ärgernis; lohnt sich eine Auseinandersetzung mit seinem Werk bei soviel Zweifeln? Gut, die nahenden Gedenktage: 1998 sein 450 Geburtstag, und schon zwei Jahre später, im Jahre 2000, das wie das Jahr 1600 ein Jubeljahr der Christenheit sein wird, der 400. Jahrestag seiner Verbrennung in Rom. Ich habe mein Interesse an Bruno bei der systematischen Suche nach Denkern entdeckt, die naturphilosophische *und* semiotische (sprachwissenschaftliche) Fragestellungen und Problemlösungen verbinden, welche Geist und Natur gleichzeitig zum Gegenstand der Reflexion machen, welche einen einheitlichen oder zumindest nicht scharf abgetrennten Zugang zu beiden Phänomenen suchen (vgl. zur Entwicklung der Natur- und Sprachauffassung seit der Antike, Wildgen, 1985b). Die Persönlichkeit, das Schicksal und die Art der geistigen Bewältigung seiner ungünstigen Lebensumstände, die Wahrhaftigkeit und Autonomie des Denkers Giordano Bruno haben mich schließlich so fasziniert, daß mein Interesse an seiner Semiotik für einige Jahre meine anderen wissenschaftlichen Interessen verdrängen konnte. Dieses Buch faßt meine Forschungen zur Semiotik Giordano Brunos und zu deren Grundlagen in der Kosmologie und in der Gedächtnistheorie zusammen, wobei sowohl die Heterogenität als auch der Universalität des Denkers den Charakter dieses Buches geprägt haben. Es wird kein glattes Bild seiner Person oder seines Werkes angeboten, kein bejahender Jubel über eine epochale Leistung; wichtiger war mir die bis ins Detail gehende, manchmal mühselige Interpretation seiner Systementwürfe, wobei ich versucht habe, auch deren formales und technisches Niveau deutlich zu machen. Nicht seine Weltanschauung soll dargestellt werden, sondern sein Versuch, eine Vielfalt von Detaillösungen in eine wohlproportionierte, wenn auch ins Unendliche reichende Wissensarchitektur zu integrieren. Als Startsignal mögen folgende Fragenkomplexe dienen:
- Inwiefern ist Giordano Bruno Semiotiker? Der Philosoph Bruno wird von Jacobi als Beispiel spinozistischer Tendenzen wieder ins Gespräch gebracht; später wird er für die spekulative Naturphilosophie, die aus Kants Schatten heraustritt (oder es versucht), z.B. für Schelling und Hegel, interessant, und schließlich wird er als Märtyrer der Freiheit von den Antiklerikalen im Risorgimento hochgehoben. Der Heroenkult um die „Copernicanische Wende" weiß mit Bruno nichts anzufangen, er ist kein Naturwissenschaftler, wie man

ihn sich im 20. Jh. wünscht. Von Yates (1964) wird er als Hermetiker und Ahnherr der Rosenkreuzer entdeckt, und plötzlich soll er auch noch ein Semiotiker sein? Die Etikette „Semiotiker" ist allerdings weniger riskant als jene früher an Bruno herangetragenen. Bruno ist *Philosoph*, in einem allgemeinen Sinn, insofern er *alle* wesentlichen Aspekte: metaphysische, naturphilosophische, ethische, semiotische, poetologische zum Entwurf eines möglichst kohärenten Bildes vereint, und er ist ein *Renaissance-Philosoph*, d.h. das antike Erbe, besonders jenes in den orientalischen Tiefen der Kulturgeschichte (Ägypten und Chaldäer) ist sein Ausgangspunkt. Selbst den Entwurf des Copernicus versteht Bruno in erster Linie als eine Wiederentdeckung antiker Einsichten. Es gibt jedoch in Brunos Schaffen einen roten Faden: die Architektur unseres *Wissens*, das *Gedächtnis* der Kultur- und Wissensgemeinschaft und natürlich desjenigen, der wie Bruno dieses Wissen zu einer Synthese vereinigen will. Seine Philosophie versucht, wie jede große Philosophie, alles, was wir wissen und was wir daraus an weiterem impliziten Wissen erschließen können, in einer Einheit zu denken, und diese Einheit ist notwendigerweise nur als Zeichensystem (begrifflich, argumentativ, bildhaft, als imaginierte Welt) zu realisieren.

– Wieso gerade *Giordano Bruno*, ein Philosoph des Übergangs von der Renaissance zum Barock, zu Descartes, Newton, Leibniz? Wieso ein Semiotiker des Manierismus? Der Übergang zum Empirismus eines Francis Bacon und zum Rationalismus eines Descartes ist so brutal, daß die Kultur, welche Bruno *noch* repräsentiert, für uns so fremd wie jene eines anderen Kontinents ist. Der entscheidende Punkt ist, daß jene Disziplinen, welche für die Semiotik bedeutsam sind, noch alle bei Bruno vertreten sind:
– die Metaphysik (in der Auseinandersetzung mit Aristoteles),
– die Naturphilosophie und Kosmologie (in der Verteidigung und Weiterentwicklung des copernicanischen Systems),
– die Ethik und die Poetologie,
– die Mathematik[1].

Ähnlich innovative *und* vollständige semiotische Systeme finden wir erst wieder bei Leibniz (der gerade wegen dieser Tiefe und Breite von seinen Zeitgenossen unterschätzt wurde; vgl. Fleckenstein, 1967) und bei Ch. S. Peirce. Im Gegensatz zu Leibniz und Peirce ist Bruno weniger ein Naturwissenschaftler und dafür mehr ein Poet, ein Künstler, der mit Begriffen „malt".

---

[1] Die Mathematik ist für den Philosophen Bruno in erster Linie Geometrie, und zwar Geometrie der regulären Flächen und Körper. Die Mechanik (siehe Galilei) und die Algebra (im 16. Jh. bei Tartaglia u.a. angelegt, aber erst durch Descartes zu *philosophischer* Bedeutung gelangt) spielen dabei noch keine Rolle.

– Wieso das *Gedächtnis*? Ist das Gedächtnis ein semiotisches Organ? Ich glaube, daß sowohl das individuelle als auch das kollektive Gedächtnis *die* semiotischen „Organe" sind und daß jede Semiotik im Kern eine Theorie des Gedächtnisses sein muß. Ich werde darauf am Ende der Vorlesungen näher eingehen.

In der letzten Vorlesung werde ich mir die Frage nach der Aktualität Giordano Brunos, besonders seiner Zeichen- und Naturphilosophie stellen. Jede Beschreibung, die über eine Aufzählung von Quellen des historischen Wissens hinausgeht, braucht Vergleichsmaßstäbe. Wenn diese dem Untersuchungs-Objekt zu nahe stehen (etwa Bruno im Vergleich zu Galilei, Kepler, Descartes usw.), besteht die Gefahr, daß die Konkurrenz der Beinahe-Zeitgenossen die Analyse verfälscht; außerdem ist der gewählte historische Bezugspunkt selbst wieder zu rekonstruieren, wobei sich das Vergleichsproblem erneut stellt. Die „Aktualität" ist in anderer Hinsicht problematisch. Erstens ist die Distanz zum Vergleichsobjekt groß (bei Bruno vier Jahrhunderte), zweitens kann man sich darüber streiten, was als „aktuell" gilt. Ich glaube, er ist der ehrlichste, weil dem Interpreten am nächsten stehende Vergleichsort. Ich habe die Diskussion des Bezuges zur aktuellen Forschung in der fünften Vorlesung sorgfältig von den historiographischen Kapiteln getrennt. Ich glaube jedoch, daß jede historiographische Untersuchung sich explizit oder implizit den beiden folgenden Fragen stellen muß: Was bedeutet der historische Wissenschaftsbeitrag für uns heute? Welchen Wert hat das historische Bemühen des Autors für die langfristige Entwicklung gehabt?

Da für Brunos Lebenswerk der Lullismus des 15. und frühen 16. Jh. wichtig ist, werde ich in der ersten Vorlesung ins 13. Jh., in dem Raymundus Lullus lebte, zurückgehen, ohne jedoch ausführlicher auf die Entwicklungen seit dem 13. Jh., welche möglicherweise für die Interpretation der Philosophie Giordano Brunos wichtig sind, einzugehen. In der zweiten Vorlesung behandle ich die Beziehung Brunos zu verschiedenen Astronomen und Mathematikern des 16. Jh., da seine mathematischen Konzeptionen und seine Kosmologie wichtige Determinanten seiner Semiotik und Gedächtnistheorie sind. Die dritte und die vierte Vorlesung sind ganz der internen Werkrekonstruktion und -interpretation gewidmet. In der Bibliographie führe ich zuerst die von mir konsultierten Originalwerke des 16. Jh. (mit Bibliotheksstandorten) und dann die wissenschaftliche Literatur zum Thema an.

Danksagung: Eine erste Fassung des Buches ist in Aarhus entstanden, wo ich im Mai 1995 vier Vorlesungen zur Semiotik und Kosmologie Giordano Brunos am „Center for European Semiotics" hielt. Ich danke Prof. Dr. Per Aage Brandt für die Einladung. Bei der Herstellung der verschiedenen Fassungen des Textes stand mir Frau Victoria Tandecki mit viel Sachkompetenz, Akribie und Sorgfalt zur Seite. Andreas Tiéschky hat den Index erstellt und Korrektur gelesen.

Einleitung:
Die Biographie Giordano Brunos als Zeichen

Das Leben ist wie ein freier Fall im Raum, zwischen Geburt und Tod. Aber der Fall ist nicht gleichmäßig, manchmal herrscht die Illusion der Ruhe, dann kommt es wiederum zu dramatischen Ereignissen; der Fall wird beschleunigt und wieder gebremst. Freundliche und feindliche Kräfte treten auf, und selbst der Tod kann ein lautloses Verschwinden oder ein letztes Aufblitzen des Lebenswillens sein. Die Spuren, welche das Leben des einzelnen Menschen hinterläßt, sind schwach und vergänglich. Mächtige Menschen setzen Zeichen, um eine spätere Spurensuche zu erleichtern und zu steuern. Ich werde diese gesetzten, manipulierten Spuren als Kontexte für das Leben Giordano Brunos interpretieren, mein eigentliches Interesse gilt aber den schwachen, verwehten Spuren seines Weges von Nola bei Neapel bis zum Scheiterhaufen in Rom. Die historischen Quellen sind spärlich,[1] die Interpretationen vielfältig. In diesem Essay bleibt das Werk, die gesetzte Spur des Autors, weitgehend ausgeklammert, da es in den folgenden Vorlesungen Gegenstand der Untersuchung ist.

Der biographische Essay ist insofern semiotisch zu nennen, als Spuren, Zeichen, Bilder, Schatten historischer Ereignisse zu einem interpretatorischen Ganzen, zu einem Zeichenkomplex zusammengefügt werden. Der Modus der Komposition ist durch den körperlichen Nachvollzug geprägt, d.h. ich habe den Lebens- und Fluchtweg reisend nachvollzogen und meine direkte Anschauung durch historisches Wissen und Reflektionen über Giordano Bruno angereichert. Das Ergebnis ist notwendigerweise eine ganz subjektive Zeichenkonstitution. Es steht aber jedem frei, diese Konstitution selbst körperlich und geistig nachzuvollziehen und für sich eine anschauliche Ganzheit zu finden.

1 Die Ruhe vor dem Sturm: die Jugend in Nola und die Ausbildung in Neapel

1.1 Brunos Jugend in Nola (1548-1562)

Die Stadt Nola, am Fuße des Apennins, 30 km östlich von Neapel gelegen, gehörte 1548, als Philippo Bruno, der später den Klosternamen Giordano annahm,

---

[1] Vgl. auch die biographischen Daten von Stampanato (1921), Firpo (1993), Ciliberto (1992), Canone (1992) und Levergeois (1995).

geboren wurde, zum „Regno di Napoli". Brunos Vater, Giovanni, diente den Spaniern, welche 1505 die Anjou abgelöst hatten: Nola gehörte also zu jenem Reich Karls V., in dem die Sonne nicht unterging. 1555 übergab Karl V. Neapel und Flandern an den Erstgeborenen Philipp, als dieser Maria Tudor heiratete. Die politische Konstellation des Europas, das Bruno später durchstreifen wird, in dessen Entwicklung er sich einmischt, ist bereits klar: Die Weltmacht Spanien, welche die Ansprüche Frankreichs einengt; wechselnde Koalitionen: Spanien - England, England - Frankreich; die dynastische Klammer: Spanien - Habsburg und die labile Position des Papstes in diesem Kräftevieleck.

Die Kindheit Brunos am Hang des Cicala-Hügels mit Blick auf die Ebene, die heute ein Gewirr von Ansiedlungen ist, könnte glücklich gewesen sein, denn die Kraft, die Angriffslust, das Komödiantische in seinem Werk, muß hier seine Wurzeln haben.

Heute ist Nola eine Kleinstadt, die im Kern ihre mittelalterliche Prägung erhalten hat. Gleich am Rathaus liegt die Via Giordano Bruno, welche auf die Piazza Giordano Bruno mündet. Dort blickt seine Büste mit strengen, fast stechenden Augen zur Kirche des S. Baggio. Im Fremdenverkehrsamt vermerkt man, daß hauptsächlich Amerikaner nach dem berühmten Bürger der Stadt fragen. Das Interesse ist immerhin so groß, daß eine „Fondazione Giordano Bruno" vorbereitet wird: „... nicht so sehr, um das vierte Jahrhundert seines Todes auf dem Scheiterhaufen zu feiern als vielmehr, um dem neuen Jahrtausend in einem Europa, das in vielerlei Hinsicht jenem gleicht, das der Philosoph durchstreift hat, entgegenzugehen."[2] An den Hängen der Cicala, in den Höhlen, über denen jetzt in neuen Farben glänzend ein barockes Kapuzinerkloster protzt,[3] hier muß der kleine Philippo seine eigene Welt gehabt haben, und selbst Nola mit der Kuppel seiner Kathedrale mag für ihn weit weg gewesen sein. Dennoch bezeichnet Bruno sich in seinen Schriften und bei der Immatrikulation an fremden Universitäten als „Nolanus". Innige Anhänglichkeit und radikale Selbständigkeit werden ein Wesenszug seiner Entwicklung sein. So wie er an Nola hing, das er mit 14 Jahren verließ, so hing er letztlich auch an seiner Religion, mit der er sich immer wieder versöhnen wollte, nicht verstehend, daß er sie unwiederbringlich verlassen hatte.

Welche Erfahrungen mag Brunos Vater mit den Spaniern, denen er diente, gemacht haben? Seinen Sohn jedenfalls finden wir immer auf der Gegenseite. In der Tat ließen die Folgen der Zugehörigkeit des Regno zu Spanien nicht auf sich

---

[2] Aus der Einführung zur Broschüre „Provocazioni Bruniane", Nola, 1993, S. 3 (Übersetzung d A.). Man hat sie mir mit anderen Materialien im freundlichen Fremdenverkehrsbüro geschenkt.

[3] Das „Convento S. Croce" wurde 1566 gegründet, als Bruno bereits in Neapel war.

warten, obgleich man zuerst eine Stabilisierung der Neuerwerbung abwartete. Ab 1544 setzt eine Repressionswelle ein. Die vielfältigen intellektuellen Bewegungen, die zur Bildung von Akademien (Akademie der Sereni, der Incogniti, der Ardenti) geführt hatten, wurden gedrosselt. Der Vizekönig, Pietro de Toledo (er regiert von 1532-1553), zieht kontinuierlich die Schraube der politischen Kontrolle fester. Als der Duc de Guise mit der Sympathie des Papstes, Julius IV. (vorher Erzbischof von Neapel), Truppen von Norden nach Neapel führt, wird er in der Campagna Romana durch den Herzog von Alba geschlagen. Militärisch ist damit die Zugehörigkeit Neapels zu Spanien für lange Zeit gesichert.[4]

Im Jahre 1547 hatte sich die Bevölkerung in Neapel in tumultartigem Widerstand gegen die Einführung der spanischen Inquisition gewehrt und war schließlich mit einem vagen Kompromiß zufriedengestellt worden. Die spanische Form der Inquisition war eine Bedrohung, besonders für das wohlhabende Bürgertum, da unmittelbar nach der anonymen Denunziation und der Eröffnung des Verfahrens, der gesamte Familienbesitz des Angeklagten eingezogen wurde. Diese Konfiskation vor dem Ende des Inquisitionsverfahrens wurde 1554 ausgesetzt. 1560-1561 wurde jedoch durch eine engere Kooperation von kirchlichen und zivilen Behörden de facto die spanische Inquisition eingeführt. Es folgte der Massenmord an den Waldensern in Kalabrien und 1564 die öffentliche Hinrichtung von rückfälligen Lutheranern und eine Serie von Judenverfolgungen in Neapel und in der Provinz.[5]

Als der vierzehnjährige Bruno 1562 das Elternhaus verließ, um in Neapel eine höhere Bildung zu erhalten, war das Szenario der intellektuellen Repression bereits ausgebildet. Der geschickte Umgang des Vizekönigs mit dem Widerstand und die immer engere Koordination mit Rom nährte die Illusion des Fortbestehens der Freiheiten im Königreich Neapel und in diese politische Falle sollte der junge Nolaner bald geraten.[6]

---

[4] In Neapel war die Herrschaft der französischen Anjou in guter Erinnerung geblieben. Die Repression der Spanier konnte somit Sympathien für die Franzosen zur Folge haben.

[5] Es hatten sich Juden, welche aus Spanien vertrieben worden waren, angesiedelt und waren zu einem relativen Wohlstand gelangt. Eines der Motive der spanischen Inquisition war es, die Entstehung eines Mittelstandes zu unterbinden. Die Judenverfolgung war ein Teil dieser Politik (vgl. Cárcel, 1994).

[6] Für weiterführende Literatur siehe: Storia di Napoli, Band 5 (1); Cernigliaro, 1983 und Storia del Mezzogiorno, vol. 4(1)

1.2 Die „Gigli" von Nola als semiotisches Konstrukt

Als ich von meiner Wanderung zum Berg Cicala, zur Jugend des Philosophen, zurückkehrte, wurde in verschiedenen Teilen Nolas an riesigen, schlanken Holzgerüsten gearbeitet. Sie bestehen aus siebenstöckigen Konstruktionen, welche die Häuser überragen und mit den Kirchtürmen konkurrieren. Im Kern enthalten sie einen Mast aus mehreren zusammengefügten Baumstämmen, der in eine Balkenkonstruktion auf der Basis zuerst von Quadraten und dann (in der Höhe) von Dreiecken eingefügt ist. Eine breite Basiskonstruktion enthält die zur Stabilisierung des hohen Turmes notwendigen Sitzplätze für passive Teilnehmer und die Führung für die Rundhölzer, welche auf den Schultern der Trägermannschaften ruhen werden.

Semiotisch ist die Bedeutungsschichtung von Interesse. Die geometrische Balkenkonstruktion trägt den Baum, die nach oben weisende Geste des Mastes. Diese Konstruktion und der auf vorchristliche Bräuche verweisende Baum werden im Endzustand mit christlichen Symbolen, Heiligenfiguren, christlichen Ornamenten verhüllt. Bei der Erhebung (Alzata) der Gigli werden die schwerfälligen Türme nicht nur auf den Platz des Domes getragen, es wird dabei auch getanzt, die senkrechten „Finger" bewegen sich. Die semiotische Struktur der Gigli besteht aus:
- dem Symbol des Baumes (er gehört in den Kontext einer Naturreligion),
- der geometrisch regulären Stützkonstruktion (sie abstrahiert das Natursymbol zur formalen Konstruktion, quasi die Natur zur Kosmologie),
- der christlichen Verbrämung und Ausfüllung (sie dekoriert die Basisstruktur mit Figuren einer kulturellen Tradition, an deren vorläufigen Ende das Christentum steht).

Dem Kind Bruno war diese Zeichenstruktur vielleicht nicht bewußt, aber seine Gedächtnissysteme haben ebenfalls ein systematisches, geometrisches Gerüst, das kosmologisch interpretiert wird. In dieses Gerüst wird der wuchernde Reichtum, das kulturelle Wissen, eingefügt. Dem Symbol des Baumes im Kern der Gigli entspricht die Suche nach einem verlorenen Ursprung, einer Urbedeutung, dem hermetischen Kern in Brunos Philosophie (vgl. Yates, 1966). Die Analogie mag indirekt sein, aber an irgendeinem Punkt seiner frühen Entwicklungsstufe muß Philippo Bruno eine Intuition empfangen und verfestigt haben, die ihm allein zur Verfügung stand und ihn seinen eigenen Weg gehen ließ. Sie muß mit seiner Kindheit, mit der Zeit, bevor er mit dem allgemeinen Bildungskanon konfrontiert wurde, zusammenhängen.

1.3 Bruno als Schüler in Neapel (1562-1565)

Neapel war Mitte des 16. Jh. eine Stadt mit mehr als 200.000 Einwohnern, der einzige Ort Süditaliens, wo man eine intellektuelle Karriere machen konnte. Die Landflucht, welche durch die Steuerrepression des Adels ausgelöst worden war, ließ eine explosive soziale Struktur entstehen, die für die spanischen Herrscher nur schwer zu kontrollieren war (wie schnell auftretende Unruhen bewiesen).

Die Universität, die Friedrich II. gegründet hatte, war erst 1507 wieder eröffnet worden und blieb 1528-1530 sowie 1546-1548 geschlossen. Aus dem Stiftungsfond wurden 14 Professoren bezahlt. Die Vorlesungen fanden im Kloster S. Pietro a Maiella und in den traditionsreichen Auditorien des Klosters S. Domenico statt, wo schon Thomas von Aquin gelehrt hatte. Von 1515-1600 wurde dort ein Studium Generale angeboten.[7] Das Kloster S. Domenico steht im alten Stadtkern von Neapel. Ich bezog Quartier direkt an der Piazza S. Domenico Maggiore, die Alfons I. durch Zerstörung von Häuserblöcken 1442 aus den Wohnquartieren herausgelöst hatte. Das an die Kirche angefügte Kloster S. Domenico wurde unter Napoleon (1806-1815) säkularisiert; die Bibliothek zerstreut.[8] In den hohen, selbst tagsüber düsteren Gassen um S. Domenico suchte ich lange nach Spuren und Hinweisen. Ich fragte die Dominikaner in der Kirche von S. Domenico und versuchte, den Kern des großen Gebäudekomplexes von verschiedenen Seiten zu erkunden. Schließlich fand ich eine Bauzeichnung.[9] Das Kloster befindet sich in der Mitte eines Häuserblocks; in den engen Gassen hinter dem Kloster fand ich sogar ein bescheidenes Türschild: Convento di S. Domenico. Auch ein Studium Generale auf der Basis der Lehre des Hl. Thomas ist (wie Plakate in der Vorhalle der Kirche zeigen) 1990 wieder eingerichtet worden. Hinter der Sakristei kann ich einen Blick in den engen Garten werfen. Ein weiterer Garten (erhöht gegenüber der Straße) befand sich im Zentrum des Klosters. Das Atrium der Kirche mit den drei Aulen war der Hauptsitz der Universität Neapel und hier hat Philippo Bruno Vorlesungen zur Dialektik und zur Logik gehört. In dieser Ausbildung, d.h. vor seinem Eintritt ins Kloster, wurde sein Interessenprofil entwickelt. Seine Schilderung des Lebens in Neapel, seine Begeisterung für die Komödie, müssen hier ihre Wurzeln haben. Jedenfalls hat Bruno in den Jahren vor seinem Klostereintritt am 15. Juni 1565 jenes

---

[7] Vgl. Cannavale, 1980.

[8] Das Kloster selbst war 1650 von Prior Tommaso Ruffo umgebaut worden.

[9] Vgl. Canone, 1992a: 55, die Bibliothekare in Neapel machten mich auf diese Forschungen und auf die versuchte Rekonstruktion der alten Bibliotheksbestände aufmerksam, vgl. ibid.: 191-246. Wie mir Eugenio Canone mündlich mitteilte, ist das Innere des Klosters weitgehend erhalten geblieben.

„Laienwissen" in Grundzügen erworben, das ihn bald nach seinem Klostereintritt (d.h. ab 1566) auf Konfrontationskurs mit seinen Ordensbrüdern und der Obrigkeit brachte.

1.4 Brunos Klosterlaufbahn (1565-1576)

In den „Heroischen Leidenschaften" (erster Dialog) schreibt Bruno, daß er lange zwischen Philosophie und Theater (und dort zwischen Tragödie und Komödie) geschwankt habe. Diese starke Orientierung an weltlicher Intellektualität macht es rätselhaft, weshalb er schließlich (für die damalige Zeit recht spät) als Novize ins Kloster eintritt und eine religiöse Laufbahn bis zur Priesterweihe und zu den höheren theologischer Studien durchläuft. Die Revision dieser Entscheidung, seine Flucht aus dem Orden (das Novizenbuch des Klosters vermerkt am Rande: obiit pessime, vgl. Canone, 1992a: 52) beinhaltet schon die ganze Tragik seines Lebens, denn er konnte sich weder ganz von der Kirche trennen, noch in Frieden in ihren Schoß zurückkehren.

Giordano Bruno verbringt insgesamt elf Jahre im Kloster S. Domenico Maggiore in Neapel. Neuere Forschungen (vgl. Canone, 1992a: 49) legen die folgenden Abschnitte nahe:
- Noviziat (15. Juni 1565-16. Juni 1566).
- Vier Studienjahre mit den Schwerpunkten: Rhetorik (1. Jahr), Dialektik (2. Jahr), Naturphilosophie (3. Jahr), Metaphysik (4. Jahr). Mitte 1570 wird Giordano Bruno zum Subdiakon geweiht.
- Theologiestudium, zuerst als „studente materiale", d.h. er ist noch nicht in den *numerus clausus* (11-13 Studenten) der von Rom zugelassenen Studenten aufgenommen. Er erhält diesen Status von Rom zuerst für ein Studium in Andria (Apulien). Da er die Priesterweihe noch nicht hat, bleibt er aber in Neapel (vgl. ibid.: 41 und 49). Am 12. Mai 1572 wird er „studente formale" in S. Domenico Maggiore. Im ersten Studienjahr der Theologie wird er zum Priester geweiht (1573). Es folgen zwei weitere Jahre des Theologiestudiums. Im Juli 1575 wird er Lektor der Theologie.
- Bruno verläßt im Februar 1576 Neapel und geht nach Rom.

Im Prozeß von Venedig (2. Juni 1592), dessen Akten uns erhalten geblieben sind (vgl. Firpo, 1993), macht Giordano Bruno in der ersten und der fünften Befragung (am 26. Mai und am 3. Juni 1592) die folgenden Aussagen zu seinem Aufenthalt im Kloster S. Domenico Maggiore:
- Erste Befragung: In Neapel wurde zweimal ein Prozeß gegen ihn eröffnet. Das erste Mal, weil er Heiligenbilder aus seiner Zelle entfernt habe und einem Novizen eine andere, bessere Lektüre als das Marienleben empfohlen habe. Die-

ser Prozeß wurde wiederaufgenommen als er nach Rom ging unter Hinzufügung weiterer Anklagepunkte, die er nicht kenne (vgl. Firpo, 1993: 157).
- Fünfte Befragung: Der erste Prozeß sei vom Novizenmeister begonnen worden, um ihn einzuschüchtern („per mettermi in terrore") und nach drei Tagen ohne Vermerk eingestellt worden. Der zweite Prozeß sei, bevor er nach Rom ging, vom Provinzial wegen der alten Vorwürfe und neuer, die er nicht kenne, eingeleitet worden. Da er befürchtete, ins Gefängnis zu kommen, sei er nach Rom gegangen (ibid.: 190 f). Er sagt, daß er das erste Mal vor einem Inquisitionsgericht stehe.[10] Er berichtet auch, daß er aus Neapel einen Brief erhalten habe, in dem man ihn mitgeteilt habe, daß die von ihm benutzten, verbotenen Kommentare des Erasmus zu den Kirchenvätern Chrisostomus und Hieronymus entdeckt worden seien.

Was geschehen wäre, wenn Bruno den Prozeß in Neapel abgewartet hätte, ist unklar. Die Inquisitionsgefängnisse in Rom begannen sich mit Neapolitanern zu füllen, denn Papst Paul III. hatte 1542 die „Inquisizione Romana Universale" nach spanischem Muster zur Bekämpfung der protestantischen Propaganda geschaffen (vgl. Pontieri, 1958). Karl V. hatte zwar einer neapolitanischen Delegation in Nürnberg eine „gewöhnliche Inquisition" zugesichert (d.h. zuerst im Bereich der Diözese), Rom zentralisierte die Verfahren jedoch durch eine Reorganisation der Gerichtsinstanzen. Bruno wäre wahrscheinlich in die Mühlen der römischen Inquisition gelangt und hätte sein Leben nur durch eine demütigende Unterwerfung und durch den Verzicht auf jede Art eigenständiger Intellektualität retten können. Er entschied sich anders, aber die Alternative der Unterwerfung sollte ihm letztlich nicht erspart bleiben.

Ich will im folgenden untersuchen, wie aus dieser (erzwungenen, nicht geplanten) Flucht ein konstruktiver Lebensweg wurde, auf dem sein philosophisches Werk Gestalt annehmen sollte.[11]

---

[10] Es war wichtig, zwischen Angeklagten und Rückfälligen nach einem Widerruf in einem abgeschlossenen Verfahren zu unterscheiden. Letztere wurden von der Härte weltlicher Strafen getroffen.

[11] Bruno war nicht der erste, der vor der Inquisition nach Norden floh. Bernardin Ochino wurde 1542 nach Rom zitiert. Er kam bis Florenz als er sich entschloß zu fliehen; er ging nach Genf. Andere gingen in die Schweiz und nach Deutschland. Vgl. von Ranke, 1930: 134 ff.

2 Die Flucht aus Italien (von Rom nach Venedig)

Ich gehe nach meiner Ankunft in Rom am früheren Inquisitionsgefängnis vorbei, über den Petersplatz, durch das Borgo Santo, wo die Fluchtmauer des Papstes verläuft, zur Engelsburg und von da zum Pantheon, mein Ziel ist Santa Maria Sopra Minerva.

Als Bruno 1576 nach Rom kam, stand der Petersdom noch nicht so fertig, so geschlossen da, wurde der Platz noch nicht von den mächtigen Kolonnaden eingerahmt.[12] Erst Paul III. (1534-1549) hatte den Weiterbau angeordnet und selbst Anfang des 17. Jh. fehlten noch Teile der Fassade. Die Engelsburg stand aber trutzig wie heute und das Banner des Petrus wehte auf den Bastionen. Die steigende Macht des Papsttums muß bereits damals unübersehbar gewesen sein, heute manifestiert Rom deren vergangene Größe.

Vom römischen Pantheon, tief in das Viertel geduckt, gehe ich schräg hinüber zur Kirche Santa Maria Sopra Minerva, die, wie der Name sagt, auf der Stelle eines heidnischen Tempels der Minerva gebaut wurde. Die Nähe der heidnischen Tempel, von denen der eine, das Pantheon, nur oberflächlich in eine Kirche verwandelt worden ist, der andere ganz ins Unsichtbare abgedrängt wurde, läßt mich an Bruno als Hermetiker denken, an seinen Versuch, das Christentum wieder mit den verdrängten oder verzerrt integrierten Ursprüngen (in der ägyptischen, hellenischen, römischen Antike) zu verbinden und es damit vor der Zerstörung durch einen pedantischen Fundamentalismus zu retten. Dieser Platz hat seine eigentümliche Bedeutungsschichtung noch heute bewahrt, und ich werde versuchen, diese in einem Exkurs aufzudecken.

2.1 Semiotische Lektüre des Platzes vor Santa Maria Sopra Minerva und der Engelsburg

Santa Maria Sopra Minerva, der Hl. Maria gewidmet, deren jungfräuliche Empfängnis Bruno angezweifelt hatte, steht auf den Fundamenten des Tempels der Minerva, der Schutzherrin der Handwerker, Künstler und Ärzte, die ihrerseits schon von den Römern mit der griechischen Athene und einer ursprünglich etruskischen Gottheit vermischt worden war. Jetzt erhebt sich dort eine glatte, hohe Fassade, dahinter eine Basilika. Vom Portal sieht man schräg hinüber zum Pantheon, der für die Verehrung aller Götter bestimmt war. Das alte Rom war gast-

---

[12] Ganz und gar fehlte die Öffnung zum Tiber als Prachtstraße, wie sie Mussolini, ohne Rücksicht auf dieses historische Stadtviertel, aufbrechen ließ (in Analogie zum Aufbrechen des Platzes für den Petersdom im 16. Jh.).

freundlich zu den Religionen, für jeden Glauben war Platz, nur die römische Herrschaft durfte nicht gefährdet werden. Auch in der Renaissance hatte Rom Platz für viele Götter, freilich als Fixpunkte einer wiedergefundenen antiken Kultur, nicht als Inhalte des Kultes: die alte Liberalität schien wiederhergestellt. Mitten auf dem Platz ragt ein putziges Denkmal aus der Fläche der parkenden Autos. Ein spielerisch seinen Rüssel schwingender Elefant trägt einen kleinen Obelisken mit Hieroglyphen. Auf der Spitze, wie angeklebt, das Kreuz. Man könnte dieses Monument lesen als eine Überdeckung der indischen, der ägyptischen und der christlichen Religion. Daß der Platz eine solche Lektüre anbietet, störte jedoch nicht die Zeremonie der Autodafés, jener pompösen Manifestationen der Rechtgläubigkeit, die hier stattfanden.

Ein anderer Schauplatz ist die Engelsburg, die ich am nächsten Tag zu „lesen" versuche: Erste Schicht, das Grabmal eines Kaisers; zweite Schicht, die Festung des Papstes, seine Schatzkammer, das Gefängnis für seine Gegner; dritte Schicht, Fluchtort und Gefängnis für den Papst selbst (als die Truppen von Karl V. 1527 Rom plündern) und zugleich Manifestation fürstlichen Reichtums.

In den Prunksälen, ja sogar im Badezimmer, ist die Bildungswelt der Renaissance dargestellt. Die Grotesken imitieren die Fresken des Ende des 15. Jh. entdeckten „domus aurea" und demonstrieren, daß der päpstliche Fürst sich (selbst in seiner Festung) mit intellektuellem Reichtum umgibt.[13] Wenige Jahrzehnte später, als Paul IV. (1555-1559) die allgemeine Inquisition einführte, Pius IV. (1559-1565) die kirchliche Organisation straffte und Pius V. (1566-1572) der strengen Gesinnung zum Durchbruch verhalf (vgl. von Ranke, 1930: 215), war all dieser Bilder- und Ideenreichtum der Renaissance nur noch ein Mangel an Frömmigkeit und Disziplin. Brunos Denken paßt in seiner überquellenden Bildhaftigkeit, der Kaleidoskopartigkeit seines Gedächtnissystems in die Welt der ersten Jahrzehnte des Jahrhunderts, in eine Welt, die Luther als götzendienerisch verfluchte und die von den Reformpäpsten (seit den letzten Jahren von Paul IV.) in die Vergessenheit gedrängt wurde. So gesehen ist Giordano Bruno ein verspäteter Renaissancedenker. Seine Tragik sollte eine doppelte sein: als Renaissancedenker war er verspätet, als Denker der Neuzeit (Copernicaner) verfrüht, ein Wanderer nicht nur zwischen den europäischen Reichen, sondern auch zwischen den Epochen.

Die Entscheidung, Rom zu verlassen und sein Ordenskleid auszuziehen, muß Bruno überhastet getroffen haben, wie jemand, der um sein Leben fürchtet. Der Fluchtweg, den er wählte, ist wie der Flug einer Motte, angezogen von verschie-

---

[13] Vgl. den Katalog des Castel San Angelo, Bd. 2: Quando gli di si spoghano, Roma, 1984, besonders Lars Saari, Lettura della decorazione pittoria del bagno di Clemente VII, ibid.: 73-94.

denen Lichtquellen, aber ohne festes Ziel. Selbst die Entscheidung, den Orden zu verlassen, bleibt in der Schwebe. Bruno behält das Skapulier, den symbolischen Kern des Ordenskleides, am Körper, er tarnt sich nur. In Bergamo wird er das Ordenskleid wieder für einige Zeit anziehen und zeitlebens wird er Versuche machen, wieder aufgenommen zu werden, allerdings nicht um jeden Preis; und der Preis erwies sich bis zum Ende als zu hoch für ihn; er bestand in der Aufgabe seines Denkens, und der Entwertung des Weges, den er denkerisch zurückgelegt hatte.[14]

Wir können annehmen, daß er in erster Linie aus dem Bereich der spanischen Inquisition fliehen wollte. Dazu standen ihm als katholische Gebiete nur Frankreich und Venedig zu Gebote, als reformierte bzw. von Rom losgelöste; Genf, die von den Neugläubigen beherrschten Gebiete in Frankreich, England und Deutschland. Vorerst wollte er erst eine Distanz zu Rom schaffen und hoffte, daß die Information über seinen Prozeß ihn nicht gleich einholen würde.

2.2 Brunos Aufenthalt an der ligurischen Küste (Genua, Noli, Savona)

Am Palmsonntag 1576 (am 15. April) kommt Bruno in Genua an, Spuren finden sich in seinem Spott über die Verehrung des Eselschwanzes am Palmsonntag in Genua (in der Komödie: „Candelaio" und im Dialog „Spaccio della Bestia Trionfante"). Genua war mit den Spaniern verbündet und deshalb kein sicherer Ort für Bruno.[15] Im April erreicht die Pest Genua und Bruno zieht weiter nach Noli, einer kleinen Stadtrepublik an der Riviera del Ponente.[16] Noli liegt in einer durch zwei Felskaps abgeschlossenen Bucht, im Schutze seiner Mauern, seiner Türme und der mächtigen Burg, die heute eine Ruine ist. Sicherheit vor der Inquisition konnte Bruno auch hier nicht finden, denn Noli war von Genua abhängig. Die Statuten der Republik sahen die schärfsten Strafen für diejenigen vor, „welche in

---

[14] Im achten Verhör zu Venedig (23. Juni 1592) sagt Bruno, daß er in Paris den Nuntius gebeten habe, wieder in die Kirche aufgenommen zu werden, ohne allerdings in den Orden zurückzukehren (vgl. Firpo, 1993: 197). In Venedig hoffte er, von Clemens VIII. auf besondere Weise (modo straordinario) wieder aufgenommen zu werden und in seiner Provinz außerhalb des Klosters leben zu dürfen.

[15] Vgl. Gondoglia, 1897.

[16] Im ersten venezianischen Verhör sagt Bruno: „Usci dalla religione et, deposto l'habito, andai a Noli, territoria genoese, dove sei tratteni quattro o cinque mesi a insegnar la grammatica a putti". Im zweiten Verhör (30. Mai 1592) ergänzt Bruno: „Leggendo la Sfera a certi gentilhomine" (Firpo, 1993: 157 und 159).

irgendeiner Weise die Religion oder die kirchliche Hierarchie beleidigt hatten".[17] Bruno mußte also seine Herkunft und seine Ordenszugehörigkeit verschweigen; damit blieb ihm nur noch die Möglichkeit, in bescheidenem Umfang Kindern und interessierten Laien Unterricht zu erteilen. In der Renaissance waren in den großen Städten öffentliche Schulen, die nicht mehr der Kirche unterstanden, gegründet worden. Dies geschah bereits im 15. Jh. in Venedig und auch in Genua gab es öffentliche (nicht kirchliche) Schulen.[18] Häufig hatten diese Schulen allerdings sehr bescheidene Ziele. Die Kinder sollten lesen, schreiben und rechnen lernen und auf eine kaufmännische Tätigkeit vorbereitet werden. Mit einem solchen Elementarunterricht hat Bruno in Noli seinen Lebensunterhalt verdient. Wie er selbst berichtet, hat er außerdem jungen Edelleuten Unterricht in Astronomie gegeben, und zwar nach dem Buch Sfera des Klassikers Sacrobosco.

Ich komme an einem Sonntag nach Genua, die Gassen sind so eng und dunkel wie in Neapel. Die Palazzi sind aber mächtiger, vornehmer und künden von großem Reichtum. Man steigt hinab zum Hafen, der sich einem ganz plötzlich anbietet, wenn man das Gassengewirr verläßt.[19] Ein Diretto bringt mich nach Savona, in einer weiten Bucht gelegen mit industriellen Ansiedlungen und Wohnblöcken. Nach Noli fährt ein Bus. Die Straße windet sich die schmale und felsige Küste entlang. Die kleine Stadt ist eng zwischen Strand, (früherem) Wildbach und Burghügel gezwängt. Drei Geschlechtertürme zeugen von der Autonomie der Bürgerrepublik, die allerdings bereits im Jahre 1576 mehr eine nostalgische Erinnerung als Wirklichkeit war. Es ist kein Skandal, keine Aufruhr im Zusammenhang mit Brunos Aufenthalt bekannt und die junge Frau in der Gemeinde, die gut Bescheid weiß, sagt, daß *sie* den Bruno nicht verbrannt haben.

2.3 Lektüre Nolis durch den Nolaner: Versuch einer semiotischen Rekonstruktion.

Für den flüchtenden Nolaner, der nicht nur die Inquisition, sondern auch die Pest fürchten mußte, war Noli wie eine Festlandinsel, ein Emblem der Zuflucht und Sicherheit. Nach Süden schiebt sich Cap Noli als Felsenbarriere weit ins Meer,

---

[17] Vgl. Caramella, 1925: 131.
[18] Im Jahre 1574 hatte Torquato Tasso die partielle Öffnung des Bildungssystems genützt, um in Ferrara Astronomie zu unterrichten (vgl. Pellizzari, 1924: 6 f.).
[19] Anfang des 16. Jh. standen sich an der ligurischen Küste die Großmächte Spanien und Frankreich gegenüber. Die Hafenstadt Savona, die Hauptrivalin Genuas an der Küste, war mit Franz I. verbündet. Nach dessen Niederlage in Pavia (1525) eroberte die spanische Flotte unter Andrea Doria, dem Genuaner Savona und zerstörte es.

nach Norden wird die Bucht durch die Punta del Vescovo, auf dem sich das Castel di Monte Ursino erhebt, abgeschlossen. Die großen Straßen schneiden dieses Gebiet ab, die römische Via Julia Augusta verlief über die Höhen, heute führt die Eisenbahn von Savona nach Spotorno und berührt Noli nicht. In historischer Zeit mußte man über die steilen Hänge von Osten in die Bucht hinabsteigen oder mit dem Schiff ankommen. Die Fernstraßen führten nach Frankreich und Bruno mag Südfrankreich als Reiseziel gehabt haben (Toulouse sollte tatsächlich ein erfolgreicher Haltepunkt werden).

Die engen Gassen der mittelalterlichen Stadt bilden einen Halbkreis um den Strand, vor dem einst die Flotte Nolis lag; 52 Schiffe soll Noli gehabt haben und auch 52 Geschlechtertürme: Bruno mag an die Gigli in Nola gedacht haben und an deren senkrechte Geste. Die tanzenden Holztürme in der festlichen Menge sind wie die Masten einer Flotte im Meer (vgl. Abschnitt 1.2).

Eine andere semiotische Schicht, die tiefer liegt, betrifft den Namen der Stadt und seine Ursprungsmythen. In Dokumenten des 11. Jh. ist noch von „Naboli" und „nabolenses" die Rede (Vivaldo, 1994: 20). Der Name Noli geht also auf Neapolis, eine griechische oder byzantinische Stadtgründung zurück. Sie könnte zu einem System der Küstenverteidigung gehört haben, welche die Byzantiner im 5. Jh. gegen die Vandalen errichtet haben, da diese von Nordafrika aus die Küste Italiens heimsuchten. An diesen Stellen berühren sich auch die Ursprungsmythen von Nola und Noli. In Noli wird überliefert, daß das Christentum im 5. Jh. von San Eugenio eingeführt wurde, einem afrikanischen Bischof, den die Vandalen nach Korsika ausgewiesen hatten, von wo er an die ligurische Küste kam. In Nola (bei Neapel) geht die Tradition der Gigli ebenfalls auf einen von den Vandalen entführten Bischof zurück. Der mythisch-narrative Hintergrund der beiden Städte ist also analog.

Der Aufenthalt Brunos in Noli ist aber noch in anderer Weise interessant. War Bruno vorher auf der Flucht, so sucht er anschließend gezielt nach Orten für eine weiterführende Karriere (in Venedig, Genf, Toulouse, Paris). Noli macht aus einem flüchtenden, sich versteckenden Philosophen einen produktiven, angreifenden Philosophen, einen der in das Geschehen eingreifen will und sich dazu auch befähigt glaubt. Bruno hat nach der Bedrängnis (in Neapel und Rom) wieder Mut gefaßt, ist sich seiner Möglichkeiten bewußt geworden, d.h. Noli muß eine kreative Pause gewesen sein, in der er sein Selbstbewußtsein konsolidiert hat. Vielleicht haben die Tätigkeit als Lehrer außerhalb der Kirche und das Interesse der Laien an seinem Wissen ihn davon überzeugt, daß er der Welt etwas zu sagen hat, daß er mit seinem Wissen auch außerhalb des Klosters bestehen kann, daß es einen möglichen Ort seiner intellektuellen Existenz gibt. Sein nächstes Ziel ist die große von Spanien und dem Kirchenstaat unabhängige Republik Venedig, die später (1592) sein Verderben werden sollte.

2.4 Brunos erster Aufenthalt in Venedig

Bruno geht nach Savona und dann über die Berge nach Turin, ein Schiff bringt ihn zur Pomündung, und bald ist er in Venedig. Ich fahre mit dem Zug über und durch die Berge, hinein in die breite Poebene; abends nehme ich vom Bahnhof S. Lucia in Venedig das Schiff zum Markusdom. In dem Viertel unmittelbar hinter den Kolonnaden des Marktplatzes, liegt die Straße Frezzaria. Bruno hat sich hier eingemietet bei einem Bürger, der im Arsenal auf der anderen Seite des Markusplatzes arbeitete.[20] Venedig hatte seine großen Zeiten hinter sich. Der Sieg in Lepanto (1572) hatte zwar das Selbstbewußtsein gehoben; da die Koalition aber nicht beständig war, wurden die Verluste an die Türken im östlichen Mittelmeer nicht rückgängig gemacht. Das noble Venedig begann sich fruchtbares Land in Oberitalien zu sichern und mußte in Konkurrenz zu seinem Nachbarn, darunter auch dem Kirchenstaat, treten. Mailand war in spanischer Hand; die Autonomie der Republik war instabil und bedroht. Venedig hatte dennoch ein reiches und anregendes Kulturleben; es war auch die Stadt des Buchdrucks und Bruno versucht, durch den Druck eines Buches „De segni de tempi" (vgl. Firpo, 1993: 159 f.) seinen Lebensunterhalt zu sichern. Die Schrift selbst ist verloren gegangen. Es gibt aber einige Anzeichen dafür, daß sie mit der Interpretation astronomischer und meteorologischer Zeichen zu tun hatte. Giordano Bruno legt sie dem gelehrten Dominikaner Remigio di Fiorenza vor (vgl. Firpo, 1993: 160); es gelingt ihm aber nicht, die für einen längeren Aufenthalt notwendige Unterstützung zu erhalten. Venedig wurde eine enttäuschte Hoffnung; Bruno mußte weiterziehen.

2.5 Der weitere Verlauf der Flucht aus Italien

Nachdem Bruno Venedig verlassen hat, zieht er über Brescia nach Bergamo, überquert die französische Grenze in Richtung Lyon (bleibt kurz in Chamberry), ändert aber die Reiserichtung, um in Genf Unterschlupf in der dortigen Gemeinde von Exilitalienern zu finden. Die Episode seines Aufenthaltes in Genf, wo Bruno wegen einer mißliebigen Kritik an einem kalvinistischen Prediger ins Gefängnis mußte und nach einem demütigenden Prozeß schnell die Stadt verließ, überfliege ich. Von Genf reist er (zu Fuß) nach Toulouse, wo es ihm endlich gelingt, in einer akademischen Institution außerhalb der Kirche Fuß zu fassen.

---

[20] Vgl. Firpo, 1993: 159. Im zweiten Verhör (30. Mai 1592) sagt Bruno: „venni a Venezia per il Po. Dove stetti un mese e mezzo in Frezzaria a camera locante, in casa de uno dell'Arsenale, che non so il nome."

Diese Etappen sind nur durch Brunos eigene Aussagen (in seinen Werken und im Prozeß von Venedig) dokumentiert. Ich komme zur nächsten wichtigen Station seines Lebens, mit dem sein philosophisches Werk beginnt, nach Paris.

3 Paris: Unter der Sonne des französischen Königs

Paris war die weit ins Land leuchtende Metropole, die Franz I. auch zu einem Zentrum der Renaissance, des Humanismus, der Neuen Wissenschaft gemacht hatte. Das „Collège Royal" (Collegium Regium) war eine Neugründung Franz I. Die Professoren wurden vom König bezahlt und waren von der kirchlich kontrollierten Universität unabhängig. Es gab eine freie, nicht zahlende, nicht immatrikulierte Studentenschaft, die allerdings schnell politisiert werden konnte. Von Süden kommend, wie ein Pilger, der aus Santiago di Compostella zurückkehrt, durch den Faubourg St. Jacques, betrat Bruno an der Porte St. Jacques das lateinische Viertel, die Universitätsstadt. Wo heute das Pantheon zur Seine hinabstrahlt, lagen Gärten vor den Stadtmauern und der erneuerte, vergrößerte[21] Chor von St. Geneveve stand bereits. Ansonsten war das Viertel durch ein enges Muster von Gassen und durch große Häuser-Gevierte mit Gärten in der Mitte gekennzeichnet. Zahllose „Collèges" (bereits im 14. Jh. gab es ein Dutzend) mit ihren Kirchen oder Kapellen und Lehrsälen waren über das Viertel verstreut, das zwei Pole hatte, zwei sich bekämpfende Institutionen, die wie ein Spiegelbild der beiden großen Mächte dastanden:
– Einerseits die Universität, für die (christliche und lateinische) Tradition; sie wird dominiert von der Kirche und dem Papst (die Professoren der Sorbonne mußten die Messe lesen);
– andererseits das Collège Royal für die erneuerte Bildung der Renaissance (es wurden drei Sprachen gelehrt: Hebräisch, Griechisch, Latein; später auch Arabisch und Syrisch); sie steht für den König (die Professoren des Collège wurden vom König ausgewählt und bezahlt).

Die Freiheiten des Collège Royal waren gefährdet, die Religionskonflikte und die gestiegenen Anforderungen an die katholische Orthodoxie wurden von der Universität geschickt genutzt, um die konkurrierende Institution zu unterwerfen. Für Bruno war die Wahl klar, ja er hatte keine Wahl: der König, das Collège Royal oder rastlos weiterziehen.

An der Rue St. Jacques, welche zur Seine-Insel und damit zum befestigten Übergang führte, liegen heute zwei Gebäude, deren steile Fassaden wie zwei

---

[21] Da die Universität mit zeitweise bis zu 20.000 Studenten überbelegt war, wurde der Neubau der Universitätskirche notwendig.

Festungsmauern wirken: links die Sorbonne, rechts das Collège de France (dazwischen noch das Collège Louis-le-Grand). 1582, als Bruno die Rue St. Jacques hinabging und seinen Blick zur Notre Dame schweifen ließ, war diese Opposition bereits sichtbar, aber es sah eher so aus, als würde die Sorbonne siegen und als könnte das Collège Royal, das nicht einmal über eigene Gebäude verfügte,[22] dem Druck der übermächtigen Universität nicht standhalten. Das heutige Stadtbild belehrt uns über den Ausgang. Das ganze damalige Carré mit den bescheidenen Collèges de Cambrai und de Tréguier (beide im 14. Jh. gegründet) ist zu einer baulich institutionellen Einheit verschmolzen, die der Einheit der Sorbonne frontal gegenübersteht. Das Collège de France hat heute das größere Prestige, und die Sorbonne ist wie im Mittelalter in Teilinstitutionen zersplittert.

Bruno erhält Audienz beim König Heinrich III. und wird außerordentlicher „lecteur du Roy" am Collège Royal. Seine Hoffnungen haben ihn nicht getrügt. Am Collège de Cambrai, damals ein schmales, hohes Haus an der Place de Cambrai, dort, wo heute der rechte Flügel des (erst im 19. Jh. so genannten) Collège de France steht, fanden Brunos Vorlesungen statt. Wie bei allen Vorlesungen am Collège Royal gab es einen großen Zulauf von Studenten und Interessierten, da jedermann ohne Gebühren teilnehmen konnte. Daß Bruno in dieser Situation all sein Können und Wissen, seine Begeisterung und sein Talent entfaltet hat, liegt auf der Hand. Aber die Situation war dennoch gefährlich. Er mußte zwar nicht die Messe lesen, um unterrichten zu können, allerdings hatte der König mit der Ernennung der Professoren auch die Verpflichtung übernommen, streng auf deren Orthodoxie zu achten. Gegen Bruno war aber noch ein Inquisitionsverfahren anhängig und sein Aufenthalt in Genf machte ihn des Kalvinismus verdächtig (später warf man ihm vor, zum Kalvinismus übergetreten zu sein).

Konnte dies vor den gestrengen Augen der Universität, die begierig darauf wartete, einen königlichen Professor der Häresie zu bezichtigen, verborgen bleiben? Das Beispiel des Petrus Ramus, der, mehrmals vertrieben, schließlich in der Bartholomäusnacht ermordet wurde, war noch in aller. Brunos Schicksal hing an einem seidenen Faden: der Protektion durch Heinrich III. Dieser war aber von vielen Seiten in Bedrängnis: von Spanien und der spanischen Partei, der Ligue, und von England, wo er Maria Stuart unterstützte (die sich bereits in den Gefängnissen der Königin Elisabeth I. befand). Seine Parteigänger, die Politiques, versuchten das französische Königtum ins Zentrum zu stellen. Gegen die Glaubensgewalt der Kalvinisten und die politische Brutalität der Ligue konnte diese dritte Kraft aber nicht bestehen, und Heinrich III. wurde bald zum Spielball anderer Mächte und mußte sogar um Krone und Leben fürchten. Er wurde in der Tat

---

[22] Der Plan, das College des Nesles, heute Hotel de Mazarin, dafür herzurichten, war gescheitert.

1589 ermordet, nachdem (in seinem Auftrag) 1586 der Herzog von Guise, sein innenpolitischer Widersacher, in Blois ermordet worden war.

Die Zeit in Paris ist für Brunos intellektuelle Karriere entscheidend gewesen. Es gab eine Renaissance des Lullismus, eine Zuneigung zur neuplatonischen Renaissancephilosophie und ein Vetter des Königs, der Adelige Pontus de Tyard, hatte eine leicht lesbare, d.h. für das höfische Publikum zugängliche Zusammenfassung der kosmologischen und erkenntnistheoretischen Debatten seit der Antike verfaßt. Seine Schriften waren in einem gefälligen Französisch ohne pedantische Details geschrieben und wandten sich in der Form des Konversationsromans an die Hofgesellschaft. Welche Kluft zur lateinischen Pedanterie der Schulphilosophen, welch' schöne Rhetorik!

Bruno tat sich sogleich als Komödienautor hervor, um den Beifall der höfischen Gesellschaft zu finden. Aber der neapolitanische Mönch war kein Höfling: seine Komödie war zu derb, sein Antiaristotelismus zu scharf, seine Orthodoxie zu unsicher. Die engen Gassen des Quartier Latin, die überfüllten Hörsäle des Collège de Cambrai sollten zur Falle werden, so wie später die engen Gassen und Kanäle Venedigs in der Nähe des Palazzo Moncenigo.

1583 schickt Heinrich III. Bruno nach England. Weshalb? War er in Paris untragbar geworden, weil sein Inquisitionsverfahren in Rom sich herumgesprochen hatte, oder versprach sich der König eine diplomatische Wirkung vom Philosophen am Hofe von Elisabeth I.? Welche Rolle spielte Brunos Copernicanismus? Brachte er seine Variante des Copernicanismus aus Paris nach London (um dort gleich in Konflikt mit den englischen Copernicanern und deren Gegnern zu geraten) oder kam er als Renaissance-Platoniker nach Oxford und wurde ein gelehriger Schüler der englischen Copernicaner?

4 Bruno in London - Spuren in seinem Werk

Kam Bruno nach Toulouse als zweifacher Flüchtling (vor der Inquisition in Rom und vor der Verfolgung durch die Kalvinisten in Genf), so war er in Paris bereits als akademischer Lehrer aufgetreten und hatte sich zugleich durch seine Komödie und seine gedächtnistheoretische Schrift ein Ansehen bei Hof und beim Publikum des „Collège Royal" erworben. In London wollte er diese Linie fortsetzen, der Hof von Elisabeth I. und die Universität Oxford sollten der Ort einer Steigerung sein; sie wurden zur Bühne einer eklatanten Niederlage: Bruno trägt einen frei gestalteten Platonismus (nach Ficino) vor - in Oxford waren diese Traditionen gerade abgebrochen worden. Bruno tritt für den Copernicanismus ein und verallgemeinert ihn im Geiste des Platonismus - die Mathematiker, welche als einzige Sympathien für Copernicus hegten (vgl. zweite Vorlesung) waren als Papisten verschrien. Bruno kämpfte gegen die Aristoteliker und die philologische Pedanterie der Humanisten - bald sollte in Oxford der Aristotelismus zur alleinigen Standardlehrmeinung erhoben werden. Die Gedächtniskunst, der Bruno in London drei lateinische Schriften widmete, war von Melanchthon und Ramus als jeder Mühe unwert verurteilt worden. Giordano Bruno kam mit einer zumindest in der „Académie du Palais" und am „Collège Royal" vorherrschenden Begeisterung für das Neue, das Aristokratisch-Idealisierte in eine Stadt, wo der dumpfe Pöbel die Straßen beherrschte und alle Anzeichen auf eine konservative Revolution im Sinne der puritanischen Bewegung wiesen. Selbst die Königin mußte ihre Politik vorsichtig dieser Stimmung anpassen. Bruno kämpft mit dem Rücken zur Wand; dennoch gelingt es ihm, ein selbstbewußtes Lehr-Gebäude: seine Philosophie, die er in den sechs italienischen Dialogen umreißt, aufzubauen.[23]

4.1 Bruno in London: eine realistische Spurensuche

Ich komme im Februar 1997 einige Tage vor Aschermittwoch (13. Februar 1997) nach London. Nachdem ich in der Nähe des *Warburg Institute* Quartier bezogen habe, mache ich einen ersten Erkundungsgang von *Whitehall* zum *Salisbury Court* und zurück durch die Gassen des *Temple*, an *St. Clement Danes* vorbei und den *Strand* entlang. In den folgenden Tagen durchstreife ich diese Gegend noch des Öfteren und versuche, hinter der dramatischen Metamorphose des Ortes, die

---

[23] In dem reißerisch angelegten Buch „Giordano Bruno and the Embassy Affair" (1991) versucht John Bossy nachzuweisen, daß Giordano Bruno identisch mit einem Spion an der französischen Botschaft, Pagot, gewesen sei. Er habe unter Ausnützung seiner Tätigkeit als Hauskaplan des Botschafters Gespräche belauscht und (in Französisch) Berichte an Walsingham, den Minister von Elisabeth I, verfaßt. Ihm sei es zu verdanken, daß die Throckmorton-Verschwörung zur Ermordung der Königin und zur Befreiung von Maria Stuart aufgedeckt wurde. Von dieser Identifikationshypothese ausgehend, reinterpretiert er nicht nur die Londoner Schriften Brunos, sondern auch dessen weiteren Lebenslauf. Ich möchte lediglich auf einige Unstimmigkeiten der Identifikationshypothese hinweisen: Da Bruno den Orden verlassen hatte, konnte er gar nicht als Kaplan in London tätig werden; es sind keine französischen Schriften Brunos bekannt und die Handschriftenvergleiche sind, wie Bossy eingesteht, zumindest unergiebig. Liest man die Briefe, so erhält man das Bild eines subalternen, geldgierigen Spions, den selbst ein primitives Verschlüsselungsverfahren (Bossy, 1991: 239) in Erstaunen versetzt. Dieses Charakterbild paßt gar nicht zu dem, das die Londoner Schriften vermitteln; einem Gedächtnistheoretiker wie Bruno hätten weit kompliziertere Verschlüsselungsverfahren zur Verfügung gestanden; vgl. die Vorlesungen 3 und 4.

Wege zu erraten, die Bruno mit seinen Freunden gemacht hat (vgl. 2. Dialog das „Aschermittwochsmahl").

Whitehall, die Residenz von Elisabeth I. ist verschwunden; an der Stelle eines früheren Empfangs- und Ballhauses steht noch das *Banqueting House*, das Inigo Jones 1622 in großer Pracht wiederaufgebaut hat. Der Ball- und Empfangssaal mit der von Rubens bemalten Decke läßt den Prunk der königlichen Empfänge unter Edward VI. ahnen. Als Giordano Bruno hier oder in einem Hause der Nachbarschaft am Aschermittwoch von Fulk Greville zur Disputation eingeladen wurde, war von dieser barocken Pracht noch nichts vorhanden.

Ich gehe an der Themse entlang, die im 16. Jh. bei Flut Teile der heutigen Uferflächen bedeckte und bei Ebbe eine Schlickfläche zurückließ. Die Boote, die eine Verbindung zur Stadt herstellten, erreichte man damals über einen Steg. Unterhalb des *Middle Temple* erinnern zwei silberfarbene Fabeltiere zu beiden Seiten des *Victoria Embankment* an die alte Stadtgrenze Londons. Hier landete das morsche Boot, das der Nolaner und seine Freunde unterhalb des Palastes von *Buckhurst* genommen hatten.

„Obwohl wir auf der direkten Straße waren, glaubten wir, wir könnten den Weg abkürzen, indem wir zur Themse einbogen, in der Hoffnung, dort einen Kahn zu finden, der uns zum Palast bringen würde. Wir kamen zum Steg vom Palast von Lord Buckhurst ..." (Bruno, 1981: 111).

Lord Buckhurst wurde 1604 zum Graf von Dorset ernannt. Ich gehe den *Dorset Rise* hinauf und komme zu einem Platz mit einem kleinen Obelisken in der Mitte: *Salisbury Court*. Der südliche und südwestliche Teil des Platzes ist von hohen Betonbauten abgeriegelt. Wenn wir die These von Bossy (1991) akzeptieren, daß die französische Botschaft sich am *Salisbury Court* befand, dann hat Bruno hier nach dem Skandal, den seine Schrift „Das Aschermittwochsmahl" auslöste, Zuflucht gefunden.

Die von Bruno geschilderte Bootsfahrt auf der Themse wurde unterhalb des Palastes von Buckhurst begonnen, von dort führte die *Water Lane* zu einem Dock, d.h. zu einer seichten Stelle, wo Boote an Land gezogen werden konnten. Die Einstiegsstelle waren wohl die *Whitefriars Stairs* (vgl. den sogenannten Agas-Plan) unterhalb des Karmeliter-Klosters, das von Heinrich VIII. 1539 aufgelöst worden war (vgl. Stow, 1603/1994: 364 f.). Wie der Agas-Plan von 1560 zeigt, war das Ufer durch eine Mauer mit Toren an den Anlagestellen begrenzt. Die kleine Gesellschaft mußte lange auf ein Boot warten und die Fährleute bewegten das ächzende Gefährt nur mühsam bis hinter den *Temple*. Auch für diesen Sachverhalt gibt es eine einfache Erklärung: Die Themse ist tidenabhängig und nach *Whitehall* empfahl es sich, bei auflaufender Flut zu rudern. Wenn das Wasser grade ablief, war es kein Wunder, daß die Fährleute nur zögernd reagierten und bereits in der Höhe des *Temple* aufgaben.[24]

„So brachten wir viel Zeit aber wenig Strecke hinter uns, und wir hatten kaum ein Drittel der Strecke zurückgelegt, nämlich bis kurz hinter den Ort, der Temple heißt, als unsere Gevattern plötzlich, anstelle sich zu beeilen, dem Ufer zusteuerten." (Bruno, 1981: 113)

Gleich anschließend an *Whitefriars* lag auf steilem Abhang der neue *Temple* (der alte *Temple* lag in Oldborn). Die Ritter des Templerordens hatten hier ihren Sitz. Nach der Auflösung des Ordens übergab Edward III. die Gebäude an die Studenten des Rechts. Diese Zueignung besteht bis heute. Bruno hat das Boot wahrscheinlich am Steg, der zum *Leicester House* führt, verlassen.[25] Diese Gegend war noch wenig bebaut, abschüssig und wurde von einigen Wasserläufen durchfurcht.

Der Plan von 1593 (Speculum Britannae; Holms, 1969: 79) zeigt, daß der Steg am *Leicester House* kurz hinter dem *Temple Bar* in den *Strand* einmündete. *Mylford Lane* (hier läßt Bossy, 1991 den Weg Brunos verlaufen) liegt dagegen weit weg vom *Temple*.

„In ancient time the Strand was an open space extending from Temple to the village of Charing Cross sloping down the river, and intersected by several streams from the neighboring high grounds which in this direction emptied themselves in the Thames." (Piper, 1977: 294)

Im Dialog ist von einem „schlammigen Durchgang ... auf beiden Seiten von hohen Mauern umgeben", von einem „Schlammeer, dessen träger Fluß in die tiefen Fluten der Themse sich ergoß" (Bruno, 1981: 114 f.) die Rede.

Die Hauptstraße selbst, der *Strand*, war 1532 gepflastert worden,[26] und so kommen sich unsere Wanderer durch den Schlamm wie im Elysium vor, als sie diese erreichen.

---

[24] Vgl. Holmes, 1969: 12-15. Es wird der Weg von Elisabeth I. von Whitehall zum Tower beschrieben. Bei ihrer Gefangennahme mußte sie trotz auflaufender Flut durch die Strudel der London Bridge gerudert werden, als Königin wartete sie die Ebbe ab. Vgl. auch Neale, 1934: 47.

[25] Bossy (1991: 40) glaubt, daß er von *Backhurst Stairs* zu *Milford Stairs* gefahren sei, aber der „Agas"-Plan zeigt, daß der Weg in der Nähe von *Buckhurst* flach in die Themse führte (in 'Exact Survey' von John Leake heißt die Stelle „Whitefrayrs dock", cf. ibid.: 251):

[26] Piper, 1977: 286.

„Auf der Hauptstraße angelangt, schien es uns, als seien wir auf elysischen Gefilden." (ibid.: 116)

Der *Temple Bar*, die Grenze der Hoheitsrechte von London, war ein Tor, das den *Strand* (City of Westminster) von der *Fleet Street* (City of London) trennte. Die Pfarrei gehörte zu *St. Clement Danes*. Heute sind *Fleet Street* und *Strand* eine der großen Verkehrsadern Londons. Oberhalb des *Temple Bar* stehen (seit 1882) die *Royal Courts of Justice*; an deren Stelle situierten Yates u.a. den Wohnort von Bruno. Er selbst gibt eine sehr exakte Beschreibung des Punktes, an dem der schlammige Weg den *Strand* erreichte: er war nur 22 Schritte vom Ausgangspunkt und damit vom Wohnort Brunos entfernt: „ecco che ne ritrovammo poco piú o meno di ventidui passi discosti da onde eravamo partiti per ritrovar gli barcaroli, e vicino a la stanza del Nolano".[27] Ich bin diese Stelle südlich der *Temple Bar* mehrfach abgeschritten. Die beiden Wege müssen am *Temple Bar* (und zwar jeweils auf der Londoner und der Westminster Seite) einmünden, wenn die Distanz nur 22 Schritte beträgt und Brunos Wohnung muß gleich in der Nähe der Kirche von *St. Clement Danes* gelegen haben. Dies spricht für die traditionelle Hypothese. Wenn die französische Botschaft oder zumindest das Haus des Botschafters aber in *Salisbury Court* lag, wie Bossy annimmt, dann folgt daraus, daß Bruno nicht in dessen Haus gewohnt hat (vielleicht hat er dort später Zuflucht gefunden). Der Weg in Richtung *Buckhurst* (und damit zur französischen Botschaft) konnte durch das *Temple*-Areal geführt haben, denn Stow (1605/1994: 399) gibt die folgende Strecke südlich der *Fleet Street* an (in umgekehrter Richtung vom *Salisbury Square* ausgehend): „south side, by Bride Lane, Water Lane, Croker's Lane, Sergeant's Inn, and the New Temple, by the bar".

Dies bedeutet, Bruno hat in der City of Westminster an der Stadtgrenze gewohnt, sein Weg ging durch das *Temple*-Areal in Richtung auf die französische Botschaft, dort bestieg er ein Schiff, das ihn aber in der Nähe des Temple aussetzte, wodurch er wieder den Ausgangspunkt erreichte. Ich will kurz versuchen, die symbolische und die diskursive Ebene der nächtlichen Wanderung Brunos zu beleuchten.

---

[27] Cf. Bruno, 1958: 60. Die Übersetzung in Bruno (1981: 116) ist ungenau: „bemerkten wir, daß wir nur ein paar Schritte von der Stelle entfernt waren, an der wir abgebogen waren, um zu den Bootsleuten zu gelangen".

Einleitung 33

4.2 London als versunkenes Atlantis und als Labyrinth der Trugschlüsse

Im „Aschermittwochsmahl", das nach Stampanato (1921/1988: 362) am 14. Februar 1584 beim französischen Botschafter in London stattfand[28], schildert Bruno eine nächtliche Irrfahrt im schlammigen London. Die Unpassierbarkeit der Verbindung von City (puritanisches Stadtregiment) und Palast (von Renaissance-Idealen bestimmte Hofkultur) wird von Bruno als Zeichen größerer Zusammenhänge interpretiert:

– Als Mythos: Atlantis, die sagenumwobene Insel westlich von Gibraltar, soll nach Platons „Timaos" in eine (für Schiffe) unpassierbare schlammige Untiefe verwandelt worden sein. Die klassische englische Philosophie; das Erbe von Scotus, aber auch Erasmus und Morus, ist für Bruno das alte, blühende Atlantis; die ramistische „neue" Philosophie[29] in Cambridge ist ein Schlammloch (vgl. unten).[30]

– Als aristotelische Disputationen: Die verworrenen, dunklen Wege Londons werden zum Siegel der dialektischen Winkelzüge der Aristoteliker. Als die lustlosen Fährleute ihn bereits am Temple, d.h. in der Nähe seines Ausgangspunktes an Land setzen, schließt sich der Kreis der Irrfahrt, und der Nolaner sagt (Bruno, 1981: 116):

„O unbeständige Dialektiken, verschlungene Zweifel, lästige Trugschlüsse, spitzfindige Fangschlüsse, dunkle Rätsel, verworrene Labyrinthe, verteufelte Sphinxen, löst Euch auf oder laßt Euch lösen!"

– Der *Temple* könnte als Symbol des Okkultismus verstanden werden, da an dieser Stelle früher der Palast der Templer stand. Diese standen im Gerücht, eine Geheimgesellschaft gebildet zu haben, in dem magische Praktiken die christlichen Zeremonien verdrängt hätten. Man könnte an John Dee und seinen Gehilfen Kelly denken, die gleichzeitig mit Bruno in London waren (siehe auch die zweite Vorlesung). Auch ein Bezug auf William Temple ist vorstellbar. Dessen Buch: „P. Rami Dialecticae libri duo" erschien 1584 und

---

[28] Bossy (1991:106) errechnete eine Zeittafel, nach der ein katholischer Aschermittwoch (nach der neuen Zeitrechnung) am 15. Februar, ein kalvinistisches Aschermittwochsmahl in Whitehall aber am 14. März (bei neuer Zeitrechnung bzw. 4 März in alter Zeitrechnung) stattgefunden haben müßte.

[29] Bacons „New Atlantis" ist erst viel später publiziert worden. Da die dazu gehörigen geistigen Auseinandersetzungen in die Zeit von Brunos Aufenthalt in London fallen, könnte Brunos Polemik auf intellektuelle Kreise abzielen, aus denen Bacons Konzeption eines „Neuen Atlantis" hervorgegangen ist.

[30] Der *Fleet*, der westlich der Stadtmauer in die Themse mündete, war so verschlammt, daß die Schiffahrt eingestellt werden mußte.

Temple errang jene Gunst von Sir Philip Sidney, um die sich Bruno vergeblich bemüht hat.
- Die Themse als universale Methode nach Ramus: Bruno hatte einen Schüler in London, den Schotten Alexander Dicson, der 1583/84 eine Schrift verfaßt hatte, in welcher die Gedächtnistheorie Brunos erläutert wurde. In der harschen Kritik eines puritanischen Theologen aus Cambridge, der sich hinter dem Pseudonym G.P. Cantabrigiensis verbarg, wird die Themse mit ihren Zuflüssen als Bild der universalen Methode des Petrus Ramus verwendet.

„Der Fluß Themse bildet eine Einheit für verschiedene Bequemlichkeiten brauchbar, zum Trinken, Waschen, Bewässern, für die Abwasser, zum Löschen, Befahren, und sind auch seine einzelnen Zuflüsse nicht für einzelne Gebrauchsformen, sondern für ebendieselben geeignet."[31] (Übers. d. A.)

Der Irrweg Brunos im Dunkeln, als er versucht, die Themse als Weg zu benutzen, und die Effektlosigkeit der alten Ruderer, das morsche Boot, das von Holzwürmern zerfressen ist und in das gurgelnd das Wasser eindringt, ergeben ein Antibild bzw. die Zerstörung des Urbildes eines majestätischen Flusses, der jedem jederzeit zu Diensten steht. Auf seine Zuflüsse, die lediglich Schlammfurchen sind, übertragen heißt dies, daß all die hehren Anwendungen des Flusses (d.h. der ramistischen Methode) nur eine Illusion sind.

Das Gastmahl selbst hat mehrere Bezüge, auf die ich bei der Beschreibung von Brunos Gedächtnistheorie in der dritten Vorlesung näher eingehe (Abschnitt 2.4).

5 Giordano Brunos Flucht durch Deutschland

5.1 Rückkehr nach Paris

Nach Paris zurückgekehrt, findet Bruno eine für ihn ungünstige Situation vor. Der König hat sich nach Blois zurückgezogen, die strenge spanische Partei hat die Oberhand gewonnen. Giordano Bruno spekuliert wie viele andere der „Politiques" auf die Konversion von Heinrich von Navarra, dem einzigen rechtmäßigen Nachfolger von Heinrich III. Allerdings hatte der Papst, Sixtus V., am 2. September 1585 Heinrich von Navarra (und seinen Heerführer Condé) in einer Bulle exkommuniziert und damit dessen Thronnachfolge ausgeschlossen. Dies

---

[31] G. P. Cantabrigiensis, 1584: Bl. C5: „Unus est Londini fluovius Thamesis, ad varias opportunitates accommodatus, ad potandum, lavandum, irrigandum, purgandum, restiguendum, vehendum; & ita singuli eius ruuli, non ad distinctos usus, sed ad eosdem omnes referuntur."

blockierte die Vision eines Ausgleichs des Religionskonfliktes durch den (zukünftigen) französischen König. Für Bruno blieb nur noch das protestantische Deutschland als Fluchtort übrig.

5.2 Brunos Reise durch Deutschland (anhand historischer Quellen)

Beim zweiten Verhör in Venedig (30. Mai 1592) gibt Giordano den folgenden kurzen Bericht seines Aufenthaltes in Deutschland:

„Ich verließ Paris wegen der Tumulte und ging nach Deutschland; den ersten Halt machte ich in Mainz, einer Stadt mit einem Erzbischof, welcher der erste Kurfürst des Reiches ist. Dort blieb ich zwölf Tage. Da ich weder dort noch in Wiesbaden, einem Ort in der Nähe, eine Gesellschaft nach meinem Bedarf vorfand, ging ich nach Wittenberg in Sachsen. Dort fand ich zwei Fraktionen vor, eine philosophische, die aus Kalvinisten bestand, und eine theologische, die von Lutheranern gebildet wurde. Unter diesen befand sich ein Doktor namens Alberigo Gentile aus dem Marken, den ich in England kennengelernt hatte. Er war Professor der Rechte und verhalf mir durch seine Gunst dazu, eine Vorlesung über das *Organon* des Aristoteles zu halten. Diese und andere Vorlesungen zur Philosophie gab ich während zwei Jahren. Zu jener Zeit, als dem alten Herzog, der Lutheraner war, sein Sohn, der Kalvinist war, auf dem Thron gefolgt war, begann dieser diejenige Partei zu unterstützen, welche gegen mich war. Deshalb nahm ich meinen Abschied und ging nach Prag, wo ich sechs Monate blieb. Während ich mich dort aufhielt, ließ ich ein Buch zur Geometrie drucken, das ich dem Kaiser widmete, der mir ein Geschenk von 300 Taler machte. Mit diesem Geld verließ ich Prag und hielt mich ein Jahr in der Academia Julia in Braunschweig auf. Dort verstarb in jener Zeit der Herzog, der Häretiker war. Ich verfaßte eine Rede zu seiner Beerdigung, im Wettstreit mit vielen anderen Mitgliedern der Universität. Dafür gab mir der Sohn und Nachfolger des Herzogs seinerseits achtzig Skudi. Ich nahm Abschied und ging nach Frankfurt, um zwei Bücher drucken zu lassen, das eine *De minimo* etc. und das andere *De numero, monade et figura* etc. In Frankfurt blieb ich zirka sechs Monate und wohnte im Kloster der Karmeliter, dem Ort, den mir der Drucker zugewiesen hatte, der verpflichtet war, mir ein Zimmer zur Verfügung zu stellen." (Übersetzt aus Firpo, 1993: 162 f.)

Eine weitere Quelle sind die Matrikeleinträge, Rechnungsbelege und andere Dokumente, die uns über die Stationen der Reise Brunos unterrichten.

Am 25. Juli 1586 ließ sich Bruno in das Matrikelbuch der Universität Marburg eintragen: „Jordanus Nolanus Neapolitanus Theologiae Doctor Romanensis". Der Rektor, Petrus Nigidius, verweigerte ihm jedoch das Recht, öffentliche Vorlesungen abzuhalten, wogegen der Nolaner heftig protestierte. Er warf diesem vor, gegen ein allgemeines Recht europäischer Wissenschaftler zu verstoßen. Der Rektor ließ Bruno aus dem Matrikelbuch streichen und erstattete ihm die Einschreibgebühr. Den Vorgang vermerkte er im Matrikelbuch. Der Zusatz „cum consensu facultatis philosophiae" wurde allerdings wieder gestrichen (vgl. die Reproduktion des Eintrages in Canone, 1992a: 112, sowie Stampanato, 1921:663f); möglicherweise wurde die harte Entscheidung des Rektors von einigen Kollegen mißbilligt.

Bruno verließ nach diesen Vorfällen Marburg und erreichte am 20. August 1586 Wittenberg, wo er sich ebenfalls in das Matrikelbuch eintrug; dieses Mal fehlte der Zusatz „Theologiae Doctor Romanensis". Bruno scheint vorsichtiger geworden zu sein, die komplizierte Religionssituation an deutschen Universitäten mag ihm bewußt geworden sein Außerdem befand er sich in der Hochburg der deutschen Reformation. Sein Eintrag lautete: „Jordanus Brunus Nolanus doct. Italus". In Wittenberg war es seit dem Tod Melanchthons zu Konflikten mit dem albertinischen Kurfürstenhaus gekommen. Man warf der Universität eine Verfälschung des Luthertums vor; diese wehrte sich dagegen, „daß man bezüglich der Lehre Melanchthon zu Luther in Gegensatz bringen wolle" (Friedensburg, 1917: 311).

Die Neuordnung der Universitäten von 1580 regelte nicht nur peinlich genau den Lehrkanon, es wurden auch die alten Disputationen, die Melanchthon durch die formloseren „Deklamationen" ersetzt hatte, wiedereingeführt. In diese sehr rigide Struktur mußte Bruno seine Tätigkeit einpassen, als er sich in Wittenberg einschrieb.

Nach dem Tod von Herzog August am 11. Februar 1586 ließ sein Sohn und Nachfolger, Christian I., sofort eine Visitation der Universität Wittenberg durchführen; seine religionspolitische Intention war aber der des verstorbenen Vaters entgegengesetzt. Hatte dieser die lutherische Tradition unterstützt, so sollte nun die philippistische (auf Melanchthon zurückgreifende) Tendenz gestärkt werden. Der Bericht wurde am 29. Mai 1587 vorgelegt und 1588 (bereits nach Brunos Abgang) wurden die Empfehlungen der Visitation als Gesetz verabschiedet. Im Visitationsbericht (vgl. Kopie eines Ausschnitts in Canone, 1992a: 114), wird u.a. moniert, daß „die Dialectica Nolani eines Itali" gedruckt worden sei. Solche Bücher seien *„nicht allein Vnnützlichenn Sondern auch der Vniversitet schimpfflichen vnnd nachteylig"* (ibid.: 114 f).

Immerhin konnte Giordano Bruno für einige Zeit eine „normale" Lehrtätigkeit ausüben und dabei sogar einige Schüler für seine Sache gewinnen: Hieronymus Besler (1566-1632), der ihm später als Schreiber half, Gregor Schönfeld, Justus Meier, Hans von Warnsdorf, Michael Forgacz. Zu einem weiteren Kreis von Interessierten gehörten Velens Havekental, Alcidalius (1567-1595) und Matthäus Wacker von Wackenfels (1550-1619), der später Johannes Kepler auf Brunos

Tod aufmerksam machte, und dem Kepler seine Neujahrsschrift „Vom sechsekkigen Schnee" gewidmet hat (1611).

Der Weggang von Bruno erfolgte nicht unter Zwang, die Konsequenzen der Visitation waren aber bereits absehbar. Eventuell hat ihn der Humanist Nicodemus Frischlin, der im Juli 1587 aus Prag nach Wittenberg kam, bewogen, in der kaiserlichen Residenz sein Glück zu suchen (vgl. Canone, 1992a: 126).

Der Hof von Prag überstrahlte mit seinem Glanz natürlich die kleineren deutschen Höfe und Rudolf II. hatte sich im Religionsstreit relativ neutral verhalten, um eine weitere Polarisierung zu vermeiden. Magie, Astronomie und alle Arten geheimnisvoller Künste hatten großes Ansehen bei Hofe. Allerdings hatte Rudolf mit Fabrizio Mordente einen alten Feind Brunos aus der Zeit in Paris als Astrologen, während die astronomisch Interessierten bereits zu Tycho Brahe blickten, der ab 1599 die Stelle des kaiserlichen Hofastronomen bekleiden sollte.

Bruno schickte ein Exemplar des in Wittenberg gedruckten „Acrotismus" zu Tycho Brahe nach Uranienburg.[32] Dieser reagierte auf das Buch aber sehr kritisch, wie aus einem Brief an Christoph Rothmann vom 17. August 1588 hervorging: „Jüngst hat auch Jordanus Nullanus in einer gewissen Schrift über die Welt gegen die Peripatetiker dasselbe zu behaupten gewagt" (Nämlich, daß das Universum mit Luft gefüllt sei, und sich somit die sublunare Welt ins Unendliche fortsetze. Diese Kritik richtete sich aber primär gegen Rothmann selbst; vgl. Sturlese, 1985: 310, Übers. d. A.). Das Brahe persönlich gewidmete Buch kam später mit diesem nach Prag und es enthält am Ende einen vernichtenden handschriftlichen Satz, der von Tycho Brahe oder einem seiner Schüler stammen könnte (ibid.: 311):

„Nullanus nullus et nihil, / conveniunt rebus nomina saepe suis."[33]

Die Alchimisten, Magier, Hermetiker, die um die Gunst Rudolf II. buhlten, mußten Brunos philosophische, natürliche (weiße) Magie ablehnen. Da er auch keine verblüffenden Effekte damit erzeugen konnte, mußten Gönner, welche an die Scharlatanerie, z.B. eines John Dee gewöhnt waren, enttäuscht sein. Den ernsthaften Wissenschaftlern, den Astronomen, wiederum erschien Brunos spekulative Kosmologie zu phantastisch, sie entfernte sich zu sehr von den festen Grundlagen (in der antiken und arabischen Tradition) und verschärfte die ohne-

---

[32] Sturlese (1985: 310) nimmt an, daß die Schrift im Frühling 1588 von Prag aus nach Uranienburg geschickt wurde und dort im Sommer ankam.

[33] Übers. d.A.: „Nullanus (Nolanus) null und nichtig, diese Wörter passen oft zu seinen Inhalten (Sachen)". Offensichtlich wurde Nolanus zu Nullanus korrigiert. An Kepler hat Brahe auch nur die mathematischen Fertigkeiten geschätzt und da Brahe Adeliger war, empfand er seine Wissenschaft eher als ein luxuriöses Hobby.

hin schon angespannte Beziehung zur christlichen Offenbarungsreligion. Für Tycho Brahe war jedenfalls die Vermeidung des Konfliktes mit der Theologie nicht nur ein politisches, sondern ein höchst persönliches Anliegen. Zwischen betrügerischen Phantasten und strenggläubigen Astronomen gab es keinen Platz für eine „philosophische" Kosmologie, wie sie Bruno vertrat.

Von Prag wandert Bruno zuerst nach Süden, und zwar nach Tübingen, wo er sich allerdings nur eine Woche aufhielt. Das Senatsprotokoll der Universität Tübingen verzeichnet am 17. November 1588 die Anfrage eines „Quidam Italus .... nomine" (an der Stelle des Namens befindet sich eine Lücke), privatim Vorlesungen zu halten (vgl. Canone, 1992a: 130 für eine Abbildung der Seite und Hofmann, 1971). Der Senat untersagt öffentliche Vorlesungen und erlaubt private nur zu freien, von anderen Mitgliedern der Universität nicht belegten Zeiten. Der Senat wünsche die Tätigkeit weiterer Professoren nicht. Für den Fall eines Verzichts wurden ihm vier Florint zugesagt. In der Tat bestätigt eine Rektoratsrechnung vom 24. November 1588 die Auszahlung von 4 Fl. an: „Jordano Bruno ex decreto Senatus" (ibid.: 130). Die Universität hat sich somit von der Duldung des Philosophen „Ut humaniter cum eo agatur" (ibid.: 129) freigekauft.

Giordano Bruno wendet sich wieder nach Norden und schreibt sich am 13. Januar 1589 als „Jordanus Brunus, Nolanus Italus" an der Academia Julia ein, die Herzog Julius von Braunschweig gegründet hatte. Die eineinhalb Jahre dort sollten der letzte Höhepunkt in Brunos Schaffen sein. Vom Herzog und später dessen Sohn protegiert, geht er an die Niederschrift seines philosophischen Systems. Hier entstehen die später in Frankfurt gedruckten lateinischen Schriften. Aber auch die Zeit in Helmstedt ist nicht ohne Konflikte. Im Herbst greift ihn der Superintendent Gilbert Voet, ein kompromißloser Lutheraner, von der Kanzel aus an. Bruno setzt sich zur Wehr; in einem Brief an den Rektor der Akademie, Daniel Hoffmann (6. Oktober 1589), verlangt er das Recht, seinen Standpunkt öffentlich verteidigen zu dürfen. Über den weiteren Verlauf der Sache ist nichts bekannt und Bruno verläßt im April 1590 Helmstedt.[34]

Am 15. April 1590 erhält Bruno für seine Trostrede von Herzog Heinrich Julius in Wolfenbüttel einen Preis in Höhe von 50 Florint; anschließend hatte er vor, als Dank in Magdeburg eine Schrift drucken zu lassen. Es ist nicht bekannt, ob die Reise nach Magdeburg, wo ein Onkel seines Schülers Besler, Wolfgang Zeileisen, wohnte, zustandekam. Jedenfalls kommt Bruno im Juni nach Frankfurt, wo er an den Senat das Gesuch richtet, im Hause seines Verlegers Johann Wechel zu wohnen. Dieses Gesuch wird abgelehnt: „*Soll mann Ime sein pitt*

---

[34] Der Superintendent hat im Jahre 1600 in zwei Schriften: *Pro duplici veritate Lutheri* und *Super questione num syllogismus rationis locum haberet in regno fidei* seine theologische und antiphilosophische Position veröffentlicht.

abschlagen Vnd sagen, dass er sein pfennig anderstwo verzere" (vgl. Abbildungen der Einträge in Canone, 1992a: 135). Giordano Bruno kam im Karmeliterkloster unter, das nicht unter die Jurisdiktion der Stadt fiel und noch bis 1595 freie Kostgänger ohne Anmeldung bei der Stadt aufnahm.

In Frankfurt, wo Bruno den Druck seiner Schriften überwacht, trifft er die Schweizer Hans Heinrich Hainzel von Degenstein und Raphael Egli. Ziemlich unvermittelt verläßt Bruno (im Januar oder Februar 1591) Frankfurt und verbringt ca. fünf Monate im Kanton Zürich (wohl auf Schloß Elgg). Er kehrt nach Frankfurt zurück, um den Druck der Schrift „De imaginum ... compositione" zu überwachen und folgt dann der fatalen Einladung nach Venedig, wo er wahrscheinlich im Oktober 1591 angekommen ist.

Zusammenfassend können wir sagen, daß Bruno in Deutschland eine sehr unüberschaubare und instabile Situation vorfand. An zwei Orten: Wittenberg und Helmstedt konnte er einen regelmäßigen Unterricht erteilen und hatte Gelegenheit, eine Anzahl von Werken zu verfassen, welche insgesamt ein Volumen ergeben, das mit dem der Werke in Paris (1582-1583) und in London (1583-1585) vergleichbar ist. Seine Lehrtätigkeit fand allerdings am Rande der universitären Institution statt, er wurde nur geduldet und hatte zu keinem Zeitpunkt die Chance, in den Lehrkörper integriert zu werden (dies war eigentlich nur in Paris am Collège de Cambrai der Fall, da er die Gnade des Königs Heinrich III. gefunden hatte).

An anderen Orten konnte er zumindest Schriften publizieren und damit eine indirekte Wirkung entfalten. Dazu gehören Prag und Frankfurt, in der Schweiz konnte er in einem eher privaten Kontext lehren; aus Notizen publizierte Egli im Jahre 1595 das Buch: „Summa terminorum metaphysicorum Giordani Bruni Nolani", das er 1609 als Professor der Theologie in Marburg in einer erweiterten Fassung erneut herausbrachte („Praxis descensus seu applicatio entis"; vgl. Canone, 1989 und den Faksimile-Neudruck von Bruno, 1609).

5.3 Auf den Spuren Brunos in Wittenberg

Das ehemalige Augustinerkloster, der Schwarze Hof, dessen Räume Luther nach der Aufhebung des Klosters mit seiner Familie bewohnte, wurde bereits einige Jahrzehnte nach seinem Tode von der Universität genutzt und beherbergte Bursen (Wohnräume) für Studenten und Kollegienräume. Die Universität Wittenberg war die meistbesuchte Deutschlands, und es bestand ein Bedarf an Lehrern der allgemeinen Propädeutik. Das *Organon* des Aristoteles und die Anfangsgründe der Astronomie hatte Bruno schon in Toulouse und Paris gelehrt, hier konnte er daran anknüpfen. Der akademische Betrieb muß Bruno beeindruckt haben, denn aus seiner Abschiedsrede ein Jahr später spricht ehrliche Anerkennung und Lob.

Ich komme am späten Abend nach Lutherstadt-Wittenberg. Am nächsten Tag gehe ich die Collegiengasse hoch, am schlichten Renaissancebau der „Alten Universität" vorbei, zum Melanchthon-Haus, das heute ein Museum ist, und komme zum alten Augustinerkloster (Augusteum). Im Hinterhaus liegt die frühere Wohnung von Martin Luther. Während das schmale Melanchthon-Haus wenige Besucher zählt, ist die groß angelegte Luther-Schau fast überfüllt. Ein interessantes Paar: der sich in Arbeit verzehrende, immer auf Ausgleich bedachte Melanchthon, der fast im Alleingang die von der Reformation zerstörten Bildungsinstitutionen wiederaufbaut und ihnen eine Form gibt, die Bestand haben sollte, und der kraftvolle Luther, der seiner Intuition folgt und wie ein Fels in der Brandung steht. Zusammen ergab das ungleiche Paar eine Macht, welche selbst dem Zorn eines Kaisers, in dessen Reich die Sonne nicht unterging (Karl V.) widerstehen konnte. Nach dem Tod Luthers gelang es dem sanften und kompromißbereiten Melanchthon allerdings nicht, die zunehmende Streitsucht der Theologen und damit die Zersplitterung der evangelischen Bewegung einzudämmen. Der Kurfürst August ließ sich zuerst von Melanchthons Schwiegersohn Kaspar Peucer beeinflussen. 1574 kam es zu einer Wende, die sogenannten „Kryptokalvinisten", darunter Peucer, wurden mit schwerer Kerkerhaft bestraft. Die Konkordienformel von 1580 brachte zumindest einen Teil der protestantischen Territorien, darunter auch das albertinische und das ernestinische Sachsen, zur Ruhe. In dieser Situation betrat Giordano Bruno bescheiden die Bühne. Die noch im Vorteil befindliche lutherische Partei in Wittenberg duldete ihn, wobei neben der Fürsprache seines Landsmannes Alberigo Gentile auch der Mangel an Lehrkräften zu seinen Gunsten sprach.

Im Schatten der schon damals blühenden Luther-Pietät wird wohl nicht viel Platz für den Flüchtling Giordano Bruno gewesen sein, denn besser als alle anderen wußte er, worum es ging. Er kannte Rom und die Inquisition und hing dennoch an der katholischen Kirche, hatte in Genf den Kalvinismus hautnah erlebt, in England die Kämpfe zwischen der Königin und den puritanischen Fundamentalisten, kannte die französischen Hugenotten, die spanische Partei der Guisen und auch die Ohnmacht der gemäßigten „Politiques". Der Konflikt mit den orthodoxen und intoleranten Lutheranern aber stand ihm noch bevor (in Helmstedt).

Giordano Bruno lehrte drei Semester in Wittenberg (er schrieb sich am 20. August 1586 ein und verließ die Stadt im Frühjahr 1588). Faßt man seine wissenschaftliche Produktion, die Aussagen der Abschiedsrede und andere Informationen zur Universität Wittenberg in diesen Jahren zusammen, so erweist sich diese Phase als eine Zeit der relativen Ruhe, der Sammlung. Die große naturphilosophische Kontroverse bleibt Nebensache (obwohl er den „Acrotismus" erneut publiziert und in seiner Abschiedsrede Copernicus über Aristoteles und die Peripatetiker erhebt; vgl. Bruno, 1962, Bd. I, 1: 17); dennoch sind seine (erst später publizierten) Arbeiten zur Dialektik und Rhetorik selbstbewußt und selbständig. In gewisser Hinsicht ist diese Periode mit Brunos Flucht in Italien vergleichbar, mit seiner Zuflucht in Noli, wo er Kindern und Kavalieren Unterricht erteilte. Es war aber vorhersehbar, daß Bruno nach der Aufmerksamkeit, die ihm der französische und der englische Hof geschenkt hatten, den Versuch machen würde, wieder in einem europäischen Zentrum Fuß zu fassen. In Deutschland konnte nur die kaiserliche Residenz Prag das nächste Ziel sein.

5.4 Auf den Spuren Brunos in Prag

In seiner Abschiedsrede in Wittenberg hatte Bruno die deutschen Kaiser Karl V. und Maximilian II. als Förderer der Astronomie gepriesen. Rudolf II. sei ihr würdiger Erbe. Wir wissen nicht, ob Bruno sich an der altehrwürdigen Universität eingeschrieben (die Matrikeln der damaligen Zeit sind verlorengegangen) und wo er gewohnt hat. Wahrscheinlich in der Altstadt nahe der Universität, wie später in Helmstedt. Kepler wohnte 1607-1612 auch in der Altstadt; genauer zwischen (heutigem) Clementinum und Carolinum.

Als Bruno nach Prag kam, brachte er nicht nur den in Wittenberg gedruckten „Acrotismus" (d.h. seine Auseinandersetzung mit den Pariser Aristotelikern) mit, er setzte auch die Serie seiner Lullischen Schriften mit dem Druck von „De specierum scrutinio et lampade combinatoria Raymundi Lulli"[35] fort. Besonders herausragend ist aber die mathematisch-naturphilosophische Schrift: „Articuli centum et sexaginta adversus huius tempestatis mathematicos atque philosophos"[36] (Bruno, 1962, Bd. I, 3: 1-118), eine sehr geraffte Darstellung seiner Naturphilosophie mit einer ausführlichen Widmung an Rudolf II. (3-8), einer kurzen Abhandlung über die Prinzipien der Geometrie (9-15), einer Abhandlung über Maß (mensura), Figur (figura) und Minimum mit 160 kurzen Artikeln und 42 meist geometrischen Figuren. Der Charakter dieser Prager Hauptschrift zeigt deutlich, was Brunos Absicht in Prag war: er wollte hier in der Hauptstadt des Reiches, unterstützt von Rudolf II., sein geometrisch-naturphilosophisches Werk vollenden (was er später in den Frankfurter Schriften tat). Die „Articuli" sind

---

[35] Übers.: Von der Untersuchung der Begriffe und der kombinatorischen Erhellung nach Lullus.
[36] Übers.: Hundertsechzig Artikel gegen die Mathematiker und Philosophen unserer Zeit.

quasi der Entwurf zur 1591 publizierten Frankfurter Trilogie. Giordano Bruno trifft in Prag drei strategische Entscheidungen:
1. Er widmet seine Lullische Schrift dem spanischen Botschafter Sanclemente und stellt sich in die Tradition des Spaniers (Katalanen). Dies ist deutlich ein Schritt der Annäherung an die spanische Partei und damit an die gegenreformatorische Kirche.
2. Er schickt seinen „Acrotismus" an Tycho Brahe und sucht Kontakte zu den fortschrittlichen deutschsprachigen Astronomen.
3. Er faßt seine geometrisch-naturphilosophischen Konzeptionen in einem Rudolf II. gewidmeten Buch zusammen. Dieser zeigt sich mit der Zueignung von 300 Talern als großzügiger Mäzen.

Zu (1): Der spanische Botschafter Guillé de Sanclemente stammte aus altem Adel in Barcelona und soll sogar mit der Familie des Raymundus Lullus verwandt gewesen sein. Er war von 1581-1608 in Prag tätig und verfolgte in Religionsfragen eine gemäßigte Politik; auch war er den Wissenschaften und Künsten sehr aufgeschlossen (Prag um 1600, Katalog Porträtstiche: 123 f.).[37] Seit 1578 (wohl unter der Beteiligung des Botschafters) hatten die Jesuiten eine katholische Hochschule, das Clementinum, gegründet, das der traditionellen Karls-Universität, die utraquistisch und protestantisch ausgerichtet war, Konkurrenz machte. Es ist nicht bekannt, ob Bruno in Prag öffentlich gelehrt hat und mit welcher der beiden Hochschulen er Kontakt aufgenommen hat. Die Widmung an Sanclemente läßt Kontakte zu den Jesuiten vermuten, das Bemühen um Brahes Anerkennung könnte auf den Hájek-Kreis verweisen. Es erscheint durchaus möglich, daß die katholische Seite, wie schon in Toulouse und Paris, das Erscheinen vor einem kirchlichen Tribunal (und damit die Rückkehr nach Italien) zur Bedingung einer Reintegration Brunos gemacht hat, ja, daß die später realisierten Pläne zu Brunos Verhaftung bereits vorlagen und die Strategie der katholischen Seite bestimmten.[38] Aus dieser Sicht hätte Bruno sich dem Druck und der Gefahr einer Verhaftung nur durch eine schnell Abreise entziehen können.

Zu (2): Bruno konnte sich in Prag eigentlich nur an den einflußreichen Thaddeus Hájek wenden und an den Kreis von Astronomen und Alchimisten, die in Hájeks Wohnhaus verkehrten. Die Beziehung zwischen Hájek und Brahe hatte

---

[37] Vgl. auch Evans, 1980: 149. John Dee hatte enge Beziehungen zum Botschafter, der 1585 Pate seines Sohnes wurde.

[38] Im Jahre 1588 hat Kaiser Rudolf den Botschafter Aldobrandi, der ein Verwandter des Papstes war, mit großem Pomp empfangen. Er ritt ihm mit einer Gefolgschaft von 1000 Personen, darunter die Mitglieder des böhmischen Adels, entgegen. Der Nuntius sollte als Vermittler im polnischen Thronkonflikt wirken. Eventuell war in diesem Kontext die Anwesenheit Giordano Brunos unerwünscht (vgl. Vocelka, 1981).

sich aus der Beobachtung der Nova im Sternbild Cassiopeia (1572) ergeben.[39] Bei der Inthronisation von Rudolf II. in Regensburg (1576) trafen sich die beiden und begründeten eine langjährige Freundschaft, die schließlich zur Berufung Brahes nach Prag (1599) führen sollte. Wir wissen jedoch von der negativen Reaktion Tycho Brahes auf den „Acrotismus" Brunos (die sich aber gegen die Neuerer, insbesondere gegen diejenigen, welche die Vorstellung eines aus unwandelbarem Äther bestehenden Kosmos verneinten, richtete). Da zwischen Mai 1586 und November 1588 kein Briefverkehr zwischen Brahe und Hájek stattfand, ist jedoch nicht bekannt, ob Brahes Ablehnung für Bruno in Prag Konsequenzen hatte.

Zu (3): Das Scheitern Brunos kann eigentlich nicht an Rudolf II. gelegen haben, denn mehr als 300 Taler im ersten Jahr konnte Bruno nicht erhoffen; die beiden ersten Entscheidungen müssen Mißerfolge gewesen sein.

Ich kam nach Prag an einem kalten, regnerischen Tag und mein Weg führte mich zum Clementinum, jenem in die Altstadt hineingezwängten Riesenbau, der von der Macht der Jesuitenhochschule im 17. Jh. spricht. Als Bruno 1588 in die Prager Altstadt kam, hatte diese noch ein mittelalterliches Gepräge, das heute noch die Karlsbrücke mit ihren Türmen, die Karlsgasse, das Altstädter Rathaus, die Rathausuhr und im Burgviertel der Veitsdom und die spätgotischen Säle (Vladislawsaal und Landtagssaal) aufweisen.

In Prag schwebt die Burg, gekrönt vom Veitsdom, über den Gassen der Kleinseite und der Altstadt, jenseits der Karlsbrücke. Die Beziehung des Kaisers zur Stadt und auch zu seinem Reich läßt sich räumlich an dieser Opposition ablesen. Rudolf II., in Spanien erzogen, verkörperte das Ideal einer über allem Tagespolitischen schwebenden Autorität. Sein Palast war wie eine Insel; mit dem Glanz und der Würde seines Kaisertums glaubte er (irrtümlich), sich aus dem Chaos der Religionsfeindschaften und politischen Intrigen heraushalten zu können.

Bruno konnte sich in diese aristokratische Struktur gut einfügen. Wie das Widmungsschreiben an den „Divo Rudolpho II Romanorum Imperator: Semper Augusto"[40] zeigt, erhoffte er sich den Beistand des Kaisers gegen den Neid der niedrigen und gemeinen Menge und gegen die Mißgunst, Bosheit, Ignoranz und Arroganz der pedantischen Kritiker und Titelträger[41]. Bezogen auf das Stadtbild, dachte Bruno wahrscheinlich an eine Position im Burgviertel, mit der persönli-

---

[39] Hájek hatte seine Beobachtungen 1575 in Frankfurt publiziert, Brahe 1574 in Kopenhagen (vgl. Horsky, 1988: 69).

[40] Übers.: „An den göttlichen Rudolf II. Römischer Kaiser immer erhaben" (Bruno, 1962, Bd. I, 3: 3).

[41] Cf. ibid. 7: „sordidae vilissimaeque multitudinis invidiam ..., Aristarcorum vero et archimandritarum huiusmodi invidiam, malitiam, ignorantiam et arrogantiam."

chen Protektion des Kaisers. In dieser Position hätte er sich über die falschen Autoritäten hinwegsetzen können, um die Stimme der Natur hören, vorurteilsfrei urteilen und seine spezifische, von Gott verliehene Begabung zur Entfaltung bringen zu können (siehe Widmungstext). Kepler, der nach Brahe kaiserlicher Hofastronom wurde, wird eine solche von Bruno erträumte Position einnehmen. Von der Altstadt wird er ins Burgviertel ziehen, wo heute noch sein Wohnhaus (in der Novysvet) steht. Er wird allerdings seinen Preis dafür zahlen: die Einfügung in die spezifisch rudolfinische Kultur[42], die persönliche Abhängigkeit des Protestanten von der Toleranz des katholischen Kaisers und eine ungesicherte Bezahlung[43].

Für den von Copernicus inspirierten Bruno und für den Lullisten und Gedächtnistheoretiker, der systematisch vorging und keine magischen Tricks vorführte, war auch in Prag am Hofe des deutschen Kaisers kein Platz. Damit war die Hoffnung auf eine Förderung durch einen der großen Höfe, die nicht direkt mit dem Papst liiert waren (dem von Heinrich III., dem von Elisabeth I., dem von Rudolf II.) endgültig zerstört.

5.5 Auf den Spuren Brunos in Helmstedt

Der „graue Hof" in Helmstedt, wo Bruno 1588-1589 lehrte, ist heute auf einer Seite geöffnet und das prächtige *Neue Juleaneum* verkündet den Optimismus des Herzogs Heinrich Julius von Braunschweig mit hohen Giebeln und einem schlanken Turm in der Mitte. Die andere Seite der früheren Stadt Dependance des Klosters Marienthal ist durch einen klassizistischen Schulbau verändert. Die beiden übrig gebliebenen Seitentrakte des einstigen Klosterhofes stehen sich in buchstäblichem Grau gegenüber. Die puttenhaft verspielten Treppenaufgänge im Innenhof werden von keulentragenden Riesen und von Fabelwesen mit breiten, durstigen Zungen bewacht. Herzog Julius schaut grimmig aus seiner grauen Rüstung. Geht man durch das gegenüberliegende Portal hinaus in die Gasse, so steht man gleich vor dem Haus, in dem Giordano Bruno gelebt haben soll. Zwei Schilder erinnern an ihn, eines wurde von den „Monisten" angebracht.

---

[42] Die Einfügung in die verspätete Renaissance-Intellektualität an Rudolfs Hof schuf eine Barriere zur neuen Naturwissenschaft (Galilei, Descartes), welche dazu beitrug, daß Keplers Entdeckungen nur sehr indirekt wirken konnten (Descartes und Newton erwähnen Kepler nicht).

[43] Kepler stirbt 1630, als er beim Reichstag in Regensburg die ausstehenden Gehaltszahlungen anmahnen will.

In diesem Viertel, das von der Kirche der St. Walpurgis dominiert wird und zur Gilde der Schuster gehörte, genoß Bruno die „kleine Freiheit", die ihm die eigenwillige Religionspolitik des Herzogs, der gleichzeitig katholisch geweihter Bischof von Halberstadt und protestantischer Fürst war, bescherte. Gegen die lutherische Exkommunikation von der Kanzel herab beschwerte er sich beim Rektor Hoffmann und vor den Angriffen seiner Kollegen konnte ihn die fürstliche Protektion schützen. Die Physiker in Helmstedt wollten selbst hundert Jahre später nichts von Copernicus und anderen Abweichungen vom Aristotelismus wissen. Immerhin wurden die Ramisten in Zaum gehalten; man vertrat die moderate Melanchthon-Linie und war durch eine Ausgleichspolitik bestrebt, möglichst viele auswärtige Studenten in die Kleinstadt zu locken. Obwohl Helmstedt eine Stadt der Handwerker war, wurde sie nach kurzer Zeit zur drittgrößten Universität Deutschlands und Herzog Julius (sowie später sein Sohn Heinrich Julius) konnten stolz auf ihre Neugründung sein. Wahrscheinlich hatte Bruno bereits in Wittenberg Kontakt zum Hofe von Herzog Julius geknüpft; die schlechte Aufnahme in Tübingen (vgl Abschnitt 5.2) und der gute Rat von Freunden dort mag ihn bewogen haben, in den Norden zurückzukehren.

Von den Fenstern seiner Herberge aus konnte Bruno den Medizinern zusehen, und nicht weit davon befand sich der bekannte „hortus medicus". Obwohl die Statuten der Universität, die Julius 1576 als Gesetz erlassen und David Chytraeus im wesentlichen verfaßt hatte, einen sehr traditionellen Kanon vorschrieben: Dialektik und Rhetorik nach Aristoteles und Cicero, Medizin nach Hippocrates, Galen und Avicenna, Astronomie nach Sacrobosco,[44] gab es am Hofe eine Neugierde für astrologische Spekulationen und paracelsische Therapien. Es wundert deshalb nicht, daß Bruno in Helmstedt Schriften zur Magie und Medizin verfaßte, wobei er seinen Lullismus als universelle Basis anpries.

Als Bruno Helmstedt verließ, hatte er die Absicht, in Magdeburg ein Buch zu Ehren des Herzogs drucken zu lassen. Der Onkel seines Schülers Besler, Wolfgang Zeileisen in Magdeburg, war bereit, bei diesem Plan behilflich zu sein. Wie Besler in einem Brief an seinen Onkel berichtet, mußte der Plan aber verschoben werden, und es ist nicht sicher, ob er zur Ausführung gelangte.[45] Welche Schrift

---

[44] Als einschlägige Lehrbücher galten jene des Melanchthon, d.h. dessen Dialektik, Rhetorik und Sacrobosco-Kommentare.

[45] Wie mir Eugenio Canone mündlich mitteilte, weiß man inzwischen, daß Zeileisen und Besler unabhängig von (wohl in Absprache mit) Bruno nach Padua gezogen sind. Man könnte daraus schließen, daß Bruno und einige seiner deutschen Schüler bereits in Helmstedt den Plan gefaßt hatten, sich in der Republik Venedig zu sammeln, um von hier aus Einfluß auf die römische Kirche (eventuell gestützt durch eine Achse Venedig-Paris) zu nehmen.

Bruno in Magdeburg drucken lassen wollte, ist nicht bekannt. Ich habe mir im Kulturhistorischen Museum Magdeburg die Liste der Ende des 19. Jhs. herausgegebenen Bücher angesehen. Es ist unwahrscheinlich, daß Bruno in den hier ansässigen Druckereien (die sich nach einem Höhenflug Mitte des Jahrhunderts im Niedergang befanden) seine naturphilosophische Trilogie drucken lassen wollte. Eventuell sollte seine „Medicina Lulliana" (als unvollständiges Manuskript überliefert) oder seine Schrift „De magia", die er in Helmstedt teils selbst geschrieben, teils seinem Schüler diktiert hatte, in Magdeburg erscheinen.[46]

Helmstedt bleibt eine eigenartige Episode in Brunos Leben, die noch aufklärungsbedürftig ist. Man könnte sich einen Bruno vorstellen, der in der kleinen Handwerkerstadt seinen philosophischen Ideen nachgeht und sich vor der Welt versteckt, so wie dies später Descartes in Holland tat. Er hätte seine weiße Magie weiterentwickelt, die Ansäze zu einer lullischen (d.h. paracelsischen) Medizin ausgeführt und er wäre dann als ehrwürdiger Professor gestorben, wie ihn das Ölbild in der Bibliothek des Juleaneums zeigt: im schwarzem Professorentalar, langem Haar und ernster Miene. Irgendwie hat die Bruno-Rezeption aber ein Bild geformt, das mit dieser friedlichen Rolle unverträglich ist. Was wäre Bruno, ohne seine Verbrennung in Rom? Die mediale Fixierung einer Person ist keine Erfindung des 20. Jahrhunderts. Ein großer Philosoph muß entweder seine Autorität historisch durchsetzen (wie Aristoteles, Thomas von Aquin, Descartes u.a.) oder dramatisch zugrunde gehen. Ein Giordano Bruno, der seinen Lebensabend in Helmstedt verbringt, scheint in eine andere Welt zu gehören.

6 Brunos Rückkehr nach Italien

Ich fasse zuerst die bekannten Fakten des Prozesses in Venedig und Rom zusammen; im zweiten Abschnitt komme ich auf meine Reiseeindrücke zurück und versuche die Stadt Rom im Lichte des tragischen Schicksals von Bruno semiotisch zu „lesen".

6.1 Der Prozeß

Obwohl die Akten des Hauptprozesses in Rom bis auf eine zusammenfassende Notiz seit dem 19. Jh. verschwunden sind, hat Brunos Denunziation durch Moncenigo, sein Prozeß in Venedig, seine Auslieferung an Rom, seine Überführung

---

[46] Vgl. Bruno, 1962, Bd. III. Woher die in Moskau entdeckten Manuskripte stammen, ist nicht bekannt.

Einleitung

und Einkerkerung, der römische Prozeß und schließlich seine Verurteilung und Hinrichtung auf dem Scheiterhaufen Anlaß zu vielen Diskussionen und Schriften gegeben. Ich fasse nur die wichtigsten Aspekte zusammen:[47]
- Rückkehr nach Italien (August 1591),
- Denunziationen durch Giovanni Moncenigo (23. und 29. Mai 1592) und Beginn des Prozesses in Venedig,
- der Prozeß in Venedig (Mai-Juli 1592),
- das Auslieferungsverfahren (August 1592 - Februar 1593), Bruno im römischen Kerker,
- weitere Denunziationen und Anklageerhebung (Herbst 1593 - Ende 1593),
- Fortführung des Prozesses mit Wiederaufnahme der Anklage, Verteidigung, Bücherzensur (Januar 1594 - Dezember 1597);
- Urteilsfindung und Hinrichtung (Januar 1596 - Februar 1600).

Zwei Übergänge sind besonders aufschlußreich (und rätselhaft zugleich):
- Die Republik Venedig verlegt das bereits begonnene Inquisitionsverfahren in die Verantwortlichkeit Roms und entscheidet sich am 7. Januar (bei 142 Für- und 30 Gegenstimmen) für eine Auslieferung.
- Nach einer siebenjährigen Prozeßdauer mit Haft im Inquisitionsgefängnis Roms (Palazzo del Sant'Ufficio) und einer ganzen Serie von Unterwerfungen (die allerdings von Rechtfertigungsschreiben begleitet wurden), ändert Giordano Bruno zwischen dem 16. September (letzter Widerruf) und dem 21. Dezember sein Verhalten: er verweigert jeden weiteren Widerruf:

"Er sagte, er wolle und dürfe nicht widerrufen, und er habe nichts, was er widerrufen könne, noch habe er eine zu widerrufende Materie und wisse nicht, was er widerrufen sollte." (Firpo, 1993: 333)[48] (Übers. d. A.)

In beiden Fällen liegt eine überraschende Wende vor. In Venedig war eigentlich nicht mit einer Auslieferung zu rechnen, erstens, weil Venedig damit die Selbständigkeit seiner Rechtsprechung gefährdete und zweitens, weil Bruno inzwischen eine in Europa bekannte intellektuelle Persönlichkeit war, die in den akademischen Kreisen Venedigs und Paduas verkehrte.

Brunos Antwort am 21. Dezember entscheidet nicht nur über seinen Tod durch Verbrennen, sie ist auch das Ende seiner Hoffnung, innerhalb der Kirche

---

[47] Als Hauptquelle dienen Stampanato, 1921 und Firpo, 1993 (ursprünglich 1949). Da die Aktenlage insgesamt sehr begrenzt ist, lohnen sich ausführlichere Diskussionen des Prozesses eigentlich nicht. Man muß abwarten, bis die Inquisitionsarchive vollständig erforscht sind.

[48] „Dixit quod non debet nec vult resipiscere, et non habet quid resipiscat, nec habet materiam resipiscendi, et nescit super quod debet resipisci."

eine geistige Heimat in relativer Freiheit zu finden. Diese Hoffnung muß seit seinem Klostereintritt eine Grundkonstante seines intellektuellen Lebens gewesen sein.

Im ersten Fall bricht eine Mauer; Bruno glaubte in der Republik Venedig vor der römischen Inquisition sicher zu sein. Zu Unrecht hatte er Giovanni Moncenigo vertraut, der einer alten venezianischen Familie angehörte. Im zweiten Fall bricht seine Basis selbst; der Versuch, innerhalb der Institution Kirche als Neuerer wirken zu können: dieser Bruch scheint so schwer gewesen zu sein, daß er sich selbst aufgab.

6.2 Auf den Spuren Brunos in Rom

Rom ist ein Ort der Entscheidung für Bruno: Zuerst (1576) seine Flucht vor dem Inquisitionsprozeß, dieser Schritt wird ihm von der Kirche nie verziehen; dann die Auslieferung an die römische Inquisition (1593) und seine Verurteilung.

Ich komme 1995 aus Neapel nach Rom und suche Brunos Spuren zwischen Santa Maria Sopra Minerva und Trastevere, zwischen der trotzigen Engelsburg und dem Campo di Fiori. Der eigentliche Ort ist aber das Sant'Ufficio am gleichnamigen Platz. Von diesem Ort und von der heute noch eine fast tausend Jahre alte Tradition fortführenden Hl. Inquisition muß im folgenden gesprochen werden. Ich will erneut von einem semiotischen Standpunkt ausgehen: Wie zeigt sich Rom dem Interpreten als Zeichen?

- Der *Tiber*, der einst nicht nur die Altstadt, sondern auch das Vatikanviertel überschwemmte (so 1594, als Bruno in den Kellern des Sant'Uffizio auf die Fortsetzung des Prozesses wartete), er ist in einen hohen Steinkanal gefaßt, viele Brücken überspannen ihn mühelos und elegant: er macht einen gezähmten, beruhigten Eindruck. Die Inquisition hat damals die von der Reformation aufgewühlten Gemüter zur Ruhe gebracht, sie Gehorsam gelehrt, feste Schranken errichtet, in denen die individuelle Religiosität ins weite Meer fließen konnte. Quietismus nennt man das Ergebnis.
- Der *Petersdom* mit seiner herrlichen Kuppel, die majestätisch den vielen, kleineren Kuppeln der Stadt gebietet, ist wie ein von Menschen gemachter Himmel, in dem Gott eingesperrt ist, eine feste Halbkugel, welches alles Sein in überschaubar geordneter Weise einschließt, wie das endliche, kleine Himmelsgewölbe des Aristoteles. Ja, Pracht in den Grenzen des Systems, draußen aber Nichts (von Belang). Die unendlichen Welten Brunos, wer könnte sie architektonisch und damit semiotisch bändigen? Als Bruno im Gefängnis lag, war die Peterskirche noch im Bau (sie wurde 1626 eingeweiht); die majestätische Theaterkulisse des Petersplatzes sollte erst 1656-1667 von Bernini

vollendet werden.[49] Brunos Mithilfe am Ausbau des neuen Bildes der Kirche hat kein Papst gewünscht, obwohl gerade dies seine Hoffnung bei der Rückkehr nach Italien gewesen sein mag.
- Im Inneren des Petersdoms steht an der Westfront ein barocker Prachtaltar. Auf den Wolken schwebt von zwei Engeln flankiert der „Heilige Stuhl", Symbol des Nachfolgers Petri, des Papstes. Darunter befinden sich vier bärtige, ältere Herren in erstarrter Bewegung (die Kirchenväter). Die zwei äußeren tragen riesige Mitren, die wie große Papiertrichter aussehen, in welche der oben schwebende Heilige Geist die Wahrheit schüttet. Das zentrale christliche Symbol, der gekreuzigte Christus fehlt, fast als sei dieser durch den Christus vertretenden Heiligen Stuhl überflüssig geworden.[50]
- Die *Fluchtmauer* zwischen Vatikan und Engelsburg. Vom prunkvoll mit Kirchen und Palästen überbauten Grab des Petrus zum trutzig befestigten, ehemaligen Grab des Kaisers Hadrian. Dazwischen eine hohe von schmalen Toren durchbrochene Mauer. Als die Truppen Karl V. 1527 Rom plünderten, floh der Papst Clemens VII. auf die Engelsburg, wo er die Bedrängnis überstehen konnte. Diese schmachvolle Flucht beendete gewissermaßen die Zeit der Renaissancepäpste. Die Pracht hatte sich als trügerisch erwiesen, es mußte ein neues Fundament der Macht geschaffen werden. Deren Instrument wurde die nach spanischem Vorbild erneuerte Inquisition.
- Der *Palazzo del Sant'Uffizio*. Mitte des 16. Jh. wurde die „Sacra Congregazione della Romana ed Universale Inquisizione" von Gian Carlo Pietra Carafa (als Papst Paul IV.) ins Leben gerufen. Bereits 1582 wurde der Palazzo erbaut, der heute eher unauffällig mit seiner wohlproportionierten Fassade die südöstliche Ecke des Vatikans bildet.[51] Der Autofluß, der an den Kolonnaden vorbei geführt wird, füllt im Pulsschlag der Ampeln die Piazza del Sant'Uffizio, während neben dem hohen Eisenzaun Soldaten der Schweizergarde die Besucher, welche zur Empfangshalle des Papstes wollen, kontrollieren. Die Kellerfenster sind vergittert und verblendet und werden nach hinten schmal wie Schießscharten. Die großen Fenster des Erdgeschosses sind mit starken Gittern, die aber leicht und dekorativ wirken, bewehrt. Von diesem Palazzo aus wurden die europaweiten Aktivitäten der Inquisition koordiniert.

---

[49] Bernini wurde 1598 in Neapel geboren und war 1606 nach Rom gekommen. Für acht Päpste baute er Rom zu einem Symbol der Pracht und Macht aus.

[50] Die Renaissance-Planung sah allerdings einen solchen Abschluß vor, realisiert wurde aber später nur die Taube des Hl. Geistes, welche über der Szene schwebt.

[51] Da die Fassade von St. Peter erst 1607 fertig wurde, stand also der Palast der Inquisition zuerst da (wie ein Fels in der Brandung). Erst nachdem die Unruhe, die teilweise durch den Geldbedarf für den Bau des Petersdoms verursacht wurde, beseitigt war, wurde der Prachtbau vollendet.

In einem der Keller verbrachte Giordano Bruno die letzten sieben Jahre seines Lebens, hier verfaßte er Verteidigungsschriften und Eingaben und hier entschied er sich Ende 1599, nicht zu widerrufen und zu sterben. Für ihn gab es keine Fluchtmauer.
- In der Kirche *St. Agnes in Agone*, an der Piazza Navona, heute im Herzen der Altstadt, wurde das Urteil verkündet. Auch diese Szenerie ist verändert. Früher fand hier der Markt statt, der 1869 an den Campo di Fiori verlegt wurde (siehe weiter unten). An dem Ort, wo die Hl. Agnes sich nackt dem Publikum zeigen sollte, aber von ihrer Haarpracht bedeckt wurde, wurde auch der endgültige Richtspruch über Bruno gesprochen.[52] Der heutige Bau ist erst Mitte des 17. Jh. entstanden. Die Piazza Navona selbst war in römischer Zeit ein Schauplatz für Wagenrennen, die länglich-ovale Form zeigt es heute noch an. Die Schaustellung römischer Kriegstechnik und Wagenlenkerkunst hat frommem Prunk Platz gemacht.
- Auf dem Weg zum Campo di Fiori am frühen Morgen des 17. Februar 1600 begleiteten Bruno die Fratres der „Arciconfraternita di S. Giovanni Decollato". Es gibt sie noch, ihr Sitz ist in der Nähe der „Bocca di Verità", an der Ecke zwischen „Via della Misericordia" und „Via di S. Giovanni Decollato". In ihrem Wappen tragen sie das auf einem Teller servierte Haupt des Täufers und die Farnese-Lilien. Die Aufgabe der Begleitung eines verurteilten Ketzers war so trostlos, daß verschiedene Personen die Betreuung beim Abschied aus dem Kerker, beim Transport und bei der Hinrichtung übernehmen mußten. Im Gegensatz zu den römischen Legionären, welche Christen zur Hinrichtung trieben, war für einen auf „Mitleiden" eingestellten Frater diese Aufgabe doch wohl eine Überforderung.
- Der *„Campo di Fiori"*. Mitten im Gassengewirr südlich der heutigen Verkehrsachse „Corso Vittorio Emanuele", herrscht reger Betrieb. Dort, wo die Handwerker noch ihre Werkstücke in der Gasseaustelen, tut sich plötzlich ein Platz auf, mit Blumen- und Obsthändlern. Bereits zu Brunos Zeiten hatten die Päpste eine gerade Bresche in das Viertel schlagen lassen, die Via Julia. Von hier aus konnten päpstliche Truppen schnell gegen das aufmüpfige Volk vorgehen; hier wurden auch Gefängnisse eingerichtet und Palazzi gebaut (so der Palazzo Farnese, 1546 von Michelangelo vollendet).

Die mit der religiösen Betreuung des Verurteilten betraute „Arciconfraternita di S. Giovanni Decollato" berichtet (vgl. Firpo, 1993: 348): „da' ministri di giustitia fu condotto in Campo di Fiori, e quivi spogliato nudo e legato a un

---

[52] Kaspar Schoppe berichtet in einem Brief an Konrad Rittershausen (Rom, 17. Februar 1600). Bruno habe auf den Richterspruch nur geantwortet: „Maiori forsam cum timore sententiam in me fertis quam ego accipiam." (Vgl. Firpo, 1993: 51). Übers.: „Mit größerer Angst fällt ihr das Urteil über mich als ich dieses entgegennehme."

palo fu brusciato vivo."[53] Wahrscheinlich führte sein Weg über die Via Julia und vorbei am Palazzo di Farnese.
Heute steht ein Denkmal des 19. Jh. mitten unter den Marktständen. Als ich in der zweiten Februarhälfte dort war, lagen noch verwelkte Kränze zu seinem Sterbetag, dem 17. Februar 1600, auf den Stufen; den Sockel zierte ein Blumentopf, und frische Blumen in einer Weinflasche. Die Februarsonne schien hell und das Gesicht Brunos unter der Kapuze seines Mönchshabits war dunkel, etwas unheimlich.
Als er damals auf den Platz kam, lagen sieben Jahre römischer Kerker hinter ihm, die Folter hatte ihn gezeichnet, seine Zunge war in ein Holzstück eingeklemmt, so daß er nicht sprechen konnte. Sein Anblick muß jämmerlich gewesen sein, kaum ein Zeitgenosse hat in seinem Tod mehr als das gesehen, was die Institution vorführen ließ: die Ohnmacht ihrer Gegner.

– Das Gefängnis *Torre de la Nona*, in das Bruno vor seiner Hinrichtung gebracht wurde, befand sich gegenüber der Engelsburg und war Teil der alten Befestigungsanlage am Tiber, später einer Festung der Orsini. Der Name hängt mit *annona* (Lebensmittel) zusammen, da hier Lebensmittelreserven aufbewahrt wurden. Im 15. Jh. wurde der Turm zur gefürchteten „prigione del Papa". Bruno kam in das 1590 von Francesco di Volterra erneuerte Gebäude, das im Obergeschoß mit Folterräumen ausgestattet war. Im „fondo", den am tiefsten gelegenen Kerkern, wurden Schwerverbrecher untergebracht. Für die Fratres, welche die zum Tode Verurteilten begleiten sollten, gab es eine Kapelle.[54]

Es mag ohne Bedeutung sein, daß die *Torre de la Nona* ursprünglich den „Monte Giordano" und einen kleinen Flußhafen schützte, aber daß später, als an der Via Julia die „Carcere Nuove" gebaut wurden (1655), das erste feste Theater Roms hier entstand, mag doch erstaunen. Die Erlaubnis zum Theaterbau erhielt Königin Christina von Schweden (1665), dieselbe, welche so erpicht darauf war, mit Descartes in Schweden persönlich disputieren zu dürfen, was diesem zum Verhängnis wurde. Später, als der Theaterbau durch einen Brand zerstört worden war (1781), entstand das Teatro Apollo, das nach einem Gemälde von Felice Giani auch „Casa del Sole" genannt wurde. War an der Blutstätte der Keim der Sonnenphilosophie Brunos heimlich aufgegangen? Ein begeisterter Besucher des Theaters war Goethe, der wohl den Zu-

---

[53] Er wurde von Helfern des Gerichts zum Campo di Fiori geführt und dort nackt ausgezogen, an einen Pfahl gebunden und lebendig verbrannt. [Übers. d. A.]

[54] Die Beauftragten der „Arciconfraternita di S. Giovanni Decollato" in Rom berichten (ibid.: 348): „andati alla carcere di Torre di Nona, entrati nella nostra capella e fatte le solite orazioni, ci fu consegnato l'infrascritto a morte condennato ..."

sammenhang zwischen dem Apollo-Theater und dem von ihm geschätzten Bruno nicht ahnte.

Erst 1889, als bereits das Denkmal Brunos am Campo di Fiori eingeweiht war, wurde für die Tibereinfassung das Gebäude, das 1869 in den Besitz der Kommune Rom gekommen war, zerstört. Nur eine steinerne Gedenktafel erinnert an die Torre di Nona.

– Das „teatro di Pompei". Das antike Theater, das erste in Stein erbaute große Theater in Rom, ob dessen Luxus Pompeius getadelt wurde, erstreckte sich vom Ende des heutigen Campo di Fiori, damals wohl eine sumpfige Wiese, bis zum heutigen „Largo della torre argentina". In gewisser Weise bildete es mit dem Pantheon und der ehemaligen Rennbahn, der heutigen Piazza Navona, ein Dreieck. Im Mittelalter wurde das Theater von Häusern, Kirchen, Türmen „durchwachsen" und schließlich in seinem äußeren Erscheinungsbild vollkommen verwandelt. Im 16. Jh. stand an der westliche Spitze des Halbkreises noch ein Teil der Außenmauern des ehemaligen Theaters. Aus der Luft gesehen, lassen sich die Linien des Theaters noch an der Straßenführung erkennen, wobei besonders deutlich die innere Rundung der alten Arena als Halbkreis hervorsticht. Eine Art Tunnel durchquert noch die früheren Zuschauertribünen und man erreicht einen kleinen Platz, der auf das Campo di Fiori mündet. Kaspar Schoppe, ein Augenzeuge der Verbrennung Brunos, schreibt am 17. Februar 1600:

„Jordanus Brunus ... publice in Campo Florae ante Theatrum Pompeii est combustus."[55]

Der Scheiterhaufen stand also vor den antiken Mauern des Theaters und Bruno hatte den mit Schaulustigen gefüllten Markt vor sich, als die Flammen ihn verzehrten.

Heute sind die Quader des Theaters verschwunden; vor den Häusern, welche noch die Rundung des Amphitheaters ahnen lassen, steht ein flacher Bau. In diesem Bau befindet sich das Cinema Farnese. Als ich vor dem Kino stand und an Brunos Verbrennung dachte, wurde gerade der Film „Die üblichen Verdächtigen" gespielt. Ich will den Film der Zeit etwas beschleunigen, um die gröberen, langlebigen Zeichenstrukturen erkennen zu können.

Pompeius baut ein steinernes Theater, um sich ein Denkmal zu setzen und seine Anhängerschaft vermehren zu können. Sicher wurde dort zum Vergnügen der Zuschauer auch gekämpft und getötet. Das Römische Reich vergeht, das Theater zerfällt, wird zum Steinbruch und zur Baustelle. Die mächtigsten Mauern

---

[55] Übers.: „Jordanus Brunus ... wurde öffentlich auf dem Campus Florae vor dem Pompeji-Theater verbrannt."

bleiben stehen, die spontan entstehenden Bauten, Höfe usw. überwuchern die Struktur. Es bleibt noch ein Bogen der Außenmauer mit seinen mächtigen Quadern stehen und bildet den Abschluß eines Platzes, der zuerst eine sumpfige Wiese war, später aber, als auf den Ablagerungen der Tiberüberschwemmung saftiges Gras wuchs, den Pferden als Weide diente. Dann waren auch die Ränder der Pferdeweide von Häusern überwuchert, der Platz wurde als Pferde- und Kornmarkt genutzt und in der Mitte stand ein großer Galgen.

Wenn wir den Zeitraffer am 17. Februar 1600 verlangsamen, sehen wir den qualvollen Tod des Philosophen und den bedenkenlosen Jubel der Menge, welche in der Hinrichtung die Stärke der katholischen Kirche gegen die Neuerer erkennt. Kaspar Schoppe denkt an Luther, den er gerne an Brunos Stelle brennen sähe. Also eine Verbrennung des Reformators *in effigie*, eine Art Zauberbann, schwarze Magie zur Beschwörung des Sieges der Gegenreformation.

Dann läßt der Zeitraffer die grausame Szene verschwinden, die schweren Blöcke des „teatro di Pompeii" finden eine andere Verwendung (vielleicht als Fundamente des gigantisch wachsenden Petersdoms), der Pferdemarkt verschwindet, es entsteht ein bunter Gemüse- und Blumenmarkt. Schließlich wird ein Denkmal für Bruno errichtet. Es ist heftig umstritten, denn der Philosoph ist zum Symbol der antiklerikalen Partei des Risorgimento geworden. Nach der „Conciliazione" zwischen faschistischem Regime und Vatikan unternimmt dieser den Versuch, das Denkmal beseitigen zu lassen. Aber Mussolini weiß sich der öffentlichen Meinung verpflichtet und lehnt das Ersuchen ab. Die Heiligsprechung eines der Unterzeichner des Todesurteils, des Kardinals Bellarmin, ist nur eine hilflose Trotzreaktion des Vatikans. Giordano Bruno hat seine Flucht beendet, er hat Bleiberecht in Rom.

Während die grelle Sonne die farbigen Gemüsestände leuchten läßt, liegt das Gesicht des bronzenen Brunos in nachdenklichem Schatten, Tauben lassen sich auf seiner Kutte nieder (die er aber schon bei sein Flucht aus Rom abgelegt hatte und nie mehr überziehen wollte). Die Statue steht dort, wo vorher der Brunnen stand, der in den vorderen Teil des Platzes verschoben wurde, aber nicht dort, wo Bruno verbrannt wurde, dort steht jetzt das Kino. Und so schließt sich der Kreis. Zuerst die Belustigung des Volkes im Theater des Pompeii; die Begeisterungsschreie, wenn das Blut floß; dann die Volksbelustigung durch die Verbrennung eines verstockten Ketzers: „haereticum impenitentem et pertinacem"[56] sagt die offizielle Verlautbarung. Die begeisterten Zuschauer verlassen moralisch geläutert, in Freude über die eigenen Unschuld, den überfüllten Platz, als das Feuer in sich zusammenfällt und der verbrannte Ketzer zu einem Häuflein Asche verkohlt ist. Jetzt geht es mechanischer zu. Um 20.30 Uhr beginnt der Film im

---

[56] Übers.: „den nicht zur Reue bereiten und hartnäckigen Häretiker".

Cinema Farnese; die Zuschauer sitzen in den Sesseln, der Zelluloidstreifen läuft und die Illusion flackert über die Leinwand. Heimlich wünscht sich mancher Action-Fan, das Blut würde wirklich fließen, und er könne das Ende des Schurken echt miterleben. Aber es ist vorbei. Wahrscheinlich geht der Film so weiter, die Grundstrukturen bleiben dieselben, die Akteure sind andere.

Die Vorlesungen, die folgen, sind nicht eine Reise durch die Orte, an denen Giordano Bruno gelebt hat, sondern eine analytische Wanderung durch einige seiner erhaltenen Werke. Ich suche dabei nicht nach Zeichen für Brunos Leben, sondern nach seiner Zeichenlehre, die in seine Gedächtnistheorie eingebettet ist, und nach deren spezifischen Formen und Funktionen. Dennoch gibt es auch hier einen zeitlichen Faden, ein Flußbett, welches den Gang der Untersuchung kanalisiert: Ich beginne bei den Quellen für Brunos Gedächtnistheorie, verfolge die Entwicklung seiner gedächtnistheoretischen Schriften und komme nach einer kurzen Analyse der Nachgeschichte seines Werkes zu einer Analyse der Aktualität seines gedächtnis- und sprachtheoretischen (allgemeiner seines wissenschaftsphilosophischen) Werkes.

Erste Vorlesung.
Raymundus Lullus und die Architektur des Wissens oder die Basis der Gedächtniskunst Brunos

Ramón Llull (latinisiert zu Raymundus Lullus) ist ein Philosoph des Mittelalters, dessen Werke noch mehr als jene des Copernicus für das Verständnis des konstruktiv-systematischen Denkens Brunos von Bedeutung sind; ja,man kann sagen, daß Bruno die astronomische Hypothese des Copernicus in eine Lullische Wissenssystematik eingebaut hat; darauf komme ich in der zweiten Vorlesung zu sprechen. Ich kann das Leben, das Werk und den geistesgeschichtlichen Kontext von Lullus nur kurz skizzieren und werde mich im wesentlichen mit seinenbegrifflichen und begriffsgeometrischen Innovationen beschäftigen.

Lullus wurde 1232 in Mallorca geboren, wohin sein Vater dem katalanischen Eroberer Jaime I. gefolgt war. Charakteristisch für das Werk von Lullus ist der sehr enge Bezug zur arabischen und jüdischen Wissenschaftstradition, welche beide in Spanien zu Lebzeiten des Lullus mit der christlichen Lehre koexistierten. So wie später Bruno (im 16. Jh.) und Leibniz (im 17. Jh.) eine Vermittlungsmission oder gar die Möglichkeit eines dritten Weges ins Auge faßten, so versucht Lullus, ausgehend vom gemeinsamen Wissen und gemeinsamen Glauben der drei mediterranen Religionen, eine Verständigungsbasis zu finden; freilich in der geschichtlich nicht realisierbaren Erwartung einer diskursiven Einigung der drei Parteien. Dies mußte an der politischen und nicht eigentlich religiösen Verankerung der drei Religionen scheitern. In Lullus' synkretistischer Vision, die er im Buch des „Heiden und der drei Weisen" (Libre del gentil e los tres savis) darstellt, treffen auf einer Lichtung, auf der eine klare Quelle fünf Bäume speist, der wißbegierige Heide und Vertreter der drei Religionen zusammen (die Weisen). In der Darstellung der Positionen zeigt sich, daß Lullus eine in dieser Zeit wohl einmalige Kenntnis aller drei Religionen besaß.[1] Die fünf Bäume repräsentieren mit ihren Ästen, Blüten und Früchten das System des Wissens. Ich werde das Thema des Wissensbaumes noch näher erläutern.

Die Person des Lullus wird selbst zu einer archetypischen Figur, und zwar in zweierlei Hinsicht:

---

[1] Das Motiv des zentralen Platzes, auf dem im Fünfeck große Bäume stehen, finden wir bei der Beschreibung der idealen Schule in Hermann Hesses „Glasperlenspiel" wieder; vgl. Wildgen, 1994c.

1. Als Figur des verspotteten, des *lächerlichen Weisen*, der aber dennoch im Besitz des besseren Wissens ist. Lullus wird in der Schrift „De secretis naturae" (Paris, 1535, Blatt 93-99) wie folgt dargestellt:

> „ Von denjenigen, die ihn hätten ehren müssen, wurde er ausgelacht und sie gaben ihn der Lächerlichkeit preis, weil er dem Anschein nach so dumm und fantastisch war."[2] (Übers. d. A.)

Das Thema der gelehrten Narrheit finden wir später bei Nikolaus von Kues (Cusanus) und bei Erasmus von Rotterdam wieder. Diese Figur ist für Avantgarde-Denker oder diejenigen, welche sich dafür halten, von ungebrochener Überzeugungskraft.

2. Als Figur des *Realisten*, wobei diese Figur durchaus die Lächerlichkeit der ersten Figur mittragen kann. Der Siegeszug des Nominalismus begann mit Ockham (der eher einen Konzeptualismus vertrat, d.h. einen gemäßigten Nominalismus). In philosophischer Sicht kann der Nominalismus als skeptische Reaktion auf den Konflikt der Weltanschauungen interpretiert werden, als eine Pilatus-Geste: „Ich wasche meine Hände in Unschuld, mag die Realität sein, wie sie will, niemand wird sie je erkennen."

Die Systematik, mit der Lullus alles Wissen, man könnte sagen vergewaltigt, ihr *ein* Format aufzwingt, ist sein Mittel gegen Unsicherheit; d.h. das systematisch fest verankerte Wissen ist sicher, da es einen festen Platz und starke Kohärenz besitzt. Der Realismus aber, der natürlich nicht über die Sinne zu sichern ist (zumindest nicht vor dem Zeitalter der Experimente oder des Glaubens an ihre Beweiskraft), verlangt nach einer rationalen Sicherung, welche über eine formal konstruierte Semiotik zu leisten ist. Auch dieser Topos hat seine Aktualität nicht eingebüßt, ja diesbezüglich ist Lullus ein Prophet, wobei die Problemhaftigkeit dieser „semiotischen" Sicherheit uns heute klar sein sollte. Ich will das System, das Lullus entwickelt hat und das Jahrhunderte später Bruno faszinierte, näher untersuchen und mich dabei auf den konstruktiven Kern konzentrieren.

1 Der Baum der Erkenntnis

Die Figur des Baumes ist die Urform der hierarchischen Wissensorganisation, wobei weniger die Pflanze als Organismus, als die abstrakte Form des genealogischen Baumes, d.h. die Verwandtschaftsstruktur als Modell dient.[3] Diese Figur ist

---

[2] „ab his a quibus honorari debebat deridebatur & deducbant ipsum in ridiculum (...) ea quia reputabatur tan & stultus & fantasticus"

[3] Diese kann man nach Darwin mit dem Evolutionsbaum verknüpfen. Die hierarchische Struktur des Wissens, welche bereits Aristoteles in seiner Biologie aus der Existenz

in allen sich verzweigenden Hierarchien, z.B. in Bibliothekssystematiken, noch heute ein zentraler Bestandteil der Wissensarchitektur. Bei Lullus ist der Baum außerdem Sinnbild einer Emanationsphilosophie, d.h. die verschiedenen Gattungen, Arten und schließlich die Konkreta entstehen durch Emergenz aus einem Wurzelsystem, das zwei Ebenen hat: Gott und die logische Struktur des nach göttlichem Vorbild geschaffenen Intellekts. Genau besehen (vgl. Abbildung 1) ist ein doppelter Baum gemeint; zuerst der Wurzelbaum, der aus den Eigenschaften Gottes das kreative Chaos formt, und dann die Verzweigung in die vier Elemente. Daraus entstehen alle Wesen in einer Art Chemie. Der Baum steht für eine Morphogenese der Verschiedenheit in der Welt aus der Verschiedenheit in Gott, wobei das Grundprinzip der Genese eine Partizipation durch Ähnlichkeit ist. Diese Ähnlichkeitsdynamik ist aber nicht durch (statische) Analogie, sondern durch dynamische Proportionalität vermittelt (vgl. Johnston, 1987). Die letzten Wurzeln in Gott sind die „dignitates Dei", welche, vermittelt durch grundlegende logische Relationen, die Basis des Baumes der Wissenschaften (arbre de sciencie) bilden. Ich werde auf die kombinatorische Struktur später eingehen.

Die Wurzeln des Baumes, die sogenannten absoluten Prinzipien, werden von Lullus als Attribute Gottes angesehen, aus denen die Schöpfung hervorgeht, und sie verweisen damit auf eine christliche Lehre (vgl. Johannes Scotus). Gleichzeitig kann man diese Wurzeln aber auch als jüdische „sephiroth" oder islamische „hadres" interpretieren.

Mit dem Baum kann Lullus auch die verschiedenen Bereiche seiner Seinshierarchie illustrieren (die Felder seiner „Himmelsleiter"): Deus (Gott), angelus (Engel), caelum (Himmel, d.h. die Sphärenstruktur des Universums), homo (Mensch), imaginativa (das mit Vorstellung begabte), sensitiva (das mit Sinnen begabte), vegetativa (das Belebte), elementativa (die vier Elemente und ihre Eigenschaften), instrumentativa (die Artefakte). Der didaktische Aspekt seines Wissensbaumes ist in Drucken des 16. Jh. dadurch hervorgehoben, daß zu Füßen des Baumes Lullus selbst abgebildet wird, wie er einem Mönch den Baum erläutert. In Abbildung 1 sehen wir die Grundstruktur des Baumes mit seinen 18 Wurzeln (neun absolute und neun relative Prinzipien), dem Stamm (mit Chaos und Hyle, die für den Ereugungsprozeß stehen), den vier Hauptästen mit den Grundelementen (terra, aqua, ignis, aer), den Blüten (instrumenta), den Blättern (accidentia) und schließlich den Früchten (elementata, d.h. den Einzeldingen wie: Steine, Äpfel, Mensch, Löwe, Fisch, Vogel, Gold und Silber; vgl. ibid.: Blatt II). Beim Baum des Menschen sind die Früchte die menschlichen Individuen (ibid.: Blatt XXXIV).

---

von Gattungen, Arten und Unterarten erschloß, ist das Produkt der Diskretisierung eines Evolutionskontinuums durch das Aussterben von Arten.

Arbor elementalis

Abbildung 1: Baum der Elemente (arbor elementalis; Lullus, 1515: Blatt IIv)

Da diese Bäume nicht als willkürliche oder nur zweckdienliche Einteilungen, sondern als Hypothesen über eine reale, d.h. explanative Architektur des Wissens zu verstehen sind, ist ihre Bildlichkeit heute leicht mißzuverstehen. Die Wurzeln, der Stamm, die Zweige sind Teile eines realen, ursächlichen Zusammenhangs (im Sinne der komplexen Ursachenlehre des Aristoteles).

In seiner „Doctrina pueril", d.h. einer zur Belehrung seines Sohnes gedachten Schrift, werden zwei Arten von Intentionen: erste und zweite Intentionen unterschieden. Die erste Intention bezieht sich auf die finalen Ursachen, die nach Lullus unmittelbar zugänglich sind. Die zweite Ursache ist nur auf dem Umweg über die formalen Ursachen, d.h. abstrakte Formprinzipien zugänglich und betrifft die materiellen Ursachen. Abbildung 2 zeigt den Zusammenhang und die Rolle von finaler, formaler und materieller Ursache.

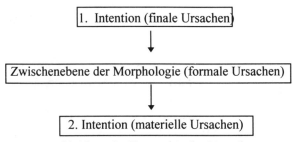

Abbildung 2: Hierarchie der Ursachen

Die ersten Intentionen dienen uns als Anhaltspunkte für die Unterscheidung von Wahr und Falsch, Gut und Böse, Schön und Häßlich. Die zweiten Intentionen können uns leicht täuschen, ihnen sollte man die Erkenntnis nicht anvertrauen. Das Urteil über Wahr und Falsch geschieht nach Prinzipien der Analogie. Das absolut Wahre hat einen diffusiven (ausströmenden) Charakter; je mehr eine Aussage von dieser ursprünglichen Wahrheit in sich hat, desto näher ist sie an der Wahrheit. Die Suche nach der Wahrheit ist die Suche nach einer bestmöglichen Partizipation an der Gesamtwahrheit, die durch das Göttliche repräsentiert ist.[4]

Die Semiotik, welche aus dieser Konzeption resultiert, trennt das Zeichen nicht strikt von seinem Referenten, denn der Referent ist selbst ein Ausdruck Gottes. Es wird somit von einer göttlichen Zeichensubstanz ausgegangen, welche die Dinge schafft und nicht von Dingen, welche von Menschen benannt werden. In Begriffen von Peirces Zeichentheorie ist das Zeichen zuerst und im wesentlichen analog, ikonisch. Erst in der zweiten Intention ist es indexikalisch oder gar symbolisch und dieser Intention sollte man nicht zu sehr vertrauen.

---

[4] Insofern ist diese Konzeption mit der des Descartes vergleichbar, dessen Rationalismus letztlich auf die Idee Gottes, als höchster angeborener Idee verweist. Empiristische Konzeptionen könnte man dagegen der zweiten Intention zuweisen.

Der Prozeß der Symbolisierung mit Zeichen ist dem Prozeß der Schaffung des Bezeichneten analog und steht somit nicht eigentlich in einer Beziehung der Arbitrarität zum Bezeichneten, sondern in einer Beziehung der „Sympathie". Dieser finalistisch-morphologische Aspekt des Wissensbaumes wird in der fünften Vorlesung unter dem Begriff einer (biologischen) Prägnanz des Zeichens und einer Morphogenese der Zeichenstruktur wiederaufgenommen.

2 Kurze Charakterisierung der Wissensarchitektur in der Ars Magna von Lullus

2.1 Buchstabenmystik und kabbalistische Spekulation als Hintergrund von Lullus' Klassifikation

„Am Anfang war das Wort". Dieser Beginn des Schöpfungsberichtes des Apostels Johannes zeigt, wie eng seit der Antike die Buchstaben (Zahlen) und Wörter mit der Kosmogenese assoziiert wurden. Dabei stehen Buchstaben zuerst rein technisch sowohl für die Sprachnotation, für Zahlen und teilweise für Musiknoten. Die Erfindung der Schrift rückte den semiotischen Charakter unserer Erkenntnis ins Bewußtsein der Denker. Dies geschah besonders dort, wo heilige Schriften zur Basis des Glaubens wurden und das Wissen aus einer Hermeneutik der Schrift hervorging. (Dieses gilt für die drei großen monotheistischen Religionen, in besonderem Maße aber für den Islam.) Es war naheliegend, in den Elementen der Offenbarung, d.h. in den heiligen Schriften, die Konzentration der Wahrheit zu suchen. Die Hermeneutik des Wortes und dann des Buchstabens wird schließlich zur Buchstaben- und Zahlenmagie kondensiert. Ich verweise auf die schöne Gesamtdarstellung der Problematik im Buch von Franz Domseiff: Das Alphabet in Mystik und Magie, 1925.

Diese Bewegung hin zur Buchstabenmagie kann man als semiotische Konsequenz eines Verbots der Bilder, der orphischen Mysterien usw., d.h. der sinnlichen Formen von Religiosität sehen. Die nackte Systematik des Lullischen Systems ist also streng monotheistisch und damit seinen religions-synkretistischen Absichten konform. Die Renaissance wird das Reservoir der polytheistischen Bilderwelten öffnen, und wir werden die Konsequenzen bei Bruno kennenlernen.

Im folgenden soll die zahlen- und buchstabentheoretische Systemkonstruktion, welche auf den ersten neun Buchstaben des Alphabets mit dem impliziten Zentrum, der Null, beruht, nachvollzogen werden. Die Zahl 10 wurde bereits pythagoräisch (der legendäre Pythagoras lebte um 600 v.Chr.) als Tetraklys durch Addition der vier Grundzahlen, d.h. als ideale Synthese der elementaren Zahlen:

1 + 2 + 3 + 4 = 10 interpretiert. Gleichzeitig ergibt die Zehnzahl als pythagoräisches Zahlendreieck eine reguläre geometrische Figur wie Abbildung 3 zeigt.[5]

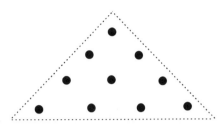

Abbildung 3: Das pythagoräische Zahlendreieck

Als Übergang von der Zahl zum Buchstaben ist die Doppelfunktion der Buchstaben als Zahlen im hebräischen Alphabet zu sehen. Diese Ableitung zeigt auch die Nähe des Lullischen Systems zur jüdischen Kabbala.[6] Den ersten neun Zeichen des hebräischen Alphabets wurden den Zahlen 1-9 zugeordnet, wie Tabelle 1 zeigt.

9	8	7	6	5	4	3	2	1
ט	ח	ז	ו	ה	ד	ג	ב	א
Teth	Heth	Zain	Van	He	Daleth	Ghimel	Beth	Aleph

Tabelle 1: Die Einerreihe der Zahlen und deren Entsprechung im Hebräischen

Diese Reihe bildete die Einheiten der *ersten* Welt; entsprechend wurden die Zehnerreihe (10-90) und die Hunderterreihe (100-900) durch Buchstaben (2. und 3. Welt) repräsentiert. Da das Hebräische 22 Buchstaben kennt, werden acht Buchstaben zweifach verwendet und sind somit zweideutig.

Lullus benutzt für die neun Positionen lateinische Buchstaben. Da er das A für den Ursprung, Gott (die Null) reserviert, erhält er die Liste der Buchstaben: B, C, D, E, F, G, H, I, K.[7] Wir sehen daran schon, wie Lullus' Synchretismus Altes mit Neuem verbindet und somit mit der Sorglosigkeit eines Praktikers die klassische Wissenswelt vereinfacht. In dieser Hinsicht ist er ein Moderner, was die Faszination seines Systems bis ins 17. Jh. plausibel macht.

---

[5] Die Pythagoräer hatten die Tendenz, das geometrische Kontinuum zu diskretisieren und somit zu arithmetisieren. Dies hat teilweise mit der Ablehnung irrationaler Zahlen zu tun (vgl. Sondheimer und Rogerson, 1981).

[6] Sie tritt im 12. Jh. in Spanien und Deutschland auf, siehe Nachmani aus Gerona (1195-1270) und Eleasea ben Jehuda Rokeach (Worms, 1160-1230).

[7] Die Buchstaben I, J und U, V wurden zur damaligen Zeit nicht unterschieden.

Die zweite radikale Innovation von Lullus besteht darin, daß er diese Symbolleiste zum Kreis biegt und damit eine Zirkularität, d.h. eine unbegrenzte Produktivität, einführt.[8]

2.2 Die erste Figur

Lullus schreibt in der Ars Generalis Ultima 1645/1970: 4:

> „Die erste Figur wird mit A bezeichnet und hat die Form eines Kreises; sie ist in neun Kammern unterteilt. In der jeweils ersten Kammer befindet sich B, in der zweiten C usw. Die Figur wird kreisförmig genannt, weil das Subjekt durch das Prädikat ersetzt wird und umgekehrt." [9] (Übers. d. A.)

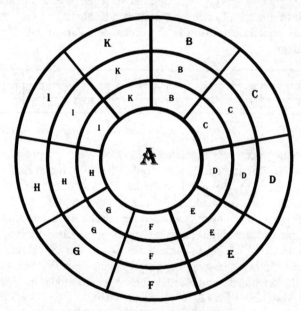

Abbildung 4: Die erste Figur des Lullus in wiederholter Anwendung

---

[8] Allerdings wurden die 10 Sephiroth in der Kabbala auch als zehn Sphären interpretiert.

[9] „Prima figura est designata per A. & est circularis, & divisa in novem cameras. In prima quidem camera cosistit B. in secundam vero C. & sic de aliis. Et dicitur circularis, quia subiectum mutatur in praedicatum, & è converso."

Die „Umwandlung" besteht in einer erneuten Interpretation der Buchstaben; die verschieden interpretierten Kreise können als konzentrische Ringe, welche gegeneinander drehbar sind, konstruiert werden, und die Drucke des 16. Jh. haben die Dreifachscheibe mit einem Faden in die Buchseite eingeheftet. Die Lullische Maschine ist also eine Art Abakus zur Herstellung komplexer Prädikationen. Wir werden später auf die von Leibniz genützte Beziehung zu Rechenautomaten mit ihren Zahnrädern zu sprechen kommen. Ordnet man dem ersten Rad die syntaktische Funktion Subjekt, dem zweiten eine einfache Prädikatsfunktion zu, so kann man leicht Definitionen und Aussagesätze und damit auch die Bestandteile eines Syllogismus erzeugen.

Die universale Prädikation hat als Subjekt Gott (Deus). Von ihm sind die folgenden Prädikate auszusagen:

bonitas/bonum	=	gut	Buchstabe	B
magnitudo/magnum	=	groß	Buchstabe	C
aeternitas (duratio)/aeternus	=	ewig	Buchstabe	D
potestas/potens	=	mächtig	Buchstabe	E
sapientia/sapiens	=	weise	Buchstabe	F
voluntas/volens	=	Wille	Buchstabe	G
virtus/virtuosum	=	tugendhaft	Buchstabe	H
veritas/verum	=	wahr	Buchstabe	I
gloria/gloriosum	=	ruhmvoll	Buchstabe	K

Tabelle 2: Die absoluten Prädikate (Eigenschaften Gottes)

Diese Eigenschaften sind sozusagen die Primitiva eines Merkmal-Baumes; aus ihnen können Definitionen geschöpft werden, wobei alle Querverbindungen dieser nicht voneinander unabhängigen Eigenschaften offengelegt werden, z.B.

„Die Tugend ist der Ursprung einer Verbindung von Gutsein, Größe usw. in einem der gut ist, groß ist usw."10 (Übers. d. A.)

In der Praxis treten eine ganze Reihe als selbstverständlich vorausgesetzter Zwischentermini auf und die Zirkularität der so entworfenen Definitionen, die natürlich als Realdefinitionen aufgefaßt werden, wird nicht als Nachteil wahrgenommen. Im Gegenteil, auf diese Weise verdichtet sich das System durch Selbstreferentialität und wird semantisch abgeschlossen, eine Eigenschaft, die bei Lullus aber implizit bleibt.

Die Eigenschaften Gottes sind dessen erste Emanation; aus ihr können weitere Formen von Weltaussage generiert werden (vgl. die 2., 3. und 4. Figur). Die

---

[10] „virtus est origo unionis bonitatis, magnitudinis, & c. in uno bono, magno & c."

konstruktive Phantasie des Lullus begnügt sich aber nicht mit so spärlicher Kost; er führt eine „Deklination" der neun Eigenschaften ein, indem er Akt, Agens und Patiens unterscheidet (sieheTabelle 3).

Akt	*Agens*	*Patiens*
bonificare	bonificans	bonificabile
Gutes tun	der Wohltäter	der, dem Gutes getan werden kann

Tabelle 3: „Semantische Rollen" bei Lullus

Linguistisch wird ein transitiver Satz mit Handlungsverb als prototypische Basisstruktur gewählt, so daß jede der neun Dignitates in die prototypische Handlung, den Handlungsträger und den möglichen Betroffenen der Handlung zerlegt wird. Die elementare Kombinatorik erzeugt somit zwei Listen von Aussagen.

A	B
(Subjekt - Prädikativ) bzw. Nominalphrase	(Subjekt - Verbalphrase mit Objekt)
Gott ist gut der gute Gott	Gott ist gut zum Menschen (Gott tut dem Menschen Gutes) Agens Akt Patiens

Tabelle 4: Beispiele für das Funktionieren der ersten Figur

2.3 Die zweite Figur

Nicht genug dieser Komplikation führt Lullus eine triadische Substruktur ein, die auf dem syllogistischen Schema: zwei Extrempositionen und eine Mittelposition fußt. Dazu werden 3 Triaden (mit 3 x 3 Kanten des Neunecks) eingeführt, welche den Farben grün, rot und gelb zugeordnet sind. Sie werden als „instrumenta intellecti", als Ordnungsstrukturen des Geistes bezeichnet:

1. „das grüne Dreieck, das Differenz, Übereinstimmung und Gegensatz enthält" [Triangulus viridis qui est de differentia, concordantia, & contrarietate]
2. „das rote Dreieck, das Anfang, Mitte und Ende enthält" [Triangulus rubeus qui est de principio, medio, & fine]
3. „das gelbe Dreieck verstanden als allgemeine Mehrheit, ebenfalls Gleichheit und auch Minderheit je nachdem" [Per triangulum croceum intelligitur una

majoritas universalis ... Et hoc idem est de aequalitate: & et etiam minoritate, suo modo" (ibid.: 6-8)]

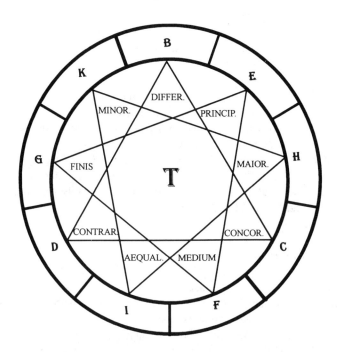

Abbildung 5: Die zweite Figur des Lullus

Die grünen und gelben Dreiecke haben jeweils eine Dreiheit von Paaren als Argumente der Relation:

	Relation	Korrelate (Beispiele)
grün	differentia (Unterschied)	sensuale et sensuale
grün	concordantia (Übereinstimmung)	sensuale et intellectuale
grün	contrarietas (Gegensatz)	intellectuale et intellectuale
gelb	aequalitas (Gleichheit)	substantia et substantia
gelb	maioritas (Mehrheit)	substantia et accidens
gelb	minoritas (Minderheit)	accidens et accidens

Tabelle 5: Die grünen und roten Relationstripel

Das rote Dreieck hat als Ecken: principium (Anfang) - medium (Mitte) - finis (Ende), dem Anfang ist die Ursache (causa), der Mitte die Verbindung (conjunctio) und dem Ende die Vollendung (perfectio) zugeordnet.
Formal ist wichtig, daß die zweite Figur relationale Begriffe, die jeweils zu Dreiheiten geordnet sind, enthält. Damit entsteht in der Kombination von Begriffen aus der ersten Figur und Relationen aus der zweiten eine einfache Form der kombinatorischen Logik (vgl. als modernen Vertreter Curry, 1968 sowie unsere Bemerkungen zu Leibniz später).
Die spezifische Ausfüllung der neun Kammern bei den absoluten Begriffen hängt von der ontischen Ebene ab, d.h. es kann jedes Feld von Konzepten als (nominale) Skala mit neun Kammern aus einem spezifischen ontischen Bereich organisiert werden. Die Fundierung in den göttlichen Eigenschaften ist jedoch ein Hinweis darauf, wie die Begriffsarchitektur von der Schöpfungsdynamik abhängig ist. Im Abschnitt über Le Myésiers Standardisierung des Lullischen Vermächtnisses wird deutlich werden, daß ein umfassender Begriffsthesaurus eine Folge dieses Ansatzes ist (vgl. Abschnitt 4.1).

2.4 Die dritte Figur

Die dritte Figur ist eine Kombination der beiden ersten Figuren. Da die erste Figur die absoluten Begriffe (z. B.. die göttlichen Eigenschaften) benennt und die zweite die Instrumente des Intellekts, entspricht der Kombination ein Herabsteigen vom Allgemeinen zum Besonderen, indem z.B. Differenzen, Übereinstimmungen, Widersprüche registriert werden und diese auf die in der zweiten Figur spezifizierten Bereiche, z.B. die Vergleichspaare: Sinnliches mit Sinnlichem; Sinnliches mit Geistigem; Geistiges mit Geistigem bezogen werden.

BC	CD	DE	EF	FG	GH	HI	IK
BD	CE	DF	EG	FH	GI	HK	
BE	CF	DG	EH	FI	GK		
BF	CG	DH	EI	FK			
BG	CH	DI	EK				
BH	CI	DK					
BI	CK						
BK							

Tabelle 6: Die dritte Figur als Kombinationstafel

Die Kombinationstafel mit 36 Feldern läßt sich einfach berechnen, indem alle Paare, ausgehend von B als erstem Glied bis zum K als zweitem Glied, aufgezählt werden. Dies kann tabellarisch geschehen, wie in Tabelle 6 (vgl. ibid.:

9) oder durch ein schrittweises Verschieben der beiden Ringe von BC (der zweite Ring ist ein Feld nach links verschoben) bis BK (der zweite Ring hat eine Drehung vollendet).

Steigt man vom Allgemeinen zum Besonderen durch Vergleich, Kontrast, Ursache, Wirkung usw. hinab, so lassen sich nach Lullus vier Stufen der Deduktion unterscheidet, die er anhand der Kombination BC (= „groß und gut") illustriert (ibid.: 10).

- Die erste Stufe stellt für die Prädikate BC Differenz und Übereinstimmung (bzw. Kontrast) fest, z.b. CBC für deren Übereinstimmung oder BBC für deren Differenz.
- Die zweite Stufe spezifiziert die Differenz bezüglich einer von drei Stufen, z.b. für das Sinnliche (sensuale).
- Die dritte Stufe thematisiert z.b. die Differenz auf der Ebene der Elemente (etwa Feuer und Luft) und ihrer Eigenschaften (feucht—trocken, warm—kalt).
- Die vierte Stufe schließlich nimmt auf die drei Aspekte: Akt, Agens, Patiens; im Falle von B (= bonitas) bonificare, bonificans und bonificabile Bezug.

Eine typische Tendenz der Systemarchitektur wird hier schon deutlich. Durch die Bevorzugung der Kombinatorik wächst die Zahl der Operationen und Formen sehr schnell. Die vier Stufen ergeben bei einer Ausgangskombination der dritten Figur 3(Vergleichsrelationen) x 3(Stufen) x 4(Elemente) x 3(Aspekte) = 108 Varianten.

2.5 Die vierte Figur

Die erste und die zweite Figur behandeln die absoluten und die relativen Prinzipien (Wurzel-Konzepte, vgl. das Bild des Baumes), die dritte Figur erlaubt einfache Kombinationen mit einer Interpretation in vier Stufen. Die Komplexität steigt dabei von Figur zu Figur:
1. Figur   9 absolute Prinzipien (N = 9)
2. Figur   3 x 3 relative Prinzipien mit jeweils 3 Korrelaten (N = 27)
3. Figur   36 Kombinationen von absoluten bzw. relativen Prinzipien (N = 2 x 36 = 72) erweitert um 4 Stufen (N = 108)

Die vierte Figur, welche noch durch zehn Regeln ergänzt wird, enthält bereits N = 84 x20 = 1680 Kombinationen, auf die dann noch die Regeln (= Fragen) angewandt werden (N = 10 x 1680 = 16800).

Gegenüber der im Mittelalter zum Schematismus ausgebauten Syllogistik findet bei Lullus eine Kapazitätsexplosion statt, welche seinem Anspruch, das Wissen von drei Kulturen repräsentieren zu können, entspricht.

Die vierte Figur kombiniert drei Ringe, wobei einzelne Ringe entsprechend der ersten Figur (mit absoluten Begriffen) oder gemäß der zweiten Figur (mit relationalen Begriffen) belegt sein können. Um diese Trennung der Belegungen zu markieren, führt Lullus ein Grenzsignal T = terminus (Grenze) ein, das formal wie eine Klammer in moderner logischer Notation funktioniert.

BCDT:	Alle Prädikate sind absolut (das Grenzsignal steht am Ende). Sie werden mit einer der zehn Fragen, z.B. utrum (= ob) kombiniert. Lullus diskutiert die Frage, ob die Welt ewig ist (duratio = D) und ob dies mit dem Guten (B) und Großem (C) als absoluten Begriffen verträglich ist. Da es aber Böses (nicht B) in der Welt gibt, wird die Frage verneint.
BCTB:	Jetzt wird das zweite B hinter dem Grenzsignal als relationaler Begriff (B = differentia) interpretiert (im Rahmen der drei Relationstripel der zweiten Figur).

Tabelle 7: Beispiele für die Anwendung der dritten Figur

Die zehn Regeln sind die Ausgangsfragen einer Argumentation, auf welche der Benutzer des Lullischen Systems eine Antwort sucht. Im Prinzip gibt es auch neun Kategorien von Fragen, die letzte ist allerdings zweigeteilt. Tabelle 8 gibt die zehn Fragen (oder nach Lullus' Regeln) an (vgl. ibid.: 15-26).

B	C	D	E
utrum?	quid?	de quo?	quare
ob etwas ist oder nicht ist	Frage nach definierenden Eigenschaften	Frage nach den Ursachen	Frage nach den Gründen der Existenz (aus sich selbst oder aus einer Handlung)
F	G	H	I
quantum?	quale?	quando?	ubi?
Quantität (kontinuierlich oder diskret)	Qualität (eigene oder angeeignete)	die Zeit als absolutes Maß oder als relative Bewegung	Frage nach dem Ort. (z.B. Ist der Intellekt in sich selbst?)
K (1)	K (2)		
quomodo	cum quo?		
Art und Weise (Ähnlichkeit)	Modalität und Wirkung Instrumentalität		

Tabelle 8: Die zehn Fragen

Das Beantworten dieser Fragen bei gleichzeitiger Aktivierung einer Kombination von Konzepten (welche die Fragen ausfüllen) erfolgt nach einem quasi-deduktiven Modus. Tritt ein Widerspruch zu den in den Begriffen selbst oder in Definitionen zugrunde gelegten Aussagen auf, ist die Frage negativ oder mit einer besonderen Spezifikation zu beantworten. In jedem Fall wird auf der Basis einer endlichen Anzahl von Voraussetzungen (meist wenigen) argumentiert, d.h. eine rigide Wissensbasis ist vorausgesetzt. Diese war im mittelalterlichen Europa durch die philosophisch kodierte Glaubenslehre gegeben.

1	BCD	1	BCE	1	BCF	1	BCG	1	BCH	1	BCI	1	BCK
2	BCTB	2	BCTB	2	BCTB	2	BCTB	2	BCTB	2	BCTB	2	BCTB
3	BCTC	3	BCTC	3	BCTC	3	BCTC	3	BCTC	3	BCTC	3	BCTC
4	BCTD	4	BCTE	4	BCTF	4	BCTG	4	BCTH	4	BCTI	4	BCTK
5	BDTB	5	BETB	5	BFTB	5	BGTB	5	BHTB	5	BITB	5	BKTB
6	BDTC	6	BETC	6	BFTC	6	BGTC	6	BHTC	6	BITC	6	BKTC
7	BDTD	7	BETE	7	BFTF	7	BGTG	7	BHTH	7	BITI	7	BKTK
8	BTBC	8	BTBC	8	BTBC	8	BTBC	8	BTBC	8	BTBC	8	BTBC
9	BTBD	9	BTBE	9	BTBF	9	BTBG	9	BTBH	9	BTBI	9	BTBK
10	BTCD	10	BTCE	10	BTCF	10	BTCG	10	BTCH	10	BTCI	10	BTCK
11	CDTB	11	CETB	11	CFTB	11	CGTB	11	CHTB	11	CITB	11	CKTB
12	CDTC	12	CETC	12	CFTC	12	CGTC	12	CHTC	12	CITC	12	CKTC
13	CDTD	13	CETE	13	CFTF	13	CGTG	13	CHTH	13	CITI	13	CKTK
14	CTBC	14	CTBC	14	CTBC	14	CTBC	14	CTBC	14	CTBC	14	CTBC
15	CTBD	15	CTBE	15	CTBF	15	CTBG	15	CTBH	15	CTBI	15	CTBK
16	CTCD	16	CTCE	16	CTCF	16	CTCG	16	CTCH	16	CTCI	16	CTCK
17	DTBC	17	ECTC	17	FCTC	17	GCTC	17	HCTC	17	ICTC	17	KCTC
18	DTBD	18	ETBE	18	FTBF	18	GTBG	18	HTBH	18	ITBI	18	KTBK
19	DTCD	19	ETCE	19	FTCF	19	GTCG	19	HTCH	19	ITCI	19	KTCK
20	TBCD	20	TBCE	20	TBCF	20	TBCG	20	TBCH	20	TBCI	20	TBCK

Tabelle 9:   Der Beginn der „Tabula generalis" (7 Spalten von 84)

In Tabelle 9 gebe ich die ersten sieben Spalten von insgesamt 84 an. Jede Tabelle hat je eine Folge mit T am Anfang und T am Ende (leer) und je neun mit T an zweiter oder dritter Position, was die Gesamtzahl von 20 Zeilen pro Spalte ergibt. Man sieht allerdings auch, daß einige Zeilen sich bei diesem Verfahren von Spalte zu Spalte wiederholen, so: BCTB, BCTC; BTBC und CTBC in Spalte 1-7. Es gibt 4 x 6 = 24 Wiederholungen. Insgesamt kommen auf 560 Felder in den vier ersten Blöcken 62 Doubletten.

2.6 Allgemeine Aspekte des Lullischen Systems

Um die Überzeugungskraft des Lullischen Systems zu prüfen, müßte zuerst der Argumentationsrahmen theologischer Diskurse im 13. Jahrhundert rekonstruiert werden, so daß die sehr ausführlich von Lullus dargelegten Anwendungen seines Systems in bezug auf dieses Wissenssystem abgeschätzt werden könnten. Dies wäre eine ebenso schwierige Aufgabe wie die Rekonstruktion der Semiotik Giordano Brunos, welche Thema dieses Buches ist. Ich will mich im folgenden auf zwei eher formale Aspekte beschränken: die mathematische Kombinatorik und die geometrisch-arithmetischen Grundtypen seiner Konstrukte.
1. Die Kombinatorik. Die Anzahl der Kolumnen in der vierten Figur ergibt sich als die Zahl der Trigramme (ungeachtet der Reihenfolge), welche sich mit einem Inventar von neun Buchstaben bilden lassen. Die mathematische Kombinatorik gibt uns für die Berechnung die Formel:

$$\binom{N}{K} = \frac{N!}{K!\,(N-K)!}$$

Für N = 9 (Anzahl der Buchstaben) und K = 3 (Länge der Kombination) erhalten wir: $\frac{9!}{3!\,6!} = \frac{9\cdot 8\cdot 7\cdot 6\cdot 5\cdot 4\cdot 3\cdot 2\cdot 1}{(3\cdot 2\cdot 1)(6\cdot 5\cdot 4\cdot 3\cdot 2\cdot 1)} = \frac{9\cdot 8\cdot 7}{3\cdot 2\cdot 1} = 84$

Diese Zahl entspricht der Zahl der von Lullus angeführten Kolumnen (12 x 7 = 84). Eine Inspektion der Tafeln, die Lullus erstellt hat, zeigt jedoch ein komplexeres Bild:
- Es gibt Kombinationen mit nur zwei Buchstaben (entsprechend mit nur drei Positionen des Trennungszeichens) und mit einem Buchstaben (und zwei Positionen des Trennungszeichens).
- Die gelegentliche weitere Unterteilung des neunten Feldes (z.B. bei den Fragen) hat die Entsprechung in der Trennung von K (groß) und k (klein).
- Es gibt zahlreiche Wiederholungen in der Tabelle (s.o.).

Die Kombinatorik ist im Prinzip systematisch ausgearbeitet. Die Zahl 84 ist die zu erwartende Zahl der Rubriken, d.h. Lullus hat an dieser Stelle einen An-

satz zur Mathematisierung eingeführt. Die exakte Ausführung wird allerdings durch nicht genau benannte Regeln verwirrt.
2. Die geometisch-arithmetische Basis. Das Lullische System beruht auf drei geometrische Archetypen, die als Basis für drei unterschiedliche arithmetische Reihen dienen:
– der Kreis, der beliebig in Segmente teilbar ist (er steht für das Kontinuum, d.h. die reellen Zahlen),
– das gleichseitige Dreieck; durch die Kombination von Dreiecken erhalten wir ein System mit 3, 6, 9, 12, 15, 18, 21, 24, 27, 30, usw. Unterscheidungen, die jeweils in Dreiergruppen auftreten;
– das Quadrat, daraus sind kategoriale Systeme mit 4, 8, 12, 16, 20, 24, 28, usw. Feldern ableitbar.

Diese drei Reihen sind insofern exhaustiv, als alle Positionen zwischen den beiden arithmetischen Reihen auf der Basis von 3 und 4 durch Kreisunterteilungen auffüllbar sind (z.B. 5, 7, 10, 11, 13, 14, 17, 19, 22, 23, 25, 26, 29 usw.). Insgesamt ergibt dies eine geordnete Architektur kategorialer Skalen, die durch den Kreis abgeschlossen wird. Wir können diese Basis als das Alphabet bzw. Wörterbuch einer formalen Sprache bezeichnen. Die Syntax ist kombinatorisch, d.h. es werden Scheiben mit kategorialen Feldern (Kammern) gegeneinander gedreht, wobei jeweils ein großer Teil des Systems in Ruhe, ein kleiner in Bewegung ist. Die Kombinatorik liefert uns Folgen von Kategorienketten, z.B. BC, BCD oder BCTB. Diese Folgen werden durch die Variationsprinzipien: B: bonificans, bonificabile, bonificatum und durch die attributive oder argumentfüllende Funktion der absoluten Kategorien interpretiert. Anhand von Definitionen (welche die Grundbegriffe mit anderen Begriffen vernetzen) und Fragen bzw. Regeln wird ein Argumentationsfluß erzeugt, der es erlaubt, die Konsistenz beliebiger Sätze zu prüfen. Diese formale Sprache ist in einer erstaunlichen Weise modern, da auch moderne Kunstsprachen, auf einer kleinen Basis von vorgegebenen Begriffen, komplexe Interpretationsprozeduren aufbauen.

Das Lullische System wurde im 14. Jh. von einem Schüler des Lullus systematisiert und erfuhr eine Renaissance im 15. Jh. (besonders in Paris). Nach Bruno haben sich noch längere Zeit die Alchimisten mit dem System des Lullus beschäftigt. Die letzte intensive Aneignung erfolgte durch den jungen Leibniz. Ich werde einige Aspekte des Lullismus in Abschnitt 4 beleuchten; im folgenden soll der Zusammenhang zwischen dem Lullischen System und der Geometrie bzw. der Astronomie/Astrologie zur Zeit des Lullus kurz beleuchtet werden, da Giordano Bruno diese drei Bereiche in seinem Gedächtnissystem verknüpft (vgl. besonders die vierte Vorlesung).

3 Kosmologie und Gedächtnis im Werke von Lullus

3.1 Die „Nova Geometria" des Lullus

Lullus hat eine „Neue Geometrie" und eine „Neue Astronomie" verfaßt, wobei das Neue nicht direkt die beiden Wissensbereiche, sondern die Art ihrer Organisation (im Rahmen des Lullischen Programmes) betrifft. Im Mittelpunkt stehen reguläre Polygone (Vielecke), die Transformationsbeziehungen zwischen diesen und die Beziehung der Vielecke zum Kreis. Dabei werden bestimmte komplexe geometrische Konstruktionen als besonders bedeutsam für unsere Erkenntnis hervorgehoben. Da solche sinnbildhaften geometrischen Figuren für Brunos Gedächtnistheorie zentral sind, wollen wir zwei davon exemplarisch vorstellen.

Eine besonders rätselhafte Beziehung war die zwischen Quadrat und Kreis (vergleichbar mit der Beziehung zwischen Blei und Gold). Die *figura magistralis* approximiert die Kreisfläche durch die Konstruktion eines mittleren Quadrates. Die Art der Approximation kann am Verhältnis der Überschneidungsflächen abgelesen werden. Wenn z.B. die Fläche der Möndchen (a) gleich der der konvexen Dreiecke (b) ist, dann hat das mittlere Quadrat die gleiche Fläche wie der Kreis.

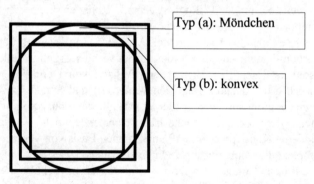

Abbildung 6: Approximation der Kreisfläche durch Quadrate in der figura magistralis

Die paarweise ähnlichen Segmente, in denen Kreisbögen und Strecken gemischt vorkommen, können außerdem als Chiffre für eine (chemische) Verbindung des Entgegengesetzten interpretiert werden.

Noch stärker in Richtung auf eine chemische Analyse ist die *Figur für die vier Elemente*: Erde, Wasser, Luft Feuer zu sehen.

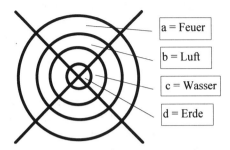

Abbildung 7: Proportionalanalyse der vier Elemente

Die vier konzentrischen Ringe stehen für die vier Elemente, die Sektoren bzw. die jeweils ausgeschnittenen Ringflächen für die vier Eigenschaften der Elemente: warm, kalt, feucht, trocken. Lullus unterscheidet vier Grade dieser Eigenschaften, so daß z.B. der Pfeffer (als zusammengesetztes Element) die graduierten Eigenschaften hat:

warm: + 4; trocken: + 3; feucht: + 2; (kalt: unspezifiziert)

In seiner Abhandlung über die Astrologie ordnet Lullus den Tierkreiszeichen Planeten, Elemente, deren Eigenschaften, Körperteile des Menschen und Regionen der Erde zu. Beispiel:

„Der Steinbock ist eine Komplexion des Elementes Erde, er wird durch den Buchstaben C dargestellt. (...) Sein Planet ist der Saturn. Er beeinflußt die Knie des Menschen. Seine Region ist Äthiopien." (Lullus, Traité d'astrologie, 1988: 43 f; Übers. d. A.).

„Saturn ist von der Komplexion der Erde. Er ist männlich, tagbezogen, böse. Sein Metall ist das Blei." (ibid.: 45 f; Übers. d. A.)

Lullus benutzt an dieser Stelle seine „Ars" (Kunst), um die Aussagen der Astrologen zu prüfen und die richtigen auszuwählen (ibid.: 45 f). Er charakterisiert dann die im Saturn Geborenen als melancholisch und schwer. „Sie lieben die Ideen, die ihnen aus der Vorstellungskraft kommen und die mathematischen Ideen, welche das Element Erde ihnen nahebringt." Man sieht, daß Lullus auf der Basis seiner auf ein Globalsystem bezogenen Perspektive selbst verworrene Wissensbereiche ordnen und einfach darstellen kann. Gleichzeitig entsteht der Eindruck (die Illusion) einer Beherrschbarkeit des Wissensgebietes und indirekt auch der Weltbereiche, von denen dieses Wissen handelt, d.h. die semiotische

Disziplinierung ist ein Zugang zur Beherrschung der Natur (Alchimie, Medizin) und des Universums, insofern es uns beeinflußt (Astrologie).

3.2 Das Lullische System als Gedächtnis

Lullus hält sein System für leicht erlernbar, d.h. gut memorierbar, denn er sagt: der „homo habens optimum intellectum" (der Mensch mit optimalem Verstand) kann die Theorie in einem Monat, die Praxis in einem weiteren Monat erlernen (ibid.: 526). Das System selbst wird aber nicht der Gedächtniskunst im Sinne der tradierten rhetorischen Lehren zugeordnet.

Die *memoria* gehört naturgemäß nicht zu den Eigenschaften Gottes, also nicht zu den absoluten Prinzipien, aber auch nicht zu den virtutes/vitia. Lullus sieht neben der *memoria* zwei weitere kognitive Grundkomponenten: den *intellectus* und die *voluntas*:

> „Das Gedächtnis hat eine Eigenschaft gemeinsam mit dem Verstand, eine andere mit dem Willen: denn durch den Verstand empfängt sie die begrifflichen Eigenarten und durch den Willen die gewünschten oder gehaßten. In gerade jener Weise, in der es (das Gedächtnis) diese Eigenarten über den Verstand und über den Willen bezieht, in jener Weise gibt sie diese beim Erinnern wieder." (Übers.d.A.; ibid.: 406) [11]

In Abbildung 8 sehen wir die „Architektur des Menschen" nach Lullus.

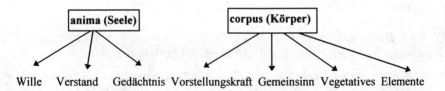

Abbildung 8: Die Architektur des Menschen (Auszug)

---

[11] Zitat: „memoria unam conditionem habet cum intellectu, & aliam cum voluntate: nam per intellectum recipit species intellectas, & voluntate recipit species desideratas, aut oditas: & per illum modum per quem recipit species ab intellectu, & a voluntate, per eundem modum eis reddit species recolendo." (Vgl. auch Lullus, 1972: XXIff, 82-88)

Auf die Frage, wie der Mensch sein Gedächtnis einrichten möge, um sich an ein Ding zu erinnern, antwortet Lullus, daß er sich an die Definition vermittels der Prinzipien halten und nach den Regeln der Ähnlichkeit richten solle. So erinnert sich ein Mann an seinen Sohn, wenn er jemanden sieht, der diesem ähnlich ist. Man kann aus diesen kurzen Hinweisen bei Lullus schließen, daß die systematische Organisation des Wissens in seinem System das Gedächtnis stützt und das Lernen erleichtert. Besonders der analogische, partizipative und realistische Charakter seines Systems macht es als Gedächtnissystem geeignet.

4 Die Entwicklung des Lullismus bis ins 17. Jahrhundert

4.1 Vereinfachung und Verbildlichung des Lullismus bei Le Myésier

Der Pariser Schüler von Lullus, Le Myésier (gestorben 1336), hat noch zu Lebzeiten von Lullus dessen Schriften zusammengetragen und versucht (in Abstimmung mit ihm), die in dem Riesenwerk enthaltenen Systemvorschläge zu vereinheitlichen und damit eine positivere Rezeption in universitären Kreisen (z.B. in Paris) vorzubereiten. Dies hat, wie die spätere Renaissance des Lullismus in Paris zeigt, auch die gewünschten Folgen gehabt. Gleichzeitig wird die eher abstrakte Systematik in bildhafter, fast schon emblematischer Form, präsentiert, womit der Reichtum der spätmittelalterlichen darstellenden Kunst (Miniaturen, Glasfenster, Teppiche, Altarbilder) für die Wissensorganisation genutzt wird.

Da diese Innovation, die Bildsemiotik als Mittel der Wissensorganisation, bei Bruno und in seiner Zeit eine große Rollen spielen wird, will ich eine Bilddarstellung beschreiben (vgl.Lullus, 1990; Bild VII).

Wir sehen links die Vorhut mit dem Reiter Aristoteles auf dem Pferd „ratiocinatio"; seine Lanze führt die Syllogismen ins Feld. Hinter dem Streitwagen seiner Logik sehen wir auf kleinerem Pferd Averroes (den spanischen Aristoteles-Kommentator, gegen dessen Anhänger Lullus die kirchlichen Autoritäten in Paris unterstützte). Im Turm seufzt die Jungfrau „veritas", die von Teufeln bewacht wird. Leider kann weder der Haufen des Aristoteles noch die Nachhut des Averroes die Festung nehmen. Es naht allerdings bereits der durch drei Posaunen (intellectus, voluntas und memoria) angekündigte, kompakt geordnete, viel größere Streitwagen des Raymundus, sein Schlachtroß heißt „prima intentio" und die Jungfrau „veritas" kann auf Befreiung hoffen.

Insgesamt zeigt uns dieser Blick auf die erste Stufe des Lullismus des 14. Jh., daß die zentralen Inhalte verbildlicht und zum Emblem (vor der allgemeinen Entwicklung einer Emblem-Literatur) verdichtet werden.

4.2 Das Lullische System als Verschlüsselungskunst bei Della Porta

Bruno hat das Lullische System als Artifizielles Gedächtnis interpretiert (vgl. die 3. Vorlesung); ein anderer Neapolitaner, Giovambattista Della Porta, dessen Lebensweg interessante Parallelen zu dem Brunos aufweist, benutzte das Lullische System zur Chiffrierung und Dechiffrierung. Erstaunlicherweise finden sich keine Hinweise auf Giordano Bruno im Werke von Della Porta. Ich werde versuchen, die Beziehung zwischen den beiden Ansätzen und - indirekt - zwischen den beiden Zeitgenossen näher zu beleuchten.

Giovambattista Della Porta, der einer berühmten neapolitanischen Familie entstammt, ist ca. 1535 geboren, d.h. er ist 13 Jahre älter als Bruno. Er gründet in Neapel die Academia dei Secreti, die sich vor allem mit experimenteller Naturwissenschaft beschäftigt und arbeitet seit 1558 an einer „Magia naturalis", die 1568 in erster Fassung und 1588 in der endgültigen Fassung erscheint. 1574 (also zwei Jahre vor Brunos Flucht) soll er nach Rom an die Inquisition ausgeliefert werden, kann dies aber verhindern, 1586 findet gegen ihn und den Dichter Tansillo (den Bruno häufig zitiert) ein Inquisitionsprozeß in Neapel statt. Er wird verurteilt, sich zukünftig astronomischer Urteile zu enthalten, und zieht sich verbittert aus der Öffentlichkeit zurück. Auch sein 1584 erschienenes Buch „De humana physionomia" wird 1592 von der Inquisition in Venedig verboten. Das Buch hatte in Prag eine Druckerlaubnis durch Rudolf II. erhalten. Es gibt neben der neapolitanischen Herkunft eine ganze Reihe von Berührungspunkten zwischen Bruno und Della Porta, ja Bruno könnte als ein europäischer Konkurrent seines Landmannes angesehen werden, so daß sich ein ausführlicher Vergleich ihres Lebens und ihrer Werke lohnen würde.

Ich habe mir in der Bibliotèca Casanatense in Rom drei Werke angesehen, um einen ersten Vergleich mit Lullus und Bruno durchzuführen. In der Schrift „De Furtivis litterarum notis ...", Neapel 1563, diskutiert Della Porta zuerst verschiedene Anordnungen der Buchstaben. Unter Weglassung der weniger wichtigen Buchstaben („quae minus necessariae sunt") konstruiert er eine Tabelle mit vier Spalten und fünf Zeilen, d.h. für zwanzig Buchstaben. Tabelle 10 gibt diese Anordnung wieder (ibid.: 33[E]).

	1	2	3	4
1	a	f	m	r
2	b	g	n	s
3	c	h	o	t
4	d	i	p	u
5	e	l	q	z

Tabelle 10: Das Buchstabenfeld bei Della Porta (1563)

Raymundus Lullus und Brunos Gedächtniskunst 77

Im zweiten Buch der Schrift ordnet er die zwanzig Buchstaben auf einen äußeren Kreis an. Der innere Kreis enthält zwanzig geometrische Kunstzeichen für die Buchstaben, d.h. einen geheimen Zeichensatz. Die Buchstaben des Alphabets können durch die Geheimzeichen in direkter Zuordnung verschlüsselt werden; man kann aber auch den inneren Kreis drehen und erhält dann zwanzig verschiedene Zuordnungen. Eine Verfeinerung ergibt sich, wenn man eine Tabelle mit 20x20 (Anzahl der Buchstaben) = 400 Feldern bildet und für jedes Buchstabenpaar ein Geheimzeichen einsetzt. Della Porta versucht außerdem, den Buchstaben Orte einer Matrix zuzuordnen; sie also räumlich zu kodieren. Dazu verteilt er 21 Buchstaben (der Buchstabe x kommt hinzu) auf neun Felder. Tabelle 11 zeigt die Konstruktion (drei Felder müssen drei Buchstaben aufnehmen).

a l v	b m x	e n z
d o	e p	f q
g r	h s	i t

Tabelle 11: Verteilung der 21 Buchstaben auf neun Felder

Die Felder sind durch ihre Position in der Matrix kodierbar, die Buchstaben werden außerdem durch ihre Position im Feld (erste Position: •, zweite: ••, dritte: •••) kodiert.

Die Raumkodierung ist in Abbildung 9, das Endergebnis in Abbildung 10 dargestellt.[12]

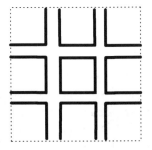

Abbildung 9: Raumkodierung der Feldpositionen

---

[12] Die Methode geht auf eine als Aiq Bekr bekannte kaballistische Buchstabenversetzung zurück, die auch Agrippa erwähnt. Aus den geometrischen Zeichen lassen sich wiederum geometrische Bänder konstruieren, die als Bestandteile von Geheim-Siegeln fungieren.

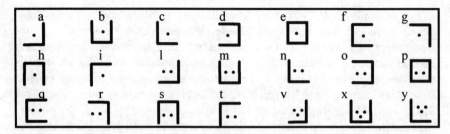

Abbildung 10: Kodierung des Alphabetes

In einer späteren Ausgabe dieser Schrift: „De Furtivis litterarum notis vulgo de Zifferis, Libri Quinque" (1602) werden Permutationstafeln für Vokale und Konsonanten: V+V; V+K; K+V; V+V+V; V+V+K; K+V+V; K+V+K; V+K+V angegeben und die Kombinatorik wird ins Gigantische ausgedehnt (Maximum 20 x 20 x 29 = 11600). In der Schrift „De occultis litterarum notis" (1593) finden wir verschiedene Lullische Kreisscheiben, die teils 21, teils 28 Felder (einige Felder bleiben leer) enthalten. Die Zeichen werden mit 60 verschiedenen Reihen kombiniert, was (bei 22 Zeichen) eine Tafel mit 60 x 22 = 1320 Zellen ergibt. Die Reihen entsprechen teilweise Symbolleisten, teilweise grammatisch spezifizierbaren Wörtern. *Beispiele*:

3. Verben im Perfekt: a) Recepi; b) Aspexi; c) Percipi
4. Nomina im Akkusativ
5. Adjektive
6. Konjunktionen
7. Adverbien (im Superlativ)
8. Nomina im Dativ
9. Eigennamen
10. Zeitangaben usw.

Die Zeilen 1, 2 und 55 bis 60 enthalten verschiedene Symbolleisten.
In seiner „Ars reminiscendi" (1566 war eine italienische Übersetzung erschienen, das Original wurde erst 1602 in Latein veröffentlicht) verweist Della Porta auf antike Autoren, welche bereits die Sternzeichen und die Tagespositionen (N = 360) als Gedächtnisorte benutzt haben. Er lehnt dies als „vanitas" (eitler Unfug) ab; diese Orte sind zu sehr in einer uniformen Bewegung befangen, die Sternbilder sind zu verwirrend und häufig nicht sichtbar. Dagegen schlägt er neben den Gebäudeorten Gestalten und Bilder aus Komödie und Tragödie als Gedächtnisorte vor (Della Porta war 1589 als Theaterautor in Neapel erfolgreich) und rät auch zur Benutzung der ägyptischen Hieroglyphen als Gedächtnisstützen (ibid.: 30 „Quomodo per hyeroglyphica Aegyptiorum memoriae subveniatur"). Für die Memorierung von Buchstaben schlägt er mehrere Reihen von Bildkonfigurationen mit Objekten, Tieren oder Menschen vor, welche jeweils einem Buch-

staben ähneln. Für B wird z.B. das Joch eines Tieres oder die Figur eines an einen Pfahl gebundenen Menschen vorgeschlagen.

Ich bin deshalb auf die verschiedenen Arbeiten von Della Porta so ausführlich eingegangen, weil sie (ohne Lullus zu nennen), dessen kombinatorische Analyse in einer Weise weiterführen, wie wir dies auch bei Giordano Bruno vorfinden. Interessant ist dabei, daß Della Porta die Kombinatorik primär für die Chiffrierung nutzt; in seinem Gedächtnismodell lehnt er abstrakte Orte (so die Sternzeichen) ab und bleibt strikt im Rahmen der klassischen Gedächtniskunst. Im gewissen Sinn ist also der Lullismus des Giordano Bruno dem seines Landsmannes diametral entgegengesetzt. Della Porta hat sich mit optischen Experimenten und generell mit naturwissenschaftlichen Fragen beschäftigt und verfolgte das Ziel, seine Einsichten in eine mathematische Form zu bringen; er ist eher mit Gestalten der Hochrenaissance, wie Leonardo da Vinci, vergleichbar (Leonardo da Vinci starb 1519). Giordano Bruno ignoriert weitgehend die praktische Seite des Artifiziellen Gedächtnisses; er ist mehr Philosoph als Techniker.

4.3 Transformationen des Lullismus im 16. und 17. Jh

Die Hauptzentren des Lullismus in der ersten Hälfte des 16. Jh. waren Paris, London, Prag, Wittenberg und Frankfurt. In Paris hat Bernardus de Lavinheta, der den neu eingerichteten Lehrstuhl für Lullismus innehatte, eine schöne, mehrfarbige Enzyklopädie nach Lullischen Prinzipien geschrieben (Übers.d.A.): „Praktische und abgekürzte Erklärung der Kunst des Raymundus Lullus und geraffte Anwendung ... für alle Fakultäten." Lavinheta, 1527 (zuerst 1523 in Lyon publiziert).

Einige Jahre vorher hatte Lavinheta die „Ars magna, generalis et ultima" des Lullus herausgebracht. Er bezeichnete sich selbst als treuesten Interpreten (fidelissimus interpres) des Meisters. Die epochale Enzyklopädie, von der sich viele Exemplare in italienischen, französischen und deutschen Bibliotheken befinden, bildet die eigentliche Basis des Lullismus im 16. Jh. und Alstedt wird 1612 die Werke des Lavinheta neu auflegen „mit denen er die Erläuterung der Kunst des Lullus und deren Anwendung auf die Logik, die Rhetorik, die Physik und die Mathematik usw. überlieferte"[13].

In Lavinheta (1527: Blatt r 8) wird ein astrologisches Haus mit zwölf Räumen gezeigt (die Häusereinteilung stammt ursprünglich aus der Astrologie des Ptole-

---

[13] Vgl. Lavinheta, 1612 „Opera omnia quibus tradibit artis Raymundi Lullii explicationem, et ejusdem applicat. ad logica, rhetorica, physica, mathematica etc. Edente I.H. Alstedio (Köln, 1612).

mäus), das in das zwölffach gegliederte Band der Tierkreiszeichen eingebettet ist. Durch die Reorganisation der Felder im Quadrat entstehen neue Nachbarschaften entlang des „Innenhofes", die beim Band nicht vorhanden waren. Abbildung 11 zeigt die Figur bei Lavinheta, die wir in das ursprüngliche Band der Lullischen Kategorien eingebettet haben.

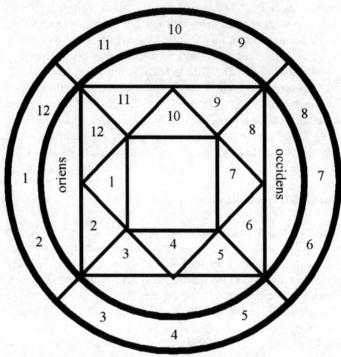

Abbildung 11: Das Haus mit zwölf Räumen verglichen mit dem Kreis-Band

Im Bereich der Rechtswissenschaft führt Lavinheta ebenfalls eine neue geometrische Konfiguration ein, die wiederum aus zwei Quadraten und einem innen laufenden Band besteht. Die zwölf Felder des Bandes enthalten in den Positionen 3-11 die neun absoluten Prädikate des Lullus. Es kommen drei weitere Prädikate hinzu, die spezifisch für die Rechtsprechung sind: (1) Gerechtigkeit (justicia), (2) Herrschaft (dominatio), (12) Großzügigkeit (largitas). Die senkrechte Achse des um 45° gedrehten Quadrates gibt die zentralen Begriffe der Rechtswissenschaft an: A: göttliches Recht (ius divinum), B: Naturrecht (ius naturale) und D: positives Recht (ius positivum) sowie die Grundkonfiguration vor Gericht: C: Kläger (actor), E: Angeklagter (reus).

Raymundus Lullus und Brunos Gedächtniskunst

Abbildung 12: Die Figur der beiden Rechte („Figura utriusque iuris")

Ein Buch, das ansatzweise die Verbindung von Gedächtniskunst und Kombinatorik nahelegte, verfaßte der Dominikanermönch Romberch de Kryrspe 1533: „Longestorum Artificiose Memorie"; es war speziell für den Prediger bestimmt. Neben den klassischen Prinzipien für Gedächtnisorte (vgl. 3. Vorlesung) und den Bildern für Buchstaben (Romberch bietet für A die Schere, den Zirkel und die Leiter an), entwickelt Romberch auch eine Art geometrischer Graphemik.[14]

Ein einfaches Lullisches Band mit 19 Buchstaben (1., 2., 3. und 4. Kreis + H, K, Q) wird ebenfalls angeboten; Lullus selbst wird aber von Romberch nicht erwähnt.[15] Eindeutig Partei für Lullus ergriff dagegen Agrippa von Nettesheim in einer Schrift von 1538 „In Artem Brevem Raymundi Lullii". Er war auch der

---

[14] Ähnliche Vorschläge finden sich bereits bei Publicius (1482: Bl. C 3V); d.h. Romberch faßt nur Bekanntes zusammen. Dennoch ist es interessant, daß geometrisch-kombinatorische Verfahren wieder aktuell waren. Dieselbe Figur zur Distribution der Buchstaben erscheint bei Paepp (1618).

[15] Es gab innerhalb der Kirche eine Bewegung, welche Lullus als Häretiker bezeichnete. Da Lullus in einer gewissen Opposition zum Dominikaner-Orden stand, ist Rombanerchs Zurückhaltung auch religionspolitisch zu erklären (Lullus war Franziskaner).

Autor des weit verbreiteten und bald von der Inquisition verfolgten Buches „De occulta philosophia. Libri Tres", einer Enzyklopädie des magischen und zahlenmystischen Wissens.[16] Agrippa hebt das Erfinden („invenire aut rem vel terminos"), d.h. den kreativen Aspekt hervor (vgl. ibid.: Blatt a5). Er unterscheidet (wie Lullus) vier Grundfiguren:
- S: Universelle Subjekte (Gott, Artefakte),
- A: Absolute Prädikate (Güte, Ruhm),
- T: Relative Prädikate,
- Q: Fragen und dazugehörige Regeln.

Außerdem gibt es eine Figur I (natürliche Instrumente), in der die aristotelischen Kategorien: Quantität, Qualität, Relation usw. auftreten und eine Figur W, welche alle Paare von Tugenden/Lastern (insgesamt 18) enthält. Agrippa untergliedert die Seele („anima") in 23+1 Felder. Die 23 Felder entsprechen jetzt genau den Buchstaben des lateinischen Alphabetes (I=J; U=V) und ein zusätzliches Zeichen steht für den Geist (mens). Im Falle der Tafel für medizinische Grundbegriffe wird sogar die Zahl 31 erreicht. Agrippa macht also die Feinheit der Kategorientafel variabel, sie richtet sich nach dem zu ordnenden Gebiet. Durch die Vermehrung der Figuren steigt die Kombinatorik ins Immense.

Weitere Lullisten des 16. Jh. sind Ianus Lacinius, dessen „Pretiosa Margarita" Elemente aus Lullus, Arnoldo de Villanova, Rhasi und Albertus zusammenträgt. Auch hier wird das Alphabet bei der Kategorientafel ausgeschöpft. Lacinius zeigt (ibid.: Blatt xx 1v) eine Tafel mit 22 chemischen Kategorien von A: Aus dem Chaos, B: Materie bis S: Blei, T: Werkblei (stannum), V: Eisen, X: Gold, Y: Silber, Z: Kupfer (aes). Im Jahre 1565 erscheint „Artificium sive ars brevis B. Raymundi Lullii Ad absolvendum Omnium Artium Encyclopediam" mit einer Vorrede von Jacobus Faber (Stapulensis). Als Bruno in Prag ist (1588), erscheint in Paris eine neue Popularisierung (evulgatio) des Lullischen Systems als Rhetorik. Die erste mir bekannte Übersetzung aus dem 17. Jh. gibt 1619 Julius Pacius, Professor der Universität Valence heraus. In Deutschland wird Alstedt die lullische Tradition mit der ramistischen (die beide hierarchisch kategorisierend sind) verbinden, um eine Basis für die enzyklopädische Bildung und das methodische Lehren zu erhalten (die didaktische Wende in der Rhetorik geht auf Ramus zurück). Die Arbeiten Brunos zum Gedächtnis werden zwar aufgenommen, erscheinen aber wegen ihrer reichen Bildhaftigkeit und manieristischen Komplexität als überholt.

Die weitere Entwicklung ist kurz gefaßt durch Repression und Nostalgie gekennzeichnet. Für die Repression steht Kardinal Bellarmin, der das Urteil gegen

---

[16] Erste Ausgabe Köln, 1533. Die Schrift wird im Jahre 1600 in „Opum pars posterior": 243-343 erneut publiziert.

Giordano Bruno mit unterschrieb und später heilig gesprochen wurde. Er hatte über Raimundus Lullus promoviert, 1569-1576 lehrte er u.a. die Lullische Kunst in Leuven, begann aber zunehmend an der Orthodoxie der Texte zu zweifeln. „Der Kardinal glaubte, daß alle seine (Lullus') Schriften, die außerdem ziemlich nutzlos seien, verboten werden sollten, so lange bis alles, was in ihnen Gefährliches und Unziemliches (malsonant) nicht korrigiert sei." (Übers. aus Batelori, 1957: 1). Diese Vorwürfe gegen Lullus waren nicht neu, denn Paul IV., der auch ein erbitterter Feind der spanischen Herrschaft in Neapel war, und Pius IV., hatten die Werke 1559 bzw. 1564 auf den Index gesetzt. Gregor XIII. und Clemens VIII. sahen mit Rücksicht auf den spanischen König von einer solchen Maßnahme ab. Immerhin gestand später Bruno in seinem Prozeß, Bücher verurteilter Autoren, wie die des Raymundus Lullus und anderer, besessen zu haben (ibid.: 2).[17]

Diese Situation war zweideutig. Einerseits war Lullus selig gesprochen worden und galt als Ruhm der spanischen Nation, welche damals Europa dominierte. Andererseits konnte ihn die Gegenreformation als einen Autor, der Christliches mit islamischer und jüdischer Weisheit in Verbindung gebracht hatte und dessen Werk zur Alchimie und Magie mißbraucht wurde, nicht ohne weiteres dulden. In gewisser Weise war also der Lullismus des Giordano Bruno noch anrüchiger als sein Copernicanismus, denn die Werke des Copernicus standen noch nicht auf dem Index und es hatte keine Verurteilung stattgefunden.

Im Jahre 1619 fand Bellarmin einen Kompromiß: Die Schriften von Lullus wurden als gefährlich, unziemlich (malsonants), nutzlos und dunkel, aber nicht als häretisch bezeichnet. Man könnte meinen, daß damit zumindest für den Bereich der katholischen Kirche die Debatte beendet worden wäre; im Bereich des Protestantismus hatte sich ja weitgehend der Ramismus durchgesetzt, der dann im weiteren 17. Jh. durch den Kartesianismus ersetzt werden sollte (beide stellten die *Methode* ins Zentrum). Eigenartigerweise erlebte das Lullische System im späten 17. Jh. aber gerade im barocken Rom eine neue Blüte. Der Grund war die Vorliebe der römischen Päpste und der konkurrierenden Adelsfamilien für ägyptische Antiquitäten, besonders für Obeliske, die auf vielen Plätzen Roms (mit einer Kreuzverzierung an der Spitze) aufgestellt wurden. Man war fasziniert vom Geheimnis der Hieroglyphen. Das Buch des Jesuiten Athanasius Kircher „Oedipus Aegyptiacus" versprach bereits im Titel, das Geheimnis der alten Hieroglyphen zu lösen. Die drei Bände des Werkes erschienen 1652-1654. In den Büchern „Ars Magna Sciendi sive Combinatoria", Amsterdam 1669 und „Ars

---

[17] Diese Selbstbeschuldigung sollte vielleicht vom Vorwurf, Schriften des Erasmus besessen zu haben, ablenken.

Magna Lucis et Umbrae", Amsterdam 1671, stellt er ausführlich das Lullische System als Basis seiner Dechiffrierungs- und Übersetzungsarbeit dar.
Es ergibt sich insgesamt eine eigenartige geistesgeschichtliche Entwicklung. Am Anfang des 16. Jh. wird die lullische Tradition zu einer umfassenden Darstellung des wissenschaftlichen Erbes genutzt (Lavinheta, 1527), Agrippa von Nettesheim und Giordano Bruno entfalten und variieren das System, nach dem Konzil von Trient verurteilt die Gegenreformation Lullus als häretisch, die Protestanten optieren für eine praktischere, weniger abstrakte Form der Wissensorganisation, den Ramismus, und im Barock wird das System begeistert für eine eitle und ergebnislose Interpretationskunst wiederentdeckt. Schließlich wird Leibniz die Idee der Kunst des „rechnenden" Denkens für seine universale Charakteristik nutzen, womit er gleichzeitig den inzwischen herrschenden Kartesianismus zu überwinden versucht. Das Faszinierende am Lullismus zwischen 1300 und 1700 ist seine scheinbar irrationale Entwicklung. Er verschwindet, tritt erneut auf, wird verdammt als Häresie und wiederum als göttliche Kunst in den Himmel gehoben. Vielleicht ist das sogar ein Merkmal jeder Semiotik, daß sie janusköpfig ist, Illusion und Einsicht berühren sich, das System selbst überlebt wie ein chemischer Katalysator alle Transformationen und alle Phasen des (scheinbaren) Verfalls und auch die des (scheinbaren) Triumphes.

4.4 Die Ars Magna von Lullus als Inspiration für die Rechenmaschine von Leibniz

Leibniz hat im Alter von zwanzig Jahren (1666) eine Schrift „Dissertatio de arte combinatoria" verfaßt, in der er sich auf Lullus bezieht und dessen relationale Kombinatorik mit Hilfe der neuen, algebraischen Hilfsmittel, welche Descartes eingeführt hatte, weiterentwickelt. In einem von Couturat entdeckten Manuskript (vgl. Fleckenstein, 1967: 173) sagt er kritisch: „Die Lullische Kunst wäre ohne Zweifel etwas Schönes, wären nicht die fundamentalen Ausdrücke wie: Güte, Größe, Dauer, Kraft, Weisheit, Wille, Tugend, Ruhm so vage und nur geeignet, um über die Wahrheit zu sprechen und nicht, um sie zu finden."

Konkreter nimmt Leibniz die vierte Figur des Lullus als Ausgangspunkt für einen relationalen Kalkül. In dieser Figur werden drei Ringe kombiniert (vgl. Abschnitt 2.5): Der mittlere Ring dient dazu, eine Relation zwischen dem Ausdruck im ersten und den im zweiten anzugeben. Wenn wir uns dies in Lullus' Tafeln genauer ansehen, so gelten die in Tabelle 12 angegebenen Entsprechungen (vgl. Abschnitt 2.6):

BTCD entspricht:		
B:	bonitas	(1. Figur)
C:	concordantia	(2. Figur)
D:	magnitudo	(1. Figur)
BTDE entspricht:		
B:	bonitas	(1. Figur)
D:	contrarietas	(2. Figur)
E:	potestas	(1. Figur)

Tabelle 12: Beispiel für die Anwendung der dritten Figur

Wir erhalten in moderner logischer Schreibweise Relationen mit Prädikatskonstanten:
BTCD (Lullus) ≅ C (B, D) (kombinatorische Logik)
BTDE (Lullus) ≅ D (B, E) (kombinatorische Logik)
Nehmen wir als erste Figur die natürlichen Zahlen und als zweite Figur die vier arithmetischen Operationen: (+, -, x, :), so erhalten wir z.B.: 2 + 3 = 5 entspricht: +(2, 3) = 5

Stellt man nun ein mechanisches Analogon der vierten Figur bei Lullus her, so daß die Operationen (die zweite Figur) durch verschiedene Zahnräder, welche die Bewegung des ersten Ringes auf den dritten in spezifischer Form übertragen, realisiert werden, so hat man bereits den Grundbaustein einer Rechenmaschine, wie sie im 17. Jh. von Pascal und Leibniz technisch realisiert wurde. Es fehlt nur noch ein algorithmisches Verfahren, mit dem jeweils von der Einerreihe auf die Zehnerreihe usw. übertragen wird. Interessanterweise waren die Grundideen dazu bereits im 9. Jh. von dem arabischen Gelehrten Al-Khwárizmi eingeführt worden (vgl. Fleckenstein, 1967: 174).

Die Rechenmaschine ihrerseits kann als Modell für eine Begriffsmaschine dienen, wenn für die Zahlen Begriffe (oder Sätze), für die arithmetischen Operationen logische Verknüpfungen eingesetzt werden, so daß wir „im Prinzip" mühelos die Brücke vom 13. Jh. ins 20. schlagen können. Diese Analogien sollten nicht darüber hinwegtäuschen, daß Lullus philosophisch selbst für das ausgehende 13. Jh. ein sehr traditionsgebundener Denker war. Diese Art der Unzeitgemäßheit, in der sich verspätete Traditionen mit wacher Innovation treffen, werden wir auch bei Bruno wiedertreffen.

5 Schlußbemerkung zur Lullischen Kunst

Ich werde in der dritten und besonders in der vierten Vorlesung auf die Umformung des Lullischen Systems bei Bruno, welche auf vorherige Adaptionen, z.B. bei Agrippa von Nettesheim aufbaut, näher eingehen. Dennoch ist es interes-

sant zu fragen, wie ein solches Globalsystem im 13. Jh. entstehen und seine Wirkung bis ins 17. Jh. behalten konnte. Was macht die Faszination dieses doch sehr umständlichen Systems, von dem kaum philosophische Innovationsimpulse ausgingen, aus? Es muß am Entwurf einer künstlichen Semiotik und der dadurch gewonnenen Sicherheit des Wissens liegen. In einer Zeit des raschen Wachstums von Wissen, der ständigen Anpassung des Welt- und Menschenverständnisses, des in die Kultur eindringenden antiken Wissens und der Konkurrenz zu islamischen und jüdischen Wissenstraditionen, entstand ein Bedürfnis nach einem *System innerhalb/jenseits der Orthodoxie*. Die gleiche Bewegung, welche die aristotelisch inspirierte Theologie des Heiligen Thomas entstehen ließ, führte am Rande der mittelalterlichen Kultur zum „Überbau" des Lullischen Systems. Die Qualitäten des Systems, welche durchaus fortbestehen, scheinen die folgenden zu sein:
1. Das System ist im Kern realistisch und nicht nominalistisch und hält somit den Anspruch auf eine natürliche Fundierung der Semiotik aufrecht, obwohl für eine solche Fundierung nur ein theologisches Gerüst (die Lehre der Attribute Gottes und die Ethik der „virtutes", d.h. Tugenden) zur Verfügung steht.
2. Es wird eine zahlentheoretisch (zahlenmystisch) fundierte „Mechanik" eingeführt, welche im nachhinein als ein Vorbote der Mechanisierung des Geistes interpretierbar ist. Dieses Element verbindet gleichzeitig die verschiedenen monotheistischen Kulturen.

Es fehlen bildhafte, räumliche und emotionale/passionale Elemente in der Semiotik des Lullus. Dieser Mangel wird vom Schüler des Lullus, Le Myésier, zum Teil beseitigt; die Renaissance, besonders Bruno, wird die reiche Bilderwelt, die pseudo-hieroglyphische Tradition und die Heroik der Jagd nach Wissen, ins Spiel bringen.

Zweite Vorlesung.
Die Dezentrierung der Kosmologie bei Bruno und die Konsequenzen für seine Theorie des Geistes

War der Lullismus die mittelalterliche Basis für Brunos Philosophie (seine Traditionshaftung), so ist die philosophische Verarbeitung des Innovationsimpulses der heliozentrischen Astronomie des Copernicus seine Zukunftsorientierung. Zwischen beiden kann man vielleicht die neuplatonische Bildersprache, die emblematische Kodierung seiner Wissenschaftsethik (besonders in den „Heroischen Leidenschaften") ansiedeln. In dieser Vorlesung sollen die radikale Dezentrierung in der Kosmologie und die geometrische und mathematische Konzeptualisierung, welche ihr Gestalt gibt, im Vordergrund stehen. Dabei muß einerseits die Entwicklung des Copernicanismus besonders in den Ländern, in denen Bruno als radikaler Vertreter dieser Richtung auftrat, skizziert werden, andererseits müssen die konzeptuellen Schwierigkeiten seiner Theorie des unendlichen Universums und der unzähligen, belebten Welten dargestellt werden. In Brunos monistischer Metaphysik ist die Kosmologie gleichzeitig der Hintergrund einer Theorie des (unendlichen) Geistes, die in der dritten Vorlesung thematisiert wird.

1 Die Geometrie als allgemeines konstruktives Prinzip in der Renaissance

Hatte Lullus die mittelalterliche Syllogistik, die Kunst der Disputation durch eine Kombinatorik und indirekt durch eine Geometrie der Kreisscheiben ersetzt, so griff die Renaissance stärker auf die platonisch vermittelte Tradition des Pythagoras, auf die Geometrie des Euklid und später des Archimedes zurück. Die „praktische Geometrie", wie sie Anfang des 16. Jh. in enzyklopädischer Form vorlag (vgl. Bovillus, 1510), und ihre (frühere) philosophische Interpretation bei Cusanus waren der Ausgangspunkt größerer Theorien, von denen die copernicanische dramatische Konsequenzen haben sollte. Die über die Antike und die Araber vermittelte Algebra wurde als Rechentechnik weiterentwickelt, zeigte aber noch nicht die philosophischen Konsequenzen an, die sie im 17. Jh. entfalten sollte. Sowohl für den Copernicanismus als auch für Brunos Denken ist Geometrie *das* Prinzip der Konstruktion und somit das Rückgrat jedes theoretisch innovativen Denkens.

Die Astronomie ist wie die Geometrie eine Technik mit Zirkel und Lineal (praktisch noch bis zu Keplers „Mysterium Cosmographicum"). Die Präzision und Systematik des Messens wird dann zuerst von Tycho Brahe, von seinem Assistenten Johannes Kepler und programmatisch von Galileo Galilei ins Zentrum gerückt, womit die quantitative Passung von Modell und Beobachtung in den Kern der Theoriebildung rückt. Giordano Brunos Philosophie überschreitet diese Schwelle nicht und verbleibt im geometrisch-qualitativen Denken der Renaissance.[1]

Die Geometrie hat natürlich auch für die Architektur, die bildende Kunst und die mechanischen Künste eine vergleichbare Bedeutung wie für die Philosophie; wir können auf diese Bereiche jedoch nur am Rande eingehen.

1.1 Die Geometrie im Geiste Platons bei Nikolaus von Kues (Cusanus)

Die antike Geometrie, insbesondere die Werke des Euklid und Archimedes (erst 1450 übersetzt, griechische Erstausgabe in Basel 1544), wird langsam, teilweise zurückhaltend rezipiert. Die philosophische Nutzung der Geometrie geht hauptsächlich auf Nikolaus von Kues (Cusanus; 1405-1464) zurück. Dabei sind die Arbeiten zu den geometrischen Verwandlungen und der Quadratur des Kreises besonders wichtig. Da seine Einstellung zur Geometrie für Giordano Bruno bedeutsam ist, wollen wir einige Aspekte seines Denkens skizzieren.

Der Cusaner kommt zu der Einsicht, daß Kreisfläche und Kreisumfang mit Fläche und Umfang entsprechender Polygone inkommensurabel sind, d.h. daß das Verhältnis nicht in einem exakten Verfahren bestimmbar ist. Er zieht die Konsequenz, indem er sich einerseits mit Approximationen bis zur Wahrnehmungsschwelle durch die Sinne begnügt; andererseits nimmt er eine die Ratio transzendierende „visio intellectualis" an. Die Approximation der Kreisfläche und des Kreisumfanges erfolgt z.B. durch die Konstruktion eines mittleren Quadrats mit Hilfe einer Ausgleichsbilanz von Flächen und Strecken. Diese Konstruktion haben wir bereits in der Nova Geometria von Lullus gefunden, vgl. Vorlesung 1, Abbildung 6.

Eine wirkliche Passung geschieht erst in der „visio intellectualis", d.h. in einer Extremvorstellung, in welcher der Kreis entweder unendlich groß wird, so daß die Krümmung verschwindet, oder unendlich klein, so daß Kreis und Quadrat

---

[1] Dies ist insofern nicht erstaunlich, als z.B. auch der technisch und mathematisch geschulte Kepler seine theoretischen Gesetze eher in einen gefälligen Text mit allgemeinerem Inhalt einstreute als „nackt" zur Darstellung brachte.

zum Punkt werden. Beide Extreme (Maximum und Minimum) sind diesbezüglich gleichwertig; die Extreme fallen zusammen (coincidentia oppositorum).[2]

Nikolaus von Kues hat in seinen letzten Schriften versucht, die „visio intellectualis" durch eine „visio rationalis" zu ersetzten, d.h. den zu leichten Weg der rein symbolischen Betrachtung wieder zu verlassen. Die Tradition der exakten quantitativen Berechnungen findet sich unter dem Einfluß des Cusaners bei Leonardo da Vinci (1452-1519) und stellt neben der symbolischen Interpretation eine alternative Tradition der Renaissance dar. Die Algebra, besonders die Lösung von algebraischen Gleichungen, machte Fortschritte, die dann, z.b. bei Kepler, eine große Tragweite bei der Formulierung quantitativer Naturgesetze erhalten sollten. Die Haupttendenz in der philosophischen Rezeption der Geometrie blieb aber qualitativ im Sinne der antiken Proportionalitätslehren.

1.2 Die praktische Geometrie des Charles de Bovelles (Carolus Bovillus)

Die Mathematik des frühen 16. Jh. war meist sehr praktisch ausgerichtet, mehr eine Kunst (oder gar ein Handwerk) als eine Wissenschaft.[3] Der Renaissance-Platonismus konnte zumindest der Geometrie, insbesondere jener der regelmäßigen Polygone und Polyeder eine philosophische Dimension geben. Generell gilt auch noch für Bruno, daß die philosophisch relevante Mathematik zwischen der rein abstrakten mathematischen Reflexion und den konkreten Problemlösungen in der Mechanik, der Planimetrie, der Perspektive und der Astrologie eine Mittelstellung einzunehmen hatte, sie mußte, wie Bruno sagt, „semi-mathematisch" sein, d.h. Abstraktion mit theoretischer Imagination in Verbindung bringen.

Für Bruno ist das Fehlen jeder Art von Arithmetik und Algebra auffällig und eines Kommentars würdig. In der Tat wurden algebraische Fragen lange als Geheimrezepte gehütet, wobei allerdings die heftige Kontroverse zwischen Tartaglia und Ferrari (1546; es handelte sich z.B. um die Lösung kubischer Gleichungen des Typs $x^3 + mx = n$) der Algebra eine gewissen Öffentlichkeit verschaffte. Die sehr viel weiter entwickelte arabische Algebra und die Arithmetik des Diophantes wurden systematisch erst von Rafaël Bombelli (1526-1572) in das mathematische

---

[2] Die Eins wird als Minimum und somit auch nicht als Zahl gesehen. Sie wird mit dem Punkt in der Geometrie gleichgesetzt. Die minimale Zahl 0, die in Indien als Platzhalter einer Position im Dezimalsystem eingeführt wurde (vgl. Ifrah, 1994), wurde im Westen nur sehr allmählich denkerisch integriert, während ihr in Indien von altersher eine Philosophie des Nichts entsprach.

[3] Entsprechend gering war das Ansehen der Mathematiker in der Artistenfakultät, vgl. Lattis, 1994: 33.

Wissen des europäischen 16. Jh. eingeführt (die drei ersten Bücher seiner *Algebra* wurden kurz vor seinem Tod gedruckt). Dieser Zweig der Mathematik besaß noch nicht die Eleganz und Allgemeinheit der zeitgenössischen Geometrie, von der sie bis zu Descartes abhängig blieb (z.B. noch bei François Viète, 1540-1603).

Für Brunos Kosmologie und Gedächtniskunst stand somit nur die Geometrie (mit Lineal und Zirkel) zur Verfügung, welche er zudem weiter für seine Zwecke bearbeiten mußte. Nur insofern ist Bruno auch Mathematiker (besonders während seines Aufenthaltes in Deutschland und später in Padua, also 1586-1591).

Als Bezugspunkt für Bruno galt neben Cusanus der französische Wissenschaftler und Mathematiker Charles de Bovelles (latinisiert zu Carolus Bovillus; 1478- ca. 1556). Das Werk von Bovillus ist vor-copernicanisch, obwohl seine bekannte „Géométrie pratique" in Französisch 1547 erschien. Bovillus beendete seine wissenschaftlichen Aktivitäten um 1520, d.h. die bis ins 17. Jh. gedruckte „Géométrie pratique" gibt den Kenntnisstand Anfang des 16. Jh. wieder.[4] Ich will im Hinblick auf die Anwendung der Geometrie in Brunos Gedächtnissystem einige Besonderheiten hervorheben.

Neben der Geometrie des Kreises und der regelmäßigen Polygone, die wir voraussetzen wollen, diskutiert Bovillus deren reguläre Komposition zu komplexen Figuren. Da die Kompositionalität ein zentrales Problem in Bruno Gedächtnismodell ist, wollen wir die Vorschläge des Bovillus hier kurz erläutern.

– Ein *Kreis* kann durch sechs gleich große Kreise umgeben werden (vgl. Abbildung 13 und Bovillus, 1547: Blatt 10).

---

[4] Im Prolog vergleicht der Autor die Geometrie mit der Arithmetik, welche gleichzeitig höher steht und parallel ist zur Geometrie. Unter Arithmetik versteht Bovillus aber lediglich die Zahlenlehre mit der dazugehörigen Zahlenmystik. So besteht die Arithmetik nur aus vier Prinzipien: den Zahlen 1, 2, 3, 4, welche addiert die dem Dezimalsystem zugrunde liegende Zahl 10 ergeben. Die Geometrie hat vier entsprechende Prinzipien: Punkt, Linie, Fläche, Körper (Bovillus, 1547: Blatt 4). Ich konnte in Neapel eine enzyklopädische Zusammenfassung des Werkes von Bovillus einsehen, das (handschriftlich) mit 1539 datiert ist. Teile des Buches, besonders das mathematische Supplement, geben als Entstehungszeit 1509 bzw. 1520 an (vgl. den Faksimile-Druck der Ausgabe Paris 1510).

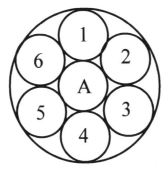

Abbildung 13: Optimale Umgebung des Kreises A durch gleich große Kreise

- Einem großen Kreis können vier kleinere Kreise, welche sich regelmäßig überschneiden, eingeschrieben werden; außerdem können Kreise in der Form einer „Enzyklika" ineinander eingebettet sein, so daß die Flächen in der Relation der Quadratzahlen: 1, 4, 9, 16, 25, 36 usw. zueinander stehen. Abbildung 14 zeigt diese beiden Einbettungstypen (vgl. ibid.: Blatt 12).

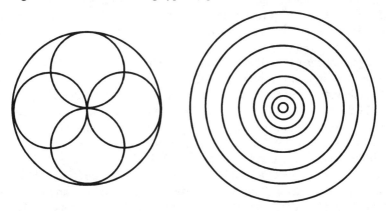

Abbildung 14: Zwei ideale Typen der Kreiseinbettung

- In ganz ähnlicher Weise können gleichseitige Dreiecke, Quadrate, Pentagone und Hexagone zu Komplexen zusammengefügt werden, wobei ab dem Pentagon konkave und konvexe Formen zu unterscheiden sind. Wir stellen in Abbildung 15 die entsprechenden Umgebungen dar, wobei das zentrale Polygon, die umgebenden entweder an einer Linie oder alternativ auch nur in einem Punkt berührt.

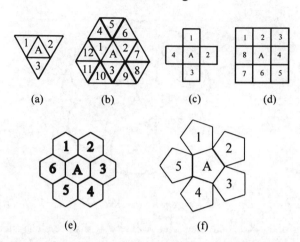

Abbildung 15: Reguläre Umgebungen von Polygonen

Es sind natürlich auch zentrierte Konstruktionen, welche den „Enzykliken" entsprechen, möglich (vgl. ibid.: Blatt 14). Von den regulären Umgebungen erwähnt Bovillus (1547) die dreieckigen Figuren (a, b), die quadratischen (d; vgl. ibid.: Blatt 16) und die hexagonalen (f; ibid.: Blatt 24); vgl. auch Bovillus, 1510: Blatt 185v und 186.

Vergleicht man die Umgebungen in Abbildung 15, so sieht man, daß die hexagonalen insofern ideal sind, als Linien- und Punktumgebungen zusammenfallen, sie realisieren außerdem die Kreisumgebung (Abbildung 13) und lassen die „Lücken" in der Kreisfüllung verschwinden. Die pentagonalen Muster lassen spitze Winkel offen, die sich aber bei einer Zusammenfügung im Raum (mit zwei solchen Umgebungen) schließen lassen und dann den Dodekaeder (Zwölfflächler) ergeben (vgl. Cundy und Rollett, 1961: 87).

Das geometrische Grundproblem ist die Konstruktion einer Fläche (eines Körpers) aus regulären Polygonen (Polyedern). Physikalisch und kosmologisch ist die Relevanz dieses Problems sofort einleuchtend: Wie kann eine Fläche (ein Raum) mit einem begrenzten Satz rekombinierbarer Bausteine lückenlos gefüllt werden. Es ist das Grundproblem jedes Atomismus und stand bereits Platon in seinem Dialog *Timaos* klar vor Augen.

Die Kombinatorik kann erweitert werden, indem man verschiedene reguläre Flächen miteinander kombiniert. Bovillus führt dies anhand des regulären Sechsecks vor, das sich in 24 gleichseitige Dreiecke zerlegen läßt und anhand des „gesternten" Sechsecks, das durch die Hinzufügung von sechs gleichseitigen Dreiecken an den sechs Seiten des Hexagons entsteht.

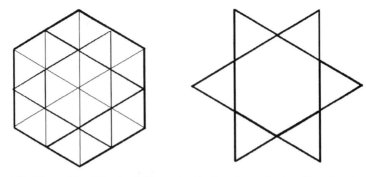

Abbildung 16: Die Ausfüllung des Sechsecks und seine Erweiterung

Die gesternte Variante kann man als Teil der ausgefüllten erkennen, sie umfaßt zwölf Dreiecke, d.h. genau die Hälfte der Fläche. Die Komplementarität von gesternter und einfacher Figur ergibt sich auch für das reguläre Fünfeck, allerdings sind die Teilflächen nicht restlos in reguläre Polygone zerlegbar. Mit anderen Worten, die Kombinatorik der Flächenatome wird jenseits der gleichseitigen Dreiecke und der Quadrate (und ihrer Vielfachen) sehr schnell kompliziert und erfordert eine ausgeklügelte Geometrie. Solche Probleme sind als „Parkettierungsprobleme" Gegenstand aktueller mathematischer Forschung, der Geometrie des 16. Jh. waren aber enge Grenzen gesetzt. Kompliziertere Parkettierungsmuster ergeben sich heute im Dreidimensionalen für die Chemie und im Vierdimensionalen für eine relativistische Kosmologie. Fortgeschrittene Varianten dieses Problems sind Gegenstand der fraktalen Geometrie (vgl. Mandelbrot, 1991: Kap. 6 und 7).

Kreise und reguläre Vielecke stehen in besonders enger Beziehung, obwohl sie vom Prinzip her (rund, gerade) einander entgegengesetzt sind. Insbesondere hat die Kreisfläche einen Wert, der zwischen dem Vieleck, dessen Seiten den Kreis berühren, und dem Vieleck, dessen Ecken den Kreis berühren, liegt. Die Kreisfläche ist somit durch Vielecksskonstruktionen approximierbar. Als mathematischer Problemhintergrund taucht die Zahl π auf, welche als Bruch (z.B. als Dezimalbruch) geschrieben *unendlich* viele Stellen hat, denen aber keine arithmetische Regel der Abfolge zugrunde liegt. Wir begegnen also bereits an diesen Stellen der für Bruno so wichtigen Unendlichkeitsproblematik. Die Wechselbeziehung zwischen regulärem Polygon und Kreis enthält allerdings nicht nur das Problem Kontinuum (Kreis) versus Diskretheit, Rationalität (Polygon), sondern auch das Problem der (einfachen) konstruktiven Unendlichkeit. Ich will zuerst den einfachen Fall der wiederholten Einbettung eines regulären Vielecks in sich selbst (mit Rotation und Verkleinerung) betrachten. Abbildung 17 entspricht Figuren bei Bovillus (ibid.: Blatt 30 ff.)

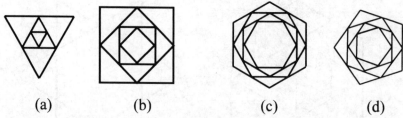

Abbildung 17: Selbsteinbettungen regulärer Polygone

Wichtig ist, daß diese Operation unendlich oft wiederholt werden kann und somit quasi die ganze verfügbare Fläche „ausfüllt".

Wählt man verschiedene Polygone zur Einbettung, muß man als Zwischenglied jeweils den eingebetteten Kreis berücksichtigen; die genaue Position der Einbettung ist dadurch allerdings nicht mehr festgelegt. Mit dieser Einschränkung ist jedoch eine unendliche (abzählbare) Einbettungshierarchie und somit eine „Ausbreitung" in der gesamten Fläche möglich. Den parallelen Fall der Einbettung der fünf platonischen Körper (Tetraeder, Würfel, Oktaeder, Dodekaeder und Isokaeder) benutzte Kepler 1596 zur Begründung des copernicanischen Systems. Abbildung 18 zeigt den einfacheren Fall der Einbettung von Quadrat, Dreieck, Sechseck und Fünfeck.

Abbildung 18: Einbettung von Quadrat, Dreieck, Sechseck und Fünfeck

Ähnliche Einbettungen finden sich bei Bovillus (1970: Blatt 195v) und auch bei Giordano Bruno (vgl. dritte Vorlesung). Mit diesen geometrischen Mitteln verfügte Bruno über ein reiches Instrumentarium, das er weiterentwickeln konnte, das allerdings die aufgewiesenen Komplexitätsbegrenzungen hatte. Erst Kepler konnte sie teilweise überwinden. Auf die in der Astronomie verwendete Geometrie komme ich im zweiten Abschnitt zu sprechen. Vorher will ich die Geometrie, wie sie Bruno kannte und zur Anwendung brachte, genauer betrachten.

1.3 Die Geometrie als Theoriesprache bei Giordano Bruno

In der „Ars Magna" des Lullus dominierte der in neun Kreisbogen unterteilte Kreis. Die Segmentation setzt die Konstruktion eines regulären Neunecks voraus, das wir in der ersten Figur des Lullus aus den Verbindungslinien der neun Buchstabenpositionen zusammensetzen können (vgl. Lullus, 1645: 3). Die zweite Figur (ibid.: 5) enthält drei sich überschneidende Dreiecke mit einem Neuneck als Innen- und Außenhülle. Wir werden in der dritten Vorlesung sehen, wie Giordano Bruno die Vorlage des Lullus geometrisch überarbeitet und erweitert.

Brunos intensivere Beschäftigung mit Geometrie seit 1586 mag durch die Begegnung mit Fabrizio Mordente motiviert gewesen sein. Er kommentierte dessen Proportionalitätszirkel und lobte ihn überschwenglich, da seine Anwendung scheinbar die Fortsetzung einer gegebenen Proportion ins unendlich Große aber nicht ins unendlich Kleine ermöglichte. Darin erblickte Bruno eine Bestätigung seiner Theorie des unendlichen Maximums und des endlichen Minimums. Vielleicht suchte er einen mathematisch sicheren Ausgangspunkt, um so dem logisch aufgebauten aristotelischen System mit einem mächtigeren, geometrisch fundierten System entgegenzutreten.[5] Ich stütze mich im folgenden auf Brunos 1588 in Prag gedruckte Schrift: „Articuli..." und die in Frankfurt 1591 publizierte naturphilosophische Trilogie. In der Schrift „De monade" werden geometrische „Monaden" parallel zu zahlentheoretischen „Monaden" behandelt, und zwar im Zehnerraum (ohne Null). Es entsprechen sich:
– Die Eins und das Nicht-Eck = Kreis
– Die Zwei und das Zwei-Eck, d.h. jene durch die teilweise Überschneidung von zwei Kreisen entstehenden Strecken. Abbildung 19 zeigt das „Zweieck" (vgl. Bruno, 1991:30) und die entsprechende Kreis-"Intersektion" bei Bovillus (ibid.: Blatt 11).

Bruno zeichnet zwei Ringe, wobei die Außenringe jeweils durch den Mittelpunkt des anderen gehen. Bei Bovillus scheint die Art der Überschneidung beliebig zu sein; bei Bruno berühren sich „Minimum", d.h. Kreismittelpunkt und „Terminus", d.h. Kreislinie. Agrippa von Nettesheim spricht im zweiten

---

[5] Seine Reise nach Deutschland kann auch durch die hier seit etwa 1570 intensivierte astronomische Forschung, z.B. in den Observatorien von Kassel und Uranienburg (Dänemark) motiviert gewesen sein. Dabei entstanden eine Vielfalt nachcopernicanischer Modelle des Universums.

Buch seiner Trilogie „De occulta philosophia" (1537) von der Zahl „der Endpunkte und des Zwischenraums" (Agrippa, 1987: 197) und interpretiert die Zahl zwei unter anderem durch die Ehe. Brunos geometrische Deutung kann in diesem Sinne auch als Symbol der Ehe (verbundene Ringe) gedeutet werden.

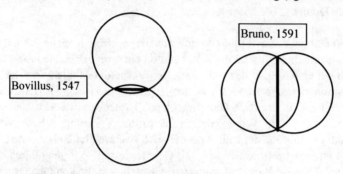

Abbildung 19: Die Überschneidung von zwei Kreisen bei Bruno und bei Bovillus

- Die Drei und das Dreieck. Bruno gibt zwei komplexe Figuren der Dreiheit an, deren erste in einer „Füllung" des (gleichseitigen) Dreiecks mit Kreisen und deren zweite in einer „Zerlegung" des Dreiecks durch die sich im Schwerpunkt des Dreiecks überschneidenden Kreise besteht. Beide Figuren kommen so bei Bovillus nicht vor. Abbildung 20 gibt unsere Rekonstruktion des „Tischs der Grazien" und des „Rings des Apollo" entsprechend Brunos Text wieder.

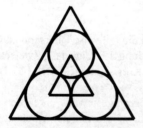 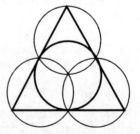

Abbildung 20: Der „Tisch der Grazien" und der „Rings Apollos" [6]

Der Text in „De monade" macht deutlich, wie sehr Bruno die Geometrie mit

---

[6] Von Mulsow (1991: 218) schlägt eine andere Rekonstruktion vor, die sich am „Examen Tetragonismi" in „De minimo" und an zwei Figuren in den „Articuli" (S. 83 und 86) orientiert. In allen drei Fällen liegt ein Sechseck zugrunde.

naturphilosophischen und erkenntnistheoretischen (außerdem mit mythologischen) Inhalten auflädt. Geometrisch bleibt er aber im Rahmen des bereits Skizzierten. Der „Tisch der Grazien" ist eine „Enzyklika" auf der Basis des regulären Dreiecks und der „Ring des Apollo" ist eine Einbettung mit Rotation (bei Kontakt der jeweiligen Ecken und Intersektion mit zwei Seitenmitten). Die Frage, die man sich stellen muß, bevor man die Last einer Rekonstruktion der eigenwilligen Geometrie Brunos auf sich nimmt, ist: War es wirklich notwendig, die klassische Geometrie Euklids und Archimedes so radikal zu reformieren und welches war das Erkenntnisinteresse, welches diese Umformung motivierte? Da später die klassische Geometrie zum Angelpunkt der Naturwissenschaften wurde[7], ist hier auch die Bruchzone, welche ein Verständnis der Arbeit Brunos ab dem 17. Jh. blockierte. War seine geometrisch-platonische Vision des Kosmos und des Geistes ein Irrweg, eine Sackgasse?

Ich glaube, man kann Brunos Geometrie verstehen, wenn man berücksichtigt, in welchem Ausmaß er mit dem klassischen, humanistischen Wissen gebrochen hat und welche Herausforderung die damit erzeugte Theorielosigkeit darstellte. Wir können also ex negativo bestimmen, was ersetzt werden mußte:
1. Eine rein formale, abstrakte (axiomatische) Geometrie war durch eine bedeutsame, für das Verstehen der Welt *und* des Menschen (des Geistes) symbolische Raumkonzeption zu ersetzen. Systematische Eigenschaften der klassischen Geometrie sollten dabei integriert werden.
2. Die aristotelische Logik, in der mechanistischen Ausprägung der mittelalterlichen Disputationskunst, mußte durch eine anschauliche (letztlich geometrische) Konstruktion ersetzt werden. Dabei konnte die Lullische Kunst nützlich sein, die ebenfalls über diese Tradition hinausstrebte.
3. Die Kosmologie in ihrer abstrakt-mathematischen, explanationsschwachen Form bei Ptolemäus war durch ein natürliches, allgemeines System à la Copernicus zu ersetzen, wobei Reste des Aristotelismus, so z.B. die Endlichkeit des Kosmos, zu beseitigen waren. Die Unendlichkeitsproblematik, insbesondere der Gegensatz bzw. das Zusammenwirken verschiedener Unendlichkeiten (der des n-Ecks und der des Kreises), relativierte die Ergebnisse Euklids und verlangte eine Neukonzeption.
4. Die Belebtheit des Universums und damit die Kontinuität zwischen Geist und Welt stellte neue Anforderungen an eine Grundlagendisziplin wie die Geometrie. Es genügte nicht, daß einfachste und generellste physikalische Gesetze in ihr formulierbar waren (was Kepler, Galilei und Newton ausführten, was Archimedes in der Antike vorgeführt hatte), das Lebende, das Geistige mußte ebenfalls in diesem Medium repräsentierbar sein.

---

[7] Noch Newtons *Principia* akzeptieren sie als Rahmen, und die nicht-euklidischen Geometrien akzeptieren die euklidische als Prototyp.

Ich werde in der fünften Vorlesung zeigen, inwiefern diese Forderungen Brunos eine Renaissance in modernen Theorien der Morphogenese und der Selbstorganisation erleben. Vorerst ist es wesentlich zu erkennen, daß Bruno gute Gründe hatte, eine Neukonstruktion zu versuchen und daß er dabei mit der gebotenen Konsequenz zu Werke ging.[8]

Bruno „vereinfacht" das Grundproblem der Geometrie auf die Opposition zwischen Kreis (Kontinuum) und regulärem Dreieck (diskrete Regularität), wobei die Skala: Punkt (Minimum), Linie, Vieleck, Kreis zugrunde gelegt wird. Dann sucht er nach einer kleinen Zahl von Komplexen aus Kreisen, Strecken und Vielecken (auf der Basis des Dreiecks), so daß erstens alle anderen regulären Figuren (vom Quadrat bis zum Zehneck) daraus mit Lineal und Zirkel konstruierbar sind und zweitens diese Komplexionen Keime eines unendlichen Wachstums sind.

Ich will mich darauf konzentrieren, die „Keimfunktion" der drei Grundfiguren (die in bezug auf Gedächtnisorte „atria" genannt werden) zu untersuchen. In den „Articuli" von 1588 heißen sie (ibid.: 21):

– *figura mentis*   ☉   Appollo

– *figura intellectus*   ☽   Minerva

– *figura amoris*   ✻   Venus

Die *figura amoris* hat ihre Entsprechung bei Bovillus (ibid.: 12f), der diese Figur zur Vierteilung der Kreisfläche nutzt.[9] Abbildung 21 zeigt diese Figur; sie definiert ein quadratisches Raster mit 4 x 4 Zellen, wenn die Kreise sich lediglich berühren und nicht überschneiden. Da die Fläche unendlich mit Quadraten ausfüllbar ist, wobei vier große Quadrate (bzw. sich berührende Kreise) wieder ein noch größeres ergeben, ist diese Figur geeignet, den unendlichen Raum mit Kreisen und Quadraten zu füllen. Diese Quadratur des Raumes ist zentral für Brunos Gedächtnisarchitektur, die in der vierten Vorlesung rekonstruiert wird. Bruno

---

[8] Bruno konnte die herkulische Aufgabe nach seiner Gefangennahme nicht beenden. Ab 1592 hindert ihn das Inquisitionsverfahren und der Aufenthalt im Gefängnis daran, sich systematisch weiter zu entwickeln.

[9] Die kleinen Kreise haben als Radius r/2 im Vergleich zum Radius des großen Kreises (r). Die Summe der Flächen der vier kleinen Kreise ist also $4 \cdot (r/2)^2 \cdot \Pi$ und ist somit identisch mit der Gesamtkreisfläche: $r^2 \cdot \Pi$. Daraus folgt, daß die Fläche der Rosette (Überschneidung der vier kleinen Kreise) identisch ist mit derjenigen der ausgelassenen gebogenen Dreiecke außen.

sieht in ihr die ideale Synthese von Trennung und Vereinigung, Konträrem und Passendem.[10]

 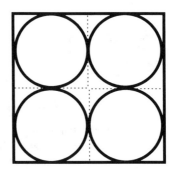

Abbildung 21:   Die figura amoris *und ihre Einbettung in Quadrate*

Die zweite Figur beruht auf der Füllung eines Kreises durch sieben sich nur berührende Kreise (einer in der Mitte, sechs in sternförmiger Umgebung). Bovillus (Blatt 10) hebt diese Konfiguration als maximale Füllung hervor. Auf der Ebene der diskreten Figuren hat sie im Sechseck und einer wabenförmigen Flächenfüllung ihr Äquivalent (ibid.: Blatt 24).

Wie die Zeichnung der *figura intellectus* (Articuli: 79) zeigt, ist diese Figur eine der unendlich wiederholbaren Distinktionen (ohne Überschneidungen), d.h. sie ist der Prototyp der Zerlegung. Da um den großen Kreis wiederum sechs (große) Kreise herumgelegt werden können, ist die Konstruktion ins Unendliche fortsetzbar. Der Typ der Kreispackung in der *figura intellectus* entspricht prototypisch derjenigen im gleichseitigen Dreieck, während der *figura amoris* eine Packung im Quadrat entspricht (dazu müssen wir aber in Abbildung 21 die vier kleinen Kreise überschneidungsfrei in das Quadrat einfügen, das dem großen Kreis umschrieben ist). In „De monade" stellt Bruno die Packung von Kreisen im gleichseitigen Dreieck der Packung im Quadrat gegenüber, welche wir bereits in in Abbildung 21 dargestellt haben.[11] Die Packung im Dreieck entspricht derjenigen, welche wir in der *figura intellectus* (vgl.*Abbildung 22*) vorfinden.

---

[10]   „Amoris figura nuncupatur, quandoquidem substantia universi tum contraria est, tum quoque concors, utpote in contrarietate concordiam et in concordia contrarietatem [...] perpetuo reservans." (Articuli: 21)

[11]   In der Schrift: „De triplici minimo et figura" (1591) diskutiert Bruno die Problematik der atomistischen Raumfüllung ausführlich. Joachim Jungius (1587-1657) knüpft ab 1630 an Brunos mathematische Überlegungen an (vgl. Neuser, 1996). Später rezipiert

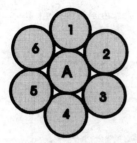 

Abbildung 22: Die „figura intellectus" und die entsprechende Kreispackung

Wie Bovillus anmerkt, haben bei der Drittelung des Radius (wie in Abbildung 13) sieben kleine Kreise mit gleicher Fläche im großen Kreis Platz; die Restflächen in der *figura intellectus* entsprechen in der Summe zwei kleinen Kreisen.[12] Weitere Vergleiche und Querverbindungen, etwa zur *figura amoris*, sind möglich, d.h. die Figuren sind nicht Atome (Monaden), sie sind Kompositionstypen, welche jenseits der Atome die Bildungsgesetze des Komplexen in minimaler Form darstellen.

Die *figura mentis* sieht erstaunlich unvollständig, irregulär aus; die beiden kleinen, mittleren Kreise berühren den äußeren nicht, die Überschneidungen bilden ein Rechteck (kein Quadrat). Diese Figur, die in „De minimo" (Bruno, 1591c: 278) „Atrium Appollinis" heißt, ist allerdings ergänzbar zum „Ring des Apollo" durch eine Art Rotation der beiden Kreise, die sich im Mittelpunkt schneiden, (vgl. Mulsow, 1991: 217 f). Man sieht, daß das gleichschenklige Dreieck zwischen dem inneren Kreis und dem äußeren Kreis vermittelt. Der Geist (mens) ist also ein Komplex auf der Basis der Dreiheit, wie die Liebe ein Komplex auf der Basis der Vierheit und der Intellekt ein Komplex auf der Basis der Sechsheit ist.[13] In dieser Vervollständigung ergeben die drei Figuren tatsächlich eine geometrisch kohärente und begrifflich stimmige Konstruktion möglicher

---

Leibniz die mathematischen Vorarbeiten von Bruno und Jungius. Vgl. auch Dürer (1525) für eine mehr nüchtern-technische Behandlung dieser Problematik.

[12] Bei Drittelung des Radius (r/3) ist die Fläche des kleinen Kreises $(r/3)^2\Pi = r^2/9\Pi$ also 1/9 des großen Kreises. Die Restfläche ist 1 - 7/9 = 2/9 der großen Kreisfläche, also zwei kleine Kreise. Diese Fläche verteilt sich auf sechs konvexe innere Dreiecke und sechs teils konvexe teils konkave äußere Dreiecke (12 gebogene Dreiecke).

[13] Die Überschneidungsrosette im Ring des Apollo hat sechs Blütenblätter, d.h. die Sechsheit des Intellektes ist in der Dreiheit des Geistes (mens) enthalten, wie ja die Sechsheit ein Vielfaches der Dreiheit ist. Die Figur der Liebe ist jedoch eigenständig, da sie auf dem Quadrat aufbaut.

Grundkomplexe.[14] In Abbildung 23 wird die *figura mentis* mit der Vervollständigung durch den Ring des Apollo gezeigt[15]

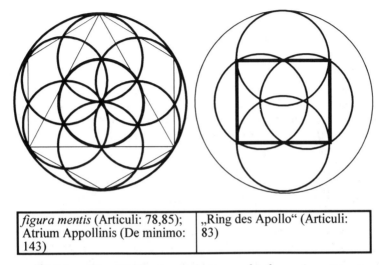

| *figura mentis* (Articuli: 78,85); Atrium Appollinis (De minimo: 143) | „Ring des Apollo" (Articuli: 83) |

Abbildung 23: Die figura mentis *in verschiedenen Ausprägungen*

Das wesentliche Moment der Geometrie Brunos erschließt sich, wenn man sich fragt, wie eine so umfassende Neuordnung des Wissens, wie sie Bruno vorschwebte, funktionieren kann. Bruno wählte den Weg, den schon Lullus und Thomas von Aquin beschritten haben. Sie setzten jeweils Prinzipien einer möglichen Ordnung und eine großartige Geordnetheit voraus. In diese Ordnungskonstruktion fügten sie das zu bewahrende Wissen (das Gedächtnis) *und* die spekulative Neukonstruktion ein. Die empiristische Alternative, welche die schnelle Entwicklung der Beobachtungstechniken im 17. Jh. (das Teleskop für Galilei, das Mikroskop für Leibniz) nahelegte, kann dieses allgemeine Problem der theoretischen Konstruktion nicht beseitigen. Es wird nur solange ausgeblendet, bis die neuen Möglichkeiten der Wahrnehmung (vorübergehend) erschöpft sind.

---

[14] Bruno versucht im Gegensatz zu Euklid, die Fünfeckseite direkt aus einer Kreiskonstruktion zu erhalten (vgl. Mulsow, 1991: 229-235). Er stößt hierbei an die Grenze einer *exakten* Durchführung seines Vorhabens.

[15] Es gibt Zuordnungsunsicherheiten in „De minimo", wo einmal die Bilder zu Apollo und Venus im Original falsch zugeordnet sind (vgl. Bruno, ibid.: 278, Bl. 1); zum anderen wird die Figur, welche 1588 noch der Liebe (also Venus) zugeordnet war, jetzt Minerva (d.h. dem Intellekt) zugeordnet.

Bruno wird die Innovation des Copernicus in diesen Typus der Wissenskonstruktion integrieren. Um dies besser zu verstehen, müssen wir jedoch den Gesamtkontext des Copernicanismus näher untersuchen.

2 Der Copernicanismus des 16. Jahrhunderts

Die „copernicanische Wende" ist eines der am meisten strapazierten Themen der Wissenschaftsphilosophie. Ich will die philosophische Position des Copernicus nur als Hintergrund und Kontrast zu Brunos Philosophie beleuchten. Dabei stellt sich gleich die Frage: Weshalb hat Copernicus das heliozentrische System dem ptolemäischen (oder gar dem aristotelischen) vorgezogen? Welches waren seine Maßstäbe für eine astronomische Theorie, derart, daß seine Entscheidung daraus folgte? Und welche Beziehung existiert zwischen der Entscheidung des Copernicus (etwa ab 1514, als er den *Commentariolus* schrieb) und der Brunos (ganz offen im *Aschermittwochsmahl*, 1584)? Waren die Hintergründe und aktuellen Anlässe vergleichbar?

Die große Distanz zwischen den Arbeiten des Copernicus (etwa in: „De revolutionibus", 1543) und den copernicanischen Überlegungen Brunos (sicher ab 1583) lassen es notwendig erscheinen, andere historische Reaktionen, insbesondere die Entwicklung des Copernicanismus in Italien, Frankreich, England, Deutschland mit heranzuziehen. Bruno konnte nicht nur auf diese Rezeption aufbauen, er geriet auch in Konflikt mit ihr.

2.1 Einige Anmerkungen zu Copernicus

Es gab im 16. Jh. (und davor) ständig Gründe, an der „Realität" des ptolemäischen Systems zu zweifeln, stand es doch mit der (physikalischen) Kosmologie des Aristoteles im Widerspruch, die sich seit Thomas von Aquin als allgemeine Weltanschauung in der Christenheit ausgebreitet hatte. Das ptolemäische System wurde deshalb eher als ein Berechnungsverfahren angesehen, und diese Einschätzung wurde auch auf das System des Copernicus übertragen.[16] Einige wichtige Gründe, auf ein heliozentrisches System zu setzen, waren die folgenden:

---

[16] Daß diese Annahme vernünftig war, wird nachträglich dadurch erwiesen, daß sich beide Systeme mathematisch ineinander überführen lassen, d.h. sie sind beschreibungstechnisch äquivalent. Dies bedeutet aber keine generelle, sondern nur eine sehr schwache Äquivalenz, wie Hanson, 1973 zeigt. Da die skeptische Interpretation des ptolemäischen Systems bereits in der Antike dominierte, ist der platonische Realismus des Copernicus ein Bruch mit der Tradition der antiken Astronomie.

- Das ptolemäische System hatte Schwierigkeiten, die ungleichmäßige Bewegung der „Wandelsterne" zu erfassen und Ptolemäus führte deshalb die nicht überprüfbare Hilfshypothese des „Äquanten" ein. Demnach befindet sich die Erde in einem gewissen Abstand vom Zentrum der jeweiligen Kreisbahn des „Wandelsterns" (im Deferenten). An einem Punkt in gleichem Abstand auf der anderen Seite des Zentrums (dem Äquanten) sollte die Winkelgeschwindigkeit gleich sein. Diesen Standpunkt konnte aber kein realer Beobachter einnehmen.
- Verwirft man die Hilfshypothese des Äquanten, wird das platonische Axiom, daß nur die kreisförmige, gleichmäßige Bewegung ewig (und kräftefrei) sei, verletzt.
- Beide Probleme scheinen lösbar, wenn man der Erde, d.h. dem Beobachtungsort mehrere Bewegungen zumißt. Dieser Schritt ist neben dem platonischen Ansatz der entscheidende Impuls für die Innovation. Seine „relativistische" Einsicht formuliert Copernicus wie folgt:

„Jede in Erscheinung tretende Ortsveränderung nämlich findet statt entweder auf Grund von Bewegung des beobachteten Gegenstandes oder auf Grund solcher des Beobachtenden oder auf Grund von - selbstverständlich ungleicher - Veränderung beider." (Copernicus, 1990: 99).

- Hatte Copernicus im *Commentariolus* noch daran gedacht, „eine vernünftigere Anordnung von Kreisen" ... „mit weniger und viel passenderen Mitteln" (ibid.: 5) zu erstellen, so verliert dieses Eleganzkriterium in Anbetracht der sich häufenden Schwierigkeiten, welche jeweils Ergänzungen notwendig machten, im fertigen Werk seiner hervorgehobenen Rang. Lediglich etwa die Größe und damit Wichtigkeit der Epizykel im Verhältnis zum Hauptkreis wird als unnatürlich und dem Grundprinzip widersprechend angesehen.
In der Folgezeit werden zwar die von Copernicus (im Rahmen seiner Systemvorstellung) aufgestellten „Prutenischen Tafeln" für Almanache benutzt, bis Tycho Brahe durch die Entwicklung besserer Instrumente und durch systematische Beobachtungen diese Basis ersetzte; die Provokation der heliozentrischen Hypothese wurde jedoch weitgehend ignoriert. Fast alle Copernicaner, die im wesentlichen Astronomen und Mathematiker waren, veränderten außerdem das System des Copernicus (wobei Tycho Brahe und mehrere deutsche Astronomen sogar die Erde wieder ins Zentrum des Universums stellten).

2.2 Die unmittelbare Reaktion auf Copernicus

Bis zur Publikation der Hauptschrift „De revolutionibus" 1543, die dem Eifer des jungen Rheticus zu verdanken ist, kursierten nur Abschriften des *Commentario-*

lus (wohl 1511-1513 verfaßt[17]). Die Reaktionen waren Schweigen oder Ablehnung, und Copernicus zog es später vor, nur im direkten Verkehr seine Ansichten zur Kenntnis zu geben. Es gab immerhin einige kirchliche und politische Reaktionen in Rom und Italien; so wurde 1533 seine These der sich bewegenden Erde in Rom von Johann Albrecht Wichmanstetter (1506-1577) vorgetragen. Dieser trat 1535 in die Dienste des Kardinals Nicolaus Schönberg, Bischof von Capua. Copernicus kam der Bitte des Kardinals, ihm Kopien seiner Arbeiten zum Thema zu übermitteln, aber nicht nach (vgl. Rosen, 1971: 387 f.). Die Wirkung des Copernicus in Rom war entgegen späterer Behauptungen von Galilei sehr gering (so trug Copernicus nicht zur Kalenderreform bei, ließ sich aber durch deren Aufgabenstellung, die genaue Länge des Jahres zu messen, zu kontinuierlichen astronomischen Beobachtungen anregen).[18]

Es gab allerdings andere aufbegehrende naturwissenschaftliche (und antiaristotelische) Ansätze in Italien. So veröffentlichte Bernardinus Telesius (1508-1588) im Jahre 1565 die Schrift „De natura rerum", welche radikale, auf Erfahrung begründete Revisionen der aristotelischen Physik forderte. Telesius gründete sogar eine wissenschaftliche Gesellschaft in Cosenza. Nach seinem Tode wurden seine Schriften verboten. Giordano Bruno könnte von dieser Bewegung beeinflußt worden sein. In Frankreich trat Pontus de Tyard als Vermittler hervor. Er unterrichtete 1577 den französischen König Heinrich III. über naturwissenschaftliche Themen. Da er bereits 1562 in seiner Einleitung zu den „Ephemerides octavae sphaerae" Copernicus als Reformator der Astronomie gelobt hatte (vgl. Yates, 1982; Bd. 1: 172), hat Bruno am französischen Hofe 1582 wohl eine an der copernicanischen Hypothese interessierte Situation vorgefunden (vgl. im Detail den nächsten Abschnitt).[19]

Wahrscheinlich ist es so, daß die provokante These des Copernicus allgemeiner bekannt war und somit für einen kritischen Geist wie Bruno bereits in Neapel

---

[17] Zekl (1990: LXII) schlägt sogar 1509 vor, 1514 ist die Schrift in der Bibliothek des Krakauer Professors Macij Miechowita katalogisiert; vgl. Rosen, 1971: 343 ff.

[18] Sehr schroff war die Reaktion von Luther (in seinen Tischreden von 1539) und von Melanchthon (1541). Nach der Publikation des Buches „De revolutionibus" wurde Melanchthon besonders wegen der beschwichtigenden Vorrede (die allerdings von Ossiander stammte) toleranter und erlaubte eine Diskussion des Systems bei fortgeschrittenen Studenten.

[19] Frau Yates führt die Abweichung in Brunos Interpretation der Stellung des Mondes im copernicanischen System (in: La Cena) auf eine entsprechende mißverständliche Darstellung bei Pontus de Tyard in seinem Buch: Deux Discours de la Nature du Monde et de ses Parties (1578) zurück (ibid.). Demnach wäre Bruno erst in Paris Copernicaner geworden. Die schnelle Radikalisierung bis zu den Londoner Dialogen ist unter dieser Prämisse allerdings erstaunlich.

zugänglich war.[20] Der Zeitpunkt der konkreten Ausformung des brunoschen Copernicanismus, die ja weit über Copernicus (und den Copernicanismus der Zeit) hinausgeht, ist noch aufklärungsbedürftig. Spätestens in Toulouse, wo Bruno Vorlesungen zur Astronomie hielt (1580), kann die Kosmologie sein Thema geworden sein. Seine spezifische Ausprägung erhielt Brunos Kosmologie wahrscheinlich erst in Paris.

2.3 Der französische Copernicanismus

Wir wissen nicht, ob Giordano Bruno in Toulouse, wo er immerhin über Aristoteles und die Astronomie Vorlesungen gehalten hat, bereits die Arbeit des Copernicus lesen konnte; selbst in Paris weisen nur wenige Spuren auf Copernicus, dessen Werk anscheinend in den Pariser Bibliotheken des 16. Jh. nicht verfügbar war.[21] Bruno selbst bekennt sich das erste Mal provokativ zu seinem Copernicanismus im Dialog: „Das Aschermittwochsmahl", der 1584 in London geschrieben wurde. Die Tatsache, daß er zu diesem Zeitpunkt bereits zu seiner endgültigen Interpretation, die bis zu den Frankfurter Schriften (besonders im „De immenso" von 1591) Bestand haben wird, gelangt ist und daß er von Copernicus-Interpreten in London angegriffen wird, legt es nahe, daß er seinen Copernicanismus bereits in Paris entwickelt hat.

Die französischen Akademien, so die „Académie de Baïf" und die „Académie du Palais" übertrugen den Akademie-Gedanken der Renaissance in Italien auf die französischen Verhältnisse und bereiteten die Gründung der „Académie française" im 17. Jh. vor. Gemeinsames Vorbild war die Akademie Platons, vermittelt durch die Kommentare des Marsiglio Ficino. Giordano Bruno, der sich als Mitglied keiner Akademie bezeichnete, ist von dieser Tradition zwar abhängig,

---

[20] Es gab in Italien natürlich Publikationen zu Fragen der Astronomie. Die einhellige Meinung war jedoch, daß alle Hypothesen über physikalische Vorgänge außerhalb des Erd-Mond-Bereiches prinzipiell nur willkürliche Konstruktionen sein konnten, da dieser Bereich der menschlichen Intelligenz nicht zugänglich sei. Duhem (1971: 81 ff) nennt Alessandro Piccolomini (1558), Andreas Cesalpinus (1571), Francesco Guintini (1567) und Giovanni Battista Benedetti (1585). Die Tabellen von Copernicus wurden teilweise unabhängig von seinem System oder unter kurzem Hinweis auf ihn verwendet. Gelegentlich wurden auch alternative Konstruktionen, z.B. Merkur und Venus als Satelliten der Sonne, vorgeschlagen.

[21] Vgl. Levergeois, 1987: 19, Fn. 3.

sucht aber seinen eigenen Weg.²² In den französischen Akademien des 16. Jh. stehen Fragen der Poesie, der Musik, der Ethik im Vordergrund, und es ist nicht erstaunlich, daß auch die in London geschriebenen Werke Brunos die ganze Breite der Thematik abdecken. Naturphilosophische Fragen sind in diesen eher poetisch-moralischen Kontext eingebettet, und es herrscht eine liberale Einstellung vor, welche durchaus der gemäßigten Skepsis der antiken Akademie entspricht. Man ist neugierig, wißbegierig, hält die vorgebrachten Hypothesen aber eher für Meinungen, interessante Ansichten, welche kunstvoll in das reichhaltige Gemälde des Wissens einzufügen sind.

Eine herausragende Stellung in der Pariser Akademie hatte Pontus de Tyard (1521-1605), Signeur de Bissy. Er nahm in der Académie du Palais neben den Brüdern und späteren Königen Karl IX. und Heinrich III. Platz. Letzterer ernannte ihn zum „Conseiller des ses conseils" und später zum Bischof in Chalons-sur-Saône. Pontus de Tyard verteidigte in Blois 1588 die Autorität des Königs und blieb der Sache Heinrich III. auch nach dessen Ermordung (1589) treu. Er war - wie Bruno - ein Vertreter der Kompromiß-Politik des Königs.

Neben zahlreichen poetischen Werken (Tyard wird der sogenannten Pléiade zugerechnet) verfaßte er einige wissenschaftliche Werke in französischer Sprache mit der klaren Absicht, einerseits der Nationalsprache die Würde einer Wissenschaftssprache zu verleihen, andererseits einem breiten (höfischen) Publikum einen leichtverständlichen Überblick über das zeitgenössische Denken (der Renaissance) zu vermitteln. Im folgenden werde ich jene Aspekte seiner Werke hervorheben, welche die Hypothese betreffen, daß Giordano Bruno ihn zumindest als Orientierung, wenn nicht gar als Hauptquelle seines Copernicanismus benutzt hat (vgl. Yates, 1947).

Die früheste und wohl wichtigste Quelle ist das Buch: „L'Univers ou, Discours des parties, et de la nature du monde". Es gibt einen fiktiven Dialog zwischen dem „Curieux" (dem Neugierigen), der für den gebildeten, aufgeschlossenen Laien steht und Hieronymus (Hieronime), dem Theologen wieder. Dieser warnt zwar vor der wissenschaftlichen Neugierde als Selbstzweck, in wissenschaftlichen Fragen vertritt er aber eher einen synkretistischen Standpunkt. Im Zentrum steht der „Curieux", aus dessen Munde in lockerem Tonfall die Bildungsinhalte der Humanisten, der Renaissance-Platoniker und schließlich auch der neuen Astronomie mitgeteilt werden. Die Kontroverse wird weitgehend vermieden; ein Urteil wird höchstens angedeutet, wenn nicht Hieronymus, besonders in theologischen Fragen, auf einer bestimmten Interpretation besteht. Gegenüber

---

[22] Daß Bruno sein italienisches Werk mit drei naturphilosophischen Schriften beginnt und im „Spaccio della bestia trionfante" auch die Moralqualitäten kosmologisch organisiert, widerspricht der vorherrschenden Einstellung in der Palast-Akademie.

der Astronomie überwiegt eine skeptische Haltung. Dies betrifft insbesondere die astronomischen Aussagen zur Größe der Sonne und zu ihrem Lauf:

„Denn, um Ihnen zu gestehen, was ich davon denke, so zwingt mich die Gegensätzlichkeit ihrer Größenordnung dazu, ihnen (den Astronomen) doch nicht ganz Glauben zu schenken: nicht mehr als dem, was sie über die Bewegung der beiden anderen Planeten, Venus und Merkur, aussagen, die, so scheint es mir, so angelegt sind, daß sie der Sonne als Wache dienen."[23] (Pontus de Tyard, 1557; 45; Übers. d. A.)

Die Skepsis gegenüber den astronomischen Hypothesen und ganz besonders die Auffassung, daß Venus und Merkur sich quasi als Planetenpaar um die Sonne bewegen, finden wir später in Brunos Werk wieder und diese sehr lockere Interpretation astronomischer Hypothesen wird Bruno in Konflikt mit der technisch mathematischen Astronomie bringen.

Pontus de Tyard macht allerdings eine klare Aussage, was die Umlaufzeiten angeht (um welches Zentrum wird nicht gesagt, aber wahrscheinlich wird weiterhin von der Erde als Zentrum ausgegangen). Von der Venus wird gesagt: „Sie vollendet den Umkreis ihres Epizykels in fünfhundert dreiundachtzig Tagen."[24] Merkur dagegen „hat die ganze Rundung in hundertfünfzehn Tagen, einundzwanzig Stunden und weniger als eine halbe durchlaufen".[25]

Pontus de Tyard relativiert die astronomischen Hypothesen aber weiter (übrigens zu Recht, denn diese Planeten waren schlecht beobachtbar und selbst Copernicus hatte keine neuen Fakten zu ihrer Beschreibung beitragen können):

„(Merkur) aber mit welcher wunderbaren Unbeständigkeit bewegt sich sein Epizykel, der über einem beweglichen Zentrum eine Drehung mit ovaler Figur vollzieht und nicht wie die anderen vier Planeten in Form eines Kreises.[26] Sie wissen in zureichendem Ausmaß, wie schwer die Astro-

---

[23] „Car à vous confessez ce que j'en pense, la contrariété de leurs dimensions me contreint de ne leur donner encores foy entiere: non plus que du mouvement des deux autres Planettes, Venus & Mercure, disposes ce semble pour la garde du Soleil."

[24] Ibid.: „Achevant toute la circonference de sien Epicile en cinq cents octantetrois jours, & un peu plus de vingtetdeus heures." Man spricht heute von synodischer Umlaufzeit; sie beträgt für Merkur 583,82 Tage (Cambridge Enzyklopädie der Astronomie, 1989: 161).

[25] Ibid.: „(Mercure) ha tournoyé l'entiere rondeur en cent quinze jours, vingtetune heure & moins de demie."

[26] In der Tat hat Merkur eine Exzentrizität von 0,2056. Die damals bekannten Planeten: Venus, Erde, Mars, Jupiter, Saturn haben Werte zwischen 0,0068 (Venus) und 0,0934 (Mars). Anhand der ebenfalls stark exzentrischen Marsbahn wird Kepler später zu

nomen bei der Vorhersage seiner Bewegungen behindert sind und wie sein (Merkurs) Ort und der der Venus in verschiedener Weise bestimmt worden sind. Der eine wie Alpetrage gab Venus einen Ort oberhalb der Sonne und Merkur unterhalb: und der andere umgekehrt. Bereits seit den ältesten (Astronomen) haben die einen sie jeweils unterhalb, die anderen oberhalb plaziert und einige andere sagen, daß sie die Sonne mit ihren Epizyklen umarmen, so daß sie einmal oberhalb, einmal unterhalb angetroffen werden können. Ich erinnere mich einen angetroffen zu haben, der diese drei, die Sonne, Venus und Merkur als drei untereinander verkettete Kreise, könnte man sagen, angelegt hat. Auf diese Weise kann der höchste Planet manchmal der tiefste sein: und der tiefste der höchste, und der in der Mitte tiefer bzw. höher." (ibid.: 45 f ; Übers. d. A).

An dem Dialog, der sich in jenem Teil, der die Natur betrifft, hauptsächlich zwischen dem Autor und dem „Curieux" abspielt, läßt sich beobachten, daß der „Curieux" eher skeptisch ist, d.h. er betrachtet die Vielzahl überlieferter Positionen als fast gleichrangig. Seine Position zum Helio- bzw. Geozentrismus bleibt offen. So läßt die Redeweise von vier anderen Planeten neben Merkur vermuten, daß Venus, Mars, Jupiter, Saturn gemeint sind, d.h. sowohl die Erde als auch die Sonne bleiben aus dem Spiel Später „umarmen" Venus und Merkur die Sonne; also könnte diese zumindest das Zentrum von Merkur und Venus sein; wieder später werden alle drei Himmelskörper Planeten (der Erde) genannt. Der „Curieux" bringt aber auch ein quasiaristotelisches Argument für die Bewegung der Erde ein, indem er daran erinnert, daß der sublunare Bereich auch der Bereich der Veränderung und Bewegung sei.

Nachdem das Bild des auf hoher See befindlichen Schiffes („bateau vogant") als Erläuterung der Relativbewegung eingebracht wurde, kommt der Autor auf Copernicus zu sprechen.:

„Nicolaus Copernicus (so begann ich meine Rede) hat mit geschickter und bewundernswerter Subtilität ein Paradox erneuert, das dem des Aristarch von Samos fast vergleichbar ist und das Archimedes in seiner Arbeit über die Anzahl der Sandkörner erwähnt, indem er die unbewegliche Sonne ins Zentrum der Welt stellte; sie hat dieselbe Festigkeit wie der achte Himmel am äußersten Rande der Welthalbkugel, dazwischen hat er sechs bewegliche Sphären gestellt."[27]

---

seiner Hypothese einer elliptischen Bahn, welche die Basis der Keplerschen Gesetze ist, kommen.

[27] Ibid.: 99: „Nicolas Copernic (prins je la parole) d'une dextre et admirable sutilité ha renouvellé un Paradoxe presque semblable à celui d'Aristarque Samien, duquel Ar-

Tyard gibt für die oberen Planeten (Saturn, Jupiter und Mars) Umlaufzeiten an, die grob den heute bekannten siderischen Umlaufzeiten entsprechen. An die vierte Stelle plaziert er die Erde:

„An der vierten Stelle steht die Sphäre, die sich in einem Jahr dreht, in der wie in einem Epizyklus die Erde und die ganze Region der Elemente, mit dem Globus des Mondes enthalten ist."[28]

Die Originalstelle bei Copernicus lautet" (Copernicus, 1990: 136). Deutsch (ibid.: 137):

„Die vierte Stelle in der Reihe nimmt der jährliche Umlauf ein, indem, so sagten wir, die Erde mit dem Mondumlauf wie einem Aufkreis befaßt ist."(„Quartum in ordine annua revolutio locum obtinet, in quo terram cum orbe Lunari tamquam epicyclio contineri diximus")

Man kann sehen, Tyard hat hier direkt aus dem Original des Copernicus übersetzt; durch die Voranstellung des „tamquam & epicyclio" (Copernicus) - „comme dans un Epicycle" (Tyard) konnte aber das System Erde—Mond als Teil eines Epizykels mißverstanden werden. Ob auf dieser Interpretation Brunos Doppelplanetenhypothese beruht, ist allerdings zweifelhaft, da auch der Satz des Copernicus in diesem Sinne mißverstanden werden konnte. Es scheint vielmehr so, als habe Bruno systematische Gründe gehabt, sowohl Erde—Mond als auch Merkur—Venus als Doppelplaneten anzunehmen. Da die bei Tyard angeführte Diskussion teilweise direkt aus Copernicus übernommen ist, kann Bruno sich gerade so gut an Copernicus orientiert haben oder beide zusammen als Rückhalt in Fragen der Astronomie benutzt haben. Tyard (in der Rolle des Curieux) sagt:

„So meint anscheinend Martian Capella in seiner Astronomie (unterbrach der Neugierige), daß die beiden letzteren Planeten in der Sonne ihr Zentrum haben, um das sie sich drehen und nicht um die Erde"[29] (ibid.; Übers. d. A.).

---

[28] chimede en son dénombrement d'Areine fait mencion, donnant au centre du monde, le Soleil immuable, & de mesme fermeté le Ciel huitième, à l'extrême convexité de la rondeur mondeine, disposant au reste six sphères mobiles." Als Paradox wurden alle von Aristoteles abweichenden Lehrmeinungen bezeichnet.
Ibid.: 99: "Au quatrième lieu est logee la sphere qui se tourne en un an, ou comme dans un Epicicle, la Terre & toute la region Elementaire, avec le globe de la Lune, est contenue."

[29] „Ainsi semble entendre Martian Capella en son Astronomie (entrerompit le Curieux) que ces deux dernieres Planettes ont dans le soleil leur centre, alentour duquel elles tournent, & non alentour de la Terre." (ibid.)

Die entsprechende Aussage bei Copernicus (1990: 131) lautet:

„Daher halte ich das durchaus nicht für verächtlich, was *Martianus Capella*, der die „Enzyklopädie" geschrieben hat, und bestimmte andere lateinische Schriftsteller, äußerst klug angemerkt haben: Sie meinen nämlich, daß Venus und Merkur um die Sonne laufen, die in der Mitte ihrer Bahnen stehe, und aus dem Grund, nehmen sie an, wichen sie von ihr nicht weiter ab, als ihre eigene Bahnkrümmung das eben zuläßt, indem sie eben die Erde nicht umlaufen wie die übrigen, sondern anders geneigte Bahnpunkte haben."[30] (Übers. d. A.)

Obwohl die Autorität des Copernicus großes Gewicht hatte, blieb doch generell eine große Unsicherheit bestehen:

„In der Tat (sagt der Neugierige) seine Beweisführungen sind geistvoll und seine Beobachtungen richtig und würdig, befolgt zu werden. Dennoch, mag seine Darlegung wahr sein oder nicht, das Wissen vom Sein der Erde, das wir haben können, wird dadurch in keiner Weise beeinträchtigt"[31] (Übers. d.A.)

Einige Jahre später (1562) veröffentlicht Pontus de Tyard eine Tafel der Ephemeriden, die sich strikt an die Tafeln des Erasmus Reinhold hält, welche wiederum auf den Berechnungen des Copernicus fußen. Tyard sieht in Copernicus den modernen Ptolemäus. Er sagt (Tyard, 1562: 61): „Wenn jemand jedoch die Korrektur des jährlichen Ortes wünscht, mag er sie aus den Quellen selbst der Himmelskunde von Ptolemäus, Copernicus und anderen nehmen."[32]

In der veränderten Neuauflage von 1578 mit dem Titel: „Deux Discours de la nature du Monde, & de ses parties a sçavoir le premier Curieus traitant des choses materielles: & le second Curieus des intellectuelles" wird durch die Verteilung auf zwei Tage und eine kleine eingeschobene Rahmenhandlung (bei der auch Damen eine Rolle spielen), der Charakter eines Dialoges verstärkt. Für

---

[30] „Quapropter minime contemnendum arbitror, quod Martianus Capella, qui Encyclopaediam scripsit, et quidam alij Latinorum percalluerunt. Existimant enim, quod Venus et Mercurius circumcurrant Solem in medio existentem, et eam ob causam ab illo non ulterius digredi putant, quam suorum convexitas orbium patiatur: quoniam terram non ambiunt ut caeteri, sed absidas conversas habent." (ibid. 130)

[31] „A la verité (dit le Curieux) ses demonstrations sont ingénieuses, & ses observacions exactes, & dignes d'estre suivies. Toutefois vraye ou non que soit sa disposition, la connaissance de l'estre de la Terre telle que nous la pouvons avoir, n'en est aucunement troublee." (Tyard, 1557: 99)

[32] „Si quis autem annui spatij correctionem desiderat, ex ipsis. Ptolemaeo Copernico, & caeteris doctrinae coelestis fontibus hauriat."

unsere Fragestellung ist wichtig, daß die skeptische Einstellung des „Curieux" durch die Einleitung des späteren Kardinales I.D. Du Perron noch verstärkt wird. Ganz im Sinne der Vorrede zum Buch von Copernicus (die von Ossiander stammte) wird die Darstellung des Autors als Gedankenspiel dargestellt, in dem die Herstellung des Universum im Maßstab der menschlichen Vorstellungskraft beschrieben wird. Von dem (letztlich tödlichen) Ernst, mit dem Bruno ab 1584 den Copernicanismus vertritt, findet sich in diesen Quellen keine Spur. Du Perron, ein Konvertit, vertrat in späteren Schriften die Entscheidungen des tridentinischen Konzils. Im Unterschied zwischen der Position von Tyard (vor 1557 entwickelt) und von Du Perron wird der Wandel des intellektuellen Klimas in der zweiten Hälfte des 16. Jh. besonders deutlich.

Die Abhängigkeit Brunos von Pontus de Tyard, der lediglich eine geraffte Darstellung, teilweise eine Übersetzung des copernicanischen Werkes gibt, ist fragwürdig. Sicher ist aber der Bezug zum Renaissance-Platonismus, d.h. zu Ficino, der auch die französischen Akademien des 16. Jh. prägte. In dieser Tradition wurde auch freimütig über die Unendlichkeit der Welten diskutiert und Duhem (1913) bezieht Brunos Kosmologie der unendlichen Welten auf eine generelle Bewegung, durch die nominalistische Tendenzen im Paris des 15. und 16. Jh. neu belebt wurden. Auch hier ist es jedoch die Radikalität und die Zentralität für seine Philosophie als Ganzes, welche aus einer theoretischen Möglichkeit „eine philosophische Position" gemacht haben. Erst in der Verbindung mit einer als real angenommen Dezentrierung der Welt erlangt die Unendlichkeitshypothese ihre philosophische Brisanz.[33]

2.4 Der englische Copernicanismus

Es gab in England in der Mitte des 16. Jh. sechs wichtige Mathematiker, welche in der Lage waren, das Werk „De revolutionibus", das, wie Copernicus selbst sagt, für Mathematiker geschrieben ist, richtig zu beurteilen: Robert Recorde, John Dee, Thomas Digges, John Blagrave, Edward Wright und Thomas Harriot. Keiner von ihnen war ein Gegner der copernicanischen Hypothese. John Dee und

---

[33] Pontus de Tyard diskutiert die Hypothese der Unendlichkeit in bezug auf einige antike Philosophen. Er sagt in Tyard (1557, 60 f.): „Anaximandre ne reconnoissoit autre principe que l'infinité, de laquelle il jugeoit tout proceder, & en laquelle il estimoit tout être réduit: mesmes disoit infinis mondes estre infiniment engendrez: ne declairant point toutefois expressement, quoy, ou, quel, estoit son infini." Als weitere Vertreter werden Demokrit, Epikur und Methodor genannt. Tyard nimmt aber gegen diese Hypothese Stellung: „Il demeure plus que prouué qu'il est fini." (ibid.: 13)

Edward Wright standen ihr positiv gegenüber, und Thomas Digges verteidigte sie leidenschaftlich.

Robert Recorde (ca. 1520-1558) veröffentlichte in „Castle of Knowledge" (1556) einen Dialog zwischen Ptolemäus und Copernicus. Digges wurde 1559 Dees Schüler und veröffentlichte 1576 als Anhang zur verbesserten Neuauflage des Buches seines 1559 verstorbenen Vaters Leonard Digges eine Schrift: „A Perfit Description of the Caelestiall Orbes according to the most auciente doctrine of the Pythagoreans, latelye reuiued by Copernicus and by Geometricall Demonstrations approued" (vgl. Reprint von 1975). Auf den ersten dreizehn Seiten des Anhangs faßt Thomas Digges zentrale Aussagen des 1. Buches von Copernicus zusammen. Ich will kurz die Korrespondenz zu Copernicus anhand eines zentralen Themas, des *großen Kreises*, auf dem sich Erde und Mond um die Sonne bewegen, zeigen. Vorher werden die Planeten klar in zwei Gruppen geteilt: die äußeren (bezüglich der Erde und Sonne): Saturn, Jupiter, Mars und die inneren: Venus und Merkur. Den Zwischenraum füllt der *große Kreis* (vgl. Digges, 1576, N2v):

> „But yf all these to the Sunne as a centre in this manner bee referred, then must there neades betwene the convex Orbe of ♀ and the concaue of ♂ an hudge space be left wherein the earth & Elementare frame enclosed with the Lunare Orbe of duty must be situate."

Copernicus, 1543/1995: 131 (Übersetzung)

> „Da aber diese alle [die äußeren und inneren Planeten] auf einer Mitte stehen, so muß notwendig der Raum, der zwischen der Kreiswölbung der Venus und der Kreishöhlung des Mars übrigbleibt —[...]—, deutlich erfaßt werden als mit ihnen mittelpunktgleich gemäß der beiderseitigen Außenabmessungen, der die Erde mit ihrem Anhängsel Mond und allem, was unterhalb der Mondmasse enthalten ist, aufnehmen soll."

Aus dem Zitat wird deutlich, daß der große Kreis mit Erde und Mond in gewisser Weise doch ein, allerdings bewegliches, Zentrum (= Mittelposition) des Sonnensystems (= Universums) bei Copernicus (und bei Digges) darstellt. Anhand der Abbildung bei Digges wird häufig argumentiert, dieser habe ein unendliches Universum propagiert. Der Text ist aber wesentlich bescheidener. Auf Blatt O1v lesen wir:

> „But whether the worlde haue his boundes or bee in deede infinite and without boundes, let us leaue that to be discussed of Philosophers."

Digges Konzeption einer (möglicherweise) unendlichen Ausdehnung des Sternenhimmels ist direkt auf die Aussage des Copernicus bezogen, daß der Sternenhimmel da (nach seiner Hypothese) unbewegt, sehr weit entfernt sein müsse. Die Unbewegtheit verknüpft Digges mit der Unendlichkeit, da das Endliche, z.B. die Erde und die Planeten, von Natur aus bewegt seien:

> (ibid.) „all Philosophers consent that bymitted bodyes maye haue Motion, and infinyte cannot haue anye."

Die Meinung von Johnson (1936), Brunos Unendlichkeitsthese gehe von Digges (1576) aus, wird durch die Lektüre des Textes nicht nahegelegt;[34] vielmehr enthält bereits der Text des Copernicus (und natürlich die ganze kosmologische Diskussion seit der Antike) diese Idee, die Bruno allerdings systematisch ausbaut und vehement verteidigt. Es erscheint aber als möglich, daß die im „Aschermittwochsmahl" mit Bruno diskutierenden Gelehrten, die Schrift von Digges als Ausgangspunkt nahmen, so daß Bruno indirekt mit dessen Copernicus-Interpretation in Konflikt geriet. In der Abbildung des Universums bei Digges ist die Gliederung des Universums sehr deutlich:
Sonne (und innere Planeten) // der große Kreis (mit Erde und Mond) // äußere Planeten // Sternenhimmel (mit Raumtiefe)

Bruno wird sich auf die beiden ersten Komponenten konzentrieren und die inneren Planeten dem großen Kreis zuschlagen.

2.5 Der deutsche Copernicanismus

Copernicus hatte in Italien studiert, und die polnische Kirche (zu der Copernicus als Kanoniker gehörte) hatte gute Beziehungen zum Vatikan, wobei Copernicus nicht durch abweichende oder reformationsfreundliche Ansichten aufgefallen ist. Insofern ist ein gewisser Einfluß in Italien naheliegend (vgl. Abschnitt 2.1). Im Jahre 1503 nach Nordpolen (Warmia) zurückgekehrt, widmete sich Copernicus zwar vielen administrativen und ärztlichen Aufgaben, dennoch gab es fachlich astronomische Kontakte mit Krakau und zu deutschen Universitäten. Von der negativen Reaktion Luthers und Melanchthons auf Copernicus wurde bereits berichtet. Dennoch war es Melanchthon in Wittenberg, der den jungen Georg Joachim Rheticus auf eine Kontaktreise zu berühmten Astronomen seiner Zeit schickte. Wahrscheinlich empfahl Johann Schöner (1477-1547) in Nürnberg dem jungen Astronomen, nach Frombork zu fahren. Dort wurde der Lutheraner von Copernicus freundlich aufgenommen. Bereits im September 1539 beendete Rheticus seine „Narratio Prima", d.h. einen Bericht über die Astronomie des Copernicus und schickte sie 1540 nach Wittenberg, wo eine hastige Drucklegung er-

---

[34] Vgl dazu auch Neuser, 1994.

folgte (Rheticus, 1541). Eine zweite Auflage (mit einem Vorwort von Achilles Gassa, 1503-1577) erschien 1541 in Basel.[35]

Die Entstehungsgeschichte des ersten Druckes von „De revolutionibus" wirft ein Licht auf die Situation in Deutschland (vgl. auch Rosen, 1971: 400-406 und Duhem, 1971: 70-80). Rheticus hatte eine Abschrift des von Copernicus überarbeiteten Autographen nach Wittenberg gebracht, mußte jedoch feststellen, daß ein Druck der Schrift in Wittenberg die Toleranz seiner Kollegen strapazieren würde. Es bot sich an, die Schrift stattdessen in Nürnberg in der Werkstatt des Johannes Petreius drucken zu lassen. Als Rheticus im Oktober 1542 seine Professur in Leipzig antreten mußte, übergab er die Verantwortung für den Druck an Andreas Ossiander (1498-1552). Dieser fügte dem Buch ein nicht signiertes Vorwort hinzu, das - im Gegensatz zu den Aussagen des Buches - den rein hypothetischen Charakter der heliozentrischen Grundannahmen hervorhob. Ossiander teilte diese Sichtweise mit den meisten Astronomen der Zeit, ja, sie entsprach der klassischen Interpretation des ptolemäischen Systems. Nach dem Druck blieben die Proteste von Tiedemann Giese und auch Rheticus ohne Konsequenzen. So mußten später Giordano Bruno und Johannes Kepler gegen diese Fehlinterpretation ankämpfen. Das verfälschende Vorwort ersparte dem Werk aber vorläufig jene Zensurmaßnahmen, welche erst nach den Prozessen gegen Giordano Bruno und Galilei Galileo erfolgten.

Das Interesse der deutschen Astronomen am Werk des Copernicus war in erster Linie technischer (mathematischer) Natur. Vor dem Erscheinen erklärt Gemma Frisius (1541), daß ihm die Hypothesen, welche zugrunde liegen, gleichgültig seien, er erhoffe sich vom Werk des Copernicus eine exakte Beschreibung der Himmelsbewegungen.[36] Erasmus Reinhold aus Saalfeld schreibt in einem

---

[35] Diese Schrift, die in der zweiten Auflage (1566) dem Buch des Copernicus angefügt war, wurde bereits verboten, als für das Buch selbst nur eine maßvolle Korrektur von der Indexkommission empfohlen wurde.

[36] In einem Brief vom 20.7.1541 schreibt Gemma Frisius an Johannes Datiscus: „Und ich erörtere jetzt auch nicht die Hypothesen, welche jener [Copernicus] für seinen Beweis gebraucht, wie beschaffen sie sind oder welchen Wahrheitsgehalt sie haben. Es ist mir nämlich nicht daran gelegen, ob er sagt, daß die Erde sich dreht oder unbewegt steht, wenn wir nur die Bewegungen der Gestirne und Zeitabstände vollkommen unterschieden und in eine sehr genaue Rechnung gebracht haben." (Copernicus, 1994: 323, Übers. des Briefes Nr. 171). Im weiteren Verlauf des Briefes wird Copernicus (der nicht namentlich erwähnt ist) indirekt beschrieben: „Ich meine, Du weißt, gnädigster Bischof, worüber ich spreche, denn Du hast einst auch in meiner Anwesenheit den berühmten Autor erwähnt, als wir über die Bewegung der Erde und des Himmels sprachen." (ibid.). Wenn Gemma Frisius sagt, es sei ihm nichts daran gelegen, „daß die Erde sich dreht oder unbewegt steht, mag das für seine professionelle Arbeit gel-

Kommentar zu Peuerbachs „Theoricae Novae Planetarum" (1542), daß er große Erwartungen setze in den neuen Ptolemäus aus Preußen. Kasper Peucer führt in seinem 1558 in Wittenberg erschienenen Buch „Elementa doctrinae de circulis caelestibus, et primo motu, recognita et correcta" Copernicus in der Liste der berühmten Astronomen auf. Erasmus Oswald Schreckenfuchs' Kommentar zu Peuerbachs Planetentheorie von 1556 stellt Copernicus neben Werner als herausragenden Astronomen dar, d.h. er stellt die heliozentrische neben die alte geozentrische Hypothese.

Man kann also zusammenfassend sagen, daß Deutschland (auf Prag komme ich gesondert zu sprechen) an der neuen Astronomie, insofern sie eine technische Verbesserung der antiken Vorlagen erbrachte, brennend interessiert war. Die heliozentrische Hypothese des Copernicus irritierte hauptsächlich die Theologen, diese hatten aber seit jeher auch Probleme, die aristotelische Kosmologie mit der ptolemäischen Beschreibung der Himmelsbewegungen zu vereinen, d.h. die Kluft zwischen Kosmologie und Astronomie gehörte zum Alltag des Astronomen und berührte seine Arbeit nur indirekt.

2.6 Die dänische Kosmologie des Tycho Brahe

Tycho Brahe war ein humanistisch breit gebildeter junger Edelmann aus alter Familie, der die Jahre 1562-1570 an europäischen Höfen und Universitäten verbrachte (Leipzig, Wittenberg, Rostock, Augsburg). Zurück in Dänemark beschäftigte er sich zuerst mit alchimistischen Versuchen (im Kloster Horrevad), bis ihn der Anblick der Nova im Sternbild Cassiopeia am 11. November 1572 zu erneuten, systematischen astronomischen Beobachtungen veranlaßte. Tychos Ambition war eine kontinuierliche, in ihrer Exaktheit bis in Bruchteile von Bogen-Sekunden reichende Beobachtung und eine darauf gestützte Rekonstruktion der Bewegungen. Damit war sein Feld nicht die Interpretation eines vorhandenen Systems, sondern die auf Beobachtung fußende Konstruktion eines neuen. Das globale Ergebnis (neben sehr speziellen Modellen, z.B. für die Bewegung des Mondes) war ein gemischtes System; es gab zwei Zentren in den Planetenbewegungen:
– Die Sonne war Zentrum für die Bewegung von Merkur, Venus, Mars, Jupiter und Saturn.

---

ten. Gegenstand des Gespräches über Copernicus war aber doch dessen provokante Hypothese und diese hat Copernicus berühmt gemacht (vgl. Duhem 1971: 69).

– Die Erde war Zentrum der Bewegung einerseits des Mondes, andererseits des ganzen Systems mit der Sonne als Zentrum. Für die Fixsternschale war wiederum die Erde das Zentrum.

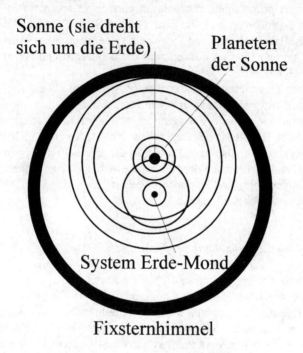

Abbildung 24: Das Weltbild des Tycho Brahe

Sein Assistent (seit 1599) Kepler, der seine astronomische Arbeit vollenden sollte, war jedoch, wie sein Buch „Mysterium Cosmographicum" von 1596, das er Brahe zugeschickt hatte, deutlich zeigte, Copernicaner.[37]

Die Beziehung zwischen Giordano Bruno und Tycho Brahe ist nicht klar zu rekonstruieren; ihr Interesse an der Astronomie war jedoch eindeutig verschieden. Für Bruno stand die philosophische Interpretation des copernicanischen Systems im Vordergrund, ja der Copernicanismus war willkommener Anlaß, philosophische Denkstrukturen zu erneuern; für Brahe ging es in erster Linie um

---

[37] In Augsburg hatte Brahe Petrus Ramus getroffen, der eine Astronomie ganz ohne Hypothesen forderte (und insofern auch Copernicus kritisierte), und auch J. H. Hainzel, der für Brahe einen Riesenquadranten herstellte. Ramus nahm insbesondere am Anti-Realismus der Vorrede Anstoß, die er fälschlicherweise Copernicus zuschrieb.

eine exakte Beobachtung und Messung der Himmelsbewegungen und um die Vermeidung der sich anbahnenden Konflikte zwischen Glaube und Astronomie. Bruno hat 1588 seine antiaristotelische Schrift „Acrotismus" an Tycho Brahe geschickt, aber keine direkte Antwort erhalten. Das Buch, das sich heute in Prag befindet, enthält allerdings eine vernichtende handschriftliche Notiz, die eventuell von Brahe (oder einem seiner Schüler) stammt (vgl.die Einleitung, Abschnitt 5.4).

2.7 Die Astronomie am Hofe Rudolf II.

Kaiser Rudolf II., der Prag als Residenz gewählt hatte, zog nacheinander John Dee an, der sich mit magischen Effekten eine enorme Wirkung verschaffen konnte, dann Bruno, der 1588 nach sechs Monaten, ohne am Hof Rudolf II. Fuß fassen zu können, Prag verließ und 1598 Tycho Brahe, der seine astronomischen Tätigkeiten auf Uranienburg (Insel Ven) zuerst in Kassel und dann in Böhmen weiterführte. Als Assistent Brahes wurde Johannes Kepler in Prag tätig und nach Brahes Tod übernahm er dessen Aufgabe, die Rudolfinischen Tafeln herauszugeben (Kepler, 1617).

An Rudolfs Hof traten somit nacheinander alle Schattierungen wissenschaftlicher Innovation auf:
– Hermetiker, Magier, Gaukler (z.B. Dee und seine Gehilfen),
– Philosophen, die wenig „zeigen" konnten (Bruno),
– Astronomen, die herrliche Instrumente benutzten und exakt beobachten und berechnen konnten (Brahe und Kepler).

Wüßten wir mehr über die Gründe von Brunos Scheitern in Prag, so könnten wir seine Art der Innovation schärfer von der Dees einerseits und Brahes andererseits trennen. Es liegt nahe, daß bei der Vorliebe für spektakuläre Effekte und große Auftritte die lediglich argumentativ verfaßte Philosophie des Nolaners als zu „bescheiden", zu wenig „kaiserlich" empfunden wurde. Es sind wohl eher externe Bedingungen, so die Anwesenheit von Fabrizio Mordente, eines Intimfeindes Brunos aus der Zeit seines zweiten Aufenthaltes in Paris, und der Wandel der politischen Konstellationen[38] im Jahre 1588 dafür verantwortlich, daß Bruno die

---

[38] Insbesondere der Angriff der Armada auf England (die Nachrichten waren zuerst positiv für Spanien) und die Ermordung des Heinrich von Guise in Blois (auf Veranlassung des Königs Heinrich III). Hinzu kam die Verstrickung des Kaisers in den französischen Religionskrieg (durch Söldneraushebungen in Deutschland), der Druck der katholischen Partei auf Rudolf II., usw.

Hoffnung, in Kaiser Rudolf II. einen neuen Protektor zu finden, aufgeben mußte.[39]

3 Der Copernicanismus des Giordano Bruno

Man hat Giordano Bruno oft vorschnell an den Copernicanern des 17. Jh. gemessen, d.h. vor dem Hintergrund einer mathematisch und physikalisch konsolidierten heliozentrischen Kosmologie (z.B. bei Newton). Dies ist historisch naiv, denn Brunos Zielrichtung ist nicht die Physik (oder eine *physikalische* Kosmologie). Ich will untersuchen, wie Bruno die Vorlage des Copernicus als Ausgangspunkt einer philosophischen Kosmologie genutzt, welche neuen Perspektiven er geöffnet hat. Die „Fehler" aus heutiger Sicht, sind einerseits mit den Unsicherheiten und Variationen des Copernicanismus im 16. Jh. (vgl. das vorherige Kapitel) in Beziehung zu setzen, andererseits ist die spätere Verschiebung in Richtung auf eine mechanistisch-technische Astronomie und damit deren Herauslösung aus der philosophischen Gesamtsicht zu beachten. Erste Vorboten waren der Empirismus des Pierre de la Ramée, der zwar die astronomischen Instrumente des noch jungen Brahe bewunderte, aber gleichzeitig gegen Hypothesen in der Astronomie eiferte: sie sollte nur noch Beobachtungsdaten sammeln und ordnen. Bei Francis Bacon führte der Empirismus ebenfalls zu Blindheit gegenüber theoretischen Fortschritten, und Tycho Brahe mußte es dem Mathematiker und spekulativen Denker Kepler überlassen, die richtigen Schlüsse aus seinen jahrzehntelangen Beobachtungen zu ziehen. Andererseits hat natürlich erst die Revision der Beobachtungsbasis (bei Tycho Brahe) und damit einhergehend die Konstruktion von Beobachtungsinstrumenten sowie die Organisation eines kollektiven Wissenschaftsbetriebes die erstaunlichen Fortschritte in der Naturwissenschaft des 17. Jh. ermöglicht. Die Rückkoppelung von Theorie (Spekulation) und Beobachtung war gerade in dieser Übergangsphase das entscheidende Moment des Fortschrittes.

---

[39] Im ebenfalls habsburgischen Spanien wurde bereits 1561 (am Lehrstuhl für Astrologie an der Universität Salamanca) die heliozentrische Lehre neben die klassische Lehre des Ptolemäus gestellt. Selbst von einer Übersetzung des Buches von Copernicus ins Spanische wurde berichtet, es ist jedoch keine erhalten (vgl. Le Flem u.a., 1993: 347f). Falls es wirklich einen nennenswerten Copernicanismus in Spanien gegeben hat, könnte er Bruno während seines Studiums in Neapel, das zu Spanien gehörte, beeinflußt haben. Der Erasmismus, die Magie und später der Lullismus waren im 16. Jh. neben den reformatorischen Richtungen die Hauptgegner der Orthodoxie. Erst im Zusammenhang mit dem Prozeß Galileis wurde der Copernicanismus als Bedrohung der römischen Kirche empfunden.

3.1 Die Theorie des Sonnensystems bei Giordano Bruno

Bei allem Respekt, den Bruno dafür verdient, energisch für eine realistische Interpretation des heliozentrischen Systems eingetreten zu sein (entgegen der besonders auf dem Kontinent verbreiteten traditionellen Skepsis), wird ihm doch häufig vorgeworfen, das System des Copernicus falsch verstanden oder bewußt falsch dargestellt zu haben. Die Kritik betrifft dabei besonders seine Behandlung der Beziehungen von Erde - Mond und Venus - Merkur.

Im vierten Dialog des „Aschermittwochsmahls" (1584) streiten sich Theofilo (für Bruno stehend) und der „Pedant" Torquato über die Auslegung einer Stelle in Copernicus' „De revolutionibus". Torquato sagt:

> „'Wenn ihr aber wissen wollt, wo sich nach der Ansicht des Copernicus die Erde befindet, so lest nur, was geschrieben steht.' Sie lasen nach und fanden, daß Erde und Mond sich gleichsam auf demselben Epizykel befänden usw." (Bruno, 1981: 189 f)[40]

Copernicus sagt im Original (vgl. auch Abschnitt 2.3):

> „Quartum in ordine annua revolutio locum obtinet, in quo terram cum orbe Lunari tamquam epicyclio contineri diximus." (Copernicus, 1990: 136)

Zu Deutsch:

> „Die vierte Stelle in der Reihe nimmt der jährliche Umlauf ein, in dem, so sagten wir, die Erde mit dem Mondumlauf wie einem Aufkreis befaßt ist." (ibid.: 137)

In der Abbildung steht im Aufkreis oben das Zeichen des Mondes, unten „Terra".[41] Die Herabstufung des Mondes - vom Wandelstern um das Weltenzentrum (die Erde) zum Satelliten eines Wandelsterns (der Erde) - ist der erste Schritt; Bruno geht weiter und stellt Erde und Mond auf eine Stufe, wobei das System Erde - Mond ebenso dezentriert wird wie das gesamte Universum.

Um jedoch den prinzipiellen Unterschied zwischen Copernicus' und Brunos kosmologisch-spekulativer Konstruktion zu zeigen, will ich in einem Exkurs die

---

[40] „Or, se volete veramente sapere dove è la terra, secondo il senso del Copernico, leggete le sue paroli. Lessero e ritrovarno che dicea la terra et la luna essere contenute come da medesmo epiciclo, ecc." (Bruno, 1958: 141)

[41] Im Manuskript des Copernicus, von dessen Abschrift Rheticus die Erstausgabe drukken ließ, fehlt der Aufkreis und dessen Beschriftung; der 5. Kreis ist wie folgt beschriftet: „Telluris cum Luna an-re" (telluris cum luna annua revolutio), d.h. die jährliche Umdrehung der Erde mit dem Mond.

Mond-Theorie des Copernicus skizzieren (vgl. Swerdlow und Neugebauer, 1984: Kap. 4) und mit Brunos Modell des großen Kreises konfrontieren.

3.2 Die Mond-Theorie des Copernicus und Brunos Modell des großen Kreises

Copernicus geht von der Mond-Theorie des Ptolemäus aus, welche einen großen Deferentenkreis und einen kleineren Epizykel aufweist. Diesem Modell zufolge müßten sich Durchmesser und Leuchtkraft des Mondes fast vervierfachen, was nicht der Fall ist. Außerdem wird ein grundlegendes Prinzip verletzt: Anstatt eine scheinbar unregelmäßige Bewegung (z.B. Schleifen, Rückwärtsbewegungen) auf eine oder mehrere regelmäßige zurückzuführen, wird eine ziemlich regelmäßige Bewegung durch unregelmäßige Bewegungsformen (mit Bewegung des Zentrums) beschrieben. Die Mond-Theorie des Copernicus (die übrigens 200 Jahre früher schon von Ibn ash-Shatir vorgeschlagen worden war), zeigt besonders deutlich das methodische Prinzip: exakte Beschreibung *und* Konsistenz der Prinzipien.

Copernicus muß allerdings zwei Epizyklen (das Zentrum bleibt dabei die Erde) annehmen. Die beiden gegenläufigen Zyklen addieren sich im Effekt zu einer Ellipse. (vgl. Swerdlow und Neugebauer, Bd. 2: 591). Interessanterweise ist diese klare Verbesserung des ptolemäischen Modells (neben der Beschreibung der Beziehung Erde—Sonne die beste Leistung des Copernicus) unabhängig von der Opposition heliozentrisch (Copernicus) - geozentrisch (Ptolemäus), da in beiden Systemen die Umlaufbahn des Mondes um die Erde führt. Copernicus wußte, daß es ein dem Epizykelmodell geometrisch äquivalentes Modell mit entsprechenden Exzenterkreisen gibt, für das die Erde dann nicht mehr Zentrum der Kreisbahn des Mondes ist. Es ist also durchaus im Rahmen des copernicanischen Systems, wenn Bruno annimmt, daß die Erde nicht das Zentrum des Epizykels ist, auf dem sich der Mond bewegt. (Tatsächlich bewegen sich wegen der großen Masse des Mondes beide Körper um ein gemeinsames Zentrum, das allerdings dem Erdzentrum nahe ist.)

Die Erde, die in der aristotelischen Kosmologie der Ruhepunkt war, erhält bei Copernicus gleich vier Hauptbewegungen:
1. Tägliche Rotation, so daß der Sternenhimmel in Ruhe bleibt.
2. Jährliche Bewegung der Erde um die Sonne; die Sonne wird zum Zentrum.
3. Da Copernicus annahm, die natürliche Bewegung bestünde in einer Anpassung der Erdachse in der jeweiligen Ausrichtung auf die Sonne, wurde eine gegenläufige Bewegung der Erdachse (ebenfalls jährlich) angenommen, welche die Jahreszeiten erklärt.

4. In der Antike waren bereits Variationen der Ekliptik (an der Position des Polarsterns) registriert worden. Wenn der Sternenhimmel als unbeweglich angenommen wird, muß die Erdachse eine langfristige Taumelbewegung haben (Copernicus berechnet eine Periode von 3434 Jahren).[42]

Das heliozentrische Weltbild, das Copernicus vorschlägt, mutet plötzlich der Erde eine äußerst komplizierte Serie von Bewegungen zu. Man weiß heute, daß die relativ hohe Rotationsgeschwindigkeit der Erde und die daraus folgende Präzision mit der Existenz des Mondes zu tun haben und daß das System Erde - Mond sehr komplex ist (es gibt verschiedene Entstehungsszenarien: Einfangen eines Mondes - Herausreißen des Mondes nach einer Kollision). Vor diesem Hintergrund ist die „falsche" Mond-Theorie des Giordano Bruno sehr viel normaler, als es den idealisierenden Interpreten der „copernicanischen Wende" erscheint.

Die Theorie der unteren Planeten Venus und Merkur war für Copernicus insofern fast unzugänglich, als er über keine eigenen Beobachtungen verfügte, also nur die Daten anderer Astronomen neu ordnen konnte.[43] Seine Modelle sind demnach eine Umrechnung vom geozentrischen in das heliozentrische System. Vor dem Hintergrund des im Grunde sehr konservativen und eher provisorischen Charakters des copernicanischen Systems (Copernicus glaubte zwar an die Richtigkeit seines Ansatzes, war aber kritisch bezüglich der Beweiskraft seiner Konstruktion), ist es nicht verwunderlich, daß eine Vielfalt von Varianten entwickelt wurde. Wir wollen die Variante Brunos im „Aschermittwochsmahl" und in „De immenso" kurz vorstellen. Im vierten Dialog sagt Theofilo von dem Nolaner:

> „Er sei nicht gekommen, um mit den Mathematikern zu streiten und ihnen ihre Messungen und Theorien in Abrede zu stellen, denen er durchaus beipflichte und Glauben schenke. Ihm geht es vielmehr um die Natur und die Erkenntnis des Gegenstandes dieser Bewegungen." (Bruno, 1981: 179)

Der Philosoph Bruno versucht also, sich ein klares Bild der Bewegungen zu machen. Er kommt zu den folgenden Ergebnissen, die er in einem Monolog, der praktisch ein Traktat ist, am Ende des „Aschermittwochsmahls" (ibid.: 215-220)

---

[42] Copernicus sah sich durch historisch tradierte Beobachtungen veranlaßt, fünf weitere sekundäre Bewegungen bei der Darlegung der Erdbewegung zu berücksichtigen. Diese tradierten Beobachtungen waren jedoch Artefakte (vgl. Swerdlow und Neugebauer, 1984: 128).

[43] Cf. Swerdlow und Neugebauer, 1984: 374 und 403. Copernicus benutzt eine Beobachtung der Venus vom 12. März 1529 und keine zum Merkur, da dieser in Frauenburg nicht genau zu beobachten war.

darstellt. Auffällig ist, daß Theofilo erstens darauf verweist, daß die vier copernicanischen Bewegungen *eine* zusammenhängende Bewegung bilden, d.h. daß es sich nur um Komponenten *einer* Bewegung handelt und daß diesen Teilkomponenten jeweils Funktionen für das *Leben* auf der Welt zugesprochen werden.[44] In bezug auf das System: Erde - Mond weicht Bruno, wie wir gesehen haben, von den genaueren Ausführungen des Copernicus im Band IV ab und vieles weist darauf hin, daß Bruno sich hauptsächlich auf den Überblick stützt, den Copernicus im Band I gibt.[45] Im lateinischen Lehrgedicht „De immenso" (1591), das Bruno sieben Jahre später publiziert, geht er wesentlich ausführlicher auf das copernicanische System ein. So benutzt er die dritte Bewegung (welche fälschlicherweise der Erde eine natürliche Bewegung zuschreibt, so daß diese ständig im gleichen Winkel zur Sonne steht) für die Beschreibung des Mondes.[46]

Am Ende des dritten Buches von „De immenso" entwirft Bruno ein vereinfachtes Modell der koordinierten Bewegung von Mond - Erde und Venus - Merkur, wobei er offensichtlich davon ausgeht, daß es weder Merkur- noch Venusdurchgänge vor der Sonne (von der Erde aus gesehen) gibt, da solche bis zu seiner Zeit nicht beobachtet werden konnten (wie Copernicus aber erläutert, ist die Fläche des Planeten in der Sonnenfläche so klein, daß sie vom Licht der Sonne überdeckt wird). Da die beiden Planeten nur in ganz bestimmten Positionen in der Nähe der Sonne (bei Sonnenauf- und -untergang) zu beobachten sind,[47] konnte Bruno in Erweiterung seines Modells, das Erde und Mond als eine Art Doppelplanet darstellte, dieses Muster auf das Paar Venus - Merkur ausdehnen. Das Ergebnis wird in Abbildung 25 wiedergegeben (vgl. „De minimo": 397).

---

[44] Die Präzessionsbewegung wird freilich übertrieben, so daß sogar eine Polumdrehung zugelassen wird, außerdem wird die Welt mit einer Kugel verglichen, die in den Raum geworfen wird (ibid.: 218 f).

[45] Es wird angenommen, daß Bruno bei seiner Verhaftung in Venedig eine Ausgabe des Buches „De revolutionibus" besaß; das Exemplar befindet sich in der Biblioteca Casanatense in Rom.

[46] Die Begründung des Copernicus für die dreifache Bewegung in Buch I wird von Bruno in „De immenso" (ibid.: 386-389) paraphrasiert. Im Falle des Mondes stimmt die rigide Fixierung der Mondachse relativ zur Erdachse; allerdings aufgrund einer Rotation des Mondes, welche an die Erde angepaßt ist (also nicht „natürlich" ist).

[47] Vgl. zur copernicanischen Theorie der Venus- und Merkurbahnen Swerdlow und Neugebauer, 1984: 372-443. Die Vorstellungen von der Größe der Planeten waren im 16. Jh. Noch recht grob. So schreibt Leonard Digges (1576, Blatt 15) Venus die Größe des Mondes zu; Merkur sei im Vergleich dazu aber nur ein Punkt.

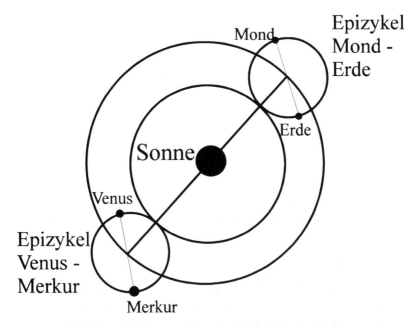

Abbildung 25: Brunos Theorie der zwei Doppelplaneten

Dieses System erscheint im Vergleich zum ursprünglichen heliozentrischen System bei Copernicus (1543) befremdlich. Allerdings belehrt uns ein Blick auf die seit 1578 bis Ende des Jahrhunderts vorgeschlagenen Modelle eines besseren. Bereits 1578 hatte der deutsche Astronom Paul Wittich in seinem Exemplar des Copernicus ein System skizziert, in dem Venus und Merkur um die Sonne kreisen, die Sonne aber das System Erde und Mond umrundet. Zahlreiche solcher hybriden Systeme sollten noch im weiteren Verlauf des Jahrhunderts entstehen. So entspricht z.B. das prätychonische System des Astronomen Rothmann dieser Konzeption (vgl. Jarell, 1989: 43) und auch Ursus schlägt 1588 ein System vor, das zwei Komponenten: Erde mit Mond einerseits, Sonne mit Merkur und Venus andererseits enthält. Bruno hat lediglich die Tendenz all dieser Systeme, die Erde ins Zentrum zu setzen, negiert, die Teilsysteme (Venus—Merkur und Erde—Mond) von der Sonne isoliert und letztere wieder ins Zentrum gerückt.

Die (negative) Bewertung dieses Modellvorschlages wurde dazu genutzt, Bruno aus der Ahnenreihe der modernen Naturforschung (und somit in die Vorhölle der Geheimwissenschaften) zu verbannen. Daß dies falsch ist, sollen die folgenden Überlegungen beweisen.

– Bruno geht zuerst von Copernicus aus. Im sechsten Buch beschreibt dieser die spezifische Koppelung der Bewegungen von Merkur und Venus, welche ihre maximale Elongation jeweils an verschiedenen Seiten der Sonne zeigen und sich somit konträr verhalten:

„Wechselseitig befinden sie sich in einer Nähebeziehung zur Erde, wenn sie abends verdeckt werden und morgens hervortreten. Die Venus steht dabei südlich, der Merkur nördlich." ... „Beide sind der Umdrehung der Erde kommensurabel, aber nicht in derselben Weise" (Übers. d.A. nach: Copernicus, 1984: 454 und 456).[48]

- Bruno greift diese Verbundenheit auf und geht über Copernicus hinaus, indem er Timaeus (Platon) und die Pythagoräer anführt, die annahmen, daß die Planeten jenseits der Sonne ihren Weg zögen. Vgl. Bruno, 1962, Bd. I, 1 (De immenso): 396.

„Wir haben wie Timaeus und sämtliche Pythagoräer sichere Nachricht, daß jene beiden Planeten ewig jenseits der Erde umherschweifen"[49] (Übers. d. A.)

Der Aussage des Copernicus, daß Merkur und Venus kleinere Kreise um die Sonne zögen, widerspricht Bruno (ibid.: 395). Dabei könnte das Ende des Jahrhunderts aktuellste System, das tychonische, das eine jährliche Bewegung aller Planeten annahm (mit der Sonne als Zentrum, wobei diese sich um die Erde dreht), als Bezugspunkt gedient haben. Bruno jedenfalls geht davon aus, daß alle Planeten gleichmäßig im jährlichen Rhythmus die Sonne umkreisen (ibid.: 145). Aus den Beobachtungen und den Autoritäten (Platon, Copernicus, Brahe) ergibt sich für Bruno seine Konstruktion als die optimale Lösung. Die nähere Bestimmung der beiden Epizykel für Erde—Mond und Venus—Merkur überläßt Bruno den Astronomen.

- Geht man von den 1590 verfügbaren Beobachtungsdaten aus: gekoppelte und begrenzte Elongationen von Venus und Merkur, keine Durchgänge vor der Sonne[50], Schwierigkeiten bei der Neubestimmung sonnenbezogener Umlaufzeiten der Planeten, so ist Brunos Modell im Jahre 1591 akzeptabel. Durch seine Einfachheit im Vergleich zum tychonischen Modell ist es mit einer Konstruktion ohne feste Schalen, im Luft- bzw. Äther-Raum (nach Brahe) besser

---

[48] Zitat aus Copernicus, 1984: 454: „Ac alternatim in propinquiori terrae loco, quando vespertini occultantur, vel emergunt matutini, Venus austrina est, Mercurius boreus", und ibid. 456 „Ambae tamen revolutionibus telluris sunt commensurabiles, sed non uno modo".

[49] „Nobis vero sicut Timaeo et Pythagoricis universis, ultra solem perpetuo evagari comperti sunt duo illi planetae."

[50] 1610 wird Galilei als erster einen Venusdurchgang beobachten, Kepler sagte einen Merkurdurchgang für 1631 voraus, den Gassendi beobachten konnte.

verträglich als andere; die Falschheit aus heutiger Sicht ist somit kein Grund, Bruno naturphilosophische Inkompetenz vorzuwerfen. In einem gewissen Sinne könnte das Modell Brunos sogar besser als heutige Planetenmodelle sein, dann nämlich, wenn man die Genese und die Stabilitätsphasen des Sonnensystems und nicht dessen heutigen Zustand ins Zentrum rückt. Die neuere Forschung zeigt eine Entsprechung der Paare von Erde—Venus bzw. Mond—Merkur. Lang und Whitney (1993: 95) schreiben: „Venus ist in vielerlei Hinsicht die Schwester der Erde." Ihr Radius beträgt 95% des Erdradius und ihre Masse 81% der Erdmasse." Der Merkur ist nicht viel größer als der Mond und hat eine sehr begrenzte Rotation. In Ksanfomaliti (1986: 39) wird die Hypothese diskutiert, daß Merkur ursprünglich ein Mond der Venus war, der sich ab einem kritischen Punkt aus dem Schwerefeld der Venus auf eine sonnenzentrierte Umlaufbahn begeben habe. Bei der noch nicht endgültig geklärten Genese des Sonnensystems ist es durchaus möglich, daß beide Paarungen aus einem planetarischen Gürtel entstanden sind, d.h. die Idealkonstruktion Brunos könnte sich noch eines Tages für eine Phase des Sonnensystems als die richtige erweisen. Für meine Argumentation ist wesentlich, daß Bruno auf der Höhe der Naturphilosophie um 1600 war (nicht unbedingt auf der Höhe der technischen Astronomie) und keine esoterischen Konstruktionen entworfen hat.

Geht man von der Hypothese aus, daß Brunos Copernicanismus in der Kontinuität zu seinem erneuerten Lullismus steht, so wäre folgende stützende Erklärung der Konstruktion denkbar: In der Lullischen Astronomie und besonders in dessen Astrologie gab es einen engen Zusammenhang zwischen den Elementen und dem Makrokosmos. So ist die Sonne die Komplexion des Feuers, sie ist warm, trocken und männlich; dasselbe gilt für den Mars. Stellt man nun im copernicanischen System die Sonne / das Feuer in den Mittelpunkt, so liegen zwischen ihr und dem in seinen Eigenschaften (nach Lullus) vergleichbaren Mars vier Himmelskörper. Zwei davon sind von der Komplexion des Wassers: Venus und Mond. Sie sind kalt, feucht und weiblich und stehen somit im Gegensatz zur Sonne. Nach Lullus (1988:56) hat der Merkur eine intermediäre Qualität. Er ist weder warm noch feucht, weder kalt noch trocken. Er vermittelt die Einflüsse der Sternzeichen und der höheren Planeten und gibt deren Wirkung an den Mond weiter. Außerdem geht Lullus von der Autorität der Astrologen aus, welche behaupten, daß der Merkur wie die Venus eine Umlaufbahn von einem Jahr haben. Da die beiden von der Erde aus immer nur in der Nähe der Sonne sichtbar sind und regelmäßig verschwinden (die Durchgänge vor der Sonne konnte man damals nicht beobachten), ist die Konstruktion von Bruno gewisserweise eine Umdeutung des Lullischen Ansatzes unter der Hypothese des Copernicus. Was die Erklärung psychischer Wirkungen der Planeten auf die Menschen angeht, erweist sich diese Konstruktion geradezu als genial. Merkur vermittelt die Einflüsse der

Sternbilder und der oberen Planeten, verbindet diese mit den Bindekräften der Venus (die erotische Bindung ist für Bruno in „De vinculis..." die zentrale Bindung) und vermittelt das Produkt an den Mond. Dieser bündelt die kosmischen Einflüsse und gibt sie an die Erde weiter. Lullus gibt weiter an (ibid.: 57), daß Merkur wahrscheinlich die Komplexion der Luft hat; dem entspricht seine Filterfunktion. Manche astralen Einflüsse würden abgestrahlt und damit gemäßigt, andere wiederum weitervermittelt. Dies entspricht alltäglichen Erfahrungen mit der Luft, die durchlässig ist, aber auch Spiegelungen erzeugt. Insgesamt ergibt sich eine quasi-pythagoräische Konstruktion. In der Mitte steht das Feuer (das Zentralfeuer in der antiken Konzeption). Um das Feuer bewegen sich zwei Planetenpaare, von denen je eines dem Element Wasser und damit dem zum Feuer (Sonne) gegensätzlichen Element zugeordnet ist. Als ausgleichende vermittelnde Instanzen fungieren Merkur und Mond in den beiden Paaren. Die andere Opposition stellt Venus (Wasser) und Erdenwelt (Erde) in einen konfliktreichen Zusammenhang. Im Prinzip dominiert nach Lullus das Wasser (Venus) die Erde. Es gibt aber die Möglichkeit, daß Opposition und Übereinstimmung ins Gleichgewicht kommen (ibid.: 68).

Für diejenigen, welche Bruno allzu große Naivität vorwerfen, mag gesagt sein, daß Doppelsterne ein sehr verbreitetes Phänomen sind,[51] wegen der wenigen Planetensysteme, die von unseren Teleskopen exakt erfaßbar sind, kann das Modell Brunos allerdings nicht auf seine Möglichkeit hin überprüft werden.[52]

Die Vielzahl von Bewegungen, die Copernicus annimmt, ist jedoch auch ein Problem, da bereits das Drei-Körper-Problem nicht mehr allgemein (nur in Annäherungen) lösbar ist. Ein solches Drei-Körper-Problem ist z.B. das System Sonne - Erde - Mond. Indem Bruno drei Planeten (Erde, Venus, Merkur) und einen Satelliten der Erde (den Mond) auf eine Umlaufbahn zwingt, reduziert er ein Fünf-Körper-Problem praktisch auf ein Zwei-Körper-Problem (Sonne - Ring von Planeten). Da andererseits Copernicus für sein Venus-Merkur-Modell nur die ptolemäische Tradition repliziert, ist Brunos theoretischer Vorstoß zumindest mutig. Allerdings unterschätzt er im Gegensatz zu Copernicus die wissenschaftliche Substanz der astronomischen Tradition. Die antike Astronomie war insofern nicht mit der aristotelischen Physik, gegen die Bruno sich auflehnte, vergleichbar, als sie (insbesondere, wenn man die arabische Vertiefung mit berücksichtigt) eine breite Faktenbasis enthielt, die erst durch die Arbeit von Tycho Brahe erweitert und korrigiert wurde, und ein solides mathematisches Fundament hatte,

---

[51] Vgl. Layzer, 1987: 78-80.
[52] Ksanfomaliti (1986: 39) berichtet, „daß am Rande des Sonnensystems ein weiterer Doppelplanet existiert, dessen beide Komponenten noch enger beieinander stehen als Erde und Mond".

das im 15. Jh., z.B. durch die trigonometrischen Forschungen des Regiomontanus, erweitert worden war. Diese beiden Säulen konnten nicht durch philosophische Argumentationen erschüttert werden. An dieser Stelle wird somit auch die Grenze der Philosophie des Nolaners deutlich.

3.3 Brunos Kosmologie der unendlichen Welten als Bruch mit der mathematischen Astronomie

Während der Dialog „Das Aschermittwochsmahl" (1584) noch die Resultate der copernicanischen Astronomie anerkennt, wenn sie auch als interpretationsbedürftig erscheinen, provoziert Giordano Bruno in seinen späteren Vorlesungen am Collège de Cambrai nicht nur die Aristoteliker (die „Philosophen"), sondern auch die Mathematiker, d.h. die Vertreter einer „gewöhnlichen Geometrie und Astronomie". In der 1588 in Prag gedruckten und Rudolf II. gewidmeten Schrift „Articuli centum et sexaginta adversus huius tempestatis mathematicos atque philosophos" ist diese Position klar dargelegt.

Die generelle astronomische Konzeption faßt Bruno in den folgenden Punkten zusammen:

„Alle blinkenden Gestirne sind Feuer bzw. Sonnen, um die sich mit Notwendigkeit jeweils mehrere Planeten bewegen, so wie sich um die Sonne mehr (Planeten) bewegen als von uns gesehen werden."

„Die Kometen sind in jeder Hinsicht Planeten, die sich ebenfalls regelhaft bewegen, wie die Erde, der Mond, der Merkur usw.; auf diese Weise ist die Zahl der Planeten um diese Sonne noch nicht festgelegt. [...] Die Ordnung der erdähnlichen Körper der Sphäre, so wie sie jene Armseligen sich vorstellen und ausmalen, ist nirgends gegeben."

„Die Ausdehnung des Universums und die Summe der Kräfte ist unendlich. Dies ist genauso notwendig wie die allgemeine Ruhe, da im einzelnen Zeitpunkt alles ruht. Alle einzelnen Gestirne, welche sich in der Zeit bewegen, werden mit einer endlichen Kraft bewegt." (Bruno, 1962, Bad. I, 3: 77; Übers. d. Autor)

Die kosmologische Vorstellung Giordano Brunos ist damit skizziert. Die einzelnen Sonnensysteme können beliebig komplex sein (siehe die Anzahl der Planeten und Kometen), sie sind aber räumlich begrenzt. Die unendliche Ausdehnung ergibt sich durch eine unendliche Konstruktion aus im Prinzip ähnlichen, endlichem Sonnensystemen. Wenn man sich die endliche Ausdehnung eines

Sonnensystems in der Fläche als Kreis denkt, so ist das Universum eine Aneinanderfügung von Kreisen.[53] Damit die Kreise (bzw. Sphären) sich nicht berühren, muß Bruno ausreichend Zwischenraum zulassen. Wenn ein Radius r_1 des Planetensystems um eine Sonne S_1 ausreichend für die Vermeidung von Kollisionen an den Rändern ist, so ergeben die Radien r_1 ... r_n eine (unendliche) Kreispackung in der Fläche.[54] Bei gleich großen Kreisen wären diese Packungen in der Form eines quadratischen Rasters oder eines Rasters aus gleichseitigen Dreiecken zu realisieren; bei ungleicher Größe müßten komplizierte Packungen und das Auftreten von Lücken ins Auge gefaßt werden.

In der Kosmologie der unendlichen Welten ist Giordano Bruno zum abstrakten Prinzip einer kosmologischen Gesamtstruktur vorgedrungen. Diese qualitative und ins Unendliche extrapolierte Kosmologie gibt den Hintergrund für seine kosmologische Theorie des Geistes und des Gedächtnisses ab.

---

[53] Vgl.Bruno, 1957a. In der Schrift von 1586: „Dialogus qui De somni interpretatione seu geometrica Sylva inscribitur" beschreibt die „sententia VII <fig. 3> eine ähnliche Konfiguration.

[54] Wenn man von einer den Raum ausfüllenden Substanz ausgeht (z.B. der Luft oder dem Äther), erhält man von Brunos Konzeption ausgehend Descartes' Wirbeltheorie des Universums. Ähnliche Flüssigkeitsmodelle existierten allerdings bereits im 16. Jh.; vgl. Wildgen, 1998b.

Dritte Vorlesung.
Brunos gedächtnistheoretische Schriften (1582-1588) vor dem Hintergrund der antiken und mittelalterlichen Gedächtnistheorie

Das Gedächtnis mag auf den ersten Blick wie eine im Individuum lokalisierte psychische Fähigkeit aussehen; aber ein Blick auf den Erwerb und die soziale Einbettung des erworbenen Wissens zeigt uns den historisch-kulturellen Anteil am Gedächtnis: wir sprechen auch von einem *kollektiven Gedächtnis*, an dem der Einzelne partizipiert. In einer mündlichen Kultur (z.B. auf dem Markt, in der Politik), muß dieses kollektive Gedächtnis zumindest für den professionellen Redner auch psychisch präsent, abrufbar, in spontaner Rede aktivierbar sein. Nimmt man die historische Dimension des Gedächtnisses ernst, so stellt sich die Frage nach den letzten Quellen, dem Ursprung und damit den Entstehungsbedingungen eines kollektiven Gedächtnisses.

Eine wesentliche Vorbedingung für das kollektive Gedächtnis ist die Existenz von sprachlichen und bildhaft-ikonischen Schemata, in denen das Wissen kodiert, tradiert, organisiert ist. Die spezifische semiotische Organisation der Gedächtnisinhalte ist eine Vorbedingung ihrer Stabilität und damit des Fassungsvermögens unseres Gedächtnisses (und der Übertragbarkeit der Inhalte).

In der Renaissance, und besonders zugespitzt bei Giordano Bruno, treffen drei Entwicklungslinien zusammen:
- Die Organisation des christlichen Kulturwissens (teilweise im Kontrast zum antiken, jüdischen und islamischen). Diese Linie begegnete uns im Werk des Raymundus Lullus. Aber auch die etwas früher verfaßte, in ihrer Wirkung zeitgenössische Summe der Theologie des Thomas von Aquin (auf aristotelischer Basis) gehört in diesen Entwicklungsstrang.
- Die Tradition der antiken Rhetorik, die anhand der ciceronischen und pseudociceronischen Schriften (Ad Herennium) in der Renaissance wieder zum Tragen kommt.
- Der Renaissance-Platonismus (z.B. in der platonischen Akademie von Florenz) versuchte die antiken, ägyptischen, orphischen, kaldäischen, hermetischen und neuplatonischen Traditionsstränge weiterzuführen. Dabei wird irrtümlich angenommen, daß die hermetischen (spätantiken) Schriften eine Verbindung zum Wissen eines Moses herstellen. Auch das Interesse für die Hieroglyphen und die Entwicklung von Emblemsinventaren inspirierten Giordano Bruno.

In diese komplexe Situation fügt sich die copernicanische Hypothese als eine Wiederbelebung der antiken Kosmologien (z.B. von Aristarch) ein.[1] Die Schwierigkeit und Faszination des Werkes von Bruno ist darin begründet, daß er diese Komponenten in eigenwilliger Kreativität zu verbinden versucht. Ich werde knapp die rhetorische Tradition der *memoria* und die darauf aufbauende Überlieferung der Dominikaner beschreiben, um so den Ausgangspunkt für Giordano Brunos Gedächtnistheorie darzulegen.

1 Der Ausgangspunkt: Von der rhetorischen Mnemonik bei Cicero bis zu Thomas von Aquin

Die klassische Rhetorik gliederte sich in 5 Abschnitte:
1. die *inventio*: die Stoffsammlung, die Gliederung der für die Rede verfügbaren Themen;
2. die *dispositio*: die Festlegung des zeitlichen Rasters der Rede, der Reihenfolge der Themen;
3. die *elocutio*: hier wird die Stilebene der Rede festgelegt: schlicht, maßvoll oder erhaben, und es werden die Figuren, in die sich Ideen und Wörter fügen, angegeben.

Diese drei Aspekte kann man vorbereitend nennen; zur eigentlichen Ausführung der Rede gehören :
4. Die *memoria*: das natürliche und künstliche Gedächtnis. Der Redner, der ohne Notizen oder Manuskript frei sprach und häufig vor demselben Auditorium, mußte nicht nur die Themen, die er behandeln wollte, ihre Reihenfolge, die verwendeten Figuren im Gedächtnis haben, er mußte auch wissen, was er früher schon gesagt hatte und vorhersehen, was er zu einem späteren Zeitpunkt noch zu sagen haben würde. Die *memoria* steht deshalb in engem Zusammenhang mit der *prudentia* (Vorsicht).
5. Die *pronunciatio*: das Produzieren der richtigen Stimmqualität, die angenehme, normgerechte Artikulation.

In „De inventione" behandelt Cicero nur den ersten Teil der Rhetorik (um 85 v.Chr.). Nach der Beendigung seiner politischen Tätigkeit im Jahre 56 v. Chr. (er wurde zuerst in die Verbannung geschickt, dann aber zurückgeholt), faßt er seine Erfahrung als Redner, die er durch Reisen nach Athen, Kleinasien und Rhodos (79 bis 77 v.Chr.) vertieft hatte, im Dialog „Über den Redner" zusam-

---

[1] Gleichzeitig erhält die Geometrie des 15. Jh., die eine Geometrie mit Zirkel und Lineal ist, eine Schlüsselrolle. Die Algebra wurde zwar im 15. und 16. Jh. weiterentwickelt, betrat aber erst mit Descartes als ausgereiftes Instrument die Bühne der Philosophie.

men.[2] Cicero berichtet von Simonides, der nach dem Zusammenbruch eines Versammlungshauses die verstümmelten Teilnehmer identifizieren konnte, da er sich genau an die Plätze erinnerte, die sie eingenommen hatten. Er schreibt:

„Durch diesen Vorfall aufmerksam geworden, soll er damals herausgefunden haben, daß es vor allem die Anordnung sei, die zur Erhellung der Erinnerung beitrage. Wer diese Seite seines Gedächtnisses trainieren möchte, müsse deshalb bestimmte Plätze wählen, sich die Dinge, die er im Gedächtnis zu behalten wünsche, in seiner Phantasie vorstellen und sie auf die bewußten Plätze setzen. So werde die Reihenfolge dieser Plätze die Anordnung des Stoffes bewahren, das Bild der Dinge aber die Dinge selbst bezeichnen, und wir können die Plätze an Stelle der Wachstafel, die Bilder statt der Buchstaben benutzen." (Cicero, 1991: 433).

So wie der Schreibende Gehörtes, Gedachtes in Form von Buchstaben, in feststehender Anordnung der Wachstafel einprägt, so erfolgt beim „künstlichen Gedächtnis" ein Anordnen von Bildern und Zeichen in einer Architektur, in einem gedachten Raum. Der Wachstafel oder dem Blatt Papier entspricht das „Gedächtnistheater". Im Idealfall soll der Raum wohlproportioniert, ruhig und gut beleuchtet sein. Statt wirklicher Orte kommen auch fiktive Orte in Frage. Die einzuordnenden „Bilder" lassen sich in zwei Gattungen unterteilen:

Bilder für Dinge (res)	Ihre Ordnung steht für die Organisation des Sachgedächtnisses.
Bilder für Wörter (verba)	Da sie selbst wenig anschaulich, raumhaft sind, werden sie auf Raumhaftes, Anschauliches bezogen.

Tabelle 13: Zwei Gattungen von Bildern

Die antike Rhetorik behauptete, daß ungewöhnliche, auffällige, komische, bizarre Bilder eine höhere Merkfähigkeit hätten. Diese Hypothese ist in der modernen Forschung unter dem Stichwort „Bizarrheit und Gedächtnis" untersucht worden (vgl. die fünfte Vorlesung).

Bei Bruno spielen alle diese Forderungen an ein künstliches Gedächtnis eine große Rolle; hinzukommt die Hieroglyphenlehre der Renaissance und die damit in Verbindung stehende Emblematik. Zusammen erklären sie die manieristisch anmutende Komplexität seiner Gedächtnistheorie.[3]

---

[2] Etwa gleichzeitig mit Ciceros erster Abhandlung entstand die anonyme Schrift „Ad Herennium", die lange als von Ciceros Hand galt (vgl. Yates, 1966: 15 ff.).

[3] Für eine Darstellung der antiken und der mittelalterlichen Gedächtnislehre siehe Yates, 1966, wo auch zwei Beispiele für das Sach- und das Wortgedächtnis gegeben

Dem modernen Menschen, der eine andere Lernerfahrung hat, erscheint die Technik des Artifiziellen Gedächtnisses als äußerst umständlich. Man kann annehmen, daß die Mnemotechniken hauptsächlich dann wirkungsvoll sind, wenn ein Kanon von Texten (von Wissen) auswendig verfügbar ist. Dieser festgefügte Kanon kann dann für weitere Gedächtnisleistungen als gemeinsames Wissen bzw. als wohlgefügte Imaginationsmatrix genutzt werden. Beide Voraussetzungen: ein festgefügter Kanon auswendig gelernten Wissens und gesteigerte Gedächtnisleistungen als Standarderwartung an Gebildete gelten für die geistigen Standards des 20. Jh. nicht mehr (dafür gibt es ähnlich rigorose Anforderungen an theoretische Angepaßtheit und diskursives Wissen). Auch für das 16. Jh. galten sicher nicht mehr die Normen der antiken Rhetorik, welche mit den antiken Gesellschaftsformen verschwunden waren. Dafür gab es jedoch eine „Ethisierung" der Rhetorik, eine Theologisierung, welche deren Relevanz indirekt sicherte. Bereits Cicero hatte die *memoria* in seine Tugendlehre integriert (sie entsprach der *prudentia*). Diese bildete ihrerseits das Rückgrat der christlichen Ethik. Das Gedächtnis sollte im neuen Kontext in vorsichtiger (an den Rezipienten angepaßte) Form Glaubensinhalte und Verhaltensregeln vermitteln, und zwar häufig bildhaft und figürlich (oder architektonisch), da der Rezipient nicht lesen konnte.

Sowohl das System des Lullus, das sich nicht direkt auf die Rhetoriktradition bezieht, als auch die zeitgenössischen Lehren des Thomas von Aquin zeigen diese Tendenz der Reintegration; in der bildenden Kunst und der Architektur ist die Fortführung der Bildhaftigkeitsforderung, der räumlich proportionierten Botschaft bis in unsere Zeit spürbar.

Die Theoretisierung des Gedächtnisses geht aus von der Schrift „De anima" des Aristoteles. Der Dominikaner Thomas von Aquin (1224-1274) faßte unter Bezug auf die im 13. Jh. bekannten Schriften des Aristoteles den christlichen Glauben und die christliche Wissenschaft zu einem großen, rational geordneten Lehrgebäude zusammen. Da Thomas von Aquin später zu einem der vier Kirchenlehrer erhoben wurde und demselben Kloster wie Bruno angehörte (außerdem in Neapel gelehrt hatte und dort gestorben ist), ist seine Gedächtnislehre sicher eine Basis für Brunos bereits in Neapel einsetzendes Interesse an dieser Disziplin.

---

werden. Der Gedächtnisabschnitt aus „Ad Herennium" wurde von byzantinischen Linguisten, eventuell von Maximus Planudes oder Theodor von Gaza ins Griechische übersetzt; vgl. Yates, 1966: 120, Fn. 4. Da diese Autoren auch eine frühe Form der lokalistischen Kasustheorie entwickelt haben (vgl. Wildgen, 1985a: Kap. 1), ist die Frage naheliegend, ob die rhetorische Theorie der Gedächtnisorte dazu beigetragen hat, den grammatischen Kasus Orte in Handlungsszenarien zu geben. Vgl. auch die Kasustheorie von Hjelmslev, 1935.

Bei Thomas von Aquin sind das Denken und die Sinnestätigkeiten, d.h. die intellektuellen Vermögen insgesamt, der Seele-Körper-Einheit zuzuordnen; d.h. Thomas von Aquin sieht im Körper nicht bloß ein Werkzeug des Geistes und in der Seele nicht bloß ein Vermögen, das aus den körperlichen Gegebenheiten resultiert. Die Geistseele ist grenzenlos offen für die Weltwirklichkeit, so daß sich die ganze Ordnung des Universums und seiner Ursachen in ihr abzeichnet. Dies bestimmt den *Realismus* in der Erkenntnistheorie des Thomas von Aquin. Zu unterscheiden sind jedoch Sinnesvermögen, welche primär auf das Konkret-Einzelne gerichtet sind, und Verstandes-Vermögen, die auf das Abstrakt-Allgemeine bezogen sind. Bei den Sinnesvermögen werden äußere und innere unterschieden. Wesentlich bei den inneren Sinnesvermögen sind die „intentiones", d.h. das Erfassen des Wertes, der Gesamtvalenz des Wahrgenommenen für das Lebewesen. So flieht das Lamm vor dem Wolf, nicht weil er eine gewisse Form hat, weil er mißfällt oder häßlich ist; sondern weil er ein Naturfeind ist, und der Vogel sammelt nicht Spreu, „weil sie das Gesinn ergötzt, sondern weil sie nützlich zum Nisten ist" (Thomas von Aquin, 1935: 256). Die *inneren Sinnesvermögen* sind:
- der Grundsinn,
- die Vorstellung oder Einbildungskraft: „Schatzhort der durch das Gesinn empfangenen Wesungsformen" (ibid.),
- die Veranschlagungskraft (facultas aestimativa),
- die Gedächtniskraft (facultas memorativa): „ein Hort der Sinnestrachten" (ibid.: 256).

Bei den Tieren sind die „intentiones" durch den natürlichen Trieb (instinctus) festgelegt, beim Menschen existiert die Veranlagung zu einer natürlichen Sammelrechnung (collatio); sie wird „Berechnung" (facultas cogitativa) genannt; durch sie werden unterschiedliche Sinntrachten zusammengezogen (Thomas von Aquin nimmt an, daß Einigkeit darüber herrscht, daß die Kopfmitte der Ort dieser Zusammenziehung ist).

Gegen die Annahme eines Vermögens zwischen Einbildungskraft und Veranschlagungskraft, nämlich einer kreativ, konstruktiven *Imagination* (wie sie Avicenna vorschlägt), wendet Thomas von Aquin ein, daß diese nur eine spezifisch menschliche Erscheinungsform der (allgemeineren) Einbildungskraft sei (ibid.: 257).

Die Erträge der Sinnestätigkeit sind in bezug auf ihre Sicherheit sehr unterschiedlich. Wird nur ein Sinn angesprochen, stimmt das Wahrgenommene meist mit der Wirklichkeit überein; ist dagegen der Gemeinsinn notwendig (bei mehreren Sinnesmodalitäten), insbesondere bei Größenschätzungen, Zahl und Bewegung, sind Täuschungen nicht selten. Schließlich gibt es „sensibilia per accidens", z.B. die Eigenschaft, ein Mensch zu sein, die nicht über die Sinne alleine mit Sicherheit zu beurteilen sind. Innerhalb des Gedächtnisses gibt es stärker sinnenhafte Bestandteile, welche auf die vergangene Wahrnehmung eines Einzeldings verweisen und stärker verstandhafte Bereiche, welche die Wirkkraft der Verstehbilder bewahren. Insgesamt ist aber das Gedächtnis beim Menschen kein vom Verstand unterschiedenes Vermögen (ibid.: 265).

Im christlichen Mittelalter erhielt die Theorie, insbesondere des artifiziellen Gedächtnisses, eine neue Dimension. Erstens wurde der Redner auf dem Forum (in Politik und Rechtsprechung) durch den Prediger abgelöst (der Dominikanerorden, dem Thomas von Aquin angehörte, war ein Predigerorden); zweitens ging es darum, Standardvorstellungen und -bilder, etwa von Himmel, Fegefeuer und Hölle, von Tugenden und Lastern, in einer ansprechend-eindrucksvollen Weise darzustellen und so das kollektive Gedächtnis der Gläubigen zu formen. Wort, Bild und Architektur (Musik) konnten diese Aufgabe „multimedial" in der Kirche lösen.

Mit der Integration nicht nur der Psychologie des Aristoteles (in „De anima"), sondern auch der Tugendlehre und „memoria" Ciceros in den Kanon der christlichen Kirche[4] durch Albertus Magnus und Thomas von Aquin, wird die Gedächtnislehre Teil jenes eisernen Erbes, das gegen die Neuerer mit Verbissenheit verteidigt wurde. Beide Kirchenlehrer waren Dominikaner wie Giordano Bruno, der also in seinem Grundthema, dem Artifiziellen Gedächtnis, das Erbe des neapolitanischen Klosters, aus dem er geflohen ist, hartnäckig weiterführt.[5]

2 Das Artifizielle Gedächtnis des Giordano Bruno in seiner historischen und systematischen Entwicklung

In Giordano Brunos intellektueller Entwicklung sind zwei Stränge von zentraler Bedeutung:
– Ein literarischer Strang, der eine lyrisch-begeisterte Linie (die heroische Linie) und eine komödiantisch-polemische aufweist. Die Komödie „Il candelaio" ist das erste erhaltene Werk Brunos und die Londoner Trilogie hat stark komödiantisch-polemische Züge, z.B. im „Aschermittwochsmahl". Die literarisch-be-

---

[4] Vgl. Yates, 1966: 117. Bereits Ende des 15. Jh. hatten Regius und Valla gezeigt, daß Cicero nicht Autor des „Ad Herennium" war. Dennoch schreibt Bruno 1582: „Höre was Tullius sagt", als er ein Zitat aus der Schrift bringt.
[5] Einer der Vorbilder für den rebellischen Mönch in Neapel war Erasmus, dessen Bücher inzwischen verboten waren. Erasmus äußert sich allerdings sehr nüchtern zur Gedächtniskunst in den Colloquia familiaria: „Was mich betrifft, so weiß ich von keiner anderen Gedächtniskunst als vom Studium, der Liebe und der Beharrlichkeit." (Erasmus, 1947: 411)

geisterte Linie ist in den moralischen Dialogen ausgeprägt: Von den heroischen Leidenschaften, Ausverkauf der triumphierenden Bestie, Ritt des Pegasus.
- Ein gedächtnistheoretischer Strang. Für Brunos Beziehung zum Hofe (zuerst zum Papst, später zu Heinrich III.) und zur Universität war diese humanistische, bildungsbezogene Linie entscheidend. Sie bildet den enzyklopädischen Hintergrund seiner systematischen naturphilosophischen Schriften. Brunos Copernicanismus hat sich in diese Konstellation eingefügt. Zuerst heroisiert er das neue Weltbild, indem er es in seiner Theorie der unendlichen Welten überhöht, dann baut er sein Gedächtnissystem nach dem Muster einer Kosmologie der unendlichen Welten aus.

Ausgangspunkt der gedächtnistheoretischen Arbeiten Brunos sind einerseits sein eigenes phänomenales Gedächtnis, mit dem er seine Zuhörer verblüffen konnte, und andererseits die dominikanische Schulung im Geiste Thomas von Aquins, zu der eben auch die klassische Gedächtnislehre gehörte. Dem Geist der Zeit entsprechend bezog Bruno den Lullismus mit ein; dabei konnte er die enzyklopädischen Vorarbeiten des Agrippa von Nettesheim nutzen. Erst im Verlaufe seiner immer wiederkehrenden Beschäftigung mit dem Thema löst sich Bruno langsam vom Lullismus und auch von der klassischen Gedächtnislehre (und von Agrippa von Nettesheim) und entwirft eine eigenständige Konzeption. Ich will den Weg dorthin verfolgen.[6] Die ersten drei Schriften zur Gedächtniskunst erschienen 1582 in Paris:
- Cantus circaeus: ad memoriae praxim ordinatus (Paris, 1582)[7],
- De umbris idearum. Implicantibus artem, quaerendi, inveniendi, iudicandi, ordinandi et applicandi (vgl. Abschnitt 2.2).
- De compendiosa architectura et complement artis Lulli (in der im wesentlichen die Lullische Kunst systematisierend dargestellt und überarbeitet wird)[8].

Im Jahre 1583 erscheinen in London drei wohl noch der Pariser Aktivität zuzuordnende Schriften:

---

[6] Wie Bruno einem Bibliothekar in St. Victor (Paris) erzählte (vgl. Stampanato, 1921/1988: 65 f.), gingen seiner ersten erhaltenen Publikation zwei Ereignisse voraus: Bruno soll vom Papst, Pius V. nach Rom eingeladen worden sein, um sein außerordentliches Gedächtnis unter Beweis zu stellen. In Paris ließ ihn Heinrich III. rufen, um ihn zu seinem Gedächtnis zu befragen, und zwar ob es natürlich oder magisch sei.

[7] Levergeois (1995:152-159) zeigt, wie Bruno mit der Figur der Zauberin Circe sowohl an eine italienische Tradition seit Mitte des 16. Jahrhunderts, als auch an aktuelle Ereignisse am französischen Hof anknüpft.

[8] Da das Buch „De umbris idearum" im „Cantus" erwähnt wird, kann man annehmen, daß es früher erschienen ist. Die relative Position von „De compendiosa ..." ist jedoch nicht eindeutig zu bestimmen.

- Ars reminiscendi,
- Explicatio triginta sigillorum,
- Sigillus sigillorum.

Man kann somit die Jahre 1582-83 als die große Zeit seiner gedächtnistheoretischen Arbeiten bezeichnen. Nach der turbulenten Rückkehr von London nach Paris und der Reise durch verschiedene deutsche Städte findet Bruno in Wittenberg wieder einen Ort, wo er frei lehren kann. Dort entstehen 1587 drei Schriften, von denen die beiden letzten erstmals 1890 und 1891 gedruckt werden sollten:
- De lampade combinatoria lulliana (Wittenberg, 1587),
- Animadversiones circa lampadem lullianam (Fragment; 1890 gedruckt),
- Lampas triginta statuarum (1891 erstmals gedruckt).

In Prag (1588), wo Bruno nur sechs Monate bleibt, publiziert er die erste Schrift mit neuer Widmung und schickt ihr die kleinere Schrift „De speciorum scrutinio" voraus.

Wenn man die Schriften zur Geometrie, etwa die Schriften über den Proportionalitätszirkel und gegen die Mathematiker (Articuli centum et sexaginta adversus huius tempestatis mathematicos atque philosophos, Prag 1588) hinzuzählt, sieht man, daß bereits vor der Frankfurter Trilogie und der letzten gedächtnistheoretischen Schrift von 1591 ein großes Werk vorlag. Es gibt dabei viele Wiederholungen und Variationen, z.B. zum Thema der Lullischen Kunst und auch Querverbindungen zur italienischen Trilogie (1583-84). Ich will im folgenden versuchen, die spezifisch *neuen* Organisationsprinzipien herauszuarbeiten und dabei die Abhängigkeit der Gedächtniskunst von der Kosmologie (Metaphysik) in Brunos anderen Schriften untersuchen.

2.1 Die ersten gedächtnistheoretischen Schriften in Paris

Die Schrift: De compendiosa architectura et complemento artis Lullis (1582) deutet schon im Titel den Ausgangspunkt, das Lullische System, an.[9] Im Widmungsschreiben an Johannes Morus, dem venezianischen Gesandten am Hofe des französischen König Heinrich III., ist die Tradition, in die sich Bruno stellt, überdeutlich. Mit „Margarita" bezieht er sich auf die „Margarita philosophica", das Handbuch zur Gedächtniskunst von Gregor Reisch, das erstmals 1496 erschien und das die weitverbreiteten Ansichten des Petrus von Ravenna (Phoenix, sive artificiosa memoria, Venedig, 1491) zusammenfaßte (vgl. Yates, 1966: 107). Bruno fügt also Lullus in die Gedächtnislehre ein (entgegen der Intention des

---

[9] Das Adjektiv „compendiosa" könnte auf Brunos Hauptquelle „Practica compendiosa artis" des Bernhard von Lavinheta hinweisen (vgl. die erste Vorlesung).

Lullus, der zur dominikanischen Tradition stets Abstand hielt).[10] In der ersten Sektion des Buches betont Bruno, daß diese Kunst, die der „memoria" vorausgehenden Teile der Rhetorik mit enthält: „ad inventionem, ordinem, dispositionem, iudiciumque" (für die Erfindung, die Ordnung, Gliederung und Urteilsbildung, vgl. Bruno, 1962, Bd. II, 2: 8). Bruno stellt das System sehr präzise dar, wobei er bemerkenswerte Veränderungen und Erweiterungen vornimmt. Außerdem meldet er Zweifel an, ob eine Anzahl von jeweils neun Entitäten ausreichend sei, insbesondere ob die ontologische Differenzierung nicht ausführlicher sein müßte (ibid.: 10).

Schon an dieser Stelle wird eine charakteristische, sehr modern anmutende Eigenart der Philosophie Brunos deutlich. Er schätzt und lobt manche Traditionen oder Autoren (so Lullus und Copernicus), aber er nimmt sich selbstverständlich die Freiheit, deren Vorlagen in seine Gesamtkonzeption einzupassen. Dies irritierte in der Anwendung auf Aristoteles und Lullus seine Zeitgenossen und in der Anwendung auf Copernicus die heutigen Wissenschaftshistoriker; Brunos Respektlosigkeit und intellektuelle Unabhängigkeit bleibt also bis ins 20. Jh. ein „Ärgernis". Wir meinen, daß gerade darin seine zeitüberdauernde Größe liegt.

Bruno übernimmt das Alphabet B bis K des Lullus, aber er modifiziert dessen Anwendung. Er sagt: „Artis alphabetum et eius memoriam proponimus" (wir stellen das Alphabet der (Lullischen) Kunst und das Gedächtnis vor). Die Anordnung ist durch grammatisch funktionale Prinzipien motiviert. Er unterscheidet:
– mögliche Subjekte (d.h. Seinsbereiche und ihre Entitäten, sozusagen Subjektstypen),
– absolute Prädikate (in erster Linie die „dignitates Dei" des Lullus),
– relative Prädikate (wie bei Lullus),
– Typen von Fragen (wie bei Lullus). Die letzten drei werden gemäß einem Vorschlag im „Cantus Circaeus" als „adiecta" (dem Subjekt beigefügt) bezeichnet.

Für diese Vierheit, die als solche bei Lullus nicht auftritt (mit den Tugenden und Lastern erhöht sich die Zahl der Kreisfüllungen auf 6), gibt Bruno eine geometrische Erklärung, welche schon den Weg seiner Umformung andeutet. Kreis, Ring und Ringsegmente werden durch diskrete Aufteilungen innerhalb regulärer Polygone ersetzt. Das Quadrat spielt dabei eine zentrale Rolle. Bruno interpretiert diese Figur außerdem geographisch, was die kosmologische Reinterpretation

---

[10] Im späten 16. Jh. wird diese Anpassung des Lullischen Werkes an den Zeitgeist üblich (vgl. den Druck von 1598: Raymundi Lulli opera ea quae ad adinventam ab ipso artem universalem scientiarum artiumque omnium brevi compendio, firmaque memoria apprehendarum locupletissimaque vel oratione ex tempore pertradandarum, Argentoratum).

vorbereitet. Die Buchstaben werden aus dem kabbalistisch-zahlentheoretischen Kontext bei Lullus herausgelöst und als sprachlich-phonetische Symbole gesehen. Insgesamt wird eine sowohl naturwissenschaftliche als auch semiotische Reanalyse sichtbar (z.b in der Behandlung der Kategorien und Buchstaben). Sie unterscheidet die Arbeit von Bruno deutlich von zeitgenössischen mnemotechnischen, hermetischen oder astrologischen Arbeiten. Die Vierer-Einteilung des Quadrats wird auf drei parallelen Ebenen interpretiert:
- geographisch (Osten/Süden/Westen/Norden),
- phonetisch (die Kardinalvokale: A, E, I, O),
- funktional/syntaktisch (Subjekt, absolutes Prädikat, relatives Prädikat, Umstandswort).

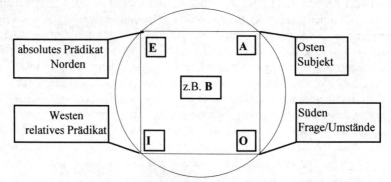

Abbildung 26: Kosmographische, logische und phonetische Interpretation einer Vierheit (vgl. Bruno, ibid.: 14)

Jedes Quadrat hat in der Mitte einen der neun Buchstaben (B bis K), d.h. es ergeben sich in dieser Neuordnung 9 x 4 = 36 Positionen. Bruno geht aber noch radikaler über Lullus hinaus (und er muß es, um die lokalistisch-bildhafte Komponente *seiner* Gedächtniskunst dort zu verankern). Er sagt sinngemäß: Wem diese abstrakten Figuren nicht genügen, der kann sich Konkreta an den Positionen vorstellen, so:
- für das Subjekt einen (bestimmten) Menschen,
- für das absolute Prädikat dessen Handlung,
- für das relative Prädikat ein Merkmal (insignia) des Menschen,
- für die Fragen, einen äußeren Umstand, eine Eigenschaft des Kontextes (adstantia) (vgl. ibid.: 15).

Man kann sich vor dem Hintergrund der klassischen Mnemonik gut vorstellen, wie auf diese Weise ein Bild erzeugt wird (vgl. auch für Bezüge zur heutigen Wissenschaft die fünfte Vorlesung).

Durch die Kombination der Buchstaben des Lullus (B bis K) mit den Vokalen (A, E, I, O) erhalten wir 36 Silben:

BA, BE, BO, BI	FA, FO, FI, FE
CA, CE, CI, CO	GA, GO, GI, GE
DA, DO, DI, DE	HA, HO, HI, HE
EA, EO, EI, EE	JA, JO, JI, JE
	KA, KO, KI, KE

Tabelle 14: Kombinationstafel

Die Erweiterung der Grundkombinatorik auf Silben ist aus der Buchstabenmagie bekannt, hat aber auch ganz konkrete Bezugspunkte zur Silbenschrift (Dornseiff, 1925: 68 verweist auf die kyprische und euganeische Silbenschrift), d.h. sie ist selbst linguistisch fundiert.

Die Buchstabenfolge im Lullischen Kreis wird von Bruno ebenfalls geometrisch rekonstruiert, d.h. selbst solche abstrakten Folgen sind Gegenstand einer gedächtnistheoretischen Fundierung. Dabei führt Bruno ganz nebenbei eine bedeutende Innovation ein. Er definiert eine kinematische Komponente innerhalb der statischen Felderaufteilung des geometrischen Schemas. Eine solche Kinematisierung eines zellulären Netzwerks wird im 20. Jh. John von Neumann zur Definition selbst-reproduzierender Automaten einführen (vgl. die fünfte Vorlesung). Dieses systematische Innovationspotential in Brunos Gedächtnistheorie ist von seinen meist geisteswissenschaftlich orientierten Interpreten kaum wahrgenommen worden. Es zeigt aber besonders klar die konstruktive Wissenschaftlichkeit Brunos, welche ihn deutlich von den Magiern und Hermetikern seiner Zeit abhebt.

Die bereits in Abbildung 25 dargestellte Figur des Quadrates im Quadrat ist einerseits Teil einer unendlichen Einbettungshierarchie, welche eine Serie von 4, 8, 12, 16, 20, ... Ecken erzeugt, andererseits ergeben zwei Quadrate mit dem Zentrum (dem Minimum der Figur) genau die Anzahl von neun Positionen im Ring des Systems von Lullus. Es muß nur noch die spezifische Folgebeziehung im Alphabet definiert werden. Dazu wird in der regulären geometrischen Figur ein regulärer, d.h. nicht beliebiger, Weg gesucht. Brunos Lösung des Problems zeigt seine mathematische Begabung. In Abbildung 26 rekonstruiere ich seinen Weg und weise darauf hin, daß dieser eine diskretisierte Form der (kontinuierlichen) Spirale darstellt. Denkt man sich außerdem die beiden Quadrate als Teil einer unendlichen Serie (ins unendlich Große und ins unendlich Kleine), wird ein Archetyp der zentripetalen, zyklischen Bewegung als Alternative zur simplen Kreisbewegung bei Lullus sichtbar. Die Auflösung des Kreises als Figur der ewigen und keinen Beweger benötigenden Fortbewegung wird bei Bruno in schockierender Weise (wenn man die kosmologischen Folgen bedenkt) durch eine Spiralbewegung ersetzt.

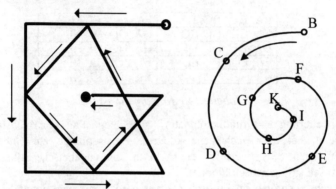

Abbildung 27:   Brunos Buchstabenfolge und unsere mathematische Reinterpretation

Die Konstruktion entspricht einer zyklischen Annäherung an einen Attraktor, wie sie in der komplexen Analysis beschrieben wird. In Abbildung 27 (rechts) wird diese Analogie illustriert. Bei dieser Rekonstruktion ist allerdings zu beachten, daß Bruno rein mathematische Figuren als ungeeignet für Gedächtnisorte hielt, da sie wegen ihrer Abstraktheit die Phantasie nicht anregen oder bewegen können.[11] Die Figuren mußten prinzipiell semi-mathematisch sein, d.h. ein formales Gerüst mußte eine minimale imaginale Belegung haben, um relevant zu sein.

Auch die Begriffe „Subjekt" und in Abhängigkeit davon „Prädikat" sind von Bruno relativ zur Gedächtnistheorie definiert. Subjekte sind die Orte und Objekte, welche sich nach einer Reihe von Kriterien (Substanz, Form, Größe, Ordnung, Abstand von anderen) als distinkte Gestalten dem Gedächtnis gut einprägen, Prädikate sind Eigenschaften, Handlungen usw., die diesen prägnanten Größen zugeordnet werden können. Die grundlegende „propositionale" Struktur ist somit nach Gestaltprinzipien aufgebaut. Diese Ausrichtung nennt Bruno im Canteus Circaeus „logica phantastica" - im Gegensatz zur „logica rationalis" (ibid.: 234).

Kehren wir zur Integration der Lullischen Kunst in Brunos Theorie des Gedächtnisses zurück. Die zweite Figur bei Lullus besteht aus drei dem Kreis eingeschriebenen Dreiecken mit insgesamt 3 x 3 = 9 Ecken. Bei Bruno wird dem Quadrat ein gleichschenkliges Dreieck (nicht ein gleichseitiges) eingeschrieben, was

---

[11] Bruno sagt im Cantus Circaeus, 1962: Bd. II, 2, 229: „sua abstractione phantasiam pulsare vel movere non possunt."

das Prinzip der maximal-regulären Figur verletzt. Außerdem kann ein gleichseitiges Dreieck nicht iterativ einem Quadrat eingeschrieben werden, da beide (mathematisch gesehen) keine Dualformen sind. Hier wird die Begrenzung des semimathematischen Vorgehens bei Bruno sichtbar; zwischen der natürlich-anschaulichen Ordnung der klassischen Gedächtnislehre und der abstrakten Lullischen Kunst bewegt er sich auf unsicherem Boden. Da das folgende Vorgehen Brunos für das Verständnis ähnlicher Techniken in seiner letzten gedächtnistheoretischen Schrift hilfreich ist, will ich es kurz beschreiben und sogar einen Verbesserungsvorschlag hinzufügen.

– Beschreibung (ich korrigiere offensichtliche Fehler bei Bruno): Jedem Eck des Dreiecks sind die drei relativen Begriffe B, C, D (vgl. die zweite Figur des Lullus in der ersten Vorlesung) zugeordnet. Nun werden jeder Eckposition zwei Nachbarn zugesellt (also insgesamt sechs). Der Weg tastet zuerst die Ekken ab, dann die Nachbarn (immer von rechts nach links). Abbildung 27 zeigt links die Figur bei Bruno (ibid.: 20) und rechts eine Rekonstruktion als Weg in einem Dreieck mit dreifach belegten Ecken.

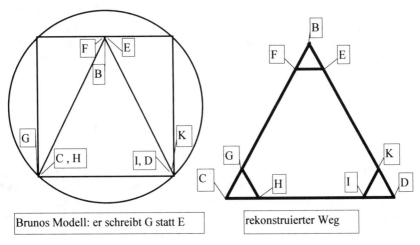

Abbildung 28: Brunos Gedächtnisort für die zweite Figur

– Meine Korrektur im Rahmen der regulären Polygone: Der Weg in der Abbildung 28 rechts legt eine Kombination von Dreieck und Sechseck nahe, welche bis ins unendlich Große und unendlich Kleine ineinander eingebettet werden können. Dies ergäbe eine gegensymmetrische Entsprechung zur ersten Figur. Die linken und rechten Nachbarn wären als Ecken definiert und nicht vage wie in Brunos Konstruktion als Nachbarn. Außerdem ist jetzt das Ergebnis wieder eine Spirale, die allerdings das Zentrum (den Repellor) flieht.

Abbildung 29 illustriert diese Konzeption, welche immerhin die Möglichkeiten zeigt, die in Brunos Konstruktionsidee stecken.

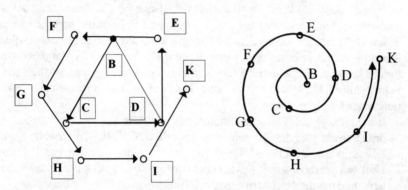

Abbildung 29: *Korrektur und Interpretation des Vorschlags von Bruno*

In gewisser Hinsicht kann man Bruno mit dem jungen Kepler vergleichen, der 1596 eine apriorische Begründung des copernicanischen Systems vorschlug, welche sich auf die fünf platonischen Körper und die sie einhüllenden sechs Kugelflächen stützte. Keplers Konstruktion wurde allerdings im Rahmen einer hoch entwickelten Astronomie durchgeführt; Bruno versucht das noch unmöglicher Erscheinende: eine geometrische Rekonstruktion des kollektiven Gedächtnisses.

2.2 Die Schatten der Ideen: das erste umfassende Gedächtnissystem (Paris 1582)

Dieses für Brunos Werk zentrale Buch ist vielfach kommentiert worden (vgl. insbesondere Yates, 1966 und Sturlese, 1991b und 1992). Außerdem liegt inzwischen eine neue kritische Ausgabe des Textes vor (Bruno, 1991b). Es hatte bis in die Mitte des 17. Jh. eine starke Wirkung und begründete das philosophische Renommee des Autors. In seiner Biographie markiert es den Punkt, wo er einer Anerkennung und damit einer akademischen Karriere am nächsten stand. Das damit gewonnene Selbstvertrauen kann auch die Explosion seiner wissenschaftlichen Produktivität in den anschließenden Jahren (1583-1585) in London erklären.

Bruno behält in dieser Schrift die Lullischen Kreise bei, unterteilt sie aber nicht in neun, sondern in dreißig Segmente. Die Erweiterung ist im Prinzip keine überraschende Innovation, da bereits Agrippa die Zahl der Segmente auf 24, der Anzahl der lateinischen Buchstaben, und für einzelne Wissensgebiete auf über dreißig erhöht hatte. Allerdings ist die Struktur der Veränderung bei Bruno inter-

essant. Über die Motivation der Zahl dreißig bei Bruno sind mancherlei Spekulationen angestellt worden (so von Yates, 1966). Ich glaube, daß hermetische und kabbalistische Motivationen zweitrangig sind und daß Bruno vielmehr eine sprachtheoretisch reflektierte Entscheidung getroffen hat.[12] Ebenso wie Agrippa (1538) geht Bruno von dem ursprünglichen hebräischen Alphabet aus, das allerdings lateinisch transkribiert wird. Da die hebräischen Buchstaben auch eine Zahlenbedeutung haben, d.h. ein System von Einern, Zehnern, Tausendern konstituieren (vgl. erste Vorlesung, Abschnitt 2.1), ist die Konstruktion eines Feldes mit 30 Buchstaben zahlentheoretisch naheliegend. Das entscheidende Kriterium ist aber ein phonetisches: Bruno will ein universales System von Lauten zugrunde legen.[13] Da die Sprachen: Hebräisch, Griechisch und Latein verschiedene Schriftsysteme haben und auch verschiedene Lautsymbole, sollte eine allgemeine Schrift zuerst die gemeinsamen Zeichen enthalten. Bruno geht von der Anzahl 22 der hebräischen Buchstaben aus, die er wie Agrippa ins lateinische Alphabet überführt. Als 23. Buchstaben fügt er das Y hinzu. Die verbleibenden sieben Positionen (23-30) werden mit Buchstaben aus dem Griechischen bzw. hebräischen Alphabet ausgefüllt, welche einen für diese Sprachen spezifischen Lautwert besitzen. Vergleicht man diese Lösung mit der modernen API-Lautschrift, so findet man dort ein vergleichbares Verfahren. Auf der Basis der (im Westen) dominierenden lateinischen Zeichen wird ein Grundinventar definiert, das für spezifische Laute durch Schriftzeichen aus anderen Systemen (oder durch neu erfundene und diakritische Zeichen) ergänzt wird. Die phonetische Begründung für ein Alphabet mit 30 (22+1+4+3) Zeichen ist vor dem Hintergrund der Sprachharmonien des 16. Jh. naheliegend. Neben anderen hatten Bibliander (1504-1564) und Conrad Gessner (1516-1565) „Sprachharmonien" vorgeschlagen, anhand derer universale Spracheigenschaften festgestellt werden sollten. Die beiden Werke haben als Titel:
- Bibliander: „Über die gemeinsame Natur aller Sprachen und Buchstaben" (in Latein) 1548.
- Gessner: „Mithridates oder über die Unterschiede der alten und der heute bei den verschiedenen Völkern des ganzen Erdkreises gebräuchlichen Sprachen", 1555 (vgl. dazu Arens, 1980: 70-72).

Ob Bruno diese sprachwissenschaftliche Diskussion kannte, ist aus seinem Werk selbst nicht ersichtlich. Da der Humanismus das Problem der Vielheit der klassi-

---

[12] Ein weiterer Bezug könnte die „Summa" des Thomas von Aquin sein, wo 30 Eigenschaften Gottes unterschieden werden. Bruno hätte demnach dem Lullischen System eine thomistische Basis gegeben.

[13] In Brunos Schrift „Artificium Perorandi" (Bruno, 1962, Bd. II 2: 383) werden 22 (lateinische) und vier (griechische) Buchstaben als Speichen eines Rades angesetzt.

schen Sprachen deutlich hervorgehoben hatte und da bereits im 16. Jh. nicht wenige wissenschaftliche Publikationen in den Nationalsprachen (besonders Italienisch, Spanisch, Französisch, Englisch und Deutsch; vgl. Wildgen, 1997) erschienen oder in diese übersetzt waren, war eine phonetische Reflexion zum universalen Alphabet allerdings naheliegend.

Die Kombinatorik, die bei Lullus eher willkürlich erscheint, was die Auswahl der Belegungen für die Buchstabenfelder angeht, erhält bei Bruno ein strenges logisch-rhetorisches Fundament. Die ersten beiden Begriffsräder werden mit Eigennamen (meist Personen der antiken Mythologie und Geschichte) und mit deren typischen Insignien belegt (vgl. Abschnitt 2.1, besonders Abbildung 25 und Bruno, 1991b: 117 f. sowie Tabelle 15).

AA	Lycas in convivium	Lykas beim Gastmahl
BB	Deucalion in lapides	Deucalion mit den Steinen
CC	Apollo in Pythonem	Apollo mit dem Python

Tabelle 15: Die Kombination der Räder 1 und 2 (Anfang)

Die dritte Scheibe enthält (absolute) Prädikate, welche typischerweise Handlungen und von Handlungen betroffene Objekte angeben (vgl. ebenfalls Abschnitt 2.1).

AA	Lykas (habens) cathenam	Lykas (hat) eine Fessel
BB	Deucalion (habens) vittam	Deucalion (hat) eine Kopfbinde (um)
CC	Apollo (habens) baltheum	Apollo (trägt) einen Gürtel

Tabelle 16: Die Kombination der Räder 1 und 3

Kombiniert man alle drei Scheiben, so erhält man (ibid.: 122):

AAA:	Lycas in convivium cathenatus	Lykas beim Gastmahl gefesselt
BBB:	Deucalion in lapides vittatus	Deucalion wegen der Steine mit Kopfbinde
CCC:	Apollo in Pythonem baltheatus	Apollo vom Python umgürtet

Tabelle 17: Die Kombination von drei Rädern

Die funktionale Abfolge ist, wie Bruno (ibid.: 122) erläutert: äußere Scheibe = agens, mittlere Scheibe = actio, innere Scheibe = insigne; in den Beispielausdrücken steht dagegen das „insigne" vor der „actio".

Wenn die Räder gedreht werden, ergeben sich neue Nominalphrasen, z.B. AB: Lycas mit den Steinen, BC: Deucalion mit dem Python. Werden drei Räder ge-

Brunos gedächtnistheoretische Schriften (1582-1588) 145

dreht, ergeben sich neue Propositionen, welche entsprechend den Positioenen auf dem jeweiligen Rad durch einsilbige Wörter darstellbar sind (ibid.: 124):

AMO:	Lycas (A) agens quod Medusa (M), cum insigni Plutonis (O)	Lykas handelt bezüglich des Hauptes der Meduse (und) mit dem Zeichen Plutons
EGO:	Arcas (E) cum actione Semelis (G), et insigni Plutonis (O)	Arcas mit der Handlung der Semele und dem Zeichen Plutons
VIM:	Medea (V) agens quod Tyrrhenus (I) cum insigni Persei (M)	Medea handelt bezüglich des Tyrrhenus mit dem Zeichen des Perseus

Tabelle 18: Verschiedene Dreierkombination durch Verschieben der Räder

Die mnemotechnische Zielsetzung ist deutlich: Propositionen, welche Sachverhalte darstellen, sollen durch Kunstwörter (welche teilweise eine Entsprechung in lateinischen Wörtern haben) wiedergegeben werden.[14]

Insgesamt werden den fünf Begriffsrädern die folgenden semantischen Rollen zugeordnet (ibid.: 131):

1. Rad:	agens	prototypisch ein Mensch, dargestellt durch einen Eigennamen
2. Rad:	insignia	typische Orte, Attribute der Person
3. Rad:	actiones	typische Handlungen, eventuell ergänzt um typische Instrumente der Handlung (vgl. ibid.: 122)
4. Rad:	circumstantia	Objekte der Handlung, Beteiligte am Geschehen
5. Rad:	adstantia	Kontexte, Hintergrund

Tabelle 19: Fünf Typen von Begriffs-Rädern

Erlaubt man nun freie, d.h. auch atypische Kombinationen, so entsteht eine syntaktisch geordnete, semantisch aber explodierende Vielfalt. Da jedes Rad dreißig Positionen hat, erhalten wir $30^5 = 2.430.000$ elementare Sätze (mit fünf Satzpositionen). Die Beschränkung auf 30 Subjekte, Handlungen usw. kann aufgehoben werden. Giordano Bruno faßt Verdopplungen ins Auge (ibid.: 128). Statt je 30 Positionen ergeben sich 60, 120 usw. Er spricht an dieser Stelle auch von einer ins Immense ausgedehnten Seite.[15] Das Thema der unendlichen Ausdehnung tritt somit noch, bevor Bruno seine Kosmologie der unendlichen Welten

---

[14] Gleichzeitig wird hier die Gedächtniskunst auf einen geschlossenen, bildhaften Wissensbereich, die griechische Mythologie, angewandt.

[15] „nunc iuvat in immensum - si fuerit opus - dilata pagina[m], multiplicare in innumerum dictionum adiectionem."

vorstellt, im Kontext seiner Gedächtnistheorie auf. Die Startvorstellung ist die einer unendlichen Kombinatorik durch Verdoppelung des Zeicheninventars (von 30 Elementen) und durch die Vermehrung der Lullischen Ringe. Diese beiden Techniken ergeben zwei kombinierbare Bewegungen ins Unendliche. Allein die Annahme von 120 statt 30 Segmenten auf den Ringen führt bei fünf Ringen zu $248832 \cdot 10^5$ Kombinationen. Die immer weiter verfolgte Unterteilung wird später im Siegel der linearen Einteilung (vgl. Abschnitt 2.3) verbildlicht. Für eine Erläuterung des Expansionsprinzips siehe die vierte Vorlesung (Abbildung 34).

Die Welt der Lebewesen (Subjekte und ihre Eigenschaften) entspricht kosmologisch dem unteren Bereich, den Aristoteles sublunar nannte. Die Ideen haben ihren Sitz aber im kosmischen Bereich und Bruno fügt deshalb drei höhere Kreise hinzu:

12 Sternbilder (à 3 Positionen)	36 Bilder
7 Planeten (Saturn, Jupiter, Mars, Sonne, Venus, Merkur, Mond)[16] mit je 7 Positionen	49
28 Häuser des Mondes (+ Bild des Monddrachens) (29 Positionen)	29
36 Intentionen (7x5) = 35 + 1 = 36 Positionen	36
Gesamtsumme	**150 Bilder**

Tabelle 20: Die Zusammensetzung der 150 Bilder

Diese 150 Bilder sind wiederum in Beziehung zu setzen mit den 5x30 Positionen der Räder. Das Produkt dieser Kombinatorik überschreitet jede (selbst heute) mechanisch beherrschbare Größenordnung. Das „Aufblähen" von Systemen ist eine Konstante in Brunos Denken; es entspricht sehr gut seiner wenig später artikulierten Theorie der unendlichen Welten, welche die Zeitgenossen schokkierte (seltener faszinierte). Wie ist diese Gigantomanie zu verstehen, welches Ziel verfolgte Bruno damit? Eine Antwort, welche die Geistesgeschichte und Brunos Biographie sinnvoll nutzt, wäre ein dringendes Desiderat. Ist es die Intuition der chaotischen End- und Haltlosigkeit der menschlichen Existenz oder die - bei aller Geordnetheit - explosive Arbitrarität semiotischer Systeme, welche Bruno zu einer unendlichen Konstruktivität drängte? Ich neige dazu, eine spezifische Lebenserfahrung für diesen Charakterzug verantwortlich zu machen

---

[16] Man beachte, daß diese Konstruktion nicht copernicanisch ist; da allerdings die Astrologie bis heute nicht copernicanisch ist, kann man daraus nicht mit Sicherheit folgern, daß Bruno 1582 noch zwischen einer geozentrischen und einer heliozentrischen Kosmologie schwankte.

und diese Lebenserfahrung sehr früh, d.h. in seiner neapolitanischen Zeit (1565-1575) zu lokalisieren.

2.3 Die Londoner gedächtnistheoretischen Schriften

Es können nicht alle Stadien in der Entwicklung des Gedächtnissystems bei Bruno hier verfolgt werden. Immerhin erschienen in London drei Schriften und weitere wurden in Wittenberg geschrieben, von denen 1588 eine in Prag neu gedruckt wird. Um die Kluft zwischen der Schrift „De umbris idearum" (Paris, 1582) und "De imaginum, signorum et idearum compositione" (Frankfurt, 1591) zu überbrücken, sollen (unter der uns leitenden semiotischen Fragestellung) nur einige interessante Aspekte der Londoner Schriften hervorgehoben werden.

Die Londoner mnemotechnische Trilogie enthält: Recens et completa ars reminiscendi, Explicatio triginta sigillorum und Sigillus sigillorum (vgl. Bruno, 1962, Bd. II, 2: 67-217).

Die Siegel (sigilli) sind Ortsmetaphern, die zu einer geometrischen Normalform komprimiert werden. Bruno erhöht die Zahl der bereits von Lullus bekannten Ortsmetaphern: Leiter, Baum und Scheibe auf dreißig; für zwölf von ihnen werden geometrische Illustrationen gegeben.

Bruno gibt eine schöne Darstellung des Baumes als Buchstabenbild. Da A, B zum Stamm gehören, bleiben neun Astebenen übrig (vgl. ibid.: 81).

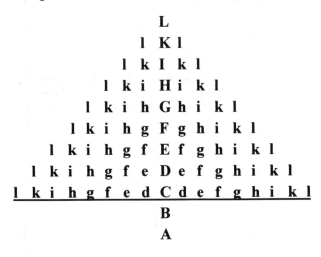

Abbildung 30: Der Baum als „Siegel"

Ich nenne einige der Siegel und illustriere anschließend einen aus heutiger Sicht besonders interessanten:
1. das Feld (campus), d.h. die klassische Aufteilung flacher Orte,
2. der Himmel (caelum); man denke an Dantes Himmel und Hölle als Gedächtnissystem; die Hölle erscheint nicht bei Bruno, da sie einem dualistischen Denken entspringt,
3. die Kette (catena), eine klassische Figur,
4. die Treppe (scala); sie entspricht der dritten Figur bei Lullus, allerdings mit elf Buchstaben,
5. der Baum (arbor) mit Ästen, Zweigen, Blättern, Blüten, Früchten (vgl. die Vorlesung über Lullus).

Im Kontext moderner Computerarchitekturen ist das folgende Siegel von Interesse, die Bruno als Kreiseinbettung auf binärer Basis „binarii circulari encyclium" bezeichnet (ibid.: 112). In den „Articuli..." von 1588 heißt das Bild „Garten der Sonne" (hortus solis; vgl. Bruno, 1962, Bd. I, 3: 94 und 346 [„De minimo..."]). Die ursprüngliche Vierteilung wird binär immer weiter zerteilt. Viele Merkmalssysteme funktionieren nach diesem Schema, sie realisieren also eine „Garten der Sonne".

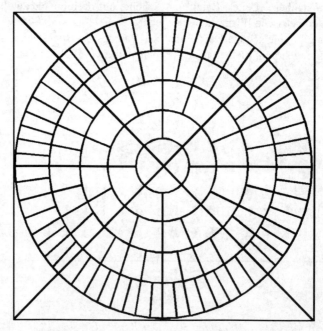

Abbildung 31: Das Siegel der binären Einteilung

In der Schrift „Sigillus sigillorum" wird die Gedächtnisarchitektur inhaltlich ausgefüllt. So wird in einem Abschnitt über die Objekte (ibid., II, 2: 199-203) dargestellt, daß diese unter vier Aspekten (rationes) zu betrachten sind:
- das Licht: als Form des Feuers und der Sonne, aber nach der Kunde der Chaldäer, Ägypter und Pythagoräer jenseits der Sonne ursprünglich existierend,[17]
- die Farbe: sie ist eine Qualität des allgegenwärtigen Lichtes auf Flächen, insofern sie dem Auge wie ein Phantasma der Vernunft präsentiert wird (ibid.: 201),
- die Figur: weder Licht noch Farbe, gleichzeitig Qualität und Quantität; aus der Figur lassen sich die Geheimnisse der Natur erschließen,
- die Form: es gibt eine erste, unendliche auch ewige Form alles Seins. Die unendliche Materie partizipiert in ihrer Diversität an der Form. Die ersten Stufen der Form sind Sein (entitas), Güte (bonitas), Einheit (unitas). Im Rahmen der natürlichen Formen (rerum naturalium formae) gibt es zwölf Arten: „species, figurae, simulacra, similitudines, imagines, spectra, exemplaria, indicia, signa, notae, characteres, sigilli". Diese zwölf Arten sind nicht durch andere Worte definierbar.[18]

2.4 Das Sendschreiben des Dialoges „Das Aschermittwochsmahl" als Anwendung des Modells in „De umbris idearum"

Nach den lullischen und gedächtnistheoretischen Schriften, die Bruno in Paris und gleich zu Beginn seines Londoner Aufenthalts publiziert hatte, entstehen die sechs italienischen Dialoge. Der erste und wohl damals skandalöseste hatte den Titel „La Cena de le Ceneri" und enthält ein Sendschreiben, in dem Titel und Inhalt des Dialoges kommentiert bzw. zusammengefaßt werden. In Tabelle 21 wird die Folge der zum Vergleich herangezogenen Typen von „Cena" (Mahl) und der assoziierten Handelnden bzw. Handlungen dargestellt. Man sieht, wie Bruno sein in der Schrift „De umbris idearum" entwickeltes System zur Anwen-

---

[17] Das Licht ist einerseits eine physikalische und damit begrenzte, andererseits eine transzendentale und damit kontinuierliche Größe. In dieser Komplimentarität verbinden sich antiker Polytheismus und christlicher Monotheismus. Die Semiotik des Lichtes wird in der Schrift „De imaginum ... combinatione" näher ausgeführt (vgl. die vierte Vorlesung, 3. Abschnitt).

[18] Bruno verweist darauf, daß es im strengen Sinne keine Synonyme gibt, also auch keine Begriffsdefinitionen. „Nos etenim si haec per alia nomina explicare velimus, progressum numquam terminandum adoriemur, synonymiam enim puram in nominibus nullam esse credimus." (ibid.: 204)

dung bringt, und wir erinnern uns, daß das künstliche Gedächtnis den Redner befähigen soll, in der Fülle der Bilder und Worte zu schwelgen.

Handelnder „agens"	Handlung „actio"	Attribut der Handlung „insigne"
Zeus	das Mahl	majestätisch
Erstgeschaffener (protoplasticus)		sündiges
Ahasverus		geheimnisvolles
Lukullus		üppiges
Lykaon		frevlerisches
Thyestes		tragisches
Tantalus		qualvolles
Platon		philosophisches
Diogenes		ärmliches
Blutegel		winziges
Erzbischof von Povigliano		bernisches (verw. auf F. Berni)
Bonifacio (aus dem „Candelaio")		komisches (Komödie)

Tabelle 21: Analyse des „Mahls" mit Hilfe des Artifiziellen Gedächtnisses

Im Anschluß beschreibt Bruno mögliche Ursachen und Wirkungen eines solchen Mahles.

Sein/Ursache (als Gegensatzpaar)[19]		Werden/Wirkung (als Gegensatzpaar)[20]	
groß	klein	heroisch	schüchtern
meisterhaft	schülerhaft	Meister	Schüler
gottlos	fromm	gläubig	ungläubig
fröhlich	verdrießlich	fröhlich	traurig
herb (aspro)	mild	melancholisch	jovial
florentinisch mager	bolognesisch fett	erleichtert	beschwert
zynisch	sardapanalisch	wütend*	großzügig* (liberale)
ausgelassen	ernst	äffisch	würdevoll
schwer (grave)	beschwingt	Sophist mit Aristoteles	Philosoph mit Phytagoras
tragisch	komisch	lachend (Demokrit)	weinend (Heraklit)

Tabelle 22: Ursachen und Wirkungen des „Aschermittwochsmahls" (Die mit * markierten Übersetzungen stammen vom Autor.)

---

[19] Die Serie wird eingeführt mit: „un convito sì-, sì; ...". (ibid.: 8)
[20] Als Rahmen der Gegensatzpaare steht: „credo que non vi sarà poco occasione da dovenir ..." (ibid.)

Man kann an dem Beispiel verfolgen, wie die Gedächtnisordnung in eine diskursive Ordnung umgesetzt wird. Das zugrunde liegende Ideal ideenreicher Ausdruckserien gilt auch für andere Autoren des 16. Jh., so etwa Rabelais. Die Komplexität des Textes wird dadurch weiter gesteigert, daß Bruno eine ganze Serie von Sinnschichten parallel oder seriell anspricht. Er gibt selbst die fünf Dimensionen einer möglichen Interpretation an, die in Tabelle 23 genannt sind.

historischer Sinn	Vom Leser zu „kauen";
geographische Topographien	der Leser stößt (beim Kauen)
rationale Topographien („ratiozinali")	auf verschiedene
moralische Topographien	Sinnebenen, welche hinter
metaphysische Spekulationen	dem historischen (narrativen)
mathematische Spekulationen	Kern versteckt sind.
naturphilosophische Spekulationen	

Tabelle 23: Sinnschichten des Dialoges „Das Aschermittwochsmahl"

Einige der in Italienisch verfaßten Dialoge weisen diese artistische Komplexität auf, mit der Bruno den Nutzen seiner Gedächtnistheorie exemplifiziert:
- *La Cena de le Ceneri*. Hier werden naturphilosophische Themen mit Elementen der Satire, der Komödie und mit Beobachtungen zur Geographie Londons und zum Verhalten seiner Bevölkerung gemischt (vgl. Wildgen, 1996a).
- *Spaccio della bestia trionfante*. Dieser Dialog, der die Neubelegung der Orte des Sternenhimmels durch sinnvoll plazierte Tugenden und Laster behandelt (vgl. Abschnitt 2.5), wird im Prozeß gegen Bruno fälschlicherweise als Satire auf den Papst interpretiert (er wendet sich u.a. gegen die Rechthaberei der Theologen).
- Der letzte Londoner Dialog: *Cabala del cavallo pegaseo* wurde, wie Bruno sagt, vom Publikum ebenfalls mißverstanden und ungünstig aufgenommen.

Die artistisch-literarische Behandlung philosophischer Themen in den Londoner Schriften trifft nicht den Geschmack seiner Leser, ist also zumindest teilweise ein Schlag ins Wasser. Sowohl die Zeit (Ende der Renaissance) als auch der Ort (das puritanische London) waren unpassend für diese Kunst: die manieristische Überhöhung der Renaissance in Brunos italienischen Werken stieß ins Leere. Reformation und Gegenreformation hatten die intellektuelle Atmosphäre gründlich verändert. Bruno war gleichzeitig Neuerer und Zuspätgeborener. Eigenartigerweise begründen die Londoner Schriften Brunos fortdauernden Ruhm (selbst als Randfigur der Philosophie und Wissenschaftsgeschichte). Seine späteren systematischen Werke in Latein sind erst im letzten Jahrzehnt ins Zentrum der Bruno-Rezeption gerückt.

2.5 Die Sternbilder als Gedächtnisorte einer Ethik
(im „Spaccio della bestia trionfante")

Nach seinen metaphysischen Schriften, in denen Bruno seine Kosmologie zum ersten Mal entwickelt hat, entstehen in London drei sogenannte „moralische Schriften", von denen zwei einer allgemeinen Ethik, als Katalog und Charakterisierung der Tugenden und Laster gewidmet sind („Spaccio della bestia trionfante" und „Cabala del cavallo pegaseo") und eines der individuellen Ethik, der heroischen Gestaltung des sich frei entfaltenden Individuums („De gl' heroici furori"). Die Schriften zur allgemeinen Ethik benutzen das Artifizielle Gedächtnis als Methode, d.h. die Ethik besteht in einer gut vorstellbaren und memorierbaren Anordnung der Tugenden und der Laster (des moralisch Anzustrebendem und zu Vermeidenden). Für die Entwicklung der Gedächtnistheorie ist die Ethik deshalb von besonderem Interesse, weil Bruno Himmelskreis und Sternbilder als Gedächtnisorte benutzt. Damit wird gleichzeitig die tradierte Astrologie philosophisch neu konzipiert, da jetzt moralische Inhalte und nicht Tiere (Löwe, Stier, Fisch, Krebs usw.) den Sternbildern zugeordnet werden.[21] Der Mensch braucht also nur zu den Sternen aufzusehen, um sich die moralische Ordnung zu vergegenwärtigen. Da die Sternbilder in einem unendlichen Universum als Konfigurationen nur bezüglich eines Beobachtungsortes stabil sind, ist diese Ethik gleichzeitig eine relative; d.h. andere Lebewesen in anderen Welten (von denen Bruno unendlich viele annimmt) haben auch eine andere Ethik. Der Gedächtnisort an der Peripherie *unserer* Welt macht gleichzeitig aber den höheren Stellenwert der Ethik deutlich, welche den Ideen näher und somit weniger schattenhaft ist als die Phänomene in unserer Welt. Ich will in groben Zügen die Geometrie der astronomischen Ethik rekonstruieren, um zu beobachten, wie Bruno Astronomie und Ethik (unter der methodischen Voraussetzung einer mnemotechnischen Organisationsform) zusammenbringt.

Der Schematismus der Gedächtniskunst bildet den Hintergrund bei der Beschreibung des Sternenhimmels, der von Bestien (Tierzeichen) und deren negativen Eigenschaften beherrscht wird. Bruno nennt für jedes Sternbild eine charakteristische (moralische) Eigenschaft, wobei teilweise direkt das Bild, teilweise die damit assoziierte Mythologie beschrieben wird. Im Sinne der Schrift „De umbris idearum" wird ein Rad vom Typ „agens" mit einem Rad vom Typ „insignia" kombiniert. Die erste Rubrik der Tabelle enthält die heutige Abkürzung des Sternzeichens. Bruno führt 42 Zeichen an; durch Aufteilung einzelner Zeichen, Erweiterungen am Südhimmel und Ausfüllung unbenannter Zonen werden heute 88 Sternbilder unterschieden (vgl. Taschenatlas der Sternbilder, 1968; Überset-

---

[21] Der Titel der Schrift heißt deshalb „Ausverkauf der Tiere".

Brunos gedächtnistheoretische Schriften (1582-1588)   153

zung teilweise nach Bruno, 1995e: 269 f.; die mit * markierten Übersetzungen stammen vom Autor; vgl. Bruno, 1994: 124 f.).

Abk. (modern)	agens	insignia
UMA	Orsa (Bärin)	difformità (Rohheit)
SGE	Saetta (Pfeil)	detrazione (Scheelsucht)
EQV	Equicollo (Pferdchen)	leggerezza (Leichtsinn)
CMA	Cane (Hund)	murmurazione (Verleumdersinn)
CMI	Canicola (Hündchen)	adulazione (Knechtseligkeit)
HER	Ercole (Herkules)	violenza (Gewaltsamkeit)
LYR	Lira (Leier)	congiurazione (Verschwörung)
TRI	Triangolo (Dreieck)	impietà (Unfrömmigkeit)
BOO	Boote (Bärenhüter)	inconstanza (Unbeständigkeit)
CED	Cefeo (Kepheus)	durezza (Hartherzigkeit)
DRA	Drago (Drachen)	invidia (Neid)
CYG	Cigno (Schwan)	imprudenza (Unverstand)
CAS	Cassiopeia (Kassiopeia)	vanità (Eitelkeit)
AND	Andromeda	desidia (Trägheit)
PER	Perseo (Perseus)	vana sollecitudine (Eilfertigkeit*)
OPH	Ofulco (Schlangenträger)	maldizione (Verleumdung*)
AQL	Aquila (Adler)	arroganza (Anmaßung)
DEL	Delfino (Delphin)	libidine (Lüsternheit)
PEG	Cavallo (Roß)	impacienza (Ungeduld)
HYA	Idra (Hydra)	concupiscenza (Begehrlichkeit)
CET	Ceto (Walfisch)	ingordiggia (Unmäßigkeit)
ORI	Orione (Orion)	fierezza (Hochmut)
ERI	Fiume (Strom)	le superfluitadi (Überflüssigkeit)
PER (Teil)	Gorgone (Gorgo)	ignoranza (Unwissenheit)
LEP	Lepre (Hase)	vane timore (Furcht)
CAR, PUP, VEL	Argo-nave (Argo-Schiff)	avarizia (Geiz*)
CRT	Tazza (Becher)	insobrietà (Trinksucht)
LIB	Libra (Waage*)	iniquità (Ungerechtigkeit*)
CNC	Cancro (Krebs)	regresso (Rückschritt)
CAP	Capricorno (Steinbock)	decepzione (Hinterlist)
SCO	Scorpio (Skorpion)	frode (Betrug)
CEN	Centauro (Zentauer*)	animale affezione (Liebeslüsternheit)
ARA	Altare (Altar)	superstizione (Aberglauben)
CRB	Corona (Krone)	superbia (Stolz)
PSC	Pesce (Fische)	indegno silenzio (unwürdiges Verschweigen)
GEM	Gemini (Zwillinge)	mala familiaritade (falsche Vertraulichkeit)

Abk. (modern)	agens	insignia
TAU	Toro (Stier)	cura di cose basse (auf niedrige Dinge beschränkte Sorge)
ARI	Ariete (Widder)	inconsiderazione (Unbesonnenheit)
LEO	Leone (Löwe)	tirannia (Tyrannei)
AQR	Aquario (Wassermann*)	dissoluzione (Auflösung*)
VIR	Vergine (Jungfrau)	infruttuosa conversazione (unfruchtbares Geschwätz)
SGR	Sagittario (Schütze*)	detrazione (Herabsetzung*)

Tabelle 24: Die zu ändernden Zuordnungen von Sternbild und Eigenschaft (Laster)

Dieser Himmel voller Schlechtigkeit, Dummheit, Unwissenheit bedarf dringend einer Reform.[22] Bruno macht aber deutlich, daß z.B. die Religionsreformer nur noch größeren Unfug anrichten, daß sie predigen: „(...) daß gute und böse Handlungen gleichgültig seien, daß niemand wegen des Guten, das er tut, oder des Bösen, daß er unterläßt, sondern bloß, wenn er seinen Glauben und seine Hoffnung genau der Vorschrift ihres Katechismus anpaßt, den Göttern wohlgefällig sei" (Bruno, 1995e: 279). Brunos Reform ist primär eine Neuordnung der ethischen Werte. Sie hat zwei Pole, denen auch die Himmelspole zugeordnet sind. Die Neuordnung geht aus vom Nordpol und endet am Südpol:

1. Der nördliche Himmelspol dient der Gesamtorientierung. Dort (d.h. am Platz der verjagten *Kleinen Bärin*) wird die Wahrheit installiert. Brunos Ethik ist eine *philosophische* Ethik. Der Wahrheit benachbart sind die Weisheit (an der Stelle des Kepheus) und das Gesetz (an der Stelle des Bärenhüters „Bootes"). Die dem *Bootes* benachbarte nördliche Krone (Corona borealis) ist die Ehrenkrone für jene Helden der Zukunft, „der mit Feuer und Schwert der unglücklichen und elenden Europa, die so lange ersehnte Ruhe wiederherstellen wird, indem er die vielen Köpfe dieses Kirchen-Untiers, das schlimmer ist als das lernäische Ungeheuer, welches mit vielförmigen Ketzereien das unheilvolle Gift bereitet, das mit allzu fühlbarer Wirkung durch jede ihrer Adern schleicht, austilgen wird" (ibid.: 278 f.).

2. In einem langen Weg durch den Sternenhimmel werden die Sternbilder mit positiven und korrelierten negativen Merkmalen neu besetzt, wobei zwei Felder: der Große Bär (im nördlichen Himmel) und der Fluß (in den Phaeton stürzte, Eridanus) frei bleiben; sie sind der Gegenstand des polemischen Dialoges „Cabala del cavallo pegaseo". In diesem Dialog, von dem Bruno später

---

[22] Man könnte diese Schrift auch als eine Satire auf die religiöse Reform-Wut seiner Zeit und als Hinweis auf die Willkür jeder ethischen Reform deuten.

sagt, daß er ihn zurückziehen möchte, werden die beiden großflächigen bzw. langgestreckten Sternbilder, der Große Bär und der Strom, der Eselheit zugewiesen. Onorius[23] erzählt von seiner Seelenwanderung und wie er vom einfachen Esel zum geflügelten Pegasus wurde. Im Anhang „Der Kyllenische Esel" versucht der Esel, jetzt in seiner tierischen Gestalt, in die pythagoräische Akademie aufgenommen zu werden, was erst durch das persönliche Eingreifen Merkurs ermöglicht wird. DiesesGeschehen, das ich nicht näher ausführen kann, motiviert eine Neuverteilung der beiden *Eselchen* (aselli) im Sternbild Krebs (das rückwärts laufende Tier) und eine Neuzuordnung:

3. Der Platz des *Großen Bären*, der an die Sternbilder: *Drachen* (Klugheit) und *Bootes* (Gesetz) angrenzt, wird für die „Eselheit in abstracto" frei gemacht. Hier tummelt sich (wie im ausgedehnten Sternbild) die Menge der Pedanten, arroganten Eiferer, aufgeblasenen Esel.

4. Der Lauf des *Eridanus*, der sich vom tiefen Süden (-60°) bis zum Himmelsäquator (0°) hinzieht, wird durch die „Eselheit in concreto", die brave Unwissenheit, besetzt (wobei noch die natürliche Eselheit und diejenige, welche eines Reiters bedarf, zu unterscheiden ist).

Ich habe Brunos ethische Reform deshalb etwas ausführlicher behandelt, weil wir hier die Intention der Gedächtnistheorie deutlich erkennen können: die Welt des Menschen soll überschaubarer, besser geordnet werden. Dies ist dann die Basis für die Verwirklichung einer philosophisch-ethischen Utopie. Das organisierte, kreative Gedächtnis ist also die zentrale Instanz bei der Suche nach dem Wahren und dem Guten (die Ästhetik reiht sich in diese Perspektive ein; vgl. den Dialog „De gl' heroici furori").

Versucht man Brunos „Reform des Himmels" in eine exakte Karte des Sternenhimmels (mit der Segmentierung durch die Sternbilder) zu übertragen, so zeigt sich im Groben eine spiralförmige Bewegung, die vom nördlichen Himmelspol ausgeht (fortgesetzt durch den Kleinen Bären) und bei dem Südlichen Fisch[24] (piscis austrinus) endet. Die einzelnen Felder berücksichtigen einerseits inhaltliche Nachbarschaften, andererseits die mit den ursprünglichen Bildern assoziierbaren Eigenschaften (Heracles bzw. Alcides = Stärke; Lyra = Musen; Pegasus = göttliche Leidenschaft; Zwillinge = Freundschaft; Löwe = Großmut; Jungfrau = Schamhaftigkeit; Großer Hund = Wachsamkeit: Rabe = Magie). Ich habe wegen der nicht klar ausgeprägten Systematik in Brunos Schrift nur einige

---

[23] Der Name „Onorius" verweist auf lat. onerarius = lasttragend (onu = Last) und damit auf den Esel.

[24] Da der Südliche Fisch (piscis austrinus = PSA) um den Breitengrad 30° liegt, ist er bis zum +60. Breitengrad (-30° + 90° = +60°) sichtbar. London liegt zwischen dem 51. und dem 52. Breitengrad.

Konfigurationen hervorgehoben, welche die mentale Technik dieser „Reform" illustrieren.

Zusammenfassend kann man sagen, daß die grobe Gliederung des Sternenhimmels grundlegende Bereiche der schöpferischen und moralischen Kräfte und deren Beziehungsgefüge erfaßt. Wir sind damit in einem Extrembereich des artifiziellen Gedächtnisses angelangt, da hier nicht kulturelle Inhalte für die optimale Erinnerung organisiert sind; es werden vielmehr die Grundkräfte der Seele kategorial und relational dargestellt und die Organisation wird für eine moralische Reform, eine Utopie der besseren Welt benutzt.

2.6 Zurück zu Lullus: die Wittenberger und Prager Schriften (1586-1588)

Bevor ich mich mit der letzten gedächtnistheoretischen Schrift "De imaginum, signorum et idearum compositione" eingehender beschäftige, will ich zuerst einige Aspekte der Wittenberger und Prager Schriften erläutern, besonders in: „De lampade combinatoria lulliana" (Wittenberg 1586) und „De specierum scrutinio" (Prag, 1588).

In der lullischen Schrift fällt zuerst auf, daß alles, was die Londoner Zeit an reicher Ernte eingebracht hatte, wie vergessen erscheint. Bruno bedankt sich ausführlich bei den Mitgliedern des Senats der Akademie Wittenberg, die er namentlich nennt. Man hat den Eindruck, als mache unser Philosoph sich klein, um unter den Fittichen der Akademie Duldung, vielleicht sogar Anstellung zu finden. Bruno kommentiert auch kurz seine philosophischen Bezugspersonen: Johannes Scotus (Eruigena)[25], dessen Werk für die Lullische Tugendlehre wichtig ist; Cusanus, der die Idee der unendlichen Welten und der Vereinigung der Gegensätze vorgedacht hatte. Kritisch nimmt Bruno zu Paracelsus Stellung, den er zwar lobt, dem er aber vorwirft, nicht deutlich zu machen, daß seine Methode vom Lullismus ausgeht. Auch Agrippa von Nettesheim ist ein Lullist, der sich aber allzusehr selbst in den Vordergrund rückt. In der Geometrie werden Faber Stapulensis, der die Geometrie des Jordanus Saxo veröffentlicht hatte, und Carolus Bovillus hervorgehoben. Bruno selbst erscheint somit als einer ehrwürdigen Tradition verpflichtet und als besonders kompetent in Fragen des Lullismus. Es ist denkbar, daß Bruno sich im Kontext eines erneuten Interesses an Lullus als der wichtigste Vertreter dieser Richtung neben Paracelsus und Agrippa anbieten wollte. Vom Copernicanismus, der in der Nachfolge Melanchthons in Wittenberg

---

[25] Bruno spricht von „Scotigena", Vgl zu dessen Namen: Scotus, 1865: XIX-XXVIII.

Brunos gedächtnistheoretische Schriften (1582-1588)   157

abgelehnt wurde, ist keine Rede.[26] Bruno bietet der Akademie Wittenberg an, die schwierigen Stellen des Lullus zu erläutern, Verwirrtes in seinem Werk zu trennen und Verstecktes zugänglich zu machen. Auch die Reise nach Prag, dem strahlenden kulturellen Zentrum, wo Rudolf II. die Wissenschaften und Künste fördert, hat etwas Demütigendes; und Bruno zieht nach einigen Monaten weiter nach Tübingen. Immerhin läßt er die Schrift gegen die pedantischen Aristoteliker drucken, welche Gegenstand der fatalen Kontroversen in Paris gewesen war; er nimmt also den Faden der nach-Londoner Zeit wieder auf.[27] Am Ende der Prager Schrift „De specierum scrutinio" knüpft Bruno explizit an die in London publizierten „Sigilli" an. Er unterscheidet jetzt sechs verschiedene Konstituenten einer Proposition:
- Subjekt (vir = Mann),
- Locus (Ort),
- Dignitas (Funktion und Eigenschaft des Subjekts),
- Instrumentum (Instrument, Zeichen der Funktion),
- Actio (Handlung),
- Res adstans (an der Handlung Beteiligtes).

Mit dem Siegel „de combinante" auf der Basis der fünf Kardinalvokale werden typische Szenen bezüglich neun ausgewählter Subjekte erzeugt. *Beispiel*:

Julius (Subjekt, vir), der Chemiker (dignitas), betrachtet (actio) am chemischen Ofen (locus) den Spiegel (instrumentum). Ziel/Kontext: Die Suche nach Geheimnissen (arca; res adstans).

Man erkennt die *semiotische* Grundlegung von Brunos Lullismus; sowohl in seinem Lullismus als auch in den Modellen eines künstlichen Gedächtnisses ist immer eine sprachtheoretische Reflexion enthalten, welche über die Tradition hinausgeht und eine wesentliche Innovation seines Werk enthält.

Als Bruno nach seiner Ablehnung in Tübingen nach Helmstedt an die Julianische Akademie zieht, ist die Fluchtbewegung beendet. Er trägt sich in Helmstedt bescheiden als Jordanus Brunus Nolanus in die Matrikel ein (er gehört also nicht

---

[26] In seiner Abschiedsrede erwähnt Bruno allerdings Copernicus zwischen Cusanus und Paracelsus. In Bezug auf Mathematik und Physik sagt Bruno, er habe „mehr verstanden in beiden Dingen als Aristoteles und alle Peripatetiker in ihren Betrachtungen" (Bruno, 1962, Bd. I, 1, 17; Übers. d. A.).

[27] Die in Wittenberg gedruckte Schrift ist wesentlich umfangreicher als die in Paris gedruckte, die eigentlich nur die Thesen ohne deren Begründung enthält (vgl. Canone, 1992a: 161-180 für ein Faksimile). Möglicherweise hat Bruno mit Blick auf die Astronomen im deutschen Reich (Rothmann, Brahe, Hájek) in Wittenberg seine Naturphilosphie weiter ausgebaut. Vgl. dazu auch Canone, 1992a: 160).

zum Lehrkörper, man erlaubt ihm jedoch eine private Lehrtätigkeit) und geht daran, das in London begonnene philosophische Werk in eine definitive Form zu bringen. Helmstedt (und Frankfurt, wo er den Druck seiner Schriften betreut) ist der Vorbereitungsort für einen weiteren, mutigen Versuch Brunos, seiner Philosophie Gehör zu verschaffen. Das neue Ziel ist entweder die Schweiz (Zürich) oder Venedig (Padua). Der „Lohn" der großartigen Frankfurter Schriften wird jedoch der Inquisitionsprozeß in Venedig und Rom sein, der Kreis beginnt sich zu schließen.

Vierte Vorlesung.
Artifizielles Gedächtnis und Semiotik in Brunos letzter Schrift: De imaginum, idearum et signorum compositione (1591)

1 Beschreibung und Rekonstruktion des Gedächtnistempels

Als Bruno 1588 Prag verließ und schließlich in Helmstedt eine vorübergehende Bleibe fand, mag er die Aussichtslosigkeit jeder Art von Anpassung an die bestehenden Verhältnisse eingesehen haben und sich zu einer heroischen, zumindest seinem Denken und seinem Temperament angemessenen Fortsetzung seines Lebens entschlossen haben.[1] Die Schrift „De imaginum, idearum et signorum compositione" folgt auf die Frankfurter Trilogie, welche im Aufbau teilweise der Londoner Trilogie, teilweise dem Klassiker des Agrippa: „De occulta philosophia" entspricht:
- „De minimo" entwickelt die (abstrakte) Atomistik Brunos,.
- „De monade" behandelt zahlentheoretische Geheimnisse,
- „De immenso" beschreibt seine Kosmologie der unendlichen Welten.

Im Anschluß an diese drei Schriften begann die Drucklegung des gedächtnistheoretischen Werkes, das man als einen semiotisch-erkenntnistheoretischen Überbau der in der Trilogie dargelegten Metaphysik und Physik betrachten kann.

1.1 Die Zellenstruktur des Gedächtnistempels

Bruno vertauscht das Schalenmodell des Lullus mit einer zellulären Struktur, welche eine diskrete Verallgemeinerung der antiken Ortstheorie ist. Die Hierarchie der Orte hat folgende Zonen:
- der Innenhof eines Hauses (vom Typ des römischen Atriums),
- die um den Innenhof angelegten Räume.

---

[1] Bruno schwankt regelmäßig zwischen versuchter (meist mißlungener) Anpassung und Auflehnung. Am Ende jedes entsprechenden Zyklus' erreicht er dann einen heroischen Höhepunkt. Der letzte Höhepunkt wird seine Verweigerung des Widerrufs im Inquisitionsprozeß sein, die seinen Tod besiegelt.

Da Bruno wegen der Zuordnung von Bild/Begriff und Buchstabe in seiner Mnemotechnik 24 Häuser, unterteilt in 24 verschiedene Zimmer (8×3) annimmt, erhalten wir 24 × 24 = 576 Räume. Abbildung 32 zeigt diese Grundkonfiguration als eine monoton angelegte Siedlung (vgl. die durch Stadtplanung angelegten Siedlungen der Renaissance).

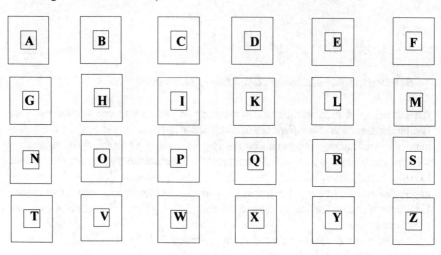

Abbildung 32: Die Siedlung der quadratischen Gedächtnis-Atria

Jedes Haus hat um den Innenhof herum acht quadratische Räume, die Bruno jeweils in drei kleine Zimmer unterteilt, so daß 24 einzelne Zellen entstehen.

1	2	3		Ostecke	Osten	Südecke
8		4		Norden		Süden
7	6	5		Nordecke	Westen	Westecke

Abbildung 33: Die Geometrie und Orientierung der Häuser

Jedem der 24 Räume sind sowohl Bilder/Begriffe als auch Buchstaben zugeordnet; so entsprechen 24 Räumen eines Hauses genau 24 Buchstaben.

Wenn wir an dieser Stelle einen Blick auf Brunos Kosmologie der unendlichen Welten werfen, so sehen wir, daß diese Gedächtnisstruktur sich zwar in eine Architektur von Kreisen, welche den Quadraten eingeschrieben sind, umwandeln läßt; diese sind aber nicht mehr konzentrisch. Die Kreise füllen (als kleine Sonnensysteme) die Fläche aus, und das Bildungsgesetz ist ins Unendliche fortsetzbar. Abbildung 34 veranschaulicht dieses Bauprinzip. Bruno führt aber explizit nur die erste Umgebungsschicht aus. Das semantische und sprachliche Universum ist jetzt dem kosmologischen Universum angepaßt, was für die vorherigen Gedächtnisschriften Brunos nicht zutrifft.

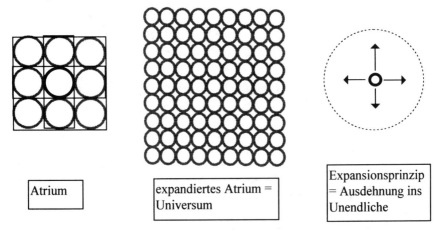

Abbildung 34: Zusammenhang zwischen Atrium und Kosmologie

Die Zerlegung der quadratischen Räume in jeweils drei Kammern verläßt allerdings das Prinzip der Kreishäufung. Bruno mußte verschiedene Dreiteilungen des Quadrates, welche keine regulären Figuren ergeben, in Kauf nehmen. Auf dieser Ebene passen das Prinzip der regulären Raumfüllung und das alphabetische Zuordnungsmuster nicht zusammen. Dennoch gibt Bruno auch für den Innenraum weitere Orte und damit eine dritte Numerierungsschicht des Hauses an (vgl. ibid.: 156). Abbildung 35 zeigt die beiden „Komplemente dritter Ordnung".

Mit diesem Komplement erreicht Bruno die Zahl 30, welche für die Konstruktionen in Schrift der „De umbris idearum" zentral war. Die Anzahl der Gedächtnisorte ist somit auf 24 x 30 = 720 angewachsen. Die Frage, wie die Buchstaben und die Bilder auf diese Orte verteilt sind, behandele ich später noch. Vorerst geht es darum, den Raum für mögliche Orte des Wort- und Bildgedächtnisses zu *konstruieren*. Ganz im Sinne seiner Unendlichkeitslehre ist für Bruno diese Stadt mit 720 Räumen nur der Anfang einer gigantischen, letztlich ins Unendliche wuchernden Konstruktion. Ich möchte die Erweiterungen nur skizzieren.

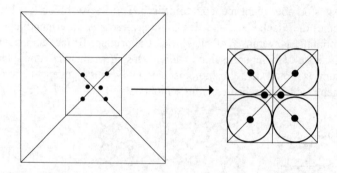

Abbildung 35: Sechs zusätzliche Orte im Innenhof

Speziell für das Wortgedächtnis konstruiert Bruno zwei Unterarten von Gedächtnishäusern:
- „beiklingende Lager" (adcinentia cubilia; 12); die erste Silbe eines Wortes kann mit einem Vokal (Selbstlaut) beginnen und durch einen Konsonant (Mitlaut) geschlossen werden,
- „mitklingende Lager" (concinentia cubilia; 30); sie entsprechen Silben, welche mit einem Konsonanten oder einen Konsonantengruppe beginnen und durch einen Vokal fortgesetzt werden (vgl. ibid.: 163-171).

Abbildung 36 zeigt die „cubulia" (Lager) für die Silben mit der Struktur: Vokal (A,E,I,O,V) + Konsonant (im Beispiel M; Hu wird als U interpretiert).

ambitio/Ehrgeiz--------------------------------emendatio/Verbesserung
amplexatio/Umfassen---------------------------emissio/Produktion
Musicus / Musiker
humilis / bescheiden
imaginatio/Einbildungskraft---------------------omen/Vorzeichen
imbecillitas/Schwäche----------------------omnipotentia/Allmacht

Abbildung 36: Beispiele für die Struktur von „beiklingenden Lagern"

Die Zahl 12 ergibt sich dadurch, daß Bruno aus der ursprünglichen Buchstabenliste (siehe Abschnitt 1.2) die Vokale sowie die (selteneren) Konsonanten: G, H, Q, V, X, Y, Z eliminiert; in einer späteren Liste läßt er allerdings wieder den

Buchstaben X zu, so daß sich die Zahl auf 13 erhöht. Die geometrische Form der „cubulia" wird als teilweise quadratisch, teilweise linear bezeichnet.² Bruno (ibid.: 157) sagt:

„Deren Form ist je nachdem quadratisch oder notwendigerweise linear (zweieckig)"³ (Übers. d. A.)

Die lineare („zweieckige") Form bezieht sich auf die Oppositionen, welche die Vokale A versus E und I versus O/U betreffen. Insgesamt sind die folgenden phonologisch/graphematischen Oppositionen in der Beispielliste realisiert: A/O, A/I, A/E bzw. A/Æ, I/O, E/O und V/I. Von den theoretisch möglichen 5 (Vokale) × 12 (Konsonanten) = 60 Positionen werden allerdings nur 40 realisiert.

Daß Bruno diese Gedächtnisorte nicht nur nach phonologisch-graphematischen Kriterien ordnet, sondern auch eine bildhaft-ontologische Gliederung anvisiert, zeigt seine Verdoppelung der beiden Listen. Ich will dies anhand des Buchstabens R verdeutlichen, da die Silbe AR im späteren Anwendungsbeispiel eine Rolle spielen wird. In der ersten Liste (Kap. IX) heißt das Feld für R: REX (König) und enthält die folgenden Belegungen.

Arcanum / Geheimnis	Error / Irrtum
Argumentum / Argument	Eruditio / Irrtum
Rex / König	
Urgens / Drängender	
Ira / Zorn	Ornatus / Geschmücktes
Irritum / Ungültiges (Spott =irrisum)	Ordo / Ordnung

Tabelle 25: Das beiklingende Lager für den Konsonanten R

Im Kapitel XII bringt Bruno eine zweite Liste unter der Überschrift: „Erklärung der Bilder für Sinnenhaftes, die vor der Wirkung der anderen [Bilder] beiklingen"⁴. Die im Text beschriebenen Positionen des Feldes für R sind:

---

² Da die vier äußeren Punkte ein Quadrat ergeben, das diagonal zu den Himmelsrichtungen steht, müßten eigentlich auch im Zentrum vier Punkte liegen, welche den vier Himmelsrichtungen zugeordnet sind. Bruno reduziert das innere Quadrat zum Liniensegment und erreicht dadurch insgesamt die Zahl von 30 Gedächtnisorten, die er bereits in der gedächtnistheoretischen Hauptschrift von 1582: De umbris idearum angesetzt hatte (vgl die dritte Vorlesung).

³ „Quorum forma haec est quibusdam quadrangularis, quibusdam vero pro necessitate diangularis"

⁴ Ibid.: 168 „ Explicatio imaginum sensibilium primo aliarum actione adcinentium"

„IX. Im Zentrum das Ebenbild (simulacrum) des Lanzenträgers (armigeri), im Osten dasjenige des Irrenden (errantis), im Westen das des Erzürnten (irati) oder Spötters (iridentis), im Süden das des Ordnenden (ordinantis) oder Schmückenden (ornantis), im Norden das des Drängenden (urgentis)" (ibid.: 169; Übers. d. A.)

Vergleicht man die beiden Listen, so sieht man, daß sie in einer grammatischen Beziehung zueinander stehen. Die erste Liste enthält haupsächlich Verbalableitungen, die ein Ergebis der Handlung oder einen Zustand wiedergeben (häufig im Partizip Perfect oder auf bestimmte Ableitungssuffixe endigend, wie : -tor, -tio, -tia, -sio, -sia, -cia, -cium, -or, -us, -tudo, -entia usw.). Die zweite Liste („sensibilium") enthält dagegen durchweg Formen im Partizip Präsens, die also dem Verb und damit dem Vorgang, der Handlung näher stehen. In unserem Beispiel, den Feldern für den Konsonanten R, finden sich die folgenden Entsprechungen:

error	errantis	**R**	ordo	ordinantis
iratus	ira	Vokal +	ornatus	ornantis
irritum	iridentis	Konsonant	rex	armigeri

Tabelle 26: Vergleich der beiden Listen für den Konsonanten R

Das Paar rex - armiger paßt nur inhaltlich, nicht aber phonologisch; dafür passen die Beispiele aus Liste 1: arcanum, argumentum inhaltlich nicht. Ich werde dennoch für die Erläuterung des Anwendungsbeispieles Brunos von einer Korrelation *rex - armiger* ausgehen (*Rex* ist eigentlich der Namen des Feldes und *armiger* die Belegung einer Feldposition).

Für die mitklingenden Gedächtnisorte hat Bruno eine neue geometrische Konstruktion erfunden. Das Zentrum ist ein Kreis, dem zwei gleichseitige Dreiecke mit identischem Schwerpunkt eingeschrieben sind. Da jedes Zentrum für einen Vokal steht (außerdem für den Mittelpunkt, „tellus" - die Erde, und die vier Himmelsrichtungen) ergibt sich eine Sternkonstruktion aus fünf Dreiecken, von denen das mittlere in ein Quadrat eingebettet ist. Da jedem Zentrum und jeder Ecke des doppelten Dreiecks drei Gedächtnisorte zugeschrieben werden, erhalten wir $5 \times (3 \times 2) = 30$ mitklingende Gedächtnisorte. Abbildung 37 zeigt die Konstruktion, die Bruno angibt, im Detail (ibid.: 164; im Original hat das mittlere Dreieck ein B im Zentrum, das Tocco und Vitelli aufgrund des Textes zu A korrigiert haben).

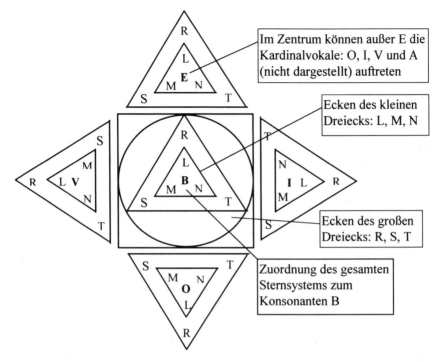

Abbildung 37: Die 30 „mitklingenden" Lager

Die Zentren werden mit den fünf Vokalen A, E, O, I, V; die kleinen Dreiecke mit den „liquescens"-Konsonanten (vgl. Bruno, 1962: Bd. II, 3: 192) L, M, N;[5] die großen Dreiecke mit den ausgewählten Konsonanten (Frikative, Okklusive) R, T, S belegt. Die Korrektur des zentralen B zu A, welche die Herausgeber von Bruno (1962) vornehmen, ist allerdings irreführend. Einerseits ist es richtig, daß jedem der Dreiecke im Zentrum ein Vokal zugeordnet ist und daß in der Mitte ein A stehen muß (wie der Titeltext der Figur auch ausweist), andererseits zeigt ein Blick auf die beiklingenden Lager, daß das Zentrum doppelt belegt ist: die ganze Figur ist einer der 30 Konsonantenverbindungen zugeordnet, d.h. B steht für das erste Element dieser Liste, zusätzlich ist das mittlere Dreieck dem Vokal A zugeordnet, d.h. diese Belegung steht für Silben wie BANS, BEMT, BONT usw.. So gesehen ist die Korrektur der Herausgeber falsch.

Im weiteren Text werden allerdings mit der Liste von Konsonantenverbindungen und den fünf Vokalen Wortlisten erstellt, welche nach dem Vokal

---

[5] L würde heute als Liquid bezeichnet, M und N als Nasale.

systematisch andere Konsonanten, als die nach Abbildung 37 zu erwartenden, nämlich L. M, N, R, S, T enthalten. Wie kann man sich diese scheinbare Unstimmigkeit erklären? Meine Hypothese läßt sich nicht anhand von Zitaten beweisen, gibt aber linguistisch Sinn: Es könnte sein, daß Bruno wortinitiale und wortfinale Silben unterscheidet. In wortfinaler Position befinden sich häufig Endungen, d.h. das morphologische Paradigma bestimmt diese Position. Für die wortinitialen Silben, die mit einem Konsonanten beginnen, dienen die im Text angegebenen Listen, da komplexere silbenschließende Konsonantengruppen nicht auftreten. Ist das Atrium insgesamt dem Buchstaben F zugeordnet, so entstehen die folgenden Orte des Wortgedächtnisses (vgl. Bruno, 1962, Bd. II, 3: 170):

Flagellans, Flectens, Fligens, Florans, Fluctuans,

Frangens, Frenans, Fricans, Frondes, Fructuarius

Das System, das in Abbildung 37 dargestellt wird, ist speziell für die wortfinalen Positionen gedacht, da dort häufig Silben in der Kombination: Vokal + ns (im Partizip Präsens), Vokal + s (Partizip Perfekt), Vokal + s, t, nt, r (in: amas, amamus, amatis, amat, amant, amor) auftreten oder mit Vokal + r, s oder m (pater, patris, patres, patrem, patrum).

Obwohl Bruno keine genaueren Angaben macht, kann man sich die beiklingenden und die mitklingenden Gedächtnisorte entweder als weitere Unterteilungen der Zimmer oder als deren Möblierung (auch in geometrischen Anordnungen) vorstellen. Wenn wir eine unbeschränkte Kombinierbarkeit innerhalb der so ausgebauten Häuseransammlung annehmen, erhalten wir eine sehr hohe Anzahl von Gedächtnisorten:

720 Atrien (mit Räumen)
× 60 (12 × 5) Lager (beiklingend)
× 900 (30 × 5 × 6) Lager (mitklingend)
= 38.880.000 Gedächtnisorte.

Die Häuser stehen jedoch nicht allein im freien Raum, es gibt um sie herum Felder (campus). Diese Felder haben (Jahrhunderte vor den linguistischen Feldtheoretikern seit 1925) den Charakter von lexikalischen Feldern. Es gibt 15 Felder, von denen jedes neun Zellen und jede Zelle sechs Orte hat, d.h. wir erhalten zusätzlich 15 × 9 × 6 = 810 Positionen in den Feldern.

– Die Zahl der neun Zellen ist bereits bekannt (3^2 Quadrate bei Dreiteilung der Seite).
– Der Sechsteilung entspricht die Einpassung eines Sechsecks in jedes Quadrat bzw. in den Kreis, der dem Quadrat eingeschrieben ist.

– Die Anzahl der 15 Felder, die mit jeweils 54 Bildern ausgefüllt sind, kann nur sehr indirekt durch die Stern-Konstruktion in Abbildung 37, welche fünf Dreiecke enthält (ergibt 5 × 3 Orte) motiviert werden. Die Benennungen mit Namen von Göttern und Planeten läßt einen Übergang zur stärker mythologischen Gedächtnisarchitektur des Zweiten und Dritten Buches vermuten.

Die geometrische Raumkonstruktion ist ein riesiger Tempelort mit Parks (Feldern), den Bruno den Tempel des Gedächtnisses nennt. Die Ordnung ist zweidimensional und hat im Prinzip die Form von (meist quadratischen) Zellen. Die Fläche ist dicht gepackt ohne Lücken, man könnte in der modernen mathematischen Terminologie von einer Parkettierung, einer optimalen Nutzung der Fläche anhand regulär wiederkehrender geometrischer Formen sprechen.

Da die umgebenden Felder beliebig weiter ausgedehnt werden können, wie Bruno (vgl. Bruno, 1962, Bd. II, 3: 187 und Bruno, 1991c: 113) selbst sagt, ist die Geometrie der Gedächtnisorte regulär parkettiert, zweidimensional und abzählbar unendlich. In der kosmologischen Sicht Brunos entspricht jeder neue Zellenkranz um ein Zentrum einer neuen Planetenbahn; und im Gegensatz zu Kepler nimmt Bruno eine unbegrenzte Anzahl möglicher Bahnen an (Kepler unterschätzte die Zahl, da weitere Planeten später gefunden wurden, Bruno überschätzte sie).[6] Nun hat diese unendliche aber zweidimensionale Landschaft des Gedächtnisses mehr Struktur als lediglich die im System der Zellen angelegte. Es gibt Wege in der Fläche, es gibt Kompositionen, es gibt Bewegungen in der Belegung von Orten und es gibt Prägnanzeigenschaften von Belegungen. Da Wege und Kompositionsprinzipien für Bewegungen ebenfalls zur Architektur des Gedächtnistempels gehören, will ich sie exemplarisch beschreiben.

1.2 Wege im Gedächtnistempel und das Wortgedächtnis

Bruno nimmt Bezug auf die *praktischen Geometrie,* die wir in der zweiten Vorlesung, Abschnitt 1.3 anhand der Arbeiten von Carolus Bovillus dargestellt haben. Mit den dort angegebenen Hilfsmitteln will ich nun versuchen, den Beginn der Begriff-Bild-Konstruktion, die Bruno in „De imaginum ... compositione" (Bruno, 1962, Bd. I, 3: 126 ff.) ausführt, zu rekonstruieren.

---

[6] Luu und Jewitt (1996) berichten, daß man nach der Entdeckung des Planeten Pluto (1930) mehr als dreißig weitere Sonnentrabanten entdeckt hat, die Teil des sogenannten Kuiper-Gürtels sind.

Der erste Schritt betrifft die Geometrisierung von 24 Buchstaben bzw. die Umsetzung der alphabetischen Sequenz in einen geometrischen „fluxus"[7], einen Weg in einer idealen Figur. Als Hintergrund dient eine universale geometrische Konstruktion, das „Atrium Minervae"; in den „Articuli" gibt es eine entsprechende Konstruktion mit vier sich überlappenden Kreisen, die *figura amoris* (vgl. Abbildung 21). Sie konzentriert in sich drei Funktionen:
- sie ist das Atrium Minervae (in: „De immenso") bzw. Figura amoris (in den „Articuli"),
- sie definiert die Orte einer Gedächtnismatrix, sie ist also eine Figur der „memoria",
- sie entspricht als atomistische Raumaufteilung dem „campus democriti" (die Kreise sind die Atome); eine Alternative ist die versetzte Verteilung der Kreise in „isoceles democriti" (vgl. De minimo,Bruno, 1962, Bd. I, 1: 228).[8]

Der Teil des Buches, den ich im folgenden interpretiere und rekonstruiere, hat sich als besonders schwierig erwiesen, so daß unterschiedliche Interpretations- und Korrekturvorschläge unternommen wurden, ohne daß jedoch dieser zentrale Teil, in dem eigentlich die Prinzipien der Komposition, d.h. die Syntax des Systems beschrieben werden, wirklich durchschaut worden wäre. Dies liegt teilweise daran, daß Bruno imaginative und kulturelle Bezüge voraussetzt, die in ihren Bedeutungsvariationen und Assoziationen heute schwer nachvollziehbar sind; teilweise ist aber auch der publizierte Text unfertig. Bruno wollte eigentlich von Venedig nach Frankfurt zurückkehren, um den Druck zu kontrollieren; dies nahm Moncenigo zum Anlaß ihn bei der Inquisition zu denunzieren, so daß Bruno das gedruckte Werk wohl nie zu Gesicht bekommen hat. In manchen Fallen passen die Abbildungen nicht zum Text oder sind in sich selbst fehlerhaft. In einem ersten Schritt werde ich versuchen, die Komposition des Buchstabenfeldes und den „fluxus" des Alphabetes zu rekonstruieren.

---

[7] Vgl. Mulsow, 1991: 217 „Der *fluxus*, in dem eine Figur entsteht, spielt eine große Rolle. Denn die Figuration wird als Erzeugungsprozeß verstanden, da jede Figur aus der Einheit entsteht, so wie eine Zeichnung aus ihrem ersten Punkt."

[8] In: „De minimo", S. 180, wird eine ähnliche Konstellation gezeigt, wobei die kleinen Quadrate aus rechtwinkligen, gleichschenkligen Dreiecken gebildet sind (das 'Campus Leucippi'); sie dient gleichzeitig als Zahlenfeld. Außerdem sind auch Bezüge zur Figur „Geometra", in „Adversus mathematicos", (Bruno, 1962, Bd. I, 3: 116) festzustellen. Vgl. auch die sog. „magischen Quadrate", von denen eines zur Verschlüsselung der Jahresangabe in Dürers Stich „Melencolia" von 1514 zu sehen ist. Für die Pythagoräer war die Tetras (Vier) eine besondere Zahl, da sie die Reihe 1, 2, 3, 4 abschließt, deren Summe die vollkommene Zahl 10 ergibt. In Bruno (1991: 65) wird auf diese Tradition verwiesen.

Für die Aufteilung der sich rund um das zentrale Quadrat des Atrium gruppierenden Kammern, war es wichtig eine Buchstabenliste zu konstruieren, welche ein Vielfaches von acht war (Lullus hatte 9 Buchstaben verwendet, in „De umbris idearum", Paris, 1582 benützte Bruno ein Feld von 30 Buchstaben, vgl. die erste und die dritte Vorlesung). Da der Holzschnitt, in dem Bruno sein Buchstabenfeld einträgt, Inkonsistenzen enthält, müssen wir die Liste der Buchstaben aus den Namen der ebenfalls alphabetisch geordneten 24 Atria rekonstruieren. Bruno (1591c: 33 bzw.1962: II, 3: 128) gibt die folgende Liste an:

1	Altare (Altar)	A	13	Nidus (Nest)	N
2	Basilica (Palast)	B	14	Ovile (Schafstall)	O
3	Carcer (Kerker)	C	15	Pabulum (Nahrung)	P
4	Domus (Haus)	D	16	Quadriga (Vierergespann)	Q
5	Ecleus (Füllen)	E	17	Retia (Netze)	R
6	Fons (Quelle)	F	18	Speculum (Spiegel)	S
7	Gladius (Schwert)	G	19	Termae (Thermen)	T
8	Horoscopus (Horoskop)	H	20	Vectabulum (Gefährt)	V
9	Ignis (Feuer)	I	21	Porta (Pforte)	V(?)
10	Iugum (Joch)	I	22	Bivium Pythagorae (Gabel des Pythagoras)	Y (?)
11	Laterna (Laterne)	L	23	Xenium (Gastgeschenk)	X
12	Mensa (Tisch)	M	24	Zelotypiae Clavis (Schlüssel der Eifersucht)	Z

Tabelle 27. Das Alphabet der 24 Atria

Auffällig ist, daß I zweimal vorkommt; eventuell trennt Bruno die graphematisch nicht unterschiedenen I (Vokal=9) und I (Konsonant=10). Da in der späteren Zeichnung auch V zweimal vorkommt, habe ich das zweite V der Position 21 (Porta) zugeordnet; im imaginalen Feld dieses Atrium kommt zweimal „vectis" (Türflügel) vor, die metonymische Beziehung zu Porta könnte das Auftreten dieses Namens an dieser Position erklären. Da das Y eine Formähnlichkeit mit der Gabel hat, habe ich für die Position 22 den Buchstaben Y eingesetzt. Es ergibt sich somit das folgende Feld von 24 Buchstaben:

A	B	C	D	E	F	G	H	I	I	L	M
N	O	P	Q	R	S	T	V	V	Y	X	Z

In Bruno (1591c: 32) gibt ein Holzschnitt die Belegung des Atriums mit den 24 Buchstaben an.

Abbildung 38 Holzschnitt in Bruno, 1591c: 32

Die Herausgeben der lateinischen Werke, Tocco und Vitelli, haben diese Grafik korrigiert, indem sie die Stellung von O und P vertauscht haben, das F rechts wurde in der erneuerten Figur als I wiedergeben und in den Fußnoten zu E korrigiert, der undeutliche Buchstaben zwische Y und X (oben) wurde als G interpretiert. Sturlese (1991a: 62) hat das I in ihrer Kopie der Figur von Tocco und Vitelli zu E korrigiert. Diese Korrekturen setzen eine implizite Analyse der Kohärenz voraus, die ich genauer ausführen möchte. Wir können deutlich drei Organisationsgesetze in der Verteilung der Buchstaben unterscheiden:

1. Die Ecken des großen Quadrates sind die Gedächtnisorte für: A (rechts oben), B (links unten); C (rechts unten) und D (links oben).
2. Die Mitten der Seiten (bzw. die Ecken eines um 45° rotierten kleineren Quadrates) ergeben vier weitere Gedächtnisorte: E (rechts; aus dem defek-

tiven F rekonstruiert), F (links), G (oben; aus dem unleserlichen Zeichen rekonstruiert) und H (unten).
3. Die beiden Serien von Positionen in (1) und (2) werden durch Buchstabenpaare belegt (jeweils rechts und links von der ersten Belegung). Nach den oben angegebenen Alphabet müßten in diesen Positionen stehen:

| I, I | L, M | N, O | P, Q | R, S | T, V | V, Y | X, Z |

Tatsächlich fehlt das zweite I ; dafür steht K, das im Buchstabenfeld fehlte und L wird mit Z zu einem Paar zusammengefaßt.

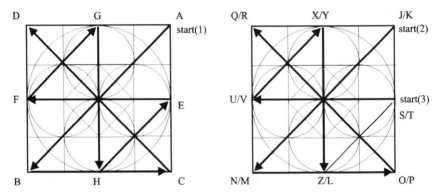

Abbildung 39: Der „fluxus" der alphabetischen Sequenz

Wenn wir das I durch das E ersetzen (siehe die von Tocco u.a. in der Fußnote vorgeschlagene Korrektur), entsteht eine „Flußlinie von E zu F (vorher I) und der Weg wird regelmäßiger und ausgewogener. Abbildung 39 zeigt den rekonstruierten Weg durch das Atrium, einen sog. „Fluxus". Insgesamt folgt der Fluxus den Konturen und den Diagonalen der beiden Quadrate im Atrium Minervae.

1.3 Die Belegung der Gedächtnisorte durch Bilder (Zeichen, Ideen)

Nach der geometrischen Anordnung des Alphabetes geht Bruno zur eigentlich imaginal-begrifflichen Konstruktion über. Den 8 Feldern, welche das Zentrum (Atrium) umgeben, werden jeweils drei Begriffe zugeordnet, wobei im Zentrum ein Begriff für jeden Buchstaben des Alphabetes steht (Atrium imago). Diese erste Schicht (wir gehen auf die zwei weiteren nicht ein), enthält somit $8 \times 3 \times 24 = 24^2 = 576$ Wortbegriffe (stellvertretend für deren Vorstellungsbilder). Bruno gibt für je drei Begriffe eines Feldes spezifische geometrische Orte an (zentral, links, rechts):

„Im Atrium des Altars befinden sich in der östlichen Ecke das abfließende Wasser, zur Rechten derPflug; zur Linken die Kette. In der westlichen Ecke befindet sich der Baum, zur Rechten der Widder, zur Linken die Speisen. In der südlichen Ecke steht das Pferd, zur Rechten der Anker, zur Linken der Wagen. In der nördlichen Ecke befindet sich der Kerker, zur Rechten der Riese, zur Linken der Ziegenbock. Im Osten steht das Waschbecken, zur Rechten der Sohn, zur Linken die Amphore. Im Westen steht der Ofen, zur Rechten die Gabel, zur Linken das vernichtende Feuer. Im Süden steht der Rauch, zur Rechten die Früchte, zur Linken der Stall. Im Norden befindet sich der Schrein, zur Rechten der Kahn, zur Linken der Thron" (ibid.: 129 f).[9] (Übers. d. A.)

Abbildung 40: Rekonstruktion der lexikalisch-imaginalen Belegung des „Atriums" (nach dem Textzitat)

---

[9] „In atrio altaris ad angulum orientis est aqua diffluens, ad dexteram aratrum, ad sinistram catena. Ad angulum occidentis est arbor, ad dexteram aries, ad sinistram epulae. Ad angulum meridiei est equus, ad dexteram anchora, ad sinistram currus. Ad angulum septemtrionis est carcer, ad dextram gigas, ad sinistram haedus. Ad orientem est lavacrum, ad dextram filius, ad sinistram amphora. Ad occidentem fornax, ad dexteram furca, ad sinistram ignis consumens. Ad meridiem est fumus, ad dexteram fruges, ad sinistram stabulum. Ad septemtrionem est scrinium, ad dextram scapha, ad sinistram solium."

Die Abbildungen geben einerseits die spezifischen Positionen der drei Begriffe (links, rechts) nicht an, andererseits stimmen die Einsetzungen nicht mit dem Text zusammen. Ich will die Geometrie des „Hauses" unter der Annahme rekonstruieren, daß alle Teilkammern nach Mitte, links und rechts (von der Mitte aus gesehen) verteilt werden. In die Felder setzen wir dann die im Text genannten Begriffe ein. Wir erhalten (provisorisch) die Struktur in Abbildung 40 oder eine ähnliche Konstruktion (für die relative Anordnung von links und rechts gibt Bruno keinen Hinweis).

Ein Vergleich mit der Belegung desselben Atriums in den Tabellen zeigt deutliche Unterschiede, so daß sich die Frage stellt, welche Belegung eigentlich den von Bruno angegeben Anwendungsbeispiele zugrunde liegt. Wir werden sehen, daß Bruno sich nicht am Text, sondern an den Tabellen orientiert. Abbildung 41 gibt die Tabelle in Brunos Text (mit Übersetzung durch d.A. wieder).

aqua /Wasser	lavacrum/Bad	palma/Palme
aratrum/Pflug	thorax/Brustplatte	anchora/Anker
catena/Kette	amphora/Amphore	currus/Wagen
scrinium/Schrein	**A t r i u m**	stabulum/Stall
scapha/Kahn	**A L T A R E**	fruges/Früchte
solium/Thron		fumus/Rauch
carcer/Kerker	fornax/Ofen	arbos/Baum
cadus/Schale	ensis/Schwert	globus/Globus
sella/Sitz	ignis/Feuer	epulae/Speisen

Abbildung 41: Die Belegung der 24 Kammern des Hauses ALTARE (= A)

Bruno gibt drei Anwendungsbeispiele für die drei Ebenen der Bild-Schrift-Kombinatorik. Im ersten Beispiel sind Buchstaben und nicht Digramme oder gar Trigramme die Basis der Konstruktion (vgl. nächster Abschnitt). Als Beispiel wählt Bruno das Wort ARTEM; das Haus kann durch den Anfangsbuchstaben

des darzustellenden Wortes ausgewählt werden (ibid.: 191). Brunos Auflösung lautet (analysiert):
A: rechts „angulus orientis" → aqua (Wasser)
R: rechts „angulus septemtrionis" → carcer (Kerker)
T: rechts „oriens" → lavacrum (Waschbecken)
E: zentral „oriens" → thorax (Brustharnisch)
M: links „occidens" → ignis (Feuer)

Bruno bildet daraus den folgenden Merksatz: *Aqua de carcere diffluente alluitur in lavacro thorax, qui igne consumente coalescit* (ibid.: 191). (Das Wasser, das aus dem Kerker ausfließt, bespült einen im Waschbecken stehenden Brustharnisch, welcher durch das Feuer verzehrt wird; vgl. auch Sturlese, 1991a: 61). Orientiert man sich an der Zeichnung des „Atrium altaris" (ibid.: 132), bleibt die feldinterne Differenzierung nach Mitte, links, rechts unklar. Immerhin stimmt die grobe Zuordnung:
– angulum orientis: aqua
– oriens: lavacrum, thorax
– occidens: ignis

Wenn wir von der Beschreibung der Feldbelegung im Text ausgehen und die vorherige Systemdarstellung zugrunde legen, erhalten wir eine andere Analyse. Aus dem System (bzw. Text) ist ablesbar:
A: zentral im „angulus meridiei" → equus (Pferd)
R: rechts im „angulus orientis" → aratrum (Pflug)
T: rechts im „meridies" → fruges (Früchte)
E: wenn wir die Korrektur von Tocco und Vitelli akzeptieren: zentral „meridies" → fumus (Rauch/Dampf)
M: links im „angulus septemtrionis" haedus (Ziegenbock)

Die aus den Lösungswörtern gebildete Sentenz könnte lauten:
Ein Pferd vor den Pflug gespannt bringt mehr Früchte als ein Ziegenbock, der nur Dampf (Dünger) produziert.

Das mnemotechnische Prinzip wird deutlich: Vom Buchstaben zum Wort und vom Einzelbild zu möglichst merkwürdigen und deshalb einprägsamen Geschichte. Bruno skizziert zwei weitere Sequenzen im „Atrium cancer" und im „Atrium coronae"; damit zeigt er, daß jedes einzelne dieser Gedächtnishäuser beliebige Wörter durch imaginale Geschichten kodieren kann. Ich will diese sehr kurz gehaltenen Beispiele rekonstruieren, da sie eine erstaunliche Kohärenz aufweisen. Es wird dabei die Belegung der Atria in den Tabellen vorausgesetzt. Zuvor müssen wir aber ein Interpretationsproblem lösen, das ein charakteristisches Licht auf Brunos Vorgehensweise wirft. Das „Atrium coronae" kommt in Brunos Tabellen nicht vor. Zum Wort „basilica" gibt es aber ein Adjektiv „basilicus", das „königlich, fürstlich, prächtig" bedeutet. Zum König gehört als

Artifizielles Gedächtnis und Semiotik im Spätwerk 175

Zeichen die Krone, weshalb „Atrium coronae" eine andere Ausdrucksweise für „Atrium Basilica" (B) darstellt. Da die Tabellen für jedes Feld drei Orte enthalten, können wir die Felder 1-8 numerieren und die einzelnen Bilder (Begriffe) jeweils mit den Positionen a,b,c identifizieren. Jeder Eintrag in den Tabellen ist damit eindeutig lokalisierbar. Auf diese Weise können wir die Lokalisierungen der Bilder in den drei Beispielen (das erste habe ich bereits ausführlich erläutert) vergleichen.

Atrium altaris	A	Atrium basilica	B	Atrium cancer	C
aqua	1a	piscina	1a	laqueus	1a
carcer	7a	inferno	7a	manes (manus)	7a
lavacrum	2a	termae	2a	psitacci f.	2a
thorax	2b	thesauri	*2c*	psalterium	2b
ignis	6c	cameli f.	*6a*	vetulae f.	6c

Tabelle 28: Vergleich der drei Kodierungen von ARTEM

Die Konsistenz ist erstaunlich hoch, so daß wir annehmen können, daß einige Inkohärenzen im Text, welche wir angetroffen haben, mit verschiedenen Arbeitsphasen des Autors zusammenhängen und wohl in einer Schlußkorrektur beseitigt worden wären. Anhand der Positionskodierung läßt sich umgekehrt überprüfen, ob diese auch das Wort ARTEM im Buchstabenfeld ergeben. Dies ist leider nicht der Fall. Wenn wir die spezifische Zuordnung zu Mitte, rechts, links im Buchstabenfeld ignorieren, da das Bilderfeld diesbezüglich keine verwertbaren Informationen enthält, ergibt sich immer noch eine erstaunliche Divergenz. Ich will dies tabellarisch darstellen.

Positionen in der Tabelle		
A	T , E	
R	M	

Positionen im Alphabet		
R		A
		T , E
M		

Tabelle 29: Überprüfung der Zuordnung von Buchstabe und Bild

Die Divergenz ist nicht vollständig. Würde sich M im Alphabet unterhalb von R befinden, könnte sie durch eine Rotation des zugrunde liegenden Quadrates um 90° eliminiert werden. Wahrscheinlich kommen die Variationen in der mentalen Realisierung des Alphabetes durch verschiedene Ausgangspunkte des Fluxus zu

Stande. Wie dem auch sei, die dynamische Umsetzung der gedächtnistheoretischen Hilfsmittel ist wesentlich wirksamer als eine statisch- tabellarische Realisierung. Dies ist wahrscheinlich der tiefere kognitive Unterschied zu Lernsystemen, wie Ramus sie vorgeschlagen hat. Die statischen Systeme erlauben eine kontrollierte und disziplinierte Anwendung; für phantasiebegabte Naturen wie Bruno sind sie unproduktiv und schwerfällig. Allerdings lassen sich die (statischen) Lesarten und Systeme besser historisch rekonstruieren und erscheinen dann als wesentlich vernünftiger.

1.4 Zweites Anwendungsbeispiel: AR-TEM als Silbenkonstruktion

Die Silben-Komposition bezieht (anhand des ersten Buchstaben) den Anfang einer Silbe jeweils auf ein Atrium. Silbenschließende Konsonanten sind einem von zwölf Bildern zugeordnet (z.B. M = Morsu, außerdem kommen vor: B, C, D, F, G, L, N, P, R, S, T, vgl. Bruno, ibid.: 142). Das Wort **Ar-tem** ist in zwei Silben AR und TEM zerlegbar, letztere hat einen silbenschließenden Konsonanten M. In der Liste der „Mutationen" entspricht M = Morsu (mit einem Biß):

AR: A verweist auf das Atrium Altar, in diesem Atrium entspricht dem R das Bild (Wort) Solium (Thron) in der nördlichen Kammer.

TE: T verweist auf das Atrium „Thermae". Der Buchstabe E in der südlichen Kammer entspricht dem Tempel (Templi f.)

M: Morsu (mit einem Biß)

Die beiden gefundenen Kennbegriffe: Thron (solium) und Tempel (templi f.) werden in eine Beziehung der Unterordnung gebracht: der Thron im Tempel. Die Aktion des Beißens (Morsu) verlangt nach einem Patiens des Beißens, dieser wird auf den Thron gesetzt (Templarius). Die Originalstelle lautet bei Bruno (1962: 1992):

> (Übers. d.A.) „Nach diesem Muster stellen wir (das Bild von) ARTEM so her, daß wir aus dem Atrium des Altares und der Thermen den Thron mit dem Tempel oder im Tempel, in dem der Hund den Tempelherrn beißt, nehmen."[10]

Als implizite Schemata werden benutzt:
- der Thron befindet sich in einem Raum, einem Gebäude,
- das Beißen verlangt ein Agens, prototypisch einen Hund, und einen Patiens, prototypisch einen Menschen,

---

[10] „In isto igitur ordine ARTEM ita perficiemus, ut ex atrio altaris et thermarum solium cum templo, vel in templo, in quo canis mordet Templarium assumamus."

Artifizielles Gedächtnis und Semiotik im Spätwerk 177

– auf dem Thron sitzt ein Mensch, dieser ist der Herrscher im angegebenen Ort (Templarius = Tempelherr).
Wir erhalten den folgenden Merksatz:

Der Tempel, in dem der Hund den Templer (auf dem Thron) beißt.[11]

1.5 Drittes Anwendungsbeispiel

Brunos Anweisungen für das dritte Beispiel sind so knapp, daß die Rekonstruktion dieser Anwendung schwierig ist. Meine Rekonstruktion weist in mehrfacher Hinsicht, von jener ab, die Sturlese (1991a: 65) vorgeschlagen hat. Ich zitiere die Textstelle in Brunos Text (ibidem:193) und gebe eine relativ freie Übersetzung der Passage:

„In folgender Weise wird ARTEM dargestellt. Aus der Erklärung der Bilder für Sinnenhaftes und der Bilder für die beiklingenden und mitklingenden Orte ergibt sich: Armiger (der Lanzenträger, Leibwächter). Temperans erhalten wir aus dem Zeichen, das sich im Zentrum des neunten Feldes der beiklingenden Orte befindet mit dem Bild der Mäßigung (Kontrolle, Beherrschung = temperans) und in der Ecke des Feldes der Mäßigung, außerdem könne wir das Zeichen hinzufügen, das sich im linken Eck des inneren Dreiecks befindet."[12] (Übers. d. A.)

Für die Konstruktion solcher Szenarien gibt Bruno (ibid.) allgemeine Anweisungen:

„Es gibt eine allgemeine Methode, mit der die Begriffe sowohl koordiniert als auch zusammengesetzt werden. Man benutze für den ersten Schritt der Zusammensetzung das Beigefügte, für den zweiten den Handelnden, für den dritten die Handlung, für den vierten die Art und Weise, für den fünften den Mithandelnden oder Helfer, für den sechsten die Handlung (des Helfers), für den siebten die Art und Weise der Handlung

---

[11] Vgl. Bruno, ibid.: 192 und Sturlese, 1991a: 64. Während die Zuordnung von E zu „Templi f" mit der Position im rekonstruierten Buchstabenfeld übereinstimmt, ist Beziehung von R zu „solium" mit keiner der Varianten des Buchstabenfeldes kompatibel.

[12] „Ibi ARTEM efficit ab explicatione imaginum sensibilium, imaginum aliarum accinentium armiger temperans ex signo quod est in noni centro accinentium et concinentium temperantis et concinentis in temperantis angulo, cum adiectione eius, quod est in sinistro angulo, interioris trianguli."

(des Helfers). Von diesen Bestandteilen sind zwei oder drei oder alle je nach Bedarf auszuwählen."[13] (Übers. d. A.)

Im obigen Beispiel wird durch die Auswahl des Bildfeldes für Sinnenhaftes jeweils die zweite Liste anvisiert (vgl. oben). Weshalb allerdings Bruno beim Beispiel ARTEM die Bilder für Sinnenhaftes (wir hatten an den Beispielen gesehen, daß dabei Handlungen und Prozesse bevorzugt werden) auswählt, ist nicht eindeutig aus dem Text ersichtlich. Wir sind jedenfalls auf das Kapitel XII des ersten Buches verwiesen. Dort finden wir in der Rubrik IX für die Silbe AR das Wort *armiger* (Lanzenträger, Leibwächter). Wir haben bereits gezeigt, daß in der korrespondierenden Liste (für nicht Sinnenhaftes) die Bilder/Begriffe: REX, IRA, IRRITUM stehen. Wenn wir wie Bruno vorgehen, bedeutet dies, daß ein erstes Szenario mit den Konstituenten: König - Zorn - Spott (wegen der parallelen Nennung von irridens behandeln wir „irritum" wie „irrisum") und dem Leibwächter entsteht. Der sein Gedächtnis Trainierende kann vor seinem inneren Auge eine Hofsituation erzeugen, in welcher der König durch den Spott eines Gastes erzürnt ist und seinen Leibwächter ruft, bzw. zum Eingreifen auffordert.

Da die zweite Silbe (TEM) mit einem Konsonanten beginnt, müssen wir nun das Feld der 30 mitklingenden Orte aufsuchen. Der Vokal E in ARTEM wählt das obere (zweite) Dreieck aus. Im Fluxus enthält es folglich die Position (9) in der Reihe: RE (7), SE (8), TE (9) (aus dem äußeren Dreieck) sowie: LE (10), ME (11), NE (12) (aus dem inneren Dreieck). Die von Bruno angebene neunte Position (TE) stimmt also.[14] Bruno gibt eine Liste von Belegungen mit dem anlautenden Konsonanten T an (ibid.: 170): *Tangens* (Berührender), *Temperans* (Besänftigender, Beherrschender), *Tinctor* (Färber), *Tonsor* (Haarschneider), *Turbator* (Aufruhr Stiftender). *Temperans* entspricht genau dem Silbenbeginn TE. Mit Hilfe des M könnte man eine weitere Bestimmung des Helfers (z.B. durch Wahl von MILES aus der angegebenen Liste) vornehmen; man kann solche Spezifikationen, wie Bruno selbst sagt (siehe das Zitat oben), aber auch weglassen. Es ergibt sich somit ein Szenario mit dem König im Hintergrund und dem Leibwächter, der die Gäste zur Mäßigung auffordert bzw. in ihre Schranken weist.[15]

---

[13] „Est universalior ratio qua species et coordinantur et componuntur, ubi primam compositionem adiectivo, secundam agente, tertiam actione, quartam specie, quintam cooperante seu assistente, sextam assistentis actione, septimam actionis specie perficias, quorum membrorum duo vel tria vel omnia pro rei exigentia capiantur."

[14] Der Übersetzer in Bruno, 1991c glaubte, von einem typographischen Fehler ausgehen zu müssen.

[15] Bei Brunos Vorliebe für Polemik und Spott könnte sich eine solche Szene am Hofe von Elisabeth oder Rudolf II abgespielt haben.

1.6 Metaphorische Umwandlungen

War die Silbenkonstruktion schon ziemlich komplex, so ist die nächste Erweiterung Brunos fast beunruhigend. Die Belegungen der Gedächtnisorte wandern selbst unbeschränkt und kontinuierlich. Ein Wind verbläst sie, damit sie sich wie Samen an anderem Ort festsetzen und wachsen. Ist der Ort nicht angemessen, an dem sich ein Inhalt befindet, so löst sich dieser auf, wird vergessen. Dies bedeutet, es gibt eine ständige Bewegung im Tempel des Gedächtnisses, das also kein *Museum* der Bilder, Ideen und Zeichen ist, denn diese sind belebt wie Höflinge, kämpfen um die besten Plätze und Ränge.

Diese Dynamik der Belegungen ist aber nicht zufällig oder willkürlich, denn es gibt Prinzipien der (optimalen) Anordnung und entsprechend der Ortsveränderung. Bruno nennt die folgenden Kriterien der besten Anordnung (ibid.: Kap. XV: 190):

Durchschaubarkeit, Farbe, Ordnung, Verschiedenheit, Distanz, Größe, Auswahl, Zahl, Trennung, Zusammensetzung, Reinheit, Gewohnheit, Zugänglichkeit, Handhabbarkeit, Proportion, Belebtheit usw. (Übers. d. A.)

Das Gedächtnis wird als eine riesige Hohlform beschrieben, in welche die Gedächtnisinhalte fließen können. Bedeutungen sind somit nicht bare Münzen (wie bei Saussure), sondern Flüssigkeiten, welche sich in einer Art Epigenese ihren (vorübergehenden) Platz suchen. Der Gedächtniskünstler muß die besten Plätze für wichtige Inhalte suchen und die gewählte Ordnung durch eine Verstärkung der Prägnanz stabilisieren, so daß er den Inhalt wieder dort vorfindet, wo er ihn abgelegt hat. Insgesamt ist der „Tempel der Mnemosyne" nicht nur ein riesiges architektonisches Ensemble, es herrscht ein stetes Kommen und Gehen, und nur wer die Bewegungsgesetze kennt, kann sich im Reich der Göttin Mnemosyne, der Mutter der Musen, zu Hause fühlen.

Diese ausgedehnte Architektur des Gedächtnisses wird im Buch II durch eine Darstellung der Götterbilder, ausgehend von emblematischen Darstellungen der Götter Jupiter, Saturn, Mars, Merkur, Minerva (Pallas), Apollo, Aeskulap, Chiron, Aries und Orpheus, Sonne, Mond, Venus, Cupido, Erde (Tellus) ergänzt, wobei auch wieder Nebenfiguren, Eigenschaften, Regionen usw. unterschieden werden.

2 Semantisch-lexikalische Operationen in der Schrift: De imaginum compositione

Bisher haben wir uns mit der Kodierung von Wörtern durch Bilder (Begriffe) beschäftigt, d.h. mit den Methoden, das Wortgedächtnis mit imaginalen Feldern

und Wegen in ihnen zu organisieren. Der zweite große Bereich der Gedächtniskunst betrifft das Sachgedächtnis, d.h. die imaginale Organisation des Weltwissens. Ich werden drei Aspekte herausstellen:
1. die lexikalisch-semantische Kohärenz der Feldbelegungen,
2. die Technik der metaphorisch/metonymische Erweiterungen,
3. die weitergehende Metamorphose eines Textes.

2.1 Kohärenz der Feldbelegung

Für die Atria (Häuser) erscheint die Belegung der Räume und Kammern recht beliebig. Allerdings wird durch die Verschlüsselung eines Wortes als Satz oder Minitext meist ein bizarres Bild erzeugt, das man (innerhalb der mnemotechnisch gewünschten Auffälligkeit) als kohärent bezeichnen kann. Abbildung 41 gibt die Belegung des ersten Hauses (A) (nach der Tabelle in Bruno, 1962, Bd. II, 3: 132) an:

Wasser	Bad	Palme
Pflug	Brustplatte	Anker
Kette	Amphore	Wagen
Schrein	**Atrium des**	Stall
Kahn	**Altares**	Früchte
Thron		Rauch
Kerker	Ofen	Baum
Schale	Schwert	Globus
Sitz	Feuer	Speisen

Abbildung 42: Die Bilder des ersten Atriums

In einigen Fällen sind semantische Feldbeziehungen erkennbar: Kette - Pflug (Teil von); Bad - Amphore (sie dient zum Füllen des Bades, =Instrument); Palme - Anker (des Schiffes, =Kontiguität); Stall - Rauch (bzw. Ausdünstung, =Verursachung); Baum - Globus (=Befindlichkeit auf); Ofen - Feuer - Schwert (=Befindlichkeit und Verursachung im Kontext des Schmiedens); Kerker - Schale - Sitz (=Ort und dessen Ausstattung); Thron - Schrein (=Kontiguität). Die 12 beiklingenden und die 30 mitklingenden Orte sind nach phonetischen Kriterien geordnet, so daß inhaltliche Feldbeziehungen nicht zu erwarten sind. Die Gliederung zielt eher auf einen phonetisch spezifizierten Raum ab.

Insgesamt wird deutlich, daß für Brunos Semiotik nicht einzelne Wörter (oder gar Merkmale) im Zentrum stehen, sondern mit Figuren (Bildern) kombinierte Texte, welche durch eine Lektüre der Gedächtnisstruktur erzeugt werden können. Die Konzentration auf die idealen „Komplexionen" ist auch typisch für Brunos Mathematik; die eigentlichen Bausteine sind immer reguläre Komplexe, z.B. die *figura mentis, figura amoris* und *figura intellectus*.[16]

2.2 Metaphorisch/metonymische Erweiterungen

Giordano Bruno bezieht sich bei seinen Prinzipien des analogischen Schließens auf die ägyptische Weisheit und auf chaldäische Orakel (Bruno, 1962, Bd. II, 3: 111-113 und 1991c: 28-30). Einige der von ihm angeführten Prinzipien sind:
– Das Ding wird durch seine Figur bezeichnet; der Wagen durch einen (gezeichneten) Wagen; das Feuer durch das (abgebildete) Feuer. Dies bildet die Basis, der Normalfall.
– Ein Ding wird durch Unähnliches, mit ähnlichem Namen bezeichnet:
vitis (Wein) → vita (Leben)
equus (Pferd) → aequus (gleich)
– Der Bezug wird durch die Teilähnlichkeit der Bezeichnungen hergestellt:
Praedans (Priester, Betender) → Dans (Geber)
– Das Ganze wird durch den Teil bezeichnet.
– Der Bewohner wird nach dem Land bezeichnet.
– Eine Person wird durch ihre Bekleidung, ihre Bewegung, ihre Eigentümlichkeit bezeichnet.
Janus → Schlüssel
– Das Produkt steht für die Jahreszeit.
Blüte → Frühling
Mit diesen Ähnlichkeitsbeziehungen kann man Analogie-Ketten bilden, so daß ein weitgefächertes Netz von Bedeutungsrelationen entsteht, das mnemotechnisch wertvoll ist.

---

[16] Die Idee einer Einfachheit im Komplexen ist im 20. Jh. im Zusammenhang mit Selbstorganisationsmodellen wieder aufgetaucht. Für den Bereich des Lebens sind einfach konstruierte, aber beliebig komplexe Strukturen grundlegend, z.B. Kohlenstoff-Verbindungen oder bestimmte, zyklisch erweiterbare Makromoleküle.

2.3 Metamorphosen eines Textes

Bruno führt im dritten Teil seines Buches die dreißig Siegel und verschiedene Techniken der semiotischen Transformation und Umformung ein. Das vierte Siegel heißt: „Proteus im Haus der Mnemosyne". Proteus wird als derjenige vorgestellt, der Formen verwandeln kann, der alles aus allem zeugen kann. Als Beispiel nimmt Bruno die Anfangszeilen der Äneis von Vergil *(Übers. d. Autor)*:
– Arma virumque cano, Troiae qui primus ab oris.
   Ich besinge die Waffen und den Mann, der als erster von Trojas Küsten.
– Italiam fato profugus Laviniaque venit.
   kam nach Italien auf der Flucht vor dem Schicksal, an Lavinias
– Littora, multum ille et terris iactatus et alto.
   Küste, vielfach geworfen an Land und aufs Meer.

Daraus gewinnt er eine Liste von Zeichen:

ARMATUS	LAVINIA
VIR	VENTUS
CANTANS	LITTOREUM
PRIMUS	MULTUM
ORANS	TERRA
ITALICUS	IACTATUS
FATUM	ALTUS
PROFUGUS	

Tabelle 30: Die Reduktion auf Schlüsselbegriffe

Bruno führt zuerst eine Interpretation vor, welche das Verborgene auf dem Weg über das Sichtbare aus dem Text „hebt" und dann unter dem Titel: „Proteus im Hause von Pallas, wo Gorgias ist" zwei sophistische Interpretationen. In diesen werden durch Transformation des Ursprungstextes Hypothesen, die von diesem inhaltlich scheinbar vollkommen unabhängig sind, bewiesen. Ich will die Technik, mit der verborgene Sinngehalte ans Tageslicht befördert werden, an einem Beispiel erläutern.

Giordano Bruno beschreibt einen Prozeß der Sinnfindung, bei dem zuerst die Materie fixiert wird. Aus ARMATUS schließt er auf eine in Eisen gekleidete Phalanx. Die Form, als Kontur liefert ihm VIR, den er sich als Helden gemalt auf weißer Grundfläche vorstellt. Aus PRIMUS macht er einen Prinzen, der das Schicksal ahnt und es vollendet. Die Küsten („ab oris" im Originaltext) werden (vermittelt durch den Gleichklanges) zu „ORANS"; es geht um ein Gebet des Äneas. Er wird nach Italien (ITALICUS) getragen, das Schicksal/die Taten (FATUM/factum) sind vergeblich. LAVINIA ist auch der Name der Frau des

Äneas, sie wird gebären. Die Küsten (LITTOREUM), das Begrenzte wird zum Gegenteil, dem Unbegrenzten. Dies offenbart vieles (MULTUM) aus einem Ursprung (principium). Die Erde (TERRA), welche soviel Fortpflanzung erlaubt, ist die Ursache (causa). Die See (ALTUS), das große Element Wasser, hat ihn geworfen (IACTATUS), es bedeutet Glück (Fortuna) oder Fall (Casus).

Welches ist nun der verborgene Sinn, den Bruno durch die neue Zusammenfügung und die Transformation zu finden glaubt? Ich wage eine Hypothese: Giordano Bruno selbst ist der Held, der an die italienische Küste (Neapel) geworfen wurde und INFINITUM, PRINCIPIUM, CAUSA, die im Text hervorgehoben sind, verweisen auf die Frankfurter Schriften. Über Glück oder Fall wird die nahe Zukunft entscheiden. Wir wissen, daß das Schicksal CASUS (Fall) würfeln wird.

Aus der analogischen Erweiterung der zerlegten Inhalte werden weitere Bedeutungsdimensionen genommen, die der Text verbirgt. Bruno setzt die interpretative Reanalyse fort, die sich immer mehr von der (vielleicht ursprünglichen) Zeichen- und Bildfunktion entfernt und immer unabhängiger von realen Verhältnissen wird. Sie wird zu einer internen Angelegenheit des interpretativen Systems (sie wird selbstreferentiell). Ist einmal eine Sequenz von Bildern gegeben, so kann jedes dieser Bilder im Gedächtnisraum nach Analogieprinzipien „wandern". Das Problem besteht für den Interpreten darin, die Bilder so zu verknüpfen, daß keine losen Enden übrigbleiben, daß einige Fixpunkte entstehen und daß der Angelpunkt der Interpretation nicht ins Unendliche abdriftet.

Die Idee allgemeinster Metamorphosen ist typisch für die Spätrenaissance und den Manierismus. Vor Bruno finden wir zwei Landsleute, die in einer noch zu klärenden Beziehung zu seinem Werk stehen: Arcimboldo und Della Porta. Guiseppe Arcimboldo (1527-1593) aus Mailand wurde 1562 als Porträtmaler an den Wiener Hof berufen. Sein letztes Komposit-Porträt (1591) zeigt den Gott Vertumnus und ist gleichzeitig ein Kryptoporträt von Rudolf II., dem Auftraggeber. Vertumnus ist der Gott der Wandlung, wobei die Veränderung der Pflanze von der Blüte zur Frucht den Kern der Symbolik ausmacht. Traditionellerweise wurden diese Eigenschaften des Gottes durch den Kranz mit Ähren und das Füllhorn mit Früchten dargestellt. Arcimboldo gestaltet nicht nur Kleid und Haare mit Pflanzen, auch der Oberkörper und das Gesicht sind aus Gemüsen und Früchten zusammengesetzt. Auf den Kaiser bezogen bedeuten die Bestandteile des Porträts Prosperität und Frieden und verweisen außerdem auf seine alchimistischen Interessen; bestand die Alchimie im Wesen doch in der Umwandlung von weniger Wertvollem (z.B. Blei) zu Wertvollem (z.B. Gold).

Aus naturwissenschaftlicher Sicht ist die „Magia naturalis" des Gian Battista Della Porta mit Brunos Werk in Zusammenhang zu bringen. Della Porta hatte bereits 1558 eine Fassung in drei Büchern publiziert, die in viele Sprachen übersetzt wurde, den Autor aber nicht zufrieden stellte. 1586 publizierte er ein Buch über die Kontinuität zwischen Tieren und Menschen und gleichzeitig eine Charakterkunde „De humana physiognomia Libri IV". Darin werden unter Zuhilfenahme des Tiervergleiches minutiös alle Körperteile auf ihre charakterologische Wertigkeit untersucht (vgl. Baur, 1974: Kap. II). 1589 erschien in 20 Büchern die erweiterte „Magia naturalis", eine wahre Enzyklopädie der Naturwissenschaften des 16. Jh. Die vergleichende Physiologie Della Portas ist gleichzeitig ein Vorschlag, die Astrologie zu ersetzen bzw. den Einfluß der Sterne zu reduzieren und statt dessen natürliche Zeichen des Menschen (z.b. seiner Körperkonstruktion) für die Vorhersage seines Schicksals zu nutzen (vgl. Della Porta, 1603: Proemium).

Wir finden somit bei Arcimboldo und Della Porta die vorherrschende Idee einer bildlichen (semiotischen) und naturgesetzlichen (kausalen) Kontinuität zwischen Natur und Mensch. Diese Entwicklung ist darauf ausgerichtet, die astrologischen „Kausalitäten" zurückzudrängen und eine „moderne" Erklärung anzubieten. Die manieristische Naturphilosophie vermittelt also zwischen einer hermetischen (astrologischen) Interpretation und einer (im heutigen Sinn) naturwissenschaftlichen; sie sollte weder der einen (wie bei Yates) noch der anderen Richtung (Bruno als Märtyrer der Neuen Physik) zugeschlagen werden.

3 Grundzüge einer bildbezogenen Semiotik im Werke Giordano Brunos

Die Eigentümlichkeit und gleichzeitig der Wert der Semiotik Brunos hängt damit zusammen, daß sein philosophisches Bemühen nicht eigentlich den Zeichen, der Sprache, sondern einer neuen Metaphysik, Kosmologie, Ethik und Poetik galt. Das leidenschaftliche und kompromißlose Engagement für die Innovation erzeugt aber durch seine innere Dynamik und Logik eine Semiotik. Im Verlauf seiner Entwicklung wird die semiotische Bezugsstruktur immer mehr zum Angelpunkt, zum Fixpunkt seiner Philosophie. Giordano Bruno ist ein manieristischer Philosoph, insofern er nicht nach einer klassischen Position sucht, um diese dann zu verteidigen. So wie sein Lebens- und Fluchtweg der Bahn einer Weltraumsonde vergleichbar ist, welche die Anziehungskraft verschiedener Himmelskörper ausnutzt, so ist seine Philosophie in Bewegung, auf der Suche, öfter abgestoßen als angezogen.

Jenseits der abstoßenden Kräfte, den eifernden Theologen der Reformationszeit, den peripathetischen Philosophen, den Ramisten, den (humanistischen) Grammatikern und Pedanten, und den anziehenden Kräften, dem hermetisch gefärbten Renaissance-Platonismus, dem Copernicanismus, der Reformkonzeption des Erasmus und der „politiques" am Hof Heinrich III., sucht und findet

Bruno seine Selbstbestimmung in einer phantasie- und bildzentrierten Sprach- und Erkenntnistheorie. Seine letzte Schrift, die ich im vorherigen Abschnitt auszugsweise rekonstruiert habe, ist nicht nur eine gigantische Konstruktion, sie enthält auch ein semiotisches und erkenntnistheoretisches Programm, das ich zusammenfassend darstellen möchte.

3.1 Die semiotische Grundkonzeption in : De imaginum ... compositione (1591)

Die Grundidee der Semiotik Brunos (und der neuplatonischen Philosophie des Geistes) besteht in einer Analogiebeziehung zwischen drei Bereichen:

Gott und das Universum	das Reich der Ideen (idea)
die Natur (natura)	die Spuren der göttlichen Schöpfungskraft und der Ideen (vestigium)
der Geist (ratio)	die Schatten (umbra) der Ideen, die der Geist anhand der Spuren in der Natur aufnimmt

Tabelle 31: Semiotische Ebenen in Brunos System

Die Natur reflektiert die göttliche Aktion, ist also ein indexikalisches Zeichen der Idee; der Geist rivalisiert mit der Natur und intendiert sogar über die Natur hinaus, die Ideen zu erfassen, obwohl er über die Schatten nur einen sekundären Zugang zu ihnen hat.[17]

Die Natur arbeitet auf der Basis einfacher Elemente und Kompositionsgesetze. Diese sind bereits Zeichen (signa), welche den Übergang von der Möglichkeit zur Aktualität steuern. Medium der Zeichenwirkung ist das Licht; es erlaubt eine Ausbreitung von Form, Kontur und Information. Die zentralen Begriffe: Spur und Schatten kann man am Sonnenlicht verdeutlichen (obwohl der Begriff „Licht" eine allgemeine, vom Sonnenfeuer unabhängige Bedeutung hat).

A	Ursprüngliches *Licht*, Idee; z.B. die *Sonne*
B	*Formen*, als Spuren des Lichts; z.B. die *Mondsichel* als Spur des Sonnenlichts
C	*Schatten* einer Form; z.B. *Konturen* eines Objektes im Mondlicht

Tabelle 32: Licht, Spur und Schatten als Grundlage der Semiotik

Das innere Licht des Geistes vollzieht diese Projektionen nach und die Zeichen sind Schatten der Spur des inneren Lichtes.

---

[17] Bei Galilei soll der Geist im Buch der *Natur* lesen; diese hat somit *Gott* verdrängt.

Nehmen wir die klassische Form des semiotischen Dreiecks als Organisationsschema, so gibt es zwei unvollständige Dreiecksbeziehungen[18], die einander zugeordnet sind. Die Naturerscheinungen sind primäre Zeichen (des Schöpfungsaktes, der Genese des Universums), die sprachlichen, bildhaften, gestischen Zeichen sind sekundär und, was die grundlegende Konstellation angeht, mit den primären Zeichen strukturgleich. Die gestrichelte Linie repräsentiert die vermittelte Projektion (A - B), die Schatten und Zeichen „interpretieren" die äußere und die innere Form (B - C). Abbildung 43 zeigt den Zusammenhang.

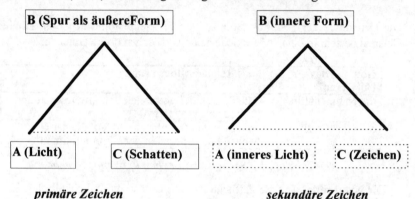

Abbildung 43: *Doppelte Zeichenfunktion (als semiotisches Dreieck)*

Die Projektions- und Interpretationsbeziehung ist für den Begriff des sekundären Zeichens noch nicht ausreichend. Es müssen hinzukommen:
– die Komposition (das Herstellen komplexer Gebilde),
– die Reflexion (der Geist nimmt sich selbst wahr),
– der (rhetorische) Diskurs.
Außerdem wirken die konventionell gegebenen Namen durch gegenseitige Abgrenzung auf den Zeichenprozeß zurück. Zusammenfassend kann man sagen: Das sprachliche Zeichen ist indirekt eine Spur der Idee. Diese Beziehung ist allerdings keine einfache, denn die Zeichen sind in Komposition, Reflexion und Diskurs höher organisiert, außerdem gibt es ein System von Begrenzungen, welche durch die eingeführten Namen aufgezwungen werden.

Obwohl ein Grundprinzip der Analogie und der kausalen Kontinuität angenommen wird, ist der dadurch begründete Realismus durch die konstruktiven Prinzipien (Komposition, Reflexion, Diskurs) und durch Konventionen (Namens-

---

[18] Stellt man die Frage nach der Stabilität dieser offenen Dreiecke und nach der Strukturinvarianz zwischen dem linken und rechten semiotischen Dreieck, so kommen die Problemstellungen der Morphodynamik in Reichweite (vgl. Vorlesung 5).

Artifizielles Gedächtnis und Semiotik im Spätwerk 187

gebung) stark eingeschränkt. Die Semiotik Brunos ist somit konstruktiv und konventionell auf einem realistischen Hintergrund. Die doppelte Konsequenz dieser realistisch-konstruktiven Semiotik ist, daß Bruno die Bilder und Embleme als bevorzugte Zeichenklasse behandelt (sie garantieren den Realismus), seine ganze Anstrengung gilt aber der Rekonstruktion der Ordnungssysteme (also dem konstruktiven Anteil).

Neben dem Grundbegriff der Idee gibt es als Oberbegriffe *Zeichen* und *Bilder*. Sie unterscheiden sich durch die unterschiedliche Relevanz der Räumlichkeit.

- *Zeichen*: Sie treten in verschiedenen Erscheinungsformen auf: als elementare Zeichenformen (character), als Abzeichen (signum), d.h. als Teil eines Bezeichneten, z.B. Kopf als Abzeichen der Person; oder als Anzeichen (indicium), sie bewirken z.B. eine innere oder äußere Kontemplation des Bedeuteten (vgl. Bruno, 1962, Bd. II, 3: 98 ff; und Bruno, 1991c: 13 ff.). Diese „Zeichen" hängen nicht wesenhaft von der Räumlichkeit ab.
- *Bilder*: Figur (figura) als Kontur der Spur oder des Schattens und Bild im engeren Sinn (imago). Sie gehen über Ähnlichkeit (similitudo) und Proportion (proportio) hinaus und benötigen den Raum, entweder den äußeren Raum, z.B. im Porträt, in der Statue, oder den inneren Raum der Imagination. Bevorzugte Bilder sind sehr fassungsstarke, die Imagination und Erinnerung aktivierende Zeichen; ihnen kommt in Brunos Semiotik die zentrale Rolle zu. Eine Konsequenz dieser Präferenz ist, daß auch die Konstruktionsprinzipien bildhaft zu sein haben, und zwar analog zu den Konstruktionsprinzipien der Natur.

Bruno hat übrigens - vor der Entdeckung des Teleskops und des Mikroskops - seine Bildtheorie auf drei optische Vorrichtungen bezogen:

- das Prisma, das ein gebrochenes Regenbogen-Spektrum auf die gegenüberliegende Wand projiziert, als Typ der analytischen Projektion;[19]
- der Hohlspiegel, der mehrere Objekte, z.B. die Strahlen der Sonne und des Mondes in einem Punkt vereinigt, als Typ der kompositionellen Raffung;[20]
- die „camera obscura" (mit konischer Öffnung), welche Umrisse analysiert (Bruno bezieht sich dabei auch auf kreisförmige Bewegungen).[21]

Moderne Äquivalente solcher Vorrichtungen ermöglichen die Photographie, den Film, das Hologramm usw. So gesehen verläßt auch die moderne Mediensemiotik nicht prinzipiell den von Bruno skizzierten Rahmen.

---

[19] Vgl. Bruno, 1962, Bd. II, 3: 102 f, „sicut cylindri species ex crystallo formam iridis recipit et in oppositum parietem appingit".

[20] Vgl. ibid.: 103, „speculum concavum solis atque lunae radios in unum centrum veluti colligens."

[21] Ibid.: „conoidali figura efformatum foramen rerum quae circum fiunt et moventur species in tenebris fingit."

3.2 Kompositionelle Semiotik des Bildes am Beispiel des Emblems

Das Emblem besteht aus einem Bild, einem erläuternden Text, der häufig ein Zitat oder ein Sprichwort ist, und der Gnome. Diese faßt in einem Satz den ganzen Inhalt des Bildes zusammen. Ich will anhand eines Beispiels aus dem 16. Jahrhundert die symbolische Kombinatorik im Emblem kurz analysieren.

Abbildung 44: Beispiel eines Emblems aus Alciato (1542: 110) „Eyl mit weyl"

Der Text neben dem Emblem bestimmt den symbolischen Wert der beiden Konstituenten:
– Des fisch natur ist stiller stan.
– Der pfeyl ferd schneller dann der wind.

Die Gesamtmoral ist:
– In allen sachen mittel han.
– Hayst nit zu spat, vnd nit zu gschwind.

Die ideale Verbindung der beiden Teilforderungen: *Schnelligkeit* und *Ruhe* kommt durch die etwas befremdende Position des Fisches um den Pfeil herum zum Ausdruck. Wenn wir historisch etwas Abstand nehmen, ergibt sich folgendes Gesamtbild.

– Man verfügt über elementare Bildeinheiten und diesen konventionell zugeordneten Bedeutungen. So ist dem Pferd Schnelligkeit, der Schnecke Langsamkeit zugeordnet (heute eher der Schnecke).
– Man wählt als Interpretation einen Satz (Text), der eine gewisse Würde an und für sich hat, d.h. er ist nicht willkürlich gebildet, er hat eine (edle) Herkunft (antike Autoren, Kirchenlehrer, die Bibel dienen als Fundgruben dieser Satzweisheiten). Diese Sätze haben meist ein begriffliches Zentrum oder zwei, die im Kontrast zueinander stehen, z.B. Eile (eyl) und Weile (weyl) in Abbildung 44.
– Man kann mehrere Bilder zusammenfügen. Dieser Bildgestalt (Bild-Erzählung) ist wieder ein Text (Satz) zugeordnet und dieser Prozeß ist wiederholbar.

Die Abhängigkeit von einzelsprachlichen Konventionen macht die ganze Konstruktion allerdings sehr labil. Nur wenn die Embleme rechtzeitig gelernt, geübt und ständig angewandt werden, ist eine gesellschaftliche Kommunikation mit ihrer Unterstützung möglich. Ändern sich die Randbedingungen dieser Kommunikation, so wird das Medium in Spezialbereiche (z.B. des artistischen Sprachgebrauchs) verwiesen und verschwindet schließlich.

Die Embleme haben aber auch eine offene Zeichenstruktur (vgl. Eco, 1973), d.h. sie sind von allgemeineren Kontexten und Wissenshorizonten sowie Bewertungen abhängig. Sobald sie als geschlossene Systeme behandelt werden oder der Wissenshorizont sich radikal wandelt, verlieren sie ihre Bedeutung, ihre Aussagekraft, eventuell die charismatische Ausstrahlung, die ihnen eigen war.

In der Schrift „De gl' heròici furori" interpretiert Giordano Bruno emblematische Figuren als Symbole für die Leidenschaft des Wissenschaftlers und damit für seinen eigenen „furor eroico", seine intellektuelle Raserei. Ich will zuerst die dynamische Charakteristik einiger der von Bruno hervorgehobenen Embleme (er nennt sie Impresen) untersuchen:

a) Der Falter, der die Flamme sucht und in ihr verbrennt. Dieses Motiv könnte Bruno einem Sonett Petrarcas entnommen haben, das wie folgt endet: „E so ben, ch' io vo dietro a quel, que m' arde." (Ich weiß wohl, daß ich gerade zu dem fliege, das mich verbrennt, Übers. d. A.). Bei Bruno ist es die wissenschaftliche Erkenntnis, welche ihn anzieht, um ihn zu verbrennen.[22]

b) Der Phönix, der zur Sonne fliegt, verbrennt und aus der Asche neu geboren wird. In diesem Bild hat die Anziehung der Sonne zwar auch die Zerstörung zur Folge, aber die Wiedergeburt aus der Asche bedeutet letztlich einen Sieg des Phönix. Im Gegensatz zum Falter, der von seinem Verbrennen nichts weiß, sucht der Phönix die Zerstörung mit dem Ziel der Erhöhung bewußt auf. Der „furioso" entspricht eher der *pictura* des Phönix, als der des Falters.

c) Der Mythos des Jägers Aktaion, der auf der Jagd mit seinen Hunden die Göttin Artemis überrascht, von ihr in einen Hirsch verwandelt wird und daraufhin von seinen Hunden zerrissen wird. Bruno gibt selbst eine Anwendung dieses Emblems auf sein eigenes Leben an:

„Aktaion bedeutet den Verstand, der darauf bedacht ist, die göttliche Weisheit zu jagen ... er ging, um zu jagen und der Jäger blieb Beute durch

---

[22] Varianten dieses Bildes sind jene des Hirsches, der zur Wasserquelle kommt, wo ihn der Pfeil trifft, oder des Einhorns, das den Schoß der Jungfrau aufsucht, wo ihm die Schlinge um den Hals geworfen wird.

die Tätigkeit des Verstandes, mit der er die erfahrenen Dinge in sich verwandelte." (zitiert in: Schmidt, 1968: 69; Übers. d.A.) [23]

Wie Bruno näher ausführt, ist Aktaion ursprünglich darauf aus, im Wald Beute zu machen, wobei die Hunde seine Helfer sind. Auf die Wissenschaft übertragen, jagt der Held mit Hilfe seines Verstandes, seiner Gedanken (den Hunden). Sobald er die ungeahnte Wahrheit (die Göttin) findet, ist er außer sich vor ihrem Glanz und sieht sich plötzlich verwandelt in das, was er ursprünglich suchte, eine Beute. Jetzt sind es die Hunde (seine Gedanken), welche ihn als Beute erkennen und verfolgen. Er läuft erneut in die Region unbegreiflicher Dinge und löst sich damit aus der Rolle des gemeinen Jägers, wird zum rasenden Helden. Die vielen großen Hunde (seine Gedanken) beenden schließlich sein törichtes, sinnliches Leben und das geistige Leben beginnt.

Bruno vermischt in seiner Interpretation das Emblem des Phönix und den Mythos des Aktaion, um so sein persönliches Emblem, seine individuelle Imprese zu schaffen. Diese komplexe Figura dient als Chiffre seines Entwicklungs- und Leidensweges, der im Jahre 1600 tatsächlich mit seiner Verbrennung enden sollte.

3.3 Komplexe Bildsemiotik in Dürers „Melencolia"

Die klassische Lehre der Melancholie faßt Agrippa (1533/1987: 150-154) zusammen. Die Melancholie wird mit der *weißen* Galle, also einer der vier Körperflüssigkeiten zusammengebracht. „Unter melancholischer Feuchtigkeit verstehen wir hier die sogenannte natürliche oder weiße Galle. Wenn diese entzündet wird und brennt, so erregt sie die Begeisterung, die uns zum Wissen und zur Weissagung führt, besonders wenn noch ein himmlischer Einfluß, namentlich der des Saturn, hinzukommt" (ibid.: 150). Die Wirkung unterscheidet sich „nach den drei Seelenkräften, der Einbildungskraft, dem Verstande und der Vernunft" (ibid.: 151). Von dieser Begeisterung (furor) ist auch in Brunos Schrift: „Von den heroischen Leidenschaften" die Rede.

Ich möchte eine berühmte Illustration der Melancholie durch Albrecht Dürer (1471-1528) damit in Zusammenhang bringen. Sie wurde 1514 gestochen, also vier Jahre nachdem Agrippas Buch in gelehrten Kreisen als Manuskript zirkulierte (ab 1510; sie erschien 1533, um die vielfältigen Varianten und Ausdeutungen zu beseitigen). Obwohl dieser Stich kein Emblem im engeren Sinn ist, kön-

---

[23] „Atteone significa l'intelletto intento alla caccia della divina sapienza ... andava per predare e rimase preda questo cacciator per l'operazion de l'intelletto con cui converte le cose apprese in sé"

Artifizielles Gedächtnis und Semiotik im Spätwerk   191

nen wir aus ihm doch eine Wissensorganisation ablesen. Wir berücksichtigen dabei die Interpretationen in Panofsky und Saxl (1923) und bei Yates (1991: Kap. VI).

Abbildung 45: Albrecht Dürer, Melencolia I (1514)

Die klassische Lehre der vier Säfte (humores) ging von den folgenden Zusammenhängen aus:

Sanguis purus (Blut)	→	Luft—Jupiter
Pituita (Schleim)	→	Wasser—Mond
Bilis atra (schwarze Galle)	→	Feuer—Mars
Bilis flava (gelbe Galle)	→	Erde—Saturn

Tabelle 33: Die Zusammenhänge zwischen „Säften" und Elementen bzw. Planeten

Dem Melancholiker wurde die Erde (als Element) und der Saturn, der entfernteste Planet, zugeordnet. Die Melancholie ist gleichzeitig tiefste und (unter der Wirkung des „furor") höchste Gemütsverfassung, in ihr treffen sich die Extreme. Wenn wir uns nun der Bildbetrachtung zuwenden, so finden wir die folgenden Informationen dort verschlüsselt:
– Der Engel im Vordergrund mit dem dunklen Gesicht (Schwarz war die Farbe der Melancholie) sitzt auf der Erde. Im Hintergrund erweitert eine Wasserfläche den ebenen Ort.

In der Astrologie des Raymundus Lullus (vgl. Lullus, 1988: 46) lesen wir, daß die im Zeichen des Saturn Geborenen melancholisch und schwer sind; die Schwere haben sie von der Erde und dem Wasser. Sie lieben die Figuren, welche ihnen die Vorstellungskraft eingibt und die mathematischen Ideen, welche die Erde ihnen eindrückt. Der schwerfällige Engel mit dem sehenden Blick zeichnet eine Figur mit seinem Zirkel, ohne hinzusehen, in reiner Intuition. Er stützt seinen Kopf schwer mit der Hand. Sein rechter Ellbogen liegt auf einem Buch. Der Melancholiker hat ein gutes Gedächtnis, wie Lullus sagt, da das Wasser zusammenzieht und rezeptiv sowie gierig ist.[24] Das Bild enthält weitere Informationen zu den Themen: Rechnen, Mathematik, Zeichnen, Konstruieren, Bauen. Die Wesensmerkmale der Begabung des Melancholikers sind:
– geometrisch behauene Steine: Polyeder, Kugel;
– Instrumente des Handwerkers: Hammer, Nägel, Säge, Zange, Hobel, Feile;
– mathematische, messende Instrumente, Zirkel, Waage, Sanduhr.
– Die Leiter in der Mitte des Bildes stellt nach Yates die Himmelsleiter dar, auf der die Engel zur Erde hinabsteigen, der Hund stellt die äußeren Sinne dar (die Hunde des Aktaion, siehe vorherigen Abschnitt); sie sind von der Melancholie eingeschläfert, ausgehungert; es dominiert der innere Sinn, die Intui-

---

[24] Vgl. ibid.: 46: „Ils ont bonne mémoire, parce que l'eau est astringente, aride et réceptive. Ils affectionnent les figures nées de l'imagination et les idées mathématiques que la terre leur imprime."

tion. Der kleine Engel auf dem Mühlstein (Yates spricht von einem Putto) steht für Dürer selbst, der Stichel in der Hand weist auf die Gestaltung dieses Stiches hin. Der Künstler befindet sich somit in Gesellschaft des Engels der Melancholie und in Sicherheit von den schädlichen Folgen dieser Stimmung. Über dem Haupt des Engels hängt das magische Zahlenquadrat (alle Quersummen sind identisch), es verweist ebenso wie die Messingglocke auf den ausgleichenden Einfluß des Jupiter.[25] Selbst diese weitreichende Interpretation schöpft den Bildinhalt nicht aus. Folgende Fragen bleiben offen:
- Welche Bedeutung haben der Komet und der Bogen (Regenbogen) im Hintergrund?
- Welcher Polyeder wird in der Mitte dargestellt und weshalb gerade dieser?
- Was bedeutet der Mühlstein, auf dem der kleine Engel sitzt?
- Was wird in der Kanne im Hintergrund gekocht (Blei zum Zusammenfügen der Steinquader oder Leim)?

Ich will nur der zweiten Frage kurz nachgehen. Es handelt sich um die Abwandlung eines platonischen Polyeders auf der Basis des Kubus (mit sechs Quadraten als Flächen). Das Quadrat steht bei Platon (im Timaios) für die Erde, das Dreieck für die Luft. Der gezeigte Körper kommt dadurch zustande, daß an zwei Ecken des Kubus ein Tetraeder (also auch ein platonischer Körper) abgeschnitten wird; dadurch entstehen neben zwei gleichseitigen Dreiecksflächen sechs nicht regelmäßige, fünfeckige Flächen. Vervollständigt man die Wegnahme der Tetraeder, d.h. statt an zwei Ecken an allen acht, so entsteht ein semiregulärer Polyeder, das Kuboktaeder mit sechs Quadraten, acht gleichseitigen Dreiecken, zwölf Kanten und 24 Ecken. Der große Steinquader befindet sich somit im Übergang zwischen einem platonischen Körper, dem Kubus, und einem archimedischen Körper, dem Kuboktaeder (vgl. Cundy und Rollett, 1981: 85 und 102). Die abgeschlagene Stelle an der vorderen Kante des Quaders verweist auf die bereits begonnene Bearbeitung.

Ein weiteres Rätsel gibt Dürers Bild auf: Wieso nennt er den Stich: „Melencolia I"? Wo bleiben II und III (wenn wir von den drei Stufen des Geistes bei Agrippa: imaginatio, ratio, mens ausgehen). Yates (1991: 67 f.) deutet den ebenfalls 1514 entstandenen und von Dürer fast immer mit dem Stich „Melencolia I" verschenkten Stich „Hieronymus im Gehäus" als „Melencolia III". Hier hat der Geist (mens) in konzentrierter Ruhe Kontakt zur göttlichen Welt aufgenommen. Hier ist nichts im Übergang, abgebrochen, sondern wohlgeordnet durch die einheitliche Perspektive. Der Raum wird durch das Sonnenlicht, durch die großen Fenster beleuchtet, das Licht konzentriert sich am Kopf des schreibenden

---

[25] Vgl. Lullus, 1988: 47: „Jupiter est de la complexion de l'air humide et chaud. Il est bénéfique. Son métal est l'étain et son jour le jeudi."

Hieronymus. Die animalischen Kräfte sind gebändigt. Die Intuition hat außerdem ein deutlich christliches Gepräge, denn der Körper des Hieronymus ist auf das Kruzifix auf seinem Pult ausgerichtet.[26] Yates interpretiert die beiden Bilder im Sinne einer christlichen Kabbala, einer weißen (christlichen) Magie.

Wenige Jahre später (1528) malt Lukas Cranach d.Ä. ein Bild mit dem Titel „Melancolia", bei dem der Zirkel am Boden liegt, die entrückte Frau im Geiste beim links oben dargestellten Hexensabbat weilt, die Sinne sind wach und lebendig (die mit dem Hund spielenden Putten). Yates sieht hier den abrupten Übergang von einem christlich-reformerischen Okkultismus zum Hexenwahn und damit zur einsetzenden Hexenverfolgung. Sowohl Bruno als auch John Dee sollten von dieser sich hier schon früh abzeichnenden Wende existentiell betroffen sein.

3.4 Semiotik des Lichtes bei Tintoretto und Caravaggio

Der 1518 in Venedig geborene Tintoretto beginnt die Ausgestaltung der „Scuola di San Rocco" in Venedig 1564 und arbeitet daran mit Unterbrechungen bis 1587. Als Bruno 1577 eineinhalb Monate in Venedig weilte, war Tintoretto gerade dabei, den oberen Saal zu dekorieren. Ein Blick in diesen Saal zeigt ein klares geometrisches Grundmuster, in das die Bilder Tintorettos systematisch eingefügt sind. An der Decke sind 13 Felder, die Themen des Alten Testamentes behandeln, an den Wänden, zwischen Altar, Eingang und Fensternischen zwölf Bilder aus dem Neuen Testament (davon sind zwei den Heiligen St. Rochus und St. Sebastian gewidmet). Der Marmorboden ist geometrisch ausgelegt und hat als Zentrum einen achteckigen Stern im Kreise. Die Verbindung von geometrischem Gerüst (mit reich verzierten Hauptlinien) und bildhaft-thematischen Feldern kann als eine typische Organisationsform der Spätrenaissance bzw. des Manierismus angesehen werden. Vergleicht man diese mit den Feldern in Brunos Gedächtnistheorie von 1591, sind Analogien unübersehbar. Aber auch die Bildgestaltung selbst, insbesondere die Beleuchtung, läßt an Brunos Semiotik des Lichtes denken. Ich will Brunos Überlegungen zum Licht mit der Behandlung des Lichtes bei Tintoretto und Caravaggio vergleichen.

Für Bruno gibt es zwei Arten des Lichtes: das primäre Licht des ersten Schöpfungstages, das unsichtbar ist, aber im „inneren Licht" der Seele seine Entsprechung hat, woraus sich die Relevanzkonturen der Welt für den Menschen erklä-

---

[26] Es gibt eine deutliche Analogie zu Luthers Arbeitszimmer in Wittenberg. Dies eröffnet weitere Interpretationswege.

ren lassen. Das äußere Licht bringt durch ein Zusammenspiel von Licht und Schatten die Komposition der vielfältigen Dinge hervor. Er sagt:

„Dabei ist in der Tat das Licht eine Art Substanz, die an sich unsichtbar, unendlich verteilt und allen Einzelteilen eingemischt ist; diese geht durch eine Beimischung von Dunkelheit und durch eine bestimmte Verbindung und Komposition in das sichtbare Licht über."[27]

Wenn wir zum Vergleich das „Letzte Abendmahl" von Tintoretto betrachten, so sehen wir einerseits, wie der Kopf Christi von einem Leuchten umgeben ist und dadurch (trotz der Verkleinerung in der Perspektive) hervorsticht, andererseits tritt durch zwei Öffnungen des Raumes Licht ein, welches die Nebenfiguren im Vordergrund und die am Ende der Tafel sitzenden Apostel beleuchtet. Das rechts vorne eintretende Licht konturiert einige der Apostel im Gegenlicht und beleuchtet eine andere Nebenszene im Hintergrund. Tintorettos Bild ist eine fromme Interpretation der Opposition von innerem und äußerem Licht. Für Bruno ist nicht nur das primäre Licht unendlich ausgebreitet, auch Gott ist es.

Ähnlich spezielle Beleuchtungsverhältnisse, die von einer punktuellen Lichtquelle ausgehen, finden wir bei Caravaggio (1573-1610). Auch hier entsteht eine sehr intensive Atmosphäre durch den Kontrast: (viel) Schatten - (wenig) Licht. In dem Bild „Die Berufung des Apostels Matthäus", Rom 1595 (Bruno war damals Gefangener in Rom), ist die unsichtbare Quelle des Lichtes auch der Punkt, auf den die beleuchteten Hauptfiguren blicken. Licht und Aufmerksamkeit (kognitive Relevanz) sind gekoppelt. Obwohl die Atmosphäre durchaus als mystisch empfunden werden kann, ist das wirkende Licht von (nach Bruno sekundärer) einfacher Art.

3.5 Grotesker Dekor und manieristische Architektur als Parallelen der Gedächtnistheorie

Ich möchte zwei weitere charakteristische Erscheinungen in der Kunst des 16. Jh. mit Brunos Gedächtnistheorie in Verbindung bringen: Die Mode des „grotesken" Wanddekors und die „manieristische" Architektur, besonders in Venedig.

Die Mode der „grotesche" hat ihren Ursprung in der Entdeckung antiker Fresken, insbesondere im „domus aurea" des Nero und später bei weiteren Ausgrabungen. Die gefundenen Fresken bestehen aus einer flächenfüllenden Komposition von pflanzlichen, tierischen, menschlichen Formen und deren Übergängen

---

[27] Vgl. Bruno, 1962, Bd. II, 3: 117: „Isti quidem lux substantia quaedam per se invisibilis, per immensum diffusa, partibusque omnibus insita; quae commixtione tenebrarum atque associatione compositioneque certa in lucem sensibilem demigrat."

und Mischungen. Sie gehen wahrscheinlich auf Kulte, die aus dem Nahen Osten nach Rom importiert wurden, zurück. Zuerst wurde diese Technik von Luca Signorelli in Orvieto (1499-1504), dann von Pinturicchio in Siena (1502) und schließlich von Raffael und seiner Werkstatt im Vatikan (Stufetta des Kardinals Bibbiena und Logetta, 1515) zur Anwendung gebracht.[28] Neben der dekorativen, flächigen Wirkung der Grotesken, ist die Erfindung unnatürlicher Formen, d.h. die kreative Loslösung der Phantasie von der Wirklichkeit das entscheidende Moment. Für das Artifizielle Gedächtnis sind solche bizarren Phantasiegebilde insofern relevant, als sie einerseits einprägsam (weil ungewöhnlich) sind und andererseits ein Ausdruck der konstruktiven Freiheit des selbsttätigen Gedächtnisses sind. Pinelli (1981: 149) schreibt:

"Die Groteske wurde in das Repertoire der darstellenden Kunst in der Zeitspanne des 15. Jh. aufgenommen, als zufällig die verschütteten Säle des Domus aurea entdeckt wurden. Sie breitete sich aus und wurde zum „Paradigma einer kreativen und phantastischen Freizügigkeit", welche im Verlauf des 16. Jh. immer mehr in den Vordergrund trat."[29] (Übers. d. A.)

In den Gedächtnisfeldern von „De imaginum ... compositione" (1591) finden wir analoge Phantasiegebilde (jeweils aus drei Komponenten bestehend), welche zum Grotesken tendieren. Wir nehmen als Beispiel das Atrium „Altar":
– ein Schiff liegt vor Anker an einem Palmenstrand (Stichwörter: currus, ancora, palma);
– Wasser fließt aus einer Amphore auf den Oberkörper (lavacrum, amphora, thorax);
– im Kerker steht ein Krug auf dem Stuhl (carcer, cadus, sella);
– das Schwert wird auf dem Feuer erhitzt (ensis, formax, ignis) usw.
Diese in manchen Fällen ganz unnatürlich zusammengefügten Situationen sind in eine architektonisch vorgegebene Struktur eingefügt, wie Bilder in einen Rahmen; ja die Architektur wirkt manchmal wie eine Komposition aus solchen Rahmen. Die Kompositionstechnik findet sich z.B. bei der Gestaltung von Kassettendecken und auch die Fassaden von Gebäuden des Manierismus sind eine Komposition von wiederkehrenden Rahmenelementen. Eben diese Funktion des

---

[28] Die übergreifenden Morphologien von Pflanzen, Tieren und Menschen finden wir wieder bei Runge (1777-1818), z.B. in „Lehrstunde der Nachtigall" (1804), und „Die Freuden der Nacht" (1808). Die naturphilosophische Kontinuität zu Bruno wäre untersuchenswert (vgl. Hofmann, 1977).

[29] „Entrada nel repertorio della figurazione nello scorcio del Quattrocento, quando vengono scoperte casualmente le sale interrate della Domus aurea, la grottesca nel Cinquecento dilaga, divenendo il „paradigma di una licenza creativa e fantastica che si sarebbe sempre piu accentuata durante il secolo" (vgl. auch Pinelli, 1981: 337).

tragenden Rahmens haben aber auch die geometrischen Muster, in die Giordano Bruno seine Bilder, Zeichen und Ideen einfügt.
Die manieristische Architektur ist wie Brunos Gedächtnissystem an klassischen Vorbildern geschult, geht aber spielerisch über deren strenge Muster hinaus. Die „maniera" wird noch deutlicher in der Malerei. Der Dezentrierung in der Kosmologie des Giordano Bruno (mindestens seit 1584) entsprechen die manieristische Perspektive und Beleuchtung, die allegorische Überfüllung der Bildaussage und die Verwendung neuer, das Barock ankündigender Prinzipien des Bildaufbaus. Ob Bruno in Neapel, Rom, Venedig diese manieristischen Tendenzen aufgenommen und in sein Denken integriert hat, ist nicht im Einzelnen zu klären; ein Zusammenhang mit seinen inhaltlich auswuchernden Zeichensystemen liegt aber nahe.

4 Kurzer historischer Ausblick

Die gedächtnistheoretischen Entwürfe Brunos und anderer Autoren des 16. Jh. sind der Boden, auf dem sowohl die rosenkreuzerischen Spekulationen des frühen 17. Jh. als auch die Entwürfe einer universalen Sprache (als universale Begriffsschrift mit universalen Charakteren) gedeihen. Das eigentliche Ziel Brunos, ein hoch leistungsfähiges Wissenssystem (in Anbetracht der überwältigenden Fülle des Renaissancewissens) zu konstruieren, tritt in den Hintergrund. Die innovativen, geometrischen und astronomischen Konzeptionen für eine Gedächtnistheorie, die Bruno entwickelt hat, bleiben ohne nennenswerte Folgen.

Die geistesgeschichtliche Dynamik ist - wie die politische - divergent:
1. Die mystisch-magischen Geheimsprachen verzichten auf eine logisch oder geometrisch anspruchsvolle Konstruktion. Je dunkler, undurchsichtiger, geheimnisvoller das System ist, desto besser.
2. Die philosophisch-apriorischen Kunstsprachen radikalisierten die Rekonstruktion der Ausdrucksseite, um so von den historisch tradierten Sprachen ganz unabhängig zu werden.

4.1 Kunstsprachen des Barock

In Kirchers Polygraphie (Polygraphia nova et universalis ex combinatoria arte detecta), wird die Sprache auf Zahlensysteme reduziert; vgl. Eco, 1994a: 206 f.. Er benutzt lateinische und arabische Zahlen für die Elemente einer Wortliste und deren grammatische Kategorie; die Deklinationsformen werden durch Buchstaben notiert:

amicus	II.5N	(Freund)
venit	XXIII.8D	(kommt)

Tabelle 34: *Zahlenkodierung von Sprache bei Kircher(vgl. Eco, 1994a: 209):*

Caspar Schott ersetzt in seiner „Mirabilia graphica" von 1664 die Zahlen und Buchstaben durch eine graphische Notation, in der die Zeilen „Einer, Zehner, Hunderter, Tausender" angeben. Die Zahlen, die so notiert sind, ergeben wiederum Begriffe. Das folgende Beispiel wird von Eco (1994a: 212) angeführt (° = 1, ___ = 5): *Das Pferd frißt den Hafer.*

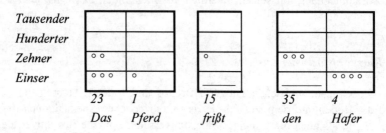

Abbildung 46: *Schema-Notation nach Schott (1664)*

Eine solche Sprache ist zwar als geschriebene universal, wie wird sie aber gesprochen? In Dalgarnos „Ars signorum" von 1661 wird ein universales phonetisches System vorgeschlagen, in dem die Charaktere Hinweise auf die Aussprache geben. Franciscus Mercurius van Helmont versucht zu zeigen, daß die ursprünglichen hebräischen Buchstaben (bzw. deren Namen) eine Anweisung für die Produktion des Lautwertes enthalten (vgl. Wildgen, 1973).

Durch die Stellung der Semiotik Brunos am Ende der Renaissance und vor der Entwicklung einer rationalistischen (Descartes) und empiristischen (Bacon, Locke) Philosophie ist seine Position in einer seltsamen Weise abgeschlossen, isoliert, fertig. Diese Isoliertheit gegenüber der Neuzeit (und die Verwurzelung in den Systemen von Lullus bis Ficino) macht sie für uns so unzugänglich.

4.2 Die Wiederbelebung der Symbol-Kunst im Barock

Hat die Strenge, ja Finsternis der gegenreformatorischen Maßnahmen des 16. Jh. das Schicksal Brunos bestimmt, so entsteht mit dem Triumph dieser Bewegung (in Italien, in Frankreich, später in Deutschland) eine neue kulturelle Blüte unter veränderten Randbedingungen, die wir dem Barock zurechnen. In Rom war die

Fertigstellung des Petersdoms und die bald folgende prunkvolle Umgestaltung der Stadt Ausdruck der neuen Ära. Eine besondere Vorliebe bei der Ausgestaltung repräsentativer Plätze galt den Obelisken, wobei man sich streiten kann, ob deren phallische Zeichenhaftigkeit, die rätselhafte Monumentalität des unikalen Steines oder die nicht entzifferte Schrift die Hauptfaszination darstellten.

Jedenfalls besteht Mitte des 17. Jh. ein großes Interesse an der Deutung der hieroglyphischen Texte auf den Obelisken, die viele Plätze Roms und manche privaten Parks zieren. Athanasius Kircher, ein deutscher Jesuit, der in Rom für Aufsehen sorgt, bedient dieses Bedürfnis. Ein halbes Jahrhundert nachdem Bruno verbrannt worden ist, reaktiviert er die Lullische Kombinatorik, die Alphabet-Kunst, die Bildersprache und die Gedächtnissiegel (natürlich ohne Bruno zu erwähnen).

Jetzt, ohne philosophischen Tiefgang, ohne Religionskritik, ohne mathematische Innovation ist dieser dünne Aufguß der Gedächtnis- und Zeichentheorie des 16. Jh. plötzlich wieder interessant und nicht mehr anrüchig. Natürlich entziffert Kircher die ägyptische Schrift nicht; dies wird erst im 19. Jh., nachdem man den mehrsprachigen Stein von Rosette gefunden hatte, möglich. In gewisser Weise erntet der Barock-Theoretiker noch einmal auf dem Feld, das die Denker der Spätrenaissance, wie Giordano Bruno, bereits leergefegt hatten. Es ist schon bedrückend, im nachhinein feststellen zu müssen, mit welcher Konsequenz Person und Werk Giordano Brunos unterdrückt wurden, und wie leicht im wieder protzig-prunkseligen Zeitalter des Barock, nachdem die Schrecken der politischen und religiösen Umwälzungen vergessen sind, die intellektuellen Traditionen der Renaissance in flacher Manier fortgeführt werden. Einerseits zeigt dies die Kraft solcher Entwicklungen, da sie im Kern nicht unterdrückt werden können, andererseits wird aber die Zielrichtung, eine konsequente Reintegration der vom Christentum verdrängten antiken Kultur, zerstört oder zumindest in weite Ferne gerückt. Das 18. Jh., auch „siècle des lumières" oder Jahrhundert der Aufklärung genannt, wird darauf zurückkommen und die Französische Revolution wird die erste Phase der radikalen Demythologisierung einleiten. Die inkongruente Dynamik der Geschichte verhindert große, friedliche Synthesen und fördert radikale, in den Konsequenzen nicht kalkulierbare und beherrschbare Umbrüche. Insofern ist das Scheitern der Renaissance-Intellektualität an einem religiös-politischen Hausmachtdenken nicht nur für einzelne Personen wie Giordano Bruno tragisch, sondern formt eine lange Geschichte der unvollständigen oder gescheiterten Umbrüche, deren Ende noch nicht absehbar ist.

In der folgenden Vorlesung verlassen wir die historiographische Perspektive und machen aus Giordano Bruno quasi einen Zeitgenossen, der seinen eigenen Beitrag zu prinzipiellen Problemen der Erkenntnis- und Sprachtheorie geleistet hat.

Fünfte Vorlesung.
Die Aktualität der Semiotik und Gedächtnistheorie Giordano Brunos

Die gedächtnistheoretischen Schriften Brunos waren bis weit ins 17. Jh. sehr einflußreich. Die ganze Forschung zum Gedächtnis wurde aber durch die intellektuellen Umwälzungen verdrängt, welche die humanistischen Wissenstraditionen (teilweise) entwerteten und neue Formen der Wissenschaft förderten: nämlich den Empirismus, die starke Anwendungsorientierung und den Rationalismus mit Hervorhebung des methodisch-strategischen Aspektes wissenschaftlicher Arbeit.

Die Aktualität eines Autors und seines Werkes sagt häufig mehr über das aktuelle Denken aus als über den Autor selbst und sein Werk, denn jede aktualisierende Interpretation ist teilweise eine interpretative Neuschöpfung, welche dem Autor fast unausweichlich Gewalt antut. Dennoch kann man eine solche Aktualisierung nicht in Bausch und Bogen verurteilen, denn erstens ist ein implizit vorausgesetzter Relevanzrahmen selbst bei „rein" historischen Analysen unausweichlich, zweitens ist natürlich die Beschäftigung mit einem bestimmten Autor und seinem Werk nur sinnvoll, wenn sich daraus etwas Aktuelles gewinnen läßt. Man müßte sonst per Losverfahren entscheiden, welcher der unzähligen Autoren Gegenstand einer historischen Rekonstruktion zu sein hat. Mit etwas Optimismus kann man immerhin voraussetzen, daß die Analyse der Aktualität eines Autors Teil einer zeitlos zu verstehenden Auseinandersetzung mit Problemen der Philosophie, ja des Menschen ist. In diesem Kapitel werde ich methodisch die historische Zeit als Erklärungs- und Beschreibungsdimension vernachlässigen und mich auf Problemstränge konzentrieren, ohne deren konkrete „Vererbung" zu beachten. Damit dieser Perspektivenwechsel nicht zu abrupt passiert, sind die Teilkapitel so gestaffelt, daß zuerst die (historische) Aktualisierung von Brunos Werk behandelt wird. Dabei dienten jeweils neuere Interpretationsrahmen (z.B. die von Bacon, Descartes, Newton, Goethe, Cassirer) als Bezugspunkt. Die nachfolgenden Teilkapitel beziehen Brunos Werk dagegen auf Interpretationsrahmen, die historisch in keiner direkten Beziehung zu Brunos Werk stehen, aber vergleichbare Problemstellungen behandeln.

1 Ein kurzer Überblick über die Aktualisierungen Giordano Brunos vom 17. bis zum 19. Jh.

Es ist charakteristisch für die Wirkung Brunos, daß es immer eine starke Gegnerschaft gab, und daß diese Gegnerschaft, statt zu einer Kontroverse zu führen, ihren Ausdruck in staatlicher oder kirchlicher Repression fand (den Autor körperlich zum Schweigen brachte) [1], oder ihn und sein Werk mit Schweigen überging. Der erste Akt dieses Totschweigens spielte im frühen 17. Jh.:

1. Francis Bacon (1561-1626) lebte in London, als Bruno dort seine italienischen Werke schrieb (1583-1585) und da Brunos Schüler seine Lehre in England weiterführten, kann man annehmen, daß Bacon ebenso wie William Shakespeare, in dessen Werk sich indirekte Hinweise auf Bruno finden, sehr wohl über dessen Werk informiert war.[2] Bacons Empirismus, der alle theoretischen, vereinheitlichenden Konzepte als „Idole" ablehnt, seine Erkenntnisskepsis, welche jede Verbindung zwischen menschlichen und göttlichen Ideen ablehnt, ist fast das negative Abbild der Erkenntnistheorie Brunos. Seine Antiposition läßt sich an seiner Idolenlehre detailliert nachweisen.[3] Er unterscheidet:
   - Idols of the Tribe: „all perceptions as well of the sense as of the mind, are according to the measure of the individual and not according to the universe. and the human understanding is like a false mirror ..." (Bacon, Novum Organon, 1620/1939: XLI)
   - Idols of the Cave: Im Gegensatz zu Platons Höhlengleichnis, wo sich die ganze Menschheit erkenntnistheoretisch in *einer* Höhle befindet, ist für Bacon jedes Individuum in der eigenen, jeweils anders von der Wahrheit abgetrennten Höhle.

---

[1] Zuletzt bei seiner Verbrennung, wo seine Zunge in einen Holzknebel eingeschraubt wurde.

[2] Als Bruno das zum Skandal Anlaß gebende Buch „Cena de le Ceneri" in London publizierte, wurde Bacon in das „House of Commons" gewählt. In einem Brief von 1625 gibt er an, bereits 40 Jahre früher, d.h. 1585, die Struktur des „Novum Organon" konzipiert zu haben.

[3] In den Londoner Kontroversen um Bruno, die zuerst öffentlich zwischen Brunos Schüler Alexander Dicson (vgl. Einleitung) und einem anonymen Autor (G. P. Cantabrigiensis) ausgetragen wurden, spielte der Vorwurf der Idolatrie an die Adresse Brunos eine Rolle. Die Kontroverse handelte nur oberflächlich von der Gedächtnistheorie bzw. von der dialektische Methode des Ramus, in Wirklichkeit ging es um eine alte religiöse Kontroverse, die in der Reformationszeit wieder zum Leben erweckt wurde (Stichwort: bildliche Darstellungen und monotheistische Religion).

- Idols of the Marketplace: Der Bezug zwischen Wörtern und „Ideen" bzw. Sachverhalten ist ganz willkürlich, oberflächlich: „words are imposed according to the apprehension of the vulgar." (ibid.: XLI)
- Idols of the Theater: Philosophische Systeme sind belanglose Inszenierungen. „Representing worlds of their own creation after an unreal and scenic fashion." (ibid.: XLIV)

Die ersten beiden Idole betreffen den Platonismus und damit indirekt auch Brunos Philosophie; die beiden letzteren den konzeptuellen Realismus und die Systemkonstruktion, die für Brunos Gedächtnismodelle konstitutiv ist. Überhaupt wird die intellektuelle Tradition pauschal entwertet: „Denn die Zeit führt gleich einem Fluß das Leichtere und Aufblähte uns zu, während sie das Gewichtigere und Festere untergehen läßt." (ibid.: 77). Die griechische Philosophie ist typisch für die Botschaft „müßiger Geister an unerfahrene Jünglinge".

Die Antiposition betrifft eigentlich den Humanismus als Ganzes und geht in ihrer Radikalität selbst über die Kritik von Pierre de la Ramée hinaus.[4] Giordano Bruno erscheint hier als der Vertreter einer verlorenen Generation. Freilich haben die Paracelsus-Anhänger, später die Rosenkreuzer und ihr Verteidiger Roger Fludd, die platonisch-magischen Ideen der Spätrenaissance diskreditiert. Es bleibt aber festzuhalten, daß Francis Bacon eine radikale Gegenkonzeption zu Bruno bezieht; diese sollte in der nach dem Vorbild seiner „Neuen Atlantis" gebildeten „Royal Society" politische Wirklichkeit erhalten.

2. René Descartes zeigte, als er Deutschland um 1619 bereiste, durchaus ein Interesse (oder bloß eine Neugierde ?) für die rosenkreuzerische Reform. Nach seiner Rückkehr wurde er deswegen sogar angeklagt. Seine Linie entspricht später ganz jener von Mersenne, der in der Kontroverse mit Fludd[5] eine klare, theologisch begründete Ablehnung erkennen läßt.

Die beiden philosophischen Richtungen haben - obwohl komplementär zueioneander - doch ein Motiv gemeinsam: Die Einschüchterung durch die Gegenreformation (Descartes) bzw. durch den auf praktische Zwecke fixierten Puritanismus (Bacon). In beiden Fällen kommt es zu einer Indienstnahme der Philosophie für eine politisch mächtige Weltanschauung. Die Verbrennung Brunos im Jahre 1600 wirkte als Fanal für das Ende der Freiheiten der

---

[4] Mit der Skepsis und dem Empirismus von Ramus ist Bacon in vielerlei Hinsicht vergleichbar. Der Ramismus hatte sich in Oxford festgesetzt und Brunos Gegner in England und später in Deutschland waren hauptsächlich die Ramisten. Auch Ramée lehnte Copernicus ab, da er jede astronomische Theorie für eitle Wortspielerei hielt.

[5] Mersenne, 1623, Fludd, 1629; die Auseinandersetzung wurde 1630 von Gassendi fortgesetzt; Fludd reagiert darauf wiederum in einer Schrift von 1633; vgl. Frick, 1973: 1588-1601.

Renaissance. Noch schockierender war aber die Verurteilung Galileo Galilei im Jahre 1633, weil sie einen Vertreter des neuen, mechanistischen Geistes traf. Eben dieser Mechanismus bot auch einen Ausweg an; man konnte zwischen der (mechanischen) Welt und Gott einen Trennungsstrich ziehen und damit für die Wissenschaft einen (scheinbar) sicheren Nebenschauplatz eröffnen. Dies war deutlich die Kompromißstrategie der Cartesianer (die allerdings ihre Verfolgung nicht verhinderte). Senofonte (1994: 442) sagt richtig: „La compréhension mécaniste de la nature d'après la nouvelle physique cartésienne devait réaliser la séparation entre Dieu et le monde, et en même temps rendre vaines les fusions et les confusions néoplatoniciennes introduites par Giordano Bruno et les autres auteurs de la Renaissance." Im Grunde bieten sich Descartes, Mersenne u.a. als Verteidiger der Orthodoxie gegen den Paganismus der Renaissance an; die gegenreformatorische Kirche wollte diese „Hilfe" ebenso wie die des Galilei aber nicht annehmen.[6] Das „Angebot" Bacons wird zwar auch nicht angenommen; die Royal Society wird aber die neue Konzeption einer fruchtbaren und nützlichen Koalition ziwschen Staatsmacht und Wissenschaft durchsetzen.

Die weitere Rezeptionsgeschichte, die ich nur kurz zusammenfasse, ist eine Komödie der Fehlinterpretationen:[7] Bruno als Vitalist (Claude Bérigard, Mitte des 17. Jh.), Bruno als Vorbereiter der Theosophie (Abraham von Franckenberg), Bruno zur Unterstützung der Jesuiten (Athanasius Kircher), Vorwurf an die Jesuiten, sie seien Nachahmer Brunos, Bruno als Spinozist (Pierre Bayle), Bruno als Freidenker (John Toland), Bruno als Atheist (Mathurin Lacroze) oder als Märtyrer des Luthertums (Heumann, 1715), Bruno als Aufklärer (Diderot). Die Texte Brunos waren inzwischen so verstreut, daß eine auf sie gestützte Interpretation fast unmöglich war. Jacobi publiziert 1789 in polemischer Absicht gegen Spinoza und seine Sympathisanten einen langen Auszug aus „De la causa".

---

[6] Vielleicht war dies ebenso eine großartige Chance wie im Mittelalter die „Hilfe" des Thomas von Aquin, die nur dank der Geduld und Leidensfähigkeit des späteren Kirchenvaters angenommen wurde. Ja, sogar Giordano Bruno wäre bereit gewesen, der römischen Kirche gegen die religiösen Neuerer zu „helfen". Seine profunde Kenntnis der theologischen Gegner der römischen Kirche, hätte ihn zum Verbündeten der Kontroverstheologie, wie sie Kardinal Bellarmin vertrat, machen können; die Jesuiten an der Sapienza in Rom, welche zwischen Theologie und moderner Naturwissenschaft zu vermitteln versuchten, hätten seine Kompetenz nutzen können. Der Prozeß-Verlauf legt es nahe, daß Bruno auf eine „Lösung" dieser Art setzte. Inzwischen hat die katholische Kirche Galilei rehabilitiert und sich mit dem Verlust ihrer kosmologisch-naturphilosophischen Kompetenz abgefunden (dieser Verlust wurde im 18. Jh. besiegelt). Wann wird sie Giordano Bruno rehabilitieren und ihm, dem Sohn der Kirche, die Polemik gegen die damaligen Kirchenverteter verzeihen?

[7] Vgl. das Kapitel: La „brunomanie" in Levergeois, 1995: 511-522.

Goethe liest (1812 bis 1818) aufmerksam Bruno, sogar dessen lateinische Schriften: De minimo und De monade. Die nachkantische deutsche Philosophie räumt ihm einen ehrenvollen Platz in der Philosophiegeschichte ein. Bruno wird von Schelling (1802) und Hegel (1825-1826) ausführlich behandelt, aber immer relativ zu zeitgenössischen Debatten. Als Konsequenz dieses philosophischen Interesses an Bruno sind Neudrucke der italienischen Dialoge (Wagner, 1830 und Lagarde, 1889) und der lateinischen Schriften (1879-1891) zu sehen.

Die weitere Rezeptionsgeschichte ist nicht weniger turbulent: Zuerst führt die antiklerikale Partei des Risorgimento zu einer Brunomanie, später wird er von deutschen Nationalisten und dann von den Marxisten als Held entdeckt. In Rom wird Bruno 1889 auf dem Campo dei Fiori, an der Stelle seiner Verbrennung, ein Denkmal gesetzt. Mussolini lehnt später die Beseitigung des Monumentes, die vom Vatikan gefordert wurde, ab; dieser spricht daraufhin einen der Unterzeichner von Brunos Todesurteil, den Kardinal Bellarmin, heilig (29. Juni 1930).

Ich habe die Rezeptionsgeschichte deshalb Revue passieren lassen, um zu zeigen, welche Art von Aktualität nicht gemeint ist. Seit der späten Renaissance ist gerade in den Wissenschaften so viel passiert, daß eine Reaktivierung eines Autors oder eines Werkes so sinnlos ist, wie die Einführung eines Indianerkultes in Westeuropa. Solche Bewegungen passen vielleicht zu einer „mythischen Kehre" (vgl. Schrödter, 1991), nicht aber zu einer wissenschaftshistorischen und ideengeschichtlichen Aufarbeitung eines Werkes.

In Levergeois (1995: 519) wird auch die Arbeit von Francis Yates in die Linie dieser einseitigen Interpretationen eingereiht (ebenso wie die Arbeiten von Drewermann [1991] und Filippini [1991]). Ich möchte dagegen Yates' Interpretation von Bruno als Teil der neuplatonisch-hermetischen Philosophie weiter vertiefen. Da ich in den vorangegangenen Kapiteln gerade den systematisch-konstruktiven Aspekt der späteren gedächtnistheoretischen Schriften Brunos nachgewiesen habe, ist der folgende Abschnitt eine Abrundung des Bruno-Bildes und er zeigt eine Facette seiner Aktualität außerhalb des heute als wissenschaftlich bezeichneten Bereiches.

2 Giordano Bruno als hermetischer Philosoph und die Aktualisierung des Mythos im 20. Jahrhundert

In ihrem Buch „Giordano Bruno and the Hermetic Traditon" untersucht Frau Yates *eine* von mehreren Dimensionen des Werkes: dessen Einbettung in die hermetische Philosophie (und Theologie). Sie behauptet keineswegs, daß dies der Hauptaspekt sei. Weitere Aspekte sind:

- Brunos Copernicanismus (der vor Yates fast allein im Mittelpunkt stand und der durch den hermetischen Aspekt eine Korrektur erhält),
- sein Lullismus (vgl. Yates, 1982),
- seine Gedächtnistheorie (vgl. Yates, 1966),
- die Zeichensysteme und die Rituale des französischen und des englischen Hofes (vgl. Yates, 1947 und 1975).

In Anbetracht der Breite ihres Werkes kann man der Forscherin sicher nicht (wie Levergeois dies tut) eine einseitige Interpretation vorwerfen. Ich habe die ersten drei Aspekte in den vorangegangenen Kapiteln behandelt. Für die Interpretation der hermetischen Züge in Brunos Werk kann ich wiederum auf Yates (1964) verweisen, insbesondere auf ihre Beschreibung der Entstehung, Entwicklung und Zerstörung des Mythos einer hermetischen Philosophie, welche zu den Ursprüngen der antiken *und* christlichen Religion in Ägypten und Babylon zurückführt. Dieser panägyptische und panbabylonische Mythos hat ein (allerdings engeres und begrenzteres) Pendant im pangermanischen, nordischen oder arischen Mythos des 20. Jahrhunderts (vgl. Abschnitt 2.3).

2.1 Die Entwicklung hermetischer Bezüge in Brunos Werk

Die hermetischen Bezüge sind eher ungleichmäßig in Brunos Werk verteilt. Nimmt man für die Komödie „Il Candelaio" (1582) eine frühere Entstehung (vielleicht schon in Neapel, d.h. vor 1576) an, so kann man die Verspottung von Magie und Alchimie dort mit der ursprünglichen Position Brunos, welcher diese Geheimwissenschaften als Betrügereien verachtete, in Zusammenhang bringen. Dagegen ist die 1582 in Paris publizierte Schrift „De umbris idearum" sehr stark dem Hermetismus, insbesondere in der Ausprägung bei Ficino, verpflichtet. Die neue Ausrichtung könnte das Ergebnis seiner Anpassung an die Pariser Hofakademie sein, denn die Florentiner Akademie Ficinos diente den aristokratischen Hofakademien als Vorbild.[8] In den Londoner Dialogen, besonders im zweiten Dialog der „Cena de le Ceneri" (1584), wird die hermetische Tendenz Brunos besonders deutlich. Wie Yates (1964: IX) sagt, war es gerade Brunos allegorische Wanderung „along the Strand to the house of Whitehall", welche sie zur

---

[8] Bruno bezeichnet sich vielfach als Akademiker keiner Akademie, aber zumindest in Paris (solange Heinrich III. Herr der Lage war) und am Hofe von Elisabeth I. nutzt er die verspätete Renaissance-Begeisterung der Monarchen. In Oxford stößt die Ficino-Renaissance jedoch auf empörte Ablehnung und man wirft Bruno vor, Ficino zu plagiieren. Er hatte wahrscheinlich aus dem Gedächtnis Texte Ficinos in seine Vorlesungen eingeflochten.

Annahme einer hermetischen Bedeutungsschicht in Brunos Werk veranlaßte. Bereits im dritten und besonders im fünften Dialog des „Aschermittwochsmahls" verschwindet aber diese Tendenz. Der Dialog wird zum scholastischen bzw. humanistischen Disput. Die sogenannten „moralischen" Dialoge weisen wieder deutlichere hermetische Züge auf, allerdings in satirischer Brechung.

Nach der Flucht vor der Wut der Pariser Aristoteliker, in Wittenberg und Prag verschwindet diese Komponente des Werkes fast vollständig. Im Vordergrund seht der Lullismus und die neue anti-aristotelische Naturphilosophie. Erst in Helmstedt, wo die Medizin des Paracelsus Anhänger hatte, wo Bruno die persönliche Protektion des Fürsten genoß, schreibt er wieder über die Magie (De magia, De vinculis in genere), er publiziert diese Texte aber nicht. Die in Helmstedt vorbereiteten „Frankfurter Schriften" beschäftigen sich teils mit Naturphilosophie und teils mit Symbol- und Gedächtnistheorie. Man kann sagen, daß mindestens seit London der naturphilosophisch-systematische Aspekt seines Werkes den mnemotechnischen verdrängt. Ein Gleichgewicht wird nie erreicht und Brunos Schaffen schwankt je nach intellektuellem Kontext zwischen beiden.

2.2 Der hermetische Mythos und seine Zerstörung

Der Ursprungsmythos der Renaissance versuchte das Christentum durch Rekurs auf vorchristliche Philosophien und Religionen neu zu interpretieren. Er bezog sich auf:
– Platon, der selbst wiederum auf pythagoräische und orientalische Mythen verweist,
– Moses und Hermes Trismegistos, welche die altägyptische Weisheit überliefern,
– chaldäische und orphische Quellen.

Die (oben genannte) ursprüngliche Weisheit wird in der christlichen Botschaft nur teilweise vermittelt, d.h. wie bei jedem Mysterium bleibt der Kern dem großen Publikum verborgen. Die Aufdeckung des ursprünglichen Mythos könnte somit das volle Verständnis der christlichen Botschaft wiederherstellen.

Bei Giordano Bruno wird diese (vermeintliche) Reinterpretation des Christentums in den Hintergrund gedrängt. Es galt, überhaupt erst wieder die eigentliche Religion, welche durch die mangelnde Kontinuität zerstört wurde, zu entdecken. Durch diese Verschärfung wurde die Suche nach dem Urmythos zur Religionskritik (-destruktion) und zur Schaffung eines neuen Mythos.

Wie aber ist diese hermetisch-neuplatonische Sicht mit Brunos Eintreten für die copernicanische Revolution in Einklang zu bringen? Yates (1964) erklärt den Zusammenhang dadurch, daß Copernicus selbst nach seiner Erläuterung des heliozentrischen Systems auf Hermes Trismegistos verweist, und daß Bruno, der das mathematische Werk des Copernicus philosophisch-weltanschaulich vollenden wollte, diesen Hinweis aufgreift. Verbindet man die zentrale Position der Sonne bei Copernicus mit dem ägyptischen Sonnenkult, so wird Brunos neue Kosmologie zur religiösen Chiffre und Bruno verliert gänzlich den Nimbus des ersten Verteidigers der neuen (und richtigen) Kosmologie. Ich habe in der zweiten Vorlesung den Copernicanismus Brunos diskutiert und die deutliche Differenz etwa zu den kosmologischen Entwürfen John Dees aufgezeigt, der eindeutig den magisch-hermetischen Weg eingeschlagen hat. Für Giordano Bruno ist wohl eher eine Parallelität unterschiedlicher Erkenntnisinteressen anzunehmen. Charakteristisch für seine intellektuelle Persönlichkeit ist, daß er gleichzeitig mehrere Linien weiterentwickelt.

Die Attraktivität des hermetischen Mythos, besonders bei Pico della Mirandola, dem Schüler Ficinos, bestand darin, daß magische Elemente (zusätzlich zu den implizit im christlichen Wunderglauben vorhandenen) systematisch wieder eingeführt werden konnten. Dies hatte zwei sehr verschiedene Auswirkungen:
- die Bandbreite der Interpretation wird bei Hinzuziehung hermetischer und kabbalistischer Begriffe erweitert,
- dem Menschen wächst mehr Macht zu, er kann selbst in das Schicksal eingreifen.

Ersteres war natürlich eine Bedrohung der christlichen Institutionen, welche seit der Antike die magischen Techniken ausgegrenzt und bekämpft hatten. Letzteres war die Basis eines neuen Selbstbewußtseins des Renaissance-Menschen, der durch seine Geschicklichkeit sich zum Herr über sein eigenes und das Schicksal anderer aufschwingen konnte. Die mechanisch-technische Naturbeherrschung und die politisch-strategische Beherrschung der Geschicke eines Staates sind Konsequenzen des zweiten Effektes. Die Gefahr durch den ersten Effekt konnte nur durch eine neue religiöse Synthese gebannt werden. Unter Alexander VI., der 1493 Magie und Kabbala als hilfreich für die christliche Religion anerkannte, schien die erste Schwierigkeit beseitigt worden zu sein. Die Lösung sollte aber nicht Bestand haben, und die Bilderstürmerei des 16. Jh. ist eine Antwort auf die Öffnung der Kirche Ende des 15. Jh. zur Magie (ebenso wie die bald einsetzende Hexenverfolgung).

Die vermeintliche Einheit von Christentum, ägyptischem Hermetismus und hebräischer Kaballa brach endgültig zusammen, als Isaac Casaubon 1604 mit philologischen Methoden den Nachweis führte, daß die sogenannten hermetischen Texte keineswegs vorchristlich waren, sondern eine spätantike Synthese in Reaktion auf das siegreiche Christentum und somit eine Verteidigung nichtchristlicher Lehren darstellten. In ähnlicher Weise erwiesen sich die kabbalistischen Texte als *mittelalterliche* Ausformungen jüdischer Spekulationen zum

Namen Gottes und zur Buchstaben- und Zahlenmystik. Die Christus ankündigenden uralten Quellen entpuppten sich als heidnische und jüdische Gegenentwürfe zur christlichen Lehre und Varianten von gnostischen Irrlehren, die längst von der Kirche verurteilt worden waren. Die neue Synthese erwies sich im Nachhinein als ein unerwartetes Wiederauftreten längst beseitigt geglaubter Irrlehren. Erstaunlicherweise waren alle Methoden der Datierung und auch die zur Datierung notwendigen Quellen seit Ficinos Herausgebertätigkeit verfügbar, also seit 1464 (1460 war das griechische Manuskript nach Florenz gelangt, und im Auftrag Cosimos begann Ficino 1463 mit der Übersetzung). Es vergingen also 140 Jahre, bis der neue Ursprungsmythos entlarvt und weitere Jahrzehnte, bis daraus die Konsequenzen gezogen wurden.

2.3 Die falsche Aktualität Brunos im Rahmen des germanischen Mythos um 1900

Entstand der hermetische Mythos aus einer (vermeidbaren) falschen Datierung, so beruht der germanische Mythos auf einer verspäteten Fehlinterpretation von Ergebnissen der romantischen Wissenschaft (1800-1850) und einer Krise der akademischen Kultur ab 1890. Die wissenschaftlichen Ergebnisse, welche dieser Mythos ausbeutet, sind viererlei:
1. Die bereits im 18. Jh. entwickelte Kulturanthropologie mit ihren (vermeintlichen) Entwicklungsgesetzen.
2. Die Entdeckung der indoeuropäischen (häufig indogermanisch genannten) Sprachenfamilie, d.h. die Ergebnisse der Philologie des frühen 19. Jh.
3. Die romantischen Märchen- und Mythenforschung (z.B. Jakob Grimm, 1835: Deutsche Mythologie).
4. Die Evolutionsbiologie Darwins und der Streit zwischen Vertretern einer Monogenese und einer Polygenese.
Die ersten beiden Ergebnisse konfrontierten die traditionelle Ursprungskonstruktion: Altes Testament (Hebräisch), Neues Testament (Griechisch, Römisch), mit einer neuen. Indem man die Bedeutung der hellenistischen und spätlateinischen Traditionen herunterspielte, konnte man eine nordisch (germanische) und indische (arische) Tradition gegen die orientalisch-asiatische Tradition stellen.[9] Die Aufwertung der „indogermanischen" Tradition konnte dazu verleiten, in einem bestimmten Sprachtypus (den flektierten Sprachen) die höherentwickelte Form zu sehen und der Darwinismus verleitete dazu, verschiedene Erscheinungsformen

---

[9] Die für wert befundenen Anteile früherer Kulturen wurden einfach retrospektiv „arisiert".

des Menschen auf die Evolutionsskala zwischen Affe und Mensch zu projizieren. In dem Maße, wie aber die kulturelle und biologische Diversität und Komplexität im wissenschaftlichen Prozeß aufgedeckt wurden, waren solche Spekulationen (etwa ab 1885) als unwissenschaftlich durchschaubar. Dennoch sollten sie zwischen 1933 und 1945 ihren traurigen Höhepunkt erreichen.

Im Rahmen der „germanischen" Reinterpretation der Ideengeschichte wurde auch Giordano Bruno von seinem deutschen Übersetzer, Ludwig Kuhlenbeck, mißbraucht. Ludwig Kuhlenbeck hatte 1900 den zweiten Preis einer Ausschreibung der Albert-Krupp-Stiftung gewonnen, in der nach der Anwendung der Prinzipien Darwins auf den Staat gefragt wurde. Später wurde er durch pangermanische Vorlesungen und völkische Schriften bekannt; so publiziert er 1905 ein Buch: „Rasse und Volkstum" (vgl. auch Field, 1981: 212). Der Name „Fraulisa" von Brunos Mutter ist für Kuhlenbeck ein willkommener Anlaß, diesem deutsches Blut anzudichten und ihn damit (trotz der Beschreibungen seines Äußeren, über die wir verfügen), der nordischen Rasse einzugliedern. Aus Brunos „heroici furori" wird Kuhlenbecks „heroisch-ästhetische Weltanschauung", der „Furor" wird zum Rausch („ein hohes Machtgefühl") Nietzsches (vgl. die Einführung und Würdigung zu Giordano Bruno, 1907: If.). Brunos Lob der englischen Frauen, insbesondere von Elisabeth I, wird dadurch erklärt, daß:

„Der Eindruck, den germanische Frauenschönheit, Sonnenhaar und blaue Augen, auf den aus an vornehmer weiblicher Schönheit nicht so reichen romanischen Ländern kommenden Italiener in England nicht verfehlte." (ibid.: 238 f., Fn. 10)
„Wir wissen ja, daß in Bruno mehr als ein bloßer Tropfen germanischen Blutes pulsierte, und Achtung vor edler Weiblichkeit ist schon seit den Zeiten des Tacitus ein Kennzeichen germanischer Rasse, während Verachtung des weiblichen Geschlechts ein Zeichen mönchischer Gesinnung oder asiatischer Minderwertigkeit ist." (ibid.: 247, Fn.: 23).

Aber weshalb wurde der dunkelhaarige, kleine Neapolitaner so gegen besseres Wissen zum großen, blonden Germanen hochstilisiert? Sah man in ihm die antiklerikale Figur des Risorgimento oder den spinozistischen Denker, den Goethe schätzte? War es der Neopaganismus, der sich des Hermetikers bemächtigte, oder wurde der Schüler des „deutschen" Copernicus von der nationalistischen Welle emporgetragen? Die Wahrheit liegt jenseits dieser Alternativen. Die Mythenkonstruktion, die von Chamberlain, später von Rosenberg betrieben wurde, ist ein unersättliches „semantisches Ungeheuer", sie frißt alles, was in einer irgendwie gearteten Analogie zu den zentralen Prägnanzen steht. Im Sinne der Prägnanztheorie von René Thom (vgl. Abschnitt 4.2) kommt es zur radikalen Reduktion der fein verästelten Bedeutungslandschaft zu einem Analogiebrei, zur extremen Polarisierung in Gut und Böse. Alle Differenzen werden abgeschafft; es gilt nur, ob ein Konzept in der Nähe des Mythos oder in der Nähe seiner Negation liegt. Eigenartigerweise kündigt der semantische Prozeß die politischen Folgen bereits an; dieser wird ungeheure soziale Energien freisetzten (und dazu ist er willkommen) und das soziale System jeder regulierbaren Kontrolle entbinden.

2.4 Die Funktion des Mythos im Werk von Giordano Bruno

Im Gegensatz zur mythischen Renaissance Ende des 19. Jh. hat der Mythos im Werke Giordano Brunos primär eine semiotische und ästhetische Funktion. Die semiotische Funktion wird in seinem gedächtnis-theoretischen Werk deutlich. Die Basisstruktur ist allerdings nicht mythisch, sondern geometrisch-kosmologisch. Da als Hintergrund, wie ich gezeigt habe, mindestens ab 1584 die von Bruno verallgemeinerte copernicanische Kosmologie steht, ist die Basis modern. Die Inhalte, d.h. die Bilder und Szenen, welche das allgemeine, überindividuelle Gedächtnissystem ausfüllen, sind historisch und mythisch, wobei sich Bruno nicht scheut, sich selbst in dieser Bilderwelt einen Platz zu reservieren. Mit dem Mythos ist also kein Geltungsanspruch verbunden, die fundamentale Argumentation der neuen Mythenbildung: in den Ursprüngen liegt die Wahrheit, lehnt Bruno ab. Seine Kontroverse mit der Schulphilosophie in „Cena de le Ceneri" liefert das entscheidende Argument: Da wir die Geschichte, da wir die Mythen kennen, haben wir sowohl gegenüber den Mythenschöpfern und früheren Philosophen den Vorteil, den ganzen Traditionsstrang im Lichte der weiterentwickelten Wissen beurteilen zu können. Letztlich zählt nur das eigene Urteil; diese Position Brunos ist also eine moderne Position. Aber die Verständigung innerhalb einer Kultur, einer Sprache setzt ein kollektives Gedächtnis als Medium voraus; dieses inhaltlich, bildhaft zu organisieren, ist Aufgabe seiner Gedächtnistheorie. Mythen sind demnach *bildhafte* Inhalte einer Sprache, ebenso wie z.B. Flexionsendungen *formale* Bestandteile einer Sprache sind. Aus dieser Struktur läßt sich nicht die Wahrheit eines Sachverhaltes beweisen, aber ein für wahr gehaltener Sachverhalt kann in diesem Medium ausgedrückt werden. Daß mythische Elemente eine so wichtige Rolle in Brunos Gedächtnissystem spielen, hängt mit seiner Rekonstruktion des zeitgenössischen Wissens zusammen, für das die Renaissance-Akademien das Ideal darstellen.

2.5 Brunos Gedächtnistheorie als rationaler Mythos

In der Einleitung zum zweiten Band seiner „Philosophie symbolischer Formen: Das mythische Denken" gesteht Ernst Cassirer, daß er weit davon entfernt ist, eine wirkliche Einsicht in das mythische Denken gewonnen zu haben. Sein Hauptinstrument zur Charakterisierung des Mythischen ist dann auch ein negatives. Angenommen die Sprache sei durch die Urteilslogik aristotelischer Prägung richtig beschrieben, so werde das Mythische gerade dadurch charakterisiert, daß es die Grenzziehung des Urteils, welches Sein und Schein trennt und damit andere Grenzziehungen wie: Ursache - (Kraft) - Wirkung, Vergangenheit - (Gegenwart) - Zukunft, Vordergrund - Hintergrund, Bezeichnendes - Bezeichnetes, räumliches Nebeneinander - Bewirken, Substanz- Attribut, verschwinden ließe. Der Mythos ist sozusagen die Kontinuitätsalternative zu einer durch Kategorisierung (Diskretheit) gekennzeichneten Sprache.

Beim Versuch, diese Trennung von (urteilender) Sprache und Mythos auf Giordano Brunos Semiotik und Gedächtnistheorie anzuwenden, trifft man sofort auf die Schwierigkeit, daß dieser die vorausgesetzte logische Sprachtheorie Cassirers nicht teilt, denn diese verweist in der Neuzeit ja gerade auf das Programm der Port-Royal-Logik und -Grammatik, und wir haben bereits gesehen, daß der Cartesianismus historisch lediglich die Negation des Renaissance-Platonismus und damit auch der Philosophie des Nolaners ist. Mit der Verbannung bzw. Entwertung der Phantasie, dem strengen Dualismus von (logisch-abstraktem) Geist und (lediglich ausgedehnter) Materie ist gerade der auf Bilderwelten und narrative Sequenzen angewiesene Mythos nur noch negativ charakterisierbar.[10]

Die Hochrenaissance hatte das aktualisierte mythische Erbe als schöne Dekoration einer intellektuellen Architektur, welche fest im Christentum begründet war, genutzt. Entsprechend finden wir mythische Figuren allgegenwärtig in den Innendekors neben Grotesken und anderen antiquisierenden Elementen. Allerdings beginnt bei Ficino und Pico della Mirandola dieser Dekor in die Welt des Religiösen einzusickern und bei Giordano Bruno findet eine weitgehende Dechristianierung der Innenwelten, für die das künstliche Gedächtnis steht, statt.

Will man sein artifizielles Gedächtnis als einen artifiziellen Mythos verstehen, so gibt es dafür einige Ansatzpunkte (ich gehe von Cassirers inhaltlicher Beschreibung des Mythos aus):

---

[10] In gewisser Weise ist auch der willkürliche und manipulative neue Mythos der Nationalsozialisten eine Konsequenz dieses „Verlustes der Mitte", und, wie Tolkien schmerzlich vermerkt, des Reichtums mythischer Imaginationswelten. Die Unfähigkeit, mit dem Mythos umzugehen, ist sozusagen die Negation der Negation des Urteils im Mythos und damit dessen Zerstörung.

1. Cassirer beobachtet im Mythos einen Prozeß der Schematisierung mit dem Bestreben, „alles Dasein einer gemeinsamen Raumordnung, alles Geschehen einer gemeinsamen Zeit- und Schicksalsordnung einzufügen. Dieses Bestreben hat seine Vollendung, hat die höchste Erfüllung, die im Umkreis des Mythos überhaupt möglich ist, im Aufbau des Weltbildes der Astrologie gefunden". (Cassirer, 1924/1973: 102). Das artifizielle Gedächtnis hat, wie ich zeigen konnte, die geometrische Form des unendlichen Weltalls mit seiner regulären Pflasterung. Allerdings ist die Geometrie immer als anschaulich, als semi-mathematisch intendiert. Sie paßt weder zu Cassirers „Bewußtseinsraum" noch zu seinem „Denkraum der Geometrie" (ibid.: 105), sondern soll beides zugleich sein. Die Unendlichkeit des künstlichen Mythos ist aber ein Grenzfall, da man dem Begriff des Unendlichen (so Cassirer) Anschaulichkeit absprechen muß. Die konstruktive Unendlichkeit durch Fortsetzung eines gleichbleibenden Musters ist jedoch operational im Bereich des Anschaulichen handhabbar. Die Astrologie wiederum wird von Giordano Bruno im „Spaccio della bestia trionfante" reformiert und gleichzeitig satirisch in ihrer Willkürlichkeit entlarvt.
2. Das zweite und vielleicht zentralere Moment des Mythos ist, wie oben in Cassirers Zitat bereits erwähnt, die Zeit- und Schicksalsordnung, d.h. das *narrative* Moment des Mythos. Sie ist im griechischen Mythos (der stark literarisch überformt ist), besonders deutlich. Die Genealogie der Götter, ihre „high society", tragen die Merkmale menschlicher Biographien. In Brunos Gedächtnissystem sind in den „Häusern" des Gedächtnisses Wege vorgesehen, wobei den Grundorientierungen (Himmelsrichtungen) syntaktisch-semantische Funktionen zugeordnet sind (vgl. die vierte Vorlesung). Die Wege im Gedächtnissystem können somit unendlich viele Geschichten produzieren. Die Mythenwelt des artifiziellen Gedächtnisses hat also eine unendliche Vielfalt und ist nicht auf einen oder wenige Erzählstränge reduzierbar.
3. Die Körperlichkeit des Mythos gegenüber der Unkörperlichkeit der Sprache, die Cassirer (ibid.: 71-76) erwähnt, ist nur vor dem Hintergrund einer dualistischen Sprachauffassung ein Unterscheidungsmerkmal. Gerade für die Gedächtnistheorie seit der Antike, ist die Verkörperlichung, Verräumlichung (scheinbar) abstrakter Inhalte der Königsweg. Die Operation der Verkörperlichung in der antiken Rhetorik wäre somit eine Mythologisierung, was schlecht mit der rational-technischen Erfolgsmotivation der Gedächtnistheorien verträglich ist.
4. Der mythische Kraftbegriff, welcher eine fein verteilte Substanz der Kausalität annimmt, auf die Eingeweihte, Priester und Magier in besonderer Weise Zugriff haben (ibid.: 74), die Emanation und Partizipation als Prinzipien der Wirkung, dies sind Ideen, welche auch in der christlichen Religion verwurzelt sind. Ich habe ihre Rolle bei Lullus nachgewiesen und Pico della Mirandola glaubte, innerhalb der christlichen Orthodoxie eine solche „natürliche Magie"

beheimaten zu können. Giordano Bruno hat in Helmstedt zwei Schriften zur Magie verfaßt. Dabei fehlt aber charakteristischerweise die Euphorie und Wirkungsgewißheit der damaligen Magier. In dieser Beziehung, wenn denn magische Manipulationen (sowie Betrug) zum Wesen der Magie gehören, ist Brunos Gedächtnissystem keine Magie.

Im Vergleich zur neugermanischen und neuheidnischen Remythologisierung Ende des 19. Jh. ist Brunos „Mythos-Maschine" wie seine Kosmologie dezentriert und unendlich produktiv. Sie ist damit eigentlich das Gegenbild jener primitiv zentrierten künstlichen Mythologien, welche im Nationalsozialismus zur Manipulation der Massen eingesetzt wurden. Der ursprünglichen Schaffung von Mythen aus der verallgemeinerten Anschauung und der Konstruktion von Beziehungsgebilden und Urgeschichten steht die Gedächtniskunst aber näher als die modernen Pseudomythen. Nur hat sie die neue kosmologische Befindlichkeit des Menschen und den neuen Reichtum an Vorstellungen, den die Renaissance (indirekt die Antike) zur Verfügung gestellt hat, in ihren Mechanismus integriert. Das Pendant zu Brunos manieristischen Mythologie wären eher die literarisch-spielerischen Erweiterungen der Mythologie in der Fantasy-Literatur, z.B. im Werk von Tolkien, wo aus Elementen des Mythos eine komplexe Phantasiewelt geschaffen wird.

3 Giordano Bruno und Ansätze zu einer verallgemeinerten Formen- und Valenzlehre

3.1 Brunos Gedächtnisfelder und die physikalischen Felder seit Newton

Hatte Galilei die Kinematik, d.h. die Lehre von der Bewegung der Körper entscheidend weitergeführt, so ist bei Kepler im Ansatz die Dynamik, die Lehre von den Kräften, angelegt. Nach Kepler verursacht die Anziehungskraft der Sonne, die er sich analog zum Magnetismus vorstellte, die Bewegung der Planeten und läßt ihre elliptische Bahn entstehen. Newtons Begriff der Gravitation als Kraft führte eine grundlegende Aporie in die Dynamik ein: Wie kann ein Körper, z.B. die Sonne, einen anderen Körper, von dem er durch die Leere getrennt ist, beeinflussen, ihn anziehen? Wie ist eine solche Fernwirkung denkbar? Es war der Begriff des (immateriellen) Kraftfeldes geboren, der dann bei Maxwell im 19. Jh. zu einem verallgemeinerten Feldbegriff führte.[11] Wenn wir uns an die Kosmologie Brunos erinnern (vgl. die zweite Vorlesung), so können wir erkennen, daß die Opposition von gegliederter, diskreter, abzählbarer Unendlichkeit der Welten

---

[11] Diese Feldtheorie beeinflußte Anfang des 20. Jh. die Sprachwissenschaft und die Theorie des lexikalischen Feldes.

und der ungegliederten, allgegenwärtigen Unendlichkeit Gottes, d.h. des tiefer liegenden Wirkungsprinzips genau diese formale Distinktion enthält. Newton ging von einer korpuskularen Theorie des Lichtes aus, aber es zeigte sich bald, daß Licht auch einen Feldcharakter hat. Was hat das mit Bedeutungen, Zeichen, Gedächtnis zu tun, mag sich der Leser fragen. Licht als Feld ist die Vorbedingung für die visuelle Wahrnehmung, und Schall als Feld ist die Vorbedingung für die akustische Wahrnehmung (in ähnlicher Weise gibt es Diffusionsgradienten von Gerüchen für die olfaktorische Wahrnehmung, und Süß-Sauer-Konzentrationen für den Geschmack sowie Verteilungsgradienten von Hautwahrnehmungen für das Tasten). Das bedeutet, daß Felder, welche den Raum zwischen dem Wahrzunehmenden und dem Wahrnehmungsorgan füllen, *die* Vorbedingung und damit auch die strukturelle Ursache der Wahrnehmung sind. Wie steht es aber mit dem geistigen Wahrnehmen, der Selbstwahrnehmung, dem Gedächtnis, der Reflexion? Welches ist dort das Medium? Läßt sich die Reorganisation des Objektbildes anhand der visuellen, motorischen, akustischen Felder und Feldveränderungen auf die Sphäre des Geistigen, der Bedeutungen übertragen? Ich werde zwei Versuche einer solchen Vermittlung als mögliche Aktualisierungen der Vorschläge Giordano Brunos diskutieren.

3.2 Giordano Brunos „natürliche Magie" der Bindungen und Goethes „Wahlverwandtschaften"

Die physikalischen Felder sind eine Erklärung für die Kraftwirkung ohne Kontakt; im 16. Jh. stellte sich nach der Auflösung der Kristallsphären, an denen die Planeten (und Sterne) angeheftet waren, zuerst die Frage der bindenden Kräfte überhaupt. Ebenso dringend stellte sie sich dem Chemiker, der ja Bindungen lösen und herstellen wollte, und dem Mediziner (in der neuen paracelsischen Tradition), der die Wirkung von Substanzen auf den Menschen verstehen, die Grenze von Heilmittel und Gift bestimmen wollte. Als Grundlage für eine allgemeine Lehre der Bindung, die man als „natürliche Magie" bezeichnete, diente die antike Effluxus- und Emanationslehre, z.B. bei Jamblichus und Plotin, welche durch die Übersetzungen und Kommentare von Ficino ihre Aktualität wiedergewonnen hatte. Man ging von einer „goldenen Kette" (catena aurea) aus, welche Gott (die Weltseele) - die Götter (ätherische Substanzen) - Himmelskörper - Dämonen (Bewohner der Himmelskörper) - die vier Elemente - das Vermischte - die Sinne (das mit Sinnen Ausgestattete) - die Seele - das Lebewesen (und die Materie) verbanden (vgl. Bruno, 1962, Bd. III: 402). Jeder dieser Entitäten ist ein individueller Spiritus, ein Selbsterhaltungsprinzip zugeordnet; innerhalb der verschiedenen Arten und Individuen gibt es eine Vielzahl von Bindungen (vincula): Giordano Bruno unterscheidet 20 Arten. Die Beherrschung dieser Bindungen nennt Bruno Magie (wobei er die negative, schädliche und die betrügerische Ausübung definitorisch ausschließt); er spricht von „natürlicher Magie", sie kann Wunder tun, „wie dies in der Medizin und in der Chemie ihrer Gattung gemäß geschieht" (Bruno, 1995e: 115). Die „natürliche Magie" in einem engeren Sinne betrifft Phänomene der Antipathie und Sympathie „wie z.B. die Kraft des Magneten und ähnliches, deren Werke nicht auf die passiven und aktiven Kräfte reduziert werden, sondern im Ganzen auf einen Geist oder eine Seele, die in den Dingen existiert". (ibid.)

Anfang des 17. Jh. bekam die Lehre des Magnetismus großen Auftrieb durch das Buch von Gilbert (1600). Kepler faßte 1609 in seiner „Astronomia Nova" den Magnetismus als Erklärung der Anziehung zwischen der Sonne und ihren Planeten ins Auge (vgl. Pumfrey, 1991). Die Verallgemeinerung der magnetischen Kräfte zur Erklärung anderer Naturphänomene (z.B. der Stabilität der Erdachse) und die späteren medizinischen Anwendungen durch Franz Mesmer (1734-1815) erwiesen sich allerdings als Irrwege.

Johann Wolfgang Goethe schrieb 1809, ein Jahr nach dem Faust I (Dr. Faustus war ein Alchimist), den Roman „Die Wahlverwandtschaften". Er geht von der Figur der chemischen Bindung und Trennung aus und wendet diese auf die Romanfiguren Eduard und Charlotte (das anfängliche Paar) und den sich hinzugesellenden Hauptmann und dessen Tochter an. Dabei ist es der Hauptmann, welcher als chemisch Experimentierender die Analogie in die Diskussion bringt. Eduard verallgemeinert sie und bezieht sie auf zwischenmenschliche und soziale Bindungen.

„Du stellst das A vor, Charlotte, und ich dein B: denn eigentlich hänge ich doch nur von dir ab und folge dir wie dem A das B. Das C ist ganz deutlich der Kapitän, der mich für diesmal dir einigermaßen entzieht. Nun ist es billig, daß wenn du nicht ins Unbestimmte entweichen sollst, dir für ein D gesorgt werde, und das ist ganz ohne Frage das liebenswürdige Dämchen Ottilie, gegen deren Annäherung du dich nicht länger verteidigen darfst." (Goethe, 1809/1939: 43)

Wie die vorherige chemische Analyse des Hauptmanns es ahnen ließ, kommt es trotz des Einwandes von Charlotte, daß der Mensch doch im Gegensatz zum chemischen Element die Wahl habe, zu einer fast zwanghaften Reaktion, welche das Paar: Eduard und Charlotte trennt. Die vollständige (chemische) Neuverbindung: Eduard—Ottilie und Charlotte—Hauptmann scheitert aber am Ehrbegriff und an der gesellschaftlichen Konvention. Ottilie und Eduard sterben am Ende, die anderen beiden bleiben (getrennt) zurück.

Die chemische Konzeption der Wahlverwandtschaften hatte vor dem Hintergrund paracelsischer Ideen T. O. Bergmann (1735-1785) entwickelt, sie sollte später in die Theorie chemischer Affinitäten einmünden. Vergleicht man die „Aktualisierung" Goethes, die allerdings mit Sicherheit *nicht* auf Bruno zurückgreift, mit Brunos Ausarbeitung zum selben Thema (das natürlich bis auf die antiken Naturphilosophen, z.B. Empedocles, zurückführbar ist), so erstaunt der Ansatz einer Reduktion des Affektiven auf Chemisches bei Goethe.[12] Wie Brunos Schrift „De vinculis in genere" zeigt, tendiert Bruno dazu, die menschliche Affektivität (u.a. seine Sexualität) als klarste Form der Bindungen hervorzuheben. Demgegenüber sind dann chemische Bindungen spezifische Randfälle. Diese Vorstellung, daß sich im Bereich des Menschen die auch für die unbelebte Natur zentralen Formprinzipien besonders klar und prägnant zeigen, hat René Thom (1974) in seinem Aufsatz „La linguistique discipline morphologique exemplaire" hervorgehoben. Ich betrachte deshalb seine Konzeption einer Morphodynamik als die eigentliche Aktualisierung (auch ohne Bezug zu Bruno).

3.3 René Thoms „Morphologie Générale" im Lichte von Brunos Naturphilosophie

Die antike Idee der „golden Kette", welche alle Stufen des Seins verbindet, die eines „Spiritus", welcher seine Wirkung über alle Trennung hinweg entfaltet, ist durch den cartesianischen Dualismus negiert worden. Die Kette wurde zerbrochen und der Bruch verlief zwischen Körper und Geist des Menschen, wobei die notwendige Berührung auf eine Punktsingularität (die Zirbeldrüse) reduziert wurde. Aber dieser Bruch dehnte sich aus wie eine Stoßwelle und zersplitterte schließlich den Bereich des Wissens in zahllose Parzellen (Module), für die jeweils separate Gesetze zu finden waren. Diese Zersplitterung wurde stabilisiert durch Descartes' Methode des „divide et impera" in den Wissenschaften und durch die disziplinäre und methodische Aufgliederung der einzelnen Forschungsziele. Wissenschaftssoziologisch war dies (besonders in den technisierten Naturwissenschaften) ein notwendiger Fortschritt; die bereits von Descartes in seiner 4. Regel geforderte Wiederzusammenführung der Teilergebnisse und die dazu notwendige einheitliche Theoriesprache blieben in vielen Bereichen ein Desiderat. Zuerst bot sich die Mathematik als Einheitssprache an und die Analysis hat diese Rolle in den modernen Naturwissenschaften auch erfolgreich übernommen. Anfang des 20. Jh. wurde die Logik als grundlegende Theoriesprache jenseits der

---

[12] Dies ist allerdings nicht unmittelbar die Position Goethes; die Ausführung des Hauptmanns verweist eher auf Positionen des mit Goethe befreundeten Alexander von Humboldt (1766-1859). Dieser hatte 1799 eine Arbeit „über die chemische Zerlegung des Luftkreises" publiziert (vgl. Meyer-Abich, 1967).

verschiedenen, nicht aufeinander reduzierbaren mathematischen Sprachen angeboten. Die Generalisierung dieses Ansatzes geschah programmatisch im logischen Empirismus, z.B. in Carnaps „Der logische Aufbau der Welt" (1928). Zur gleichen Zeit versuchte Otto Neurath eine „Einheitswissenschaft" zu gründen und 1928 entwickelte er Isotypie als Bildersprache der Universalstatistik" (vgl. Hegselmann, 1979 und Wildgen, 1998a: Kap. 1).

Dies ist ein Weg der „Reparatur" des cartesianischen Bruchs: man hält prinzipiell an der Zersplitterung fest, entwickelt aber riesige Übersetzungsprogramme, welche die zersplitterten Einzelergebnisse in ein „Format" überführen sollen. Diese Versuche sind praktisch gescheitert und zwar aus leicht ersichtlichem Grunde: die separat entwickelten Bedeutungssysteme (mit der entsprechenden Handlungs- und Interpretationspraxis) lassen sich nicht syntaktisch (d.h. ohne tiefere Eingriffe in die so konstituierten Bedeutungswelten) in *eine* Sprache übersetzen. Das cartesianische Programm ist asemiotisch und scheitert an diesem Mangel.

Seit dem Siegeszug von Newtons Physik, welche über Descartes hinausgeht und den Cartesianismus in seiner Metaphysik „überwindet", gab es Gegenbewegungen. Besonders scharf war die Gegnerschaft von Goethe als Naturwissenschaftler (z.B. in seiner Farbenlehre). Goethe führte mit dem Begriff der „Allgemeinen Morphologie" die antike Idee der „goldenen Kette" wieder ein; die „Morphologie überhaupt" ist der Schlußstein eines Gewölbes mit der Naturgeschichte, der Naturlehre, der Anatomie, der Chemie, der „Zoonomie", der Physiologie und den speziellen Morphologien als Aufbauebenen (vgl. Goethe, 1820/1955: 125 f. und Wildgen, 1983). Die „Morphologie überhaupt" ist: „die Betrachtung des organischen Ganzen durch Vergegenwärtigung aller dieser Rücksichten und Verknüpfung derselben durch die Kraft des Geistes" (ibid.). Goethes Denken ist dabei ähnlich qualitativ wie das Brunos; und seine Kritik der Rechenmeister seiner Zeit ist mit der Brunos an den „Mathematikern" vergleichbar (siehe: Bruno, 1588 „Articuli centum et sexaginta ...", in Bruno, 1962, Bd. I, 3). Im Gegensatz zu Goethe versucht Bruno allerdings eine seinen Vorstellungen entsprechende qualitative Geometrie zu entwickeln, die er zuerst in der Frankfurter Trilogie und später in den posthumen Schriften" „Praelectiones geometricae" und „Ars deformationum" (neu in: Bruno, 1964) präzisiert.

In die Richtung einer qualitativen Mathematisierung allgemeiner, disziplinunabhängiger Gesetzmäßigkeiten führt auch die „Morphodynamik" René Thoms. Er schlägt 1966 eine dynamische Theorie der Morphogenese vor, welche zuerst in der Biologie (Embryologie), ab 1968 in der Linguistik zur Anwendung kommt (vgl. Wildgen, 1982, 1985a). Ich werde in Abschnitt 4.2 auf die Semiotik der Prägnanz, die er seit 1978 entwickelt hat, näher eingehen.

Thoms naturphilosophische Position negiert die empirischen Fortschritte der Wissenschaften und die Notwendigkeit einer exakten empirischen Beobachtung und Messung keineswegs, das Problem ist vielmehr, wie die jeweils für kleine Raum-Zeitabschnitte konstatierten Einzelerscheinungen in ein allgemeines Bild eingefügt werden können und wie diese allgemeineren „Bilder" zustande kommen. Anstelle der Übersetzungskonzeption der logischen Empiristen tritt eine verallgemeinerte raumzeitliche Gestalt, eben die topologisch-dynamische Klassifikation, wie sie im Rahmen der angewandte Katastrophentheorie möglich ist. Die Verallgemeinerung wiederum der katastrophen-theoretischen Modellbildung führt in so neue Bereiche wie den der Allgemeinen Bifurkationstheorie und der Chaostheorie. Die Grundidee bleibt (jenseits der mathematischen Spezifikation) dieselbe wie beim enzyklopädischen Gedächtnis Giordano Brunos, dem anschaulichen Urtypus bei Goethe und dem Begriff der Gestalt in der Gestaltphilosophie Anfang des 20. Jhs. In seiner Rede anläßlich der Verleihung der Ehrendoktorwürde in Stuttgart hat René Thom einige dieser Bezüge selbst deutlich hervorgehoben (Thom, 1979). Der grundsätzliche Vorzug der morphologischen Betrachtungsweise gegenüber der logischen besteht darin, daß von konkreten raum-zeitlichen Fakten auf eine abstrakte, aber immer noch raumzeitliche und damit in einem generelleren Sinne anschauliche Ebene projiziert wird. Die jeweiligen Semantisierungen und Versprachlichungen in der Zwischenebene wissenschaftlicher *Beschreibungen* und deren Tendenzen zur babylonischen Sprachverwirrung werden jedoch übersprungen. Daß dabei die theoretische Phantasie eine Schlüsselrolle spielt, liegt auf der Hand; allerdings muß noch ein wissenschaftssoziologischer Mechanismus zur Bewertung und Selektion solche verallgemeinerten „Anschauungen" entwickelt werden. Das Problem der „Gnosis" und der „Skepsis" bleibt ebenso ungelöst wie in der Antike. Die beiden Strategien des Verstehens: durch Übersetzen bzw. sprachabhängiges Sammeln von „Ergebnissen" und durch das Auffinden erklärungsstarker anschaulicher „Gestalten" bleiben als Alternativen bestehen. Die besten Erkenntniserfolge versprechen komplizierte Mischstrategien, die kritisch vom Entwicklungsstand einer Disziplin abhängig sind.

4 *Die Aktualität der Semiotik Brunos*

4.1 *Giordano Bruno und Charles Sanders Peirce (1839-1914): zwei Semiotiker im Vergleich*

Der Begründer der modernen Semiotik, Charles Sanders Peirce (1839-1914) hatte anscheinend keine genauere Kenntnis des Werkes von Giordano Bruno, da dessen lateinische Schriften erst im späten 19. Jh. in Italien ediert wurden (Neapel, 1879-1891). Er erwähnt Giordano Bruno immerhin in seiner „Impressionistic list of 300 great men" (Ms 470, 1883/4) unter der Rubrik „Doubtful"; in dieser Rubrik stehen auch Lullus und Paracelsus. Im Ms 471 (My list of great men) erscheint Bruno nicht, dagegen: Copernicus, Fr. Bacon, Tycho Brahe, Galilei, Kepler, Leibniz u.a. Da Peirce sich zeitlebens mit Fragen der Wissenschaftsgeschichte beschäftigt hat (vgl. Eisele, 1985), ist diese Auslassung erstaunlich. Peirce hat seine Wertung vorwiegend aus der Sicht der Naturwissenschaft im späten 19. Jh. vorgenommen und seinem Pragmatismus standen die beobachtenden Wissenschaften und die Theoretiker der Praxis (wie Bacon) näher als ein Metaphysiker wie Giordano Bruno. Dennoch wage ich die Behauptung, daß Peirce den Beitrag von Giordano Bruno wesentlich höher eingeschätzt hätte, wenn er die Frankfurter Schriften als Basis seines Urteils genommen hätte. Ein vergleichbares Fehlurteil unterlief Peirce in bezug auf Kepler. In einer ersten Bewertung sah er in Keplers Werk ein zufälliges Tasten nach der Wahrheit ohne Methode und theoretische Zielgerichtetheit (Collected Papers, 5.362). 1893 revidierte er nach Lektüre des Originaltexts von Kepler sein Urteil und nannte dasselbe Werk „the most marvelous piece of inductive reasoning I have ever been able to find". Ich will im folgenden zeigen, daß die graphische Logik, welche Peirce „My chef d'oeuvre" nannte (Collected Papers, 4.291) in Brunos Gedächtnistheorie eine semiotische Grundlage finden kann und daß der „Tychismus" von Peirce in Brunos Monismus ein Äquivalent hat.

4.1.1 Die gedächtnistheoretische Basis von Peirce's „existentiellen" Graphen

Die Theorie der existentiellen Graphen, in der Peirce seinen Hauptbeitrag zur Logik sah, geht aus von Venns Buch „Symbolic Logic" (1880), das seinerseits die Vorschläge von Leonard Euler in „Lettres à une Princesse d'Allemagne" (1772) weiterführte. Peirce geht kurz auf frühere, allerdings an Präzision mit Eulers Vorschlag nicht vergleichbare Ansätze von Johann Heinrich Lambert ein, dessen „Neues Organon" acht Jahre vor Eulers Publikation erschien. Außerdem gibt er einen Hinweis auf Alstedius (1614) und auf Juan Luis Vives (1492-1540) (vgl. Collected Papers, 4.353).

Alstedius steht in unmittelbarem Zusammenhang mit dem Lullismus des 16. Jh., der Emblematik und mit Giordano Bruno. Die historische Beziehung zu Peirce ist allerdings zu kompliziert und die formale Logik am Ende des 19. Jh. ist eine zu eigenständige Bewegung, als daß man von einer Kontinuität sprechen könnte. Einige Problemlösungsstrategien sind jedoch vergleichbar.

In der Tradition der Gedächtnislehren versucht Bruno im Artifiziellen Gedächtnis Abstraktes, Nicht-Räumliches durch Konkretes, Räumliches zu ersetzen.

Die Aktualität der Semiotik Brunos

Logische Relationen wie Inklusion oder Inferenz sind abstrakt. Es muß also eine geeignete örtliche Beziehung gefunden werden. Ein einfacher Raum ist die Fläche, z.B. das Blatt Papier, auf dem die logischen Beziehungen als zweidimensionale räumliche Beziehungen darstellbar sind.

Dem Atrium, Feld usw. in Brunos System entspricht bei Peirce das „Sheet of Assertion" (ibid.: 4.395). Es fehlt allerdings die für Brunos Gedächtnissystem typische Parzellierung, d.h. das „Gedächtnisblatt" bei Peirce ist tatsächlich eine *tabula rasa*, eine frisch geglättete Wachstafel.

Bevor ich auf die tiefgreifenden Unterschiede eingehe, will ich einige, allerdings schwache Parallelitäten aufweisen:

– Eine der einfachsten Raumorganisationen bei Bruno sind sogenannte Enzykliken, d.h. homozentrische Kreise. Diese werden (in einer topologischen Form als geschlossene Kurven) von Peirce benutzt, um die Implikation (de inesse) auszudrücken. Die Kreise heißen bei Peirce „cut" (vgl. ibid.: 4.399), ein Paar heißt „scroll". Das räumliche Enthaltensein der innen abgegrenzten Fläche (inloop) in der außen abgegrenzten Fläche wird als Relation „de inesse" interpretiert: „if the entire graph in its outer close is true, then the entire graph in its inner close is true" (ibid.: 4.401 und 4.437). Abbildung 47 zeigt die Darstellung des einfachen Satzes:

„If it hails, it is cold" (ibid.: 4.528)

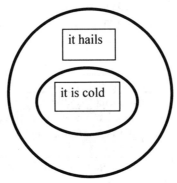

Abbildung 47:   Darstellung der „de inesse"-Relation

Wir sehen, die Orte erhalten in ihrer topologischen Anordnung eine logische Bedeutung; in die Orte sind dann Teilaussagen „eingeschrieben". Dies entspricht insofern einem Gedächtnissystem, als Orte zur Kodierung abstrakter Ideen verwendet werden.

– Die Negation stellt Peirce indirekt über die „de inesse"-Relation und eine Ausfüllung/Ausradierung der Innenfläche dar. Wenn eine Proposition A eine

Proposition B impliziert, die immer falsch ist, so ist die Proposition A immer falsch. Die ausgefüllte Fläche kann selbst beliebig klein sein (bis zum Verschwinden), so daß ein unpaariger „scroll" die hineingeschriebene Aussage negiert. Abbildung 48 entspricht der Abbildungsfolge 98-101 in ibid.: 4.455.

Abbildung 48: Die Negation als Spezialfall der „de inesse"-Relation[13]

Peirce sagt (ibid.: 4.456):

„A scroll with its contents having the pseudograph in the inner close is equivalent to the precise denial of the contents of the outer scroll" („pseudograph" ist der schwarze Fleck).

Der fundamentale Unterschied liegt eigentlich in der globalen Wahrheitsfunktion, welche Peirce als konstitutiv voraussetzt, womit er alle Aussagen auf eine globale (reale oder fiktive) Welt bezieht. Ich komme darauf noch zu sprechen.
- Es gibt eine weitere vorausgesetzte Struktur, die allerdings nicht so klar verräumlicht wird wie bei Giordano Bruno: die Hierarchie der Prädikate oder Rhemata. Peirce geht dabei vom Raumbild des Weges aus, das als Identität interpretiert wird. Die Identität kann verschiedene Wertigkeiten (Valenzen) haben:

A -	A ist (existiert)	(Valenz 0)
A - B	A hat die Eigenschaft B	Valenz 1
A⟨ B C	B steht in der Beziehung A zu C (A ist die verbindende Relation zwischen B und C)	Valenz 2
A⟵ B C D	A ist eine triadische Relation zwischen B, C und D	Valenz 3

Tabelle 35: Hierarchie der Rhemata nach Peirce

---

[13] Eine andere Herleitung derselben Konvention wird im Ms 439 (1898) vorgeschlagen. Die geschlossene Kurve macht aus der Aussage „a" die Metaaussage „daß a". Die Standardform ist „(daß a) ist falsch". Deshalb ist die lediglich von einer Kurve umhüllte Aussage „a" die Negation der Aussage: daß a ist wahr. Vgl. Peirce, 1991: 384 f.

Die Aktualität der Semiotik Brunos 223

Diese Theoretisierung entspricht der Topologie eines Netzes von Wegen in der Ebene. In einem Manuskript (Ms 546) von 1885 führt Peirce die Analogie von Satzstrukturen und Wegen in der Fläche näher aus. Demnach gibt es nur drei Grundtypen von Wegen:[14]
1. Offene Wege mit nur einem Terminus:
2. Abgeschlossene Wege mit zwei Termini:
3. Komplexe abgeschlossene Wegesysteme, die alle auf solche mit *einer* Gabelung zurückgeführt werden können:

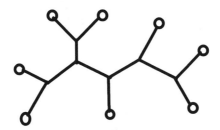

Abbildung 49: Ein Wegenetz mit Gabelungen

Alle Satzstrukturen sind demnach vom Typ (a), (b) oder (c). Hier ist ein neues Moment in die Geschichte der Semantik eingeführt worden: eine topologische Satzsemantik. Diese wurde auf der Basis des katastrophentheoretischen Klassifikationssatzes von René Thom (ohne Kenntnis von Peirce) erneut vorgeschlagen, allerdings in einem wesentlich besser entwickelten mathematischen Kontext.[15]

Peirce kann als einer der Mitbegründer der modernen Topologie angesehen werden, und es ist aufschlußreich, daß deren Anwendbarkeit auf die Semiotik ihm bereits in der Grundlegungsphase deutlich war (vor 110 Jahren). Bruno bewegt sich im Rahmen der Renaissance-Geometrie. Eigenartigerweise steht die platonische Geometrie der regulären Figuren aber der heutigen qualitativen Dynamik näher als Galileis Mechanik (vgl. Wildgen, 1994b: 45-51). In Abbildung 50 zeigen wir zwei seiner Konstruktionen, die bereits in der dritten Vorlesung erläutert worden sind:

---

[14] In Ms 439 (1898) bezeichnet Peirce die Termini als Subjekte des Verbs. Vgl. Peirce, 1991: 387.
[15] Daß der topologische Zugang wesentliche Aspekte der Theoriebildung bei Peirce bestimmt, ist lange übersehen worden. Er erlaubt es, so unterschiedliche Aspekte seines Werkes wie den Tychismus, die mathematische Kosmologie und die Theorie existentieller Graphen als Aspekte einer zentralen Problemstellung zu begreifen; vgl. dazu: Dušek, 1993: besonders 55 f.

1. Das Quadrat mit einer Wegesequenz A, E, I, O (De compendiosa architectura et complemento artis Lullis, 1582).
2. Die Enzyklika der semantischen Rollen (Positionen) im Satz (De umbris idearum, 1582).

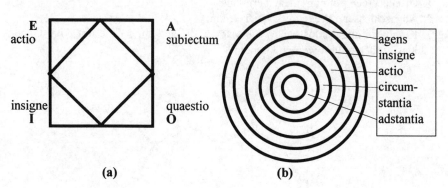

Abbildung 50: Zwei Konstruktionen von Giordano Bruno

Wenn wir außerdem die Sprechweise von Peirce (im Ms 439; Peirce, 1991: 387) von mehreren Subjekten berücksichtigen, so können wir in Brunos Schema (Abbildung 50 (a) oben) eine Schleife A→E→A' bzw. A→E→A'→E→A" ansetzen. Die zusätzlichen Positionen in Brunos Schematisierung (Abbildung 50(b)) betreffen fakultative Angaben,[16] d.h. ihre Anzahl ist eigentlich beliebig, der Prozeß kann prinzipiell ins Unendliche fortgesetzt werden.

Eine tiefere Kluft zwischen Bruno und Peirce betrifft die Rolle der Wahrheitsfunktion. Die Bruchlinie ist allerdings bereits bei Aristoteles angelegt, nämlich in der Trennung von Logik (Analytik) einerseits und Topik und Rhetorik andererseits, d.h. zwischen dem apodiktisch (notwendig) Wahren und dem lediglich Wahrscheinlichen, Überzeugenden. Die ciceronische Tradition, welche sowohl für die Gedächtnistheorie bei Bruno, als auch für die Konzeption der Dialektik bei Ramus wichtig war, hat diese scharfe Trennung aufgehoben.

Frege wird die Wahrheitsfunktionalität ins Zentrum rücken; die Sprechakttheorie von Austin wird diese Dominanz wieder relativieren. Das Behaupten wird nur eine Sprechhandlung unter vielen werden. Jedenfalls liegt hier eine tiefe Kluft vor, das Gedächtnissystem Giordano Brunos ist keine Logik im Sinne der

---

[16] Sie gehören nicht zur Valenz; die Idee der Valenz in der Chemie geht auf das frühe 19. Jh. zurück und wurde bereits von Goethe in seinen „Wahlverwandtschaften" auf nichtchemische Bereiche verallgemeinert.

Logiker des späten 19. Jh.[17] Die Rolle einer Einheitssprache aller Wissenschaften und damit die Funktion einer Enzyklopädie der Forschung, wie man es sich zwischen den Weltkriegen erhofft hatte, hat die Logik nicht übernehmen können. Das Desiderat eines Zeichensystems, das die Ergebnisse aller Wissenschaften repräsentieren kann, ist geblieben.[18] Bei aller Divergenz zwischen Bruno und Peirce wird doch die Gemeinsamkeit der Problemstellung und der möglichen Lösungswege sichtbar.

4.1.2 Die naturphilosophische Fundierung der Semiotik bei Bruno und Peirce

Die Evolutionstheorien von Darwin und Lamarck sind historisch die Schwelle, nach deren Überschreitung eine ganzheitliche *und* naturwissenschaftliche Interpretation der Welt wieder greifbar wurde. Der Dualismus mußte seine Funktion als philosophischer Lückenbüßer und als religionspolitische Neutralisierung endgültig aufgeben. Peirce schreibt 1891:

„Die alte dualistische Konzeption von Geist und Materie als zwei total verschiedene Arten von Substanzen, die im Cartesianismus eine so hervorragende Rolle spielte, wird heutzutage kaum noch Anhänger finden. Indem wir sie verwerfen, werden wir zu einer Art Hylopathie, sonst auch Monismus genannt, getrieben." (Peirce, 1991: 151)

Peirce schlägt einen objektiven Idealismus vor, wonach Materie verbrauchter Geist ist und eingefleischte Verhaltensgewohnheiten zu physikalischen Gesetzen werden (ibid.: 152). Daß Peirce damit (allerdings auf dem Umweg über Darwin) auf die spirituelle Naturphilosophie Giordano Brunos zurückkommt und sich damit neuplatonische Ideen wieder zu eigen macht, war ihm wohl nicht bewußt. Indem das Evolutionsprinzip vom Menschen auf die lebende und dann auf die unbelebte Natur ausgedehnt wird, kommt es zu einem erneuten Denken des Gesamtzusammenhangs: Kosmos - Denken - Sprache.[19]

---

[17] Der wissenschaftliche Kontext für die Entwicklung der Logiken im späten 19. Jh. ist durch die Mathematisierung der Wissenschaften (z.B. der Chemie) und durch die Grundlegungsproblematik der Mathematik selbst gegeben. Beide Bedingungen sind für das 16. Jh. nicht relevant.

[18] Im 20. Jh. hat die künstliche Intelligenz, insbesondere in ihren Expertensystemen, versucht, diese Rolle zu spielen. Vgl. die Kritik von Dreyfus, 1987.

[19] Die metaphysische Interpretation der Natur ist besonders klar bei Friedrich W. J. Schelling (1775-1854) ausgeprägt und Peirce ist in seiner Konzeption von der deutschen „Naturphilosophie" beeinflußt. Diese hatte ihrerseits das verschüttete Erbe der Philosophie des Nolaners wieder aufgedeckt. Insofern ist Peirce ein sekundärer Nachfolger Brunos; vgl. auch Marostica, 1994: 129.

Der Tychismus (von „tyche", Zufall) wird von Peirce explizit 1892 eingeführt: „eine revolutionäre Kosmologie ..., in welcher all die Regularitäten der Natur und des Geistes als Produkte des Wachstums betrachtet werden" (in: Marostica, 1994: 130).

„Gemäß Peirce's Tychismus gibt es eine evolvierende kosmische Vernunft, die strukturell isomorph zum menschlichen Geist ist. Und die Struktur des menschlichen Geists ist auch isomorph zur Struktur der Sprache" (ibid.: 126).

Demnach partizipiert die Sprache auch an der Evolution, ist ihr Produkt und somit ihren Gesetzen (Zufall, Gesetz, Vervollkommnung) unterworfen. Die Reaktion einiger Sprachtheoretiker Mitte des 19. Jh. (z.B. August Schleicher) auf Darwins Theorie war ähnlich euphorisch. Keiner hat aber die Konsequenzen so radikal durchdacht wie Peirce, die Fachwissenschaft hat allzuschnell einen Weg der schnellen Konkretisierung (z.B. in der Vergleichenden Sprachforschung) gesucht und die allgemeine Problemstellung verdrängt.

In gewisser Hinsicht gibt es auch Ähnlichkeiten zwischen Brunos und Peirce's Schicksal: dem Inquisitionsverfahren entspricht im Amerika des späten 19. Jh. der Ausschluß aus der großen Wissenschaftsfamilie, von den Publikationsorganen, das Verschweigen der erbrachten Leistungen usw. In beiden Fällen ist es dennoch zu einer zwar verzögerten, aber um so kontinuierlicheren Wirkung gekommen. Es werden aber immer nur einzelne Aspekte, sofern sie inzwischen auf Umwegen aktuell geworden sind, entdeckt. Dies mag ein posthumer „Trost" für die Autoren sein: eine Nutzung des Potentials dieser Autoren zu ihren Lebzeiten mit entsprechenden Wechselwirkungen wäre dennoch fruchtbarer und für die Autoren weniger tragisch gewesen.

4.2 René Thom: Artifizielles Gedächtnis und Semiophysik

René Thom (geb. 1923) hat in seinem Buch von 1988 „Sémiophysique" seine bereits seit 1970 skizzierte Morphodynamik des Geistes und der Sprache auf Konzeptionen bei Aristoteles bezogen und damit eine große Kontinuität zum antiken Denken festgestellt. Giordano Bruno scheint mir in dieser Linie eine Mittlerfigur zu sein, und ich möchte im folgenden zeigen, daß seine kosmologisch fundierte Semiotik eine „Semiophysik" mit den Mitteln des 16. Jh. ist.

Es gibt einen gemeinsamen Nenner für Giordano Bruno, Charles Sanders Peirce und René Thom: sie gehen von einem Monismus: Kosmos (Natur) - Geist - Sprache aus und suchen in der Geometrie (Bruno), einer neuen Logik (Peirce), der Katastrophentheorie (René Thom), eine substratfreie aber nicht rein abstrakte Verbindung zwischen den phänomenal verschiedenen Bereichen. Sowohl bei Giordano Bruno also auch bei René Thom ist der Übergang von Kontinuum (Unendlichem) zum Begrenzten, Segmentierten, Parzellierten, *die* Grundproblematik, der Punkt, an dem eine Erklärung ansetzen muß.

Das Gedächtnis ist für Bruno eine multizentrierte Segmentation des Bedeutungskontinuums, wobei unter „Bedeutung" eine Art Substanz jenseits der bereits sprachlich geformten, kategorisierten Einzelbedeutungen zu verstehen ist. Es stellt sich also die Frage nach der Existenz und Natur von Bedeutungen jenseits der diskret strukturierten „signifiés" von de Saussure. De Saussure sprach von einem Chaos, das unzugänglich sei, die strukturalistische Analyse setzt erst bei der doppelten Formung von „signifié" und „signifiant" an. Jenseits existiert seiner Meinung nach nichts wissenschaftlich Zugängliches.[20] Dieses Tabu hat Thom gebrochen, und ich will versuchen, von seiner Prägnanztheorie ausgehend die semiotische Konzeption Brunos zu beleuchten. Als genereller Hintergrund sind physikalische Feldtheorien, insbesondere die des Lichtes und der Gravitation zu sehen, die ich bereits in Abschnitt 3.1 behandelt habe.

4.2.1 René Thoms Semiophysik

Die Semiophysik René Thoms nimmt zwei Energieformen an, welche als Feld auftreten:
1. Die *sensorielle Prägnanz* (saillance). Unsere Sinnesorgane sind „Fenster" für bestimmte Feldeigenschaften (z.B. für einen Frequenzbereich von Lichtwellen, von Schallwellen, einem chemischen Bereich von Duftstoffen). Darin unterscheidet sich der Mensch nicht von anderen Lebewesen. Das Fenster hat meistens eine präferentielle Struktur; so ist die menschlich Farbwahrnehmung auf drei (parallele) Farbrezeptoren und vier polare Auswertungsskalen in der Retina festgelegt. Solche angeborenen Festlegungen des Organismus ermöglichen eine Präkategorisierung der eingehenden Reize, welche nur modifiziert, aber nicht gänzlich negiert werden kann. Prozesse der kategorialen Stabilisierung können sehr schnell ein reiches System von Differenzierungen auf diesen Präferenzen aufbauen (vgl. Wildgen, 1981).[21]
2. Die *biologische Prägnanz* (prégnance). Sie ist die eigentliche Quelle für Bedeutungen. Wie bereits bei Thomas von Aquin ausgeführt (vgl. die dritte Vorlesung), reagiert das Lamm auf den Wolf mit Flucht, nicht, weil er häßlich, haarig, groß ist, sondern weil er der prototypische Jäger ist, vor dem es fliehen

---

[20] Im naturphilosophischen Kontext erinnert diese Grenzziehung an die Auffassung der Copernicus-Gegner, daß eine Erklärung bzw. realistische Beschreibung der Himmelsbewegung im Prinzip unzugänglich sei.

[21] Diese anfängliche Inhomogenität als Vorbedingung einer Strukturbildung wiederholt einen Prozeß in der Kosmologie (vgl. Layzer, 1977: 222).

muß. Die Wahrnehmungsattribute sind sekundär bezüglich einer tieferen Prägung, welche die Flucht auslöst. Diese angeborenen oder sehr früh erlernten Prägnanzen sind zuerst sehr vage, unbestimmt, nur als Präferenzen angelegt. In einer Phase der ersten Erfahrung, saugen diese biologischen Präferenzen sensorische Prägnanzen auf, sie werden semantisch ausgefüllt (über die Sinne und das sensorische Gedächtnis). Konrad Lorenz hat diese erste Lernphase, in der angeborene Auslöser stabilisiert und ausgefüllt werden, *Prägung* genannt, weshalb man die biologische Prägung auch dadurch definieren kann, daß sie bei der spezifischen Tiergattung eine Prägnanz bewirken kann. Es ist offensichtlich, daß die genetische Ausstattung spezifische Verhaltenspräferenzen fixiert, welche die Basis für Prägungen darstellen, die dann bei einzelnen Individuen je nach Ablauf der Prägungsphase sehr verschieden ausfallen können.[22]
Der Mensch wird in der sprachphilosophischen Tradition, z.B. bei Herder (1772) als instinktarmes Lebewesen dargestellt, das dafür eine besonders lange und offene Lernphase hat (die bei abnehmender Offenheit das ganze Leben andauert). Wie ist dieser Sachverhalt mit der für K. Lorenz' Gänse plausiblen Prägungshypothese in Einklang zu bringen? Generell ist die genetisch angelegte, relativ schnelle Prägungsphase typisch für Vögel, weniger für Säugetiere, da die Trennung der beiden Grundtypen von Prägnanz für den Menschen (überhaupt für die Säugetiere) viel problematischer ist.

Man muß beim Menschen mindestens die folgenden Stufen ansetzen (vgl. auch Piagets Stufenmodell der kognitiven Entwicklung):
1. Die Phase im Mutterleib (das Kind hat akustische und taktile Wahrnehmungen, kann sich bewegen bzw. die eigene Beweglichkeit erkunden).
2. Die Geburt selbst als Schock auf der perzeptuellen Ebene (durch das Licht und die über die Luft vermittelten Geräusche und Gerüche). Es wirkt die Gravitation als neue, zu überwindende Kraft; die Nahrung muß gesucht werden, wozu auch erste semiotische Fähigkeiten notwendig sind.
3. Gehirnreifung und Öffnung der sensorischen Felder, Gestaltung des Bewegungsraumes (Augenbewegung, Handbewegung, Fortbewegung).
4. Spracherwerb und Sozialisation.
Auf jeder Stufe sind andere Bedingungen gegeben. Piaget würde von Selbstorganisation sprechen (einem Zyklus der Assimilation, Akkommodation und Äquilibration). Thom möchte den Prozeß lieber geometrisch vor dem Hintergrund einer räumlichen Konzeption des „organisierten" und „organisierenden" Systems beschreiben. Der Organismus durchläuft eine Morphogenese, welche seinen Raum

---

[22] In Sheldrake (1990) wird das Konzept einer „morphischen Resonanz" vorgestellt, das dem der „Prägnanzdiffusion bei René Thom sehr nahe kommt. Da die morphische Resonanz eine Verbindung von bestehenden Formen zu vergangenen darstellt, konstituiert sie eine Art Gedächtnis.

gestaltet, wobei dieser Raum lokal meist nur wenige für den Prozeß relevante Dimensionen hat und eine polyedrische Struktur aufweist, so daß wichtige Züge der Morphogenese mit den Mitteln der elementaren Katastrophentheorie beschreibbar sind.

„Bedeutungen" sind im Sinne von Thoms Prägnanztheorie zuerst ein kaum gegliedertes Feld biologischer Prägnanzen oder Intentionen (grundlegende Ausrichtungen im Kontakt mit der Umwelt). Diese „Bedeutungen" sind körperlich (bzw. in einem weiten Sinn angeboren)[23] und manifestieren sich in Appetenz- oder Vermeidungsreaktionen. Das Individuum partizipiert somit an einem gattungsspezifischen Relevanzfeld, welches seine Beziehung zur Umwelt (z.b. die des Säuglings zum eigenen Körper und zum Körper der Mutter) definiert. Dieses Feld erfaßt nach und nach die Umgebung, es breitet sich aus (prinzipiell ins Unendliche). Bei dieser Ausbreitung kommt es an gewissen Diskontinuitäten der Umwelt zu Brüchen, Bifurkationen des Prägnanz- (d.h. „Bedeutungs-") Flusses. Diese Zersplitterungen, Diskretisierungen können der Erinnerung eingeprägt werden.

Die im zweiten und dritten Lebensjahr erlernte Sprache der Eltern - die Sprache muß selbst erst als Kategorie aus dem Körper der Mutter bzw. des Vaters herausgelöst werden (vgl. Mottron, 1987) - fixiert dann (in Koordination mit der Sprachgemeinschaft) diese Bedeutungsgenese. Die kollektive Koordination des Bedeutungssystems ist mithin eine doppelte:
– gattungsspezifisch durch die Anfangsprägnanzen,
– sozial durch die semiotische Selektion und Stabilisierung der vorangegangenen Morphogenese von Bedeutungen.

Somit ist auch klar, daß das Gedächtnis sowohl in der vorsprachlichen als auch in der sozial koordinierten Form des sprachlichen Gedächtnisses ein Produkt der Morphogenese ist. Ich will im folgenden überlegen, inwieweit Brunos (und Lullus) Gedächtnissystem mit der Thomschen Morphodynamik kompatibel sind.

4.2.2 Semiophysik und Brunos Gedächtnismodell

Außer der Analogie zwischen der Kosmologie Brunos (und dessen Äquivalent im Geist) und der kosmologischen Ausdehnung von Thoms Prägnanzkonzeption, welche das Licht als letzte Basis der Prägnanzdynamik annimmt (vgl. Thom, 1988), ist offensichtlich auch eine Parallelität im starken *Raumbezug* und in der *geometrischen* Konstruktion vorhanden. Thom sagt: „Magie oder Geometrie; die Magie geometrisch darzustellen, ist das einzige Mittel, die nicht lokalen Effekte

---

[23] Sie entwickeln sich stabil in der allgemeinen Reifung kontrolliert durch angeborene Dispositionen (ein normales Umfeld wird dabei vorausgesetzt).

zu erklären." Auch für Bruno ist die Gedächtniskunst ein rationales Äquivalent zur Magie.[24] Etwas konkreter wird die Beziehung zwischen Semiophysik und Gedächtnistheorie, wenn man fragt, warum abstrakte Begriffe durch anschaulich-bildhafte zu kodieren sind, warum das Wort- und Buchstabengedächtnis statt durch Wiederholungen durch eine komplizierte Übersetzung in eine bildhafte Sprache zu stärken ist oder warum bizarre, affektgeladene Bilder besser behalten werden. Der Bezug zur sinnlichen Prägnanz einerseits und zur affektiven (biologisch-kreatürlichen) Prägnanz in der morphodynamischen Bedeutungstheorie erzwingt geradezu eine Gedächtnistheorie dieses Musters.

Thoms Grundidee einer „Prägnanzdiffusion" paßt erstaunlich gut zum Konzept des Wissensbaumes, das Lullus entworfen hat (vgl. die erste Vorlesung). Es gibt im Wurzelbereich eine Disparität biologischer und sensorischer Prägnanzen, welche über eine rätselhafte Integration (dem Chaos bei Lullus, dem Gemeinsinn bei Thomas von Aquin) zu einer reichen Entfaltung gelangen und schließlich den Thesaurus des Wissens erzeugen. Abbildung 51 skizziert diesen Zusammenhang in Analogie zu Lullus.

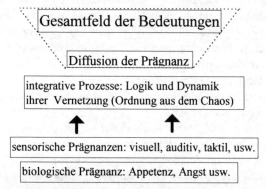

Abbildung 51: Eine an Lullus angelehnte Darstellung der Bedeutungsgenese

Wie soll man sich die Aufsplitterung der „Bedeutung" vorstellen?

Ein erstes Problem ist die Verschränkung von Individuellem (Befriedigung, Schmerz) und Sozialem (für den Zuhörer informativ, seine Neugierde, sein affektives Bedürfnis befriedigend oder nicht). Mag zu Beginn die Lust des Säug-

---

[24] Die rationale Magie Brunos ist aus der Renaissance-Tradition zu verstehen; sie steht allerdings sowohl im Gegensatz zu den effekthaschenden Magiern an den Höfen als auch zur Kirche, welche jede Art von Magie bekämpfte. Der Konflikt mit ersteren mag Bruno z.B. in Prag und besonders in Venedig geschadet haben, wo Moncenigo „Geheimnisse" von Bruno lernen wollte und ihn denunzierte, als er ihm erklärte, er sei *nur* Philosoph.

Die Aktualität der Semiotik Brunos 231

lings mit der Freude der Mutter korrespondieren, so laufen die beiden Befriedigungstypen (aktiv, passiv) schnell auseinander. Ein zweites Problem ist die Rückkoppelung zwischen dem Bedürfnis und seiner Befriedigung, da sich die Prägnanzen im Verlauf ihrer wiederholten Erfüllung weiterentwickeln.

Wesentlich für die Bildung der Sprache ist außerdem, daß es beim Kind eine spezifische *Sprachlust* gibt. Dies wird deutlich bei Experimenten, in denen Primaten der Symbolgebrauch antrainiert wird; sie müssen jeweils durch Essen belohnt werden. Das Kind spielt mit den Lauten und begeistert sich an diesem Spiel. Der Spracherwerb ist somit affektiv autonom (obwohl natürlich gerade Mutismus und Autismus die Anfälligkeit dieser emotionalen Basis aufzeigen).

Man könnte diesen Aspekt dadurch berücksichtigen, daß man in die integrative Komponente eine Kombinatorik einbaut und dieser Kombinatorik eine biologische Prägnanz zuweist, z.B. eine Art Spiel-Lust, eine Selbsttätigkeit des Geistes, die weder durch Angst noch durch Appetenz gesteuert ist (in einem Zustand der Sättigung und der Sicherheit). Erst der „homo ludens", der gesättigte, angstfreie Mensch, der sich mit seinen Fingern, seiner Zunge, seinen Traumbildern beschäftigt, ohne dabei von den durch die Umgebung diktierten Prägnanzen gesteuert zu sein, öffnet das Tor zur Sprache. Diese kombinatorische Ebene fehlt bei der morphodynamischen Bedeutungstheorie, gerade sie ist für Lullus und die von Bruno um lullische Züge erweiterte Gedächtniskunst zentral.

Wenn wir die Morphodynamik durch eine Kombinatorik ergänzen, ergibt sich allerdings ein Problem. Die Morphodynamik ist wesentlich durch ihre Selektion strukturell stabiler Muster bestimmt. Wie stabil ist die Kombinatorik auf der Basis der morphodynamischen Muster? Die iterierte (rekursive) Kombinatorik ist - jedenfalls bei räumlich komplexen Mustern - instabil und führt ins Chaos, wie Peitgen u.a. (1992: Kap. 1) zeigen. Es muß also besondere strukturierende und stabilisierende Mechanismen geben, welche den Übergang zum Bedeutungschaos verhindern oder solche Degenerationen minimieren bzw. reparieren.

Ich will dazu zwei sehr vorläufige Prinzipien benennen:
1. Die Geometrie des zerebralen Gedächtnisses fungiert als Raster für die Organisation kombinatorisch erzeugter, metastabiler oder sogar stabiler Bedeutungskonturen und stabilisiert sie somit (kognitive Hypothese).
2. Die Sprachgemeinschaft (vertreten durch die Eltern und später die Gleichaltrigen) prägt der individuellen Bedeutungsgenese globale Muster auf. Die Struktur, welche diese Muster enthält, ist die Sprache (soziohistorische Hypothese).

Eine Morphodynamik des Gedächtnisses muß beide Ebenen berücksichtigen, sie darf weder rein kognitiv noch rein sozio-interaktionistisch sein. Für die Lösung dieser beiden Probleme, wobei es um Prozesse mit Millionen von Zentren - Nervenzellen in (a), Mitgliedern der Sprachgemeinschaft in (b) geht, ist die katastrophentheoretische Bedeutungstheorie unzureichend; die statistische Dynamik ist der geeignete Theoriehintergrund. In Brunos Gedächtnistheorie fehlt aber etwas, was in der Morphodynamik im Zentrum steht. Bruno hat in seiner Modellbildung kein Konzept für die Valenz des Verbs und für die Schematisierung des Prozessualen (vgl. Abschnitt 4.1). Das bedeutet, die Gedächtnistheorie muß im Falle einer Aktualisierung um ein Schema-Konzept und um eine dynamische Komponente erweitert werde. Die Voraussetzungen für eine solche Erweiterung hat zuerst die Dynamik von Newton und später die Differentialtopologie geschaffen. Ich will mich deshalb spezieller mit dem Verhältnis der Geometrie des 16 Jh. zur Katastrophentheorie (einer Anwendung der Differentialtopologie) beschäftigen.

4.2.3 Die „Praktische Geometrie" und die Katastrophentheorie

Bruno benutzt im wesentlichen die Geometrie des Kreises, der regulären Kreiskompositionen und der dem Kreis einschreibbaren und umschreibbaren, regulären Polygone: dies sind das gleichseitige Dreieck, das Quadrat, das Fünfeck, das Sechseck, das Siebeneck usw. (abzählbar unendlich viele). Außerdem gibt es Operationen der Transformation: Triangulation des Quadrats, Quadrierung des Kreises usw. Manche dieser Transformationen sind nur approximativ möglich (z.B. die Quadratur des Kreises). An dieser Stelle stößt seine Geometrie der Polygone und Kreise an (mathematische) Grenzen. Bruno erwähnt die Polyeder, verwendet sie aber nicht.

In der Tat sind diese Polyeder deshalb seit der Antike so interessant, weil es im Gegensatz zu den abzählbar unendlich vielen Polygonen nur fünf reguläre Polyeder gibt; diese lassen sich wiederum auf drei Grundtypen reduzieren :
- die Pyramide mit vier gleichseitigen Dreiecken als Flächen (das Tetraeder); sie ist ihr eigenes Dual;
- die Doppelpyramide (Oktaeder) ist das Dual des Würfels;
- Das Dodekaeder (12-Flächler) ist das Dual des Ikosaeders (20-Flächler).

Dabei entsprechen sich immer die Flächen und Ecken (in ihrer Anzahl), da die Mittelpunkte der Flächen die Ecken des eingebetteten Duals ergeben. Alle drei Paare erlauben eine reguläre Iteration ins unendlich Kleine und ins unendlich Große.

Man kann diese Analyse geometrischer Regelmäßigkeit auch auf vierdimensionale Körper ausdehnen; außerdem kann man halbreguläre (archimedische) Körper, die z.B. Flächen aus Quadraten und Dreiecken haben, untersuchen, diese ergeben wieder geschlossene Klassen. Kepler u.a. haben auch gesternte reguläre Körper untersucht, d.h. es öffnet sich ein großes Inventar genau in ihren Eigenschaften definierter Formen.

Die regulären geometrischen Flächen und Körper, welche seit der Antike bekannt waren, deren Beschreibung aber teilweise (wie die der archimedischen Körper) erst in der Renaissance wieder zugänglich wurde, stehen in einem interessanten Verhältnis zu den elementaren Katastrophen in der Differentialtopologie. Die Zusammenhänge sind über die Arbeiten von Felix Klein im 19. Jh. vermittelt, da Klein zwischen Polygonen und Polyedern die Kategorie der Zweiflächler (Dieder) eingeschoben hat, bei denen die beiden Seiten einer Fläche unterschieden werden, was z.b. das sogenannte Möbiusband charakterisiert, bei dem man von einer Seite der Fläche kontinuierlich auf die andere gelangt. Die Zuordnung zwischen regulären Figuren und Elementarkatastrophen ist wie folgt (vgl. Slodowy, 1988):

Polygone	≈	Kuspoide	$(A_3, A_4, A_5 ... A_n)$
Zweiflächler	≈	Umbilike	$(D_{-4}, D_{+4}, D_5, D_6)$
Polyeder	≈	Symbolische Umbilike	(E_6, E_7, E_8)

Tabelle 36: Die Entsprechung von regulären Figuren und Katastrophen

Dabei entspricht E_6 dem Tetraeder, E_7 der Dualfamilie: Oktaeder/Würfel, E_8 der Dualfamilie: Dodekaeder/Ikosaeder. Vereinfacht ausgedrückt: Wenn Bruno sein Gedächtnismodell mit regulären Dreiecken und Quadraten konstruiert, dann entspricht das heute einer Modellbildung mit Kuspen (A_3) und Schmetterlingen (A_5): Wenn Kepler seine harmonische Planetentheorie mit den platonischen Körpern, und zwar mit allen fünf in einer spezifischen Reihenfolge, konstruiert (im „Mysterium Cosmographicum"), entspricht das einer Konstruktion mit kompaktifizierten symbolischen Umbiliken in der angewandten Katastrophentheorie.

Jenseits solcher regulärer Konstruktionen eröffnen sich weitere Möglichkeiten:
– *geometrisch*: Parkettierung einer Fläche mit verschiedenen Standardflächen oder mit gemischten Formen, aus einem kleinen Inventar,
– *Differentialtopologie*: Anwendung der Bifurkationstheorie und globale Analyse von verallgemeinerten Katastrophen.

In beiden Fällen erzwingt eine vollständige und sparsame Beschreibung Zyklen der Wiederkehr von Formen, d.h. eine Gruppenstruktur. Man nennt solche Muster dann periodisch oder semiperiodisch. Wenn die Iteration eines einfachen Musters „ausreißt", erhalten wir eine fraktale Grenze zwischen dem Attraktorgebiet und dem Ausreißgebiet (vgl. die Mandelbrotmenge). Das moderne Äquivalent der geometrischen Gedächtnistheorie wäre somit ein Gedächtnismodell im Rahmen der Theorie dynamischer Systeme. Ich kann diese Perspektive im Rahmen dieser Vorlesung leider nicht vertiefen (vgl. Wildgen, 1994b).

5 Die Aktualität von Brunos Gedächtnismodell

5.1 Die Plausibilität des gedächtnistheoretischen Ansatzes von Bruno im Lichte der experimentellen Psychologie

Die Grundprinzipien der Gedächtnislehre Brunos stammen aus drei Quellen, die er zu einer neuen Synthese zusammengeführt hat:
- Die antike Theorie der Gedächtnisorte. Abstraktes wird durch Sinnlich-Räumliches ersetzt (bzw. darauf projiziert), die Orte werden optimal ausgewählt (Größe, Abstand, Beleuchtung usw.), und es wird versucht, sinnliche Prägnanz zu garantieren.
- Die Kombinatorik des Lullus. Sie führt zu einer Konstruierbarkeit der Gedächtnisorte. Prototypen der Konstruierbarkeit sind die Arithmetik der natürlichen Zahlen und die geometrisch regulären Figuren.
- Das unendliche Universum als Globalstruktur des Gedächtnisses. Diese Konzeption geht aus von Brunos verallgemeinertem Copernicanismus und von der neuplatonischen Sicht der in die Welt hinabscheinenden Ideenwelt (Spuren- und Schattenlehre, vgl. vierte Vorlesung).

Hinzu kommt implizit eine angenommene „Flüssigkeit" der Bedeutungen, eine Art Analogiediffusion und die selbsttätige Reorganisation von Bedeutungen, d.h. eine Dynamik der metaphorischen und metonymischen Diffusion, wobei Prägnanzaspekte leitend sind.

In der modernen Gedächtnisforschung finden wir diese Elemente unter anderen Namen wieder. Seit etwa 20 Jahren (teilweise von Yates' Buch beeinflußt) wird auch wieder der Bezug zur klassischen Lehre des artifiziellen Gedächtnis wahrgenommen und zum Gegenstand experimenteller Forschung gemacht.

In Bellezza (1987) werden vier Eigenschaften von gedächtnisstützenden Strategien unterschieden; diese sind auf die klassische Mnemonik, d.h. auch auf Brunos System, beziehbar.

1. *Konstruierbarkeit:* Im Lernprozeß wird eine Konstruktionsanweisung befolgt, welche später bei der Rekonstruktion des Gelernten benutzt wird. Dieser konstruktive Aspekt ist zentral für das System des Lullus und wird von Bruno durch die geometrische Rekonstruktion bzw. Vertiefung der Lullischen Kunst verstärkt. Die praktische Geometrie, die Bruno verwendet und die vorstellungsnahe semi-mathematische Konstruktion entsprechen auch modernen Anforderungen an mnemotechnische Konstruierbarkeit.
2. *Assoziationsfähigkeit:* Während die Konstruierbarkeit syntagmatisch, d.h. in der Zeit (und im Raum) realisiert wird, ist die Assoziativität eher paradigmatisch, d.h. ein Element der Konstruktion ist durch andere ersetzbar; es entstehen Assoziationsreihen. Die Assozierbarkeit hat viel mit Imaginalität bzw.

Bedeutungsfülle zu tun, da sie in einem Raum semantischer Ähnlichkeiten operiert. *Beispiel:* Die Körperteile sind leicht konstruierbar, sie sind aber nicht so assoziationsstark wie z.b. persönliche Erlebnisse (d.h. narrative Strukturen). Die Assoziation hat eine emotionale Dimension (Angst, Anziehung), welche als Verstärkung oder Verdrängung wirksam wird.

3. *Bandweite* einer mnemonischen Struktur: Im Gegensatz zu Gedächtnisschemata (mit denen mnemonische Verfahren in mancher Weise korrespondieren) sind mnemonische Strukturen meist wenig spezifisch und haben eine große Breite. Gedächtnisschemata, z.b. das Restaurant-Skript und das Supermarkt-Skript Schanks, haben eine enge Bandweite, dafür erlauben sie aber Lückenfüllung und Inferenz. Das System Brunos ist von extremer Bandbreite, da kosmologische Konstruktionen oder geographische und architektonische Gebilde als Gedächtnisorte fungieren. Im Vergleich zu den „frames, scripts, plans" von Schank (1982) ist Brunos System bezüglich der zu memorierenden Inhalte vollkommen neutral und damit universal. Die Schemata Schanks sind spezifische Kontexte für die Memorierung und deshalb situativ individuell und kulturell verschieden, d.h. je nachdem, wo sich ein spezifischer Sprecher mit einem spezifischen kulturellen Horizont befindet, ändert sich auch das ganze System der Schemata. Die Universalität des Ansatzes von Schank u.a. erweist sich somit als Illusion.[25]

4. *Diskriminierbarkeit:* Dies ist eine klassische Forderung der Theorie der „loci": die Gedächtnisorte müssen so organisiert sein, daß sie gut beleuchtet, geräumig und unterscheidungsfähig sind. Nimmt man die Unterscheidungsfähigkeit als ein Distanzmaß und organisiert man Einheiten in einem quadratischen Raum, so erhält man als Lösung eine Parkettierung des Raumes, d.h. eine maximale Ausfüllung bei regulärer Distanz der jeweiligen Feldzentren. Die Lösung des Parkettierungsproblems sieht dann so aus wie Brunos Zellenstruktur für Gedächtnishäuser.

5. *Invertierbarkeit:* Die Lernenden verfolgen einen Weg, bei dem die neue Information in vorhandene Gedächtnisstrukturen eingebaut wird. Das muß so geschehen, daß sie beim Memorieren von der Gedächtnisstruktur ausgehen können und die neuen Informationen wiederfinden können. Diese Eigenschaft heißt Invertierbarkeit. Brunos Wege in der zweidimensionalen Gedächtnisarchitektur können als Lösung dieses Teilproblems angesehen werden, da die Linearität des Weges die Invertierbarkeit garantiert.

Eine klassische Forderung, die bei Bruno zum Tragen kommt, ist die Bevorzugung bizarrer Bilder, da diese das Memorieren erleichtern. Die psychologisch

---

[25] In der Konsequenz müßten diese Bedingungen auch systematisch mit einbezogen werden, was jedoch nicht geschieht.

experimentelle Forschung dazu ist umfangreich, aber nicht ganz eindeutig. Generell sind bizarre Elemente in gemischten Kontexten (welche also auch genügend nichtbizarre Elemente enthalten) gedächtnisfördernd.[26] Daß Bruno sehr stark auf bizarre Kombinationen setzt, muß also nicht unbedingt die Memorierbarkeit der so kodierten Inhalte erhöhen. Allerdings ist die ganze Frage der Effektivität von Mnemotechniken davon abhängig, ob das natürliche Gedächtnis einer Person stark bild- und kontextbezogen ist und wie die Person zu den eigenen Gedächtnisleistungen steht (also die Eigenwahrnehmung der Gedächtnisleistung). Nach den biographischen Elementen zu urteilen, war Bruno eher eine untypische, stark imaginationsorientierte und gedächtnisstarke Persönlichkeit, so daß er selbst seine Gedächtnistheorie optimal umsetzen konnte.

5.2 Brunos Gedächtnismodell als Architektur eines maschinellen Gedächtnisses

Das Gedächtnissystem Brunos unterscheidet sich von zeitgenössischen Abhandlungen durch sein theoretisches Niveau, d.h. es ist weniger eine praktische Anleitung für den Gedächtniskünstler als eine prinzipielle, geometrisch und philosophisch fundierte Darstellung der möglichen Architektur unseres Gedächtnisses. Ein solcher Entwurf kann als Ausgangspunkt für die Simulation des Gedächtnisses benutzt werden und wir werden diese Möglichkeit kurz erörtern.

5.2.1 Brunos System als Inventar möglicher Gedächtnisarchitekturen im Computer

In einer modernen Abhandlung von D. Hillis: „The Connection Machine" finden wir ein Inventar moderner Konnexions-Architekturen, und es erstaunt auf den ersten Blick, wie die Siegel Brunos hier zu neuem Leben erwachen. Bei einer Reise durch den „topology zoo" von Hillis finden wir ein Äquivalent zu den Bäumen des Lullus, wobei das Problem des „Flaschenhals" (bottleneck) am Fuß des Baumes aufgeworfen wird (dort, wo Lullus das Chaos angesetzt hatte; vgl. die erste Vorlesung). Dieses Problem soll durch den „fat-tree", der in diesem Bereich eine große Anzahl von Fibern hat, lösbar sein. Es treten Ringe auf und

---

[26] Neueste gehirnphysiologische Experimente haben gezeigt, daß im Schlepptau starker Eindrücke auch schwächere Wahrnehmungen gut gespeichert werden. „Hinterläßt ein bedeutendes Erlebnis einen starken Sinneseindruck, der sich fest im Gedächtnis einprägt, dann erinnert man sich später meist auch an unwesentliche Begleitumstände, die in keinem ursächlichen Zusammenhang mit der Erfahrung stehen und normalerweise längst vergessen wären." (Frey, 1997: 20)

Die Aktualität der Semiotik Brunos 237

Brunos „sigillus sigillorum" ist eine der minimal ausgedehnten Konnexionstopologien (ibid.: 56). Das Grundproblem einer Konnexionstopologie ist eben ein geometrisches: Wie ist eine bestimmte Anzahl von Zellen in der Fläche (im Raum) verteilt, so daß die Konnexionslinien möglichst kurz sind. In diesem grundlegenden Sinn ist Brunos Geometrie des Gedächtnisses eine Konnexionsarchitektur.

5.2.2 Brunos Gedächtnismodell als zellulärer Automat

Die quadratischen Gedächtnishäuser mit ihren acht Räumen um das Atrium herum (bei Bruno) entsprechen genau der Struktur eines zellulären Automaten bei von Neumann. Sie ist die Grundstruktur der selbst-reproduzierenden Automaten und auch der modernen parallel verarbeitenden Computer. Ich will die Tragweite dieser Koinzidenz prüfen, wobei ich die Komplikation bei Bruno, der jeden der acht Räume in drei Abschnitte unterteilt (und somit 24 Orte generiert) vernachlässige. *Abbildung 52* zeigt, den Zellenraum eines selbstreproduzierenden Automaten (vgl. Burks, 1986: 497).

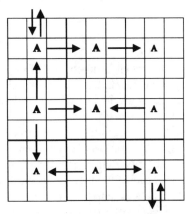

Abbildung 52: Der Zellenraum eines selbstreproduzierenden Automaten (cf. Fig. 1 in Burks, 1986: 497)

In diesem Konnexionsfeld gibt es viele Wege, und wir haben bereits gesehen, daß Bruno ganz bestimmte zentripetale bzw. zentrifugale Wege durch das Zellengefüge definierte.[27] Es gibt drei Arten der Nutzung eines zellulären Modells im Kontext der Gedächtnisforschung:

---

[27] Das quadratische Zellengefüge, das Bruno vorschlägt, ist zwar eine optimale geometrische Organisation, sie entspricht aber nicht den Anforderungen der antiken Ge-

1. *Selbstreproduktion eines zellulären Systems:* Zuerst werden Operationen im Zellenfeld definiert, so daß ein Input an einem Ort des Zellenfeldes über einen oder über mehrere Wege einen Output erzeugen kann. Neumanns Automaten sind in einer Umgebung angesiedelt, die alle Teile für die Konstruktion enthält, und sie können sich über ein entsprechendes Programm reproduzieren. Das Gedächtnis ist insofern selbstreproduzierend, als bei der Suche im Gedächtnis die gespeicherte Information neu zusammengesetzt wird.
2. *Selbstorganisation in einem zellulären System:* Bei der Operation in einem zellulären System werden bestimmte Nachbarschaften und Wege häufiger benutzt als andere. Man kann einen Algorithmus anwenden, durch den im Laufe der Zeit jene Zellen, welche häufig verbunden werden, zueinander wandern, d.h. die Konnexionsdistanz wird verringert. Auf diese Weise ist das zelluläre Netzwerk lernend oder adaptiv. Die modernen neuronalen Netzwerke nutzen diese Möglichkeit, indem Verbindungswahrscheinlichkeiten geändert und nichtlineare Schwellwerte ab- bzw. aufgebaut werden. Nach einer längeren Trainingsphase organisiert sich das Netzwerk so, daß es optimal an die Aufgabe angepaßt ist und simuliert somit natürliche Systeme (vgl. Rumelhart u.a., 1986).
3. Schließlich kann das zelluläre Netzwerk wie ein Spiel konstruiert werden, das sich selbst spielt. Ausgehend von einer Startverteilung der Zustände im Netzwerk und einfachen Regeln, entwickelt sich das Netzwerk ohne äußere Einflüsse, spielt sozusagen alle Möglichkeiten durch, wobei interessante Kombinationen entstehen. Bei geeigneten Regeln hat die Evolution des Spiels auch Attraktoren, d.h. gewisse Zustände, die immer wieder vorkommen oder gar nicht mehr oder nur noch marginal verändert werden.

Reale Brettspiele, z.B. Schach sind als zelluläre Netzwerke mit festgelegter Startkonfiguration und Bedingungen für Verlust/Gewinn (Schachmatt) oder Patt bzw. endlosen Wiederholungen, die als Remis gewertet werden, definierbar. Diese Spiele sind endlich, was das Spielbrett angeht, aber im Prinzip unendlich, was die Spielsequenz angeht (im Falle wiederkehrender Spielzyklen). Brunos Gedächtnismodell ist unendlich, obwohl das menschliche Gehirn nur über endliche Ressourcen verfügt. Es stellt sich somit die Frage, wie der Mensch mit endlichen Ressourcen und in endlicher Zeit ein unendliches System durchschauen oder gar beherrschen kann; dies ist eine der zentralen Fragen der formalen Grammatik.

---

dächtnisforschung, da die Gleichmäßigkeit der Anordnung zu homogen, zu wenig prägnant ist.

Die Aktualität der Semiotik Brunos 239

6 Brunos Naturphilosophie im Lichte moderner Kosmologien

Die Kosmologie ist im 20. Jh. ein fast ebenso schwieriges Unterfangen wie im 16. Jh., nur hat sie andere Dimensionen angenommen, da im näheren Bereich die wichtigen Fragen geklärt sind. David Layzer (1987: 223) schreibt: „Die Kosmologien stehen hier [in bezug auf die Urknallhypothese, d.A.] vor ähnlichen Schwierigkeiten wie die Historiker: Sie müssen aus sehr heterogenen Einzeldaten eine in sich stimmige zusammenhängende Geschichte rekonstruieren, wobei die Bedeutung der einzelnen Fakten erst aus dem Gesamtzusammenhang ersichtlich wird."

Die einzelnen Modelle haben nicht nur eine spezifische Geschichte des Scheiterns, sie gehen sogar manchmal aus Rettungsversuchen für falsche Theorien hervor, d.h. sie haben selbst keine klare und zielgerichtete Entstehungsgeschichte (und sind somit mit der Debatte im 16. Jh. vergleichbar). Die Urknallhypothese wurde zuerst vorgeschlagen, um die relative Häufigkeit der schweren Elemente zu erklären; als dies scheiterte, sollte sie die Heliumhäufigkeit, dann den Mikrowellenhintergrund erklären. Die alternative Erklärung der Mikrowellenstrahlung aus thermalisiertem Sternlicht sollte ursprünglich eine Theorie der kosmischen Inhomogenität retten und wurde dann verallgemeinert zu einer Theorie der Fragmentierung einer Ur-Gaswolke (vgl. ibid.).

Ich will zwei für Giordano Bruno zentrale Themen: die unendlichen Welten und die reguläre Geometrie des Universums kurz im Lichte moderner Kosmologien diskutieren.

6.1 Unendliche Welten und die radikale Dezentrierung der Erde

Gerade diese Hypothese Brunos hat sich als prophetisch erwiesen. Die gängigen Kosmologien gehen davon aus, daß das Universum expandiert. Diese Expansion hat eine radikale Dezentrierung und eine Veränderung aller relativen Positionen zu Folge. Der Ort des Ursprungs selbst, eine Raum-Zeit-Singularität, liegt außerhalb der Raum-Zeit, d.h. es gibt kein Zentrum des Universums. Alle Systeme (Galaxien, Sonnensysteme, Planeten) bewegen sich relativ zu einander, und zwar nach den gleichen Gesetzen. Die grundlegende Konsequenz, die Giordano Bruno aus der copernicanischen Dezentrierung gezogen hat, war also richtig. Für die Unendlichkeit des Universums gibt es allerdings verschiedene Szenarien:
1. Der Raum ist euklidisch (die Krümmung ist null). Die Expansion erfolgt ins Unendliche ohne Verformung.
2. Der Raum ist hyperbolisch (die Krümmung ist negativ). Auch dieser Raum geht ins Unendliche, wobei allerdings eine Verformung stattfindet; die Win-

kelsumme des Dreiecks ist kleiner als 180^0. Diese Abweichung wächst mit der Größe des Dreiecks.
3. Schließlich gibt es den sphärischen Raum (die Krümmung ist positiv). Er ist endlich, die Expansion geht, wenn sie den Grenzwert erreicht hat, in eine Kontraktion über. Der Raum expandiert und kontrahiert endlos.
Das reale Universum, in dem wir leben, ist fast euklidisch, d.h. innerhalb der größten Dreiecke, die wir messen können, den sogenannten Sternparallaxen, liegen die in einigen Fällen gefundenen Abweichungen von der Winkelsumme im Bereich der Meßfehler. Brunos euklidische Raumkonstruktionen ins Unendliche sind also im Prinzip durch die neue Kosmologie nicht entwertet worden.

Seine Unterscheidung zwischen der aktualen Unendlichkeit in Gott (den nicht erkennbaren letzten Ursachen) und der nur potentiellen gedachten Unendlichkeit im Menschen, bleibt relevant, denn das Woher? Was war vorher? Was wird nachher? der Kosmologie des Urknalls bleibt im dunkeln. Es gibt also einen Bereich jenseits des physikalisch beschriebenen; man kann sich einen Hyperraum vorstellen, in dem unendlich viele Universen entstehen und vergehen (vgl. Davies, 1981). Da diese konkrete Einzeldinge sind, ist der Hyperraum wohl als Kontinuum zu denken. Ihn wie bei Bruno Gott zu nennen oder platonisch das Reich der Ideen, ist durchaus legitim (wenn auch nicht sehr informativ). Die eigentliche Herausforderung für Platon und auch für Bruno bestand aber darin, die kosmologischen Regularitäten mit der Welt des Menschen, dem Schicksal des Menschen, mit dem menschlichen Geist und den ethischen und ästhetischen Wertvorstellungen in Verbindung zu bringen. Für die heutige Kosmologie genügt es, wenn das kosmologische Modell mit akzeptierten physikalischen Theorien (Newton, Einstein) verträglich ist und gewisse, sehr globale Beobachtungen erklären kann (z.B. die Dichteverteilung von Helium und Deuterium, die Existenz und Verteilung der Elemente).

Bezogen auf Geist und Gedächtnis kann man heute zumindest fragen, wie homogen/isotrop das Gehirn ist. In der Neurobiologie gibt es zumindest zwei mit der Kosmologie vergleichbare Positionen (wenn wir die andauernden Kontroversen beiseite lassen).

- Besonders höhere geistige Leistungen und insbesondere das Gedächtnis sind nicht streng lokalisierbar, sie sind zumindest annähernd homogen verteilt (im kleinen Maßstab ist auch das Universum nicht homogen).
- Das Gehirn ist evolutionär aus Nervenzellen entstanden und die Entwicklung des Menschen ist durch eine Expansion des Gehirns charakterisierbar. Beim einzelnen Menschen ist nach dem Ende des Schädelwachstums, der Schließung der knorpeligen Zwischenzonen, das Volumen des Gehirns und damit auch die Menge der Neuronen und der Verbindungen begrenzt. Das Gehirn hat zumindest beim Einzelindividuum die Struktur eines expandierenden *und*

kollabierenden Universums. Für eine Gesellschaft (und dies ist der Bezug des Gedächtnismodells bei Bruno) ist diese individuelle Grenze aber überschreitbar:
- durch die Aufgabenverteilung, d.h. Wissen wird auf Disziplinen und Spezialisten verteilt;
- durch die Entäußerung des Gedächtnisses, zuerst in der Sprache selbst (als überindividuelle Organisation tradierten Wissens), durch die Schrift und heute durch die verschiedensten „Gedächtnismedien".

Da technisch das Wissen immer enger (bis auf die molekulare Ebene) „verpackt" werden kann und die physikalischen Ressourcen dazu quasi unbegrenzt sind, ist die Grenze der Wissensexpansion zur Zeit nicht absehbar. Die Frage, ob unser (kollektives) Gedächtnis ein geschlossenes oder ein offenes Universum ist, kann in der Semiotik ebensowenig beantwortet werden, wie in der Kosmologie.

6.2 Reguläre Geometrie, Symmetriebruch und ein inhomogenes Universum

Da Giordano Bruno sich überwiegend an regulären Formen und an harmonischen Komplexen (den Figuren) orientiert und diese dann ins Unendliche iteriert, entsteht sowohl in der Kosmologie als auch in der Gedächtnistheorie eine sehr homogene Struktur. Wir hatten bereits gesehen, daß im Falle des artifiziellen Gedächtnisses diese Homogenität im Widerspruch zu Prägnanzforderungen (und Individualisierungspräferenzen) der antiken Gedächtnistheoretiker steht. In der Kosmologie ist es verständlich, daß Bruno seine im Vergleich zur Standardkosmologie, z.B. des Aristoteles, verwirrend komplexe Hypothese der unendlichen Welten zumindest geometrisch einfach gestalten wollte. Wir fragen deshalb, wie homogen bzw. geometrisch regulär ist der Kosmos aus heutiger Sicht.

Die vorherrschenden kosmologischen Vorstellungen teilen die Regularitätskonzeption Brunos (man spricht von Isotropie):
- Das Urknallszenario läßt das Universum in einer heißen Explosion aus einer Punktsingularität entstehen. Da ein solcher Punkt *per definitionem* homogen ist, ergibt sich die Regularität des Universums aus diesem Entstehungsszenario.[28]

---

[28] Die Hypothese des inflationären Universums ist spekulativ, d.h. sie ist ohne Kontrolle durch Experimente und neue Beobachtungen von Friedmann aus dem stationären System Einsteins entwickelt worden (vgl. Schücking, 1993: 20). Überhaupt ist die Geschichte der Kosmologie nach Einstein in vielerlei Hinsicht mit der Reaktion auf das Buch von Copernicus im 16. Jh. vergleichbar.

– Das 1965 entdeckte isotrope Strahlungsfeld mit einer Temperatur von 2,7 Kelvin deutet auf ein früheres thermodynamisches Gleichgewicht (vgl. Cambridge Enzyklopädie, 1989: 380).

Diesen regulären Szenarien stehen aber Beobachtungen über die sehr inhomogenen Texturen des sichtbaren (strahlenden) Universums entgegen. Es gibt „Mauern", „Klumpen" und riesige leere „Blasen" (vgl. Spergel und Turok, 1992). Diese Inhomogenität steht im Widerspruch zu einer sehr regulären Anfangsstruktur und natürlich zur regulären Parkettierung, die Bruno vorschwebte (wobei er allerdings in der Kosmologie von großzügigen Zwischenräumen ausging, welche Interaktionen und Kollisionen, z.B. zwischen Sonnensystemen, unwahrscheinlich machen).

Gegen die Homogenität des Universums und damit indirekt gegen die Vorstellung eines unendlichen Universums, hat bereits Kepler 1610 ein wichtiges Argument ins Feld geführt. Galilei hatte 1610 in seinem „Sidereus Nuntius" berichtet, daß durch die Benutzung des Fernrohres eine unermeßliche Zahl neuer Sterne erschienen waren, die er mit der Sonne als wesensgleich betrachtete (implizit benutzte er dabei Brunos Kosmologie). Kepler bringt einen gewichtigen Einwand, der viel später „Olberts Paradox" genannt wurde: „Wenn das wahr ist, und wenn jene Sonnen von gleicher Beschaffenheit sind, wie die unsrigen, weshalb übertreffen dann jene Sonnen insgesamt an Glanz nicht unsere Sonne? ... Also ist zur Genüge klar, ... daß unsere Welt nicht von ungefähr [irgendwo] in den Haufen der unendlich vielen anderen hineingehört." (Zitiert bei Mandelbrot, 1991: 103)

Dieses Paradox wird zwar durch das Expansionsmodell des Universums aufgehoben, Mandelbrot sieht seine Aufhebung aber bereits in der fraktalen Geometrie von Galaxienhaufen. Sie kommen nach Mandelbrot in einem „Gerinnungsprozeß" diffuser Massen zustande. Dies erkläre die Inhomogenität im ganzen (vgl. Mandelbrot, 1991: Kap. 9 und 23 und 33). Mandelbrots „stratifizierte Fraktale setzen" ein „Gitter aus Strecken, Quadraten oder Würfeln" ... die in ... Teilstrecken, Teilquadrate oder Teilwürfel unterteilt sind" voraus (ibid.: 224).[29] Diese geometrische Theorie des Universums erinnert an die geometrische Basis von Brunos Gedächtnissystem, das in Analogie zu seiner kosmologischen Konzeption konstruiert worden war. Führt man in ein solches System lokal definierte Regularitäten ein, welche häufig iteriert werden, so ergibt sich notgedrungen ein fraktales Muster. Die Analogie ist insofern nicht zufällig, als beide, Giordano Bruno und Benoît Mandelbrot, den Versuch unternehmen, die

---

[29] Das Gitter ist aber nur eine Konstruktionshilfe für die Fraktale, in der Natur gibt es diese Gitter nicht (vgl. ibid.: 232).

Natur (und den Geist) in einer geometrischen Sprache zu beschreiben (und zu verstehen).
- Die sehr homogene Hintergrundstrahlung des Kosmos, die als Konsequenz einer frühen Homogenität gedeutet werden kann (hierzu konträr ist eine Erklärung dieses Sachverhalts als Diffusion des thermalisierten Sternenlichtes; vgl. Layzer, 1977).
- Die noch unbekannte Ausdehnung sogenannter dunkler, d.h. nicht sichtbarer Materie; diese könnte im Prinzip die „Löcher" ausfüllen.

Es werden jedoch immer neue rätselhafte Erscheinungen entdeckt: Pulsare, Quasare, Gamma-Bursts (vgl. Powell, 1993). Mit Galileis Benutzung des Fernrohrs hat eine technische Entwicklung eingesetzt, welche die Stabilität, d.h. feste Begrenzung der „Astronomie mit blankem Auge" abgelöst hat und unsere Informationen über das Universum von Jahr zu Jahr verändert. Copernicus hat die Position des Beobachters in Bewegung gebracht; die Technik der Beobachtung verändert die Art der Beobachtung (das Fenster auf der Linie der wahrnehmbaren Wellenlängen) und deren Präzision (die Auflösung und damit die räumliche Tiefe der Beobachtung). Die klassische Aufgabe, all diese Informationen zu einer Theorie, einem Bild zu integrieren, wird trotz der Hilfe von Computersimulation und moderner Mathematik immer schwieriger. Die einzelnen Probleme werden immer präziser lösbar, nur wächst die Menge der Probleme schneller als die Lösungen.

Im Bereich des Gedächtnisses, z.B. seiner zerebralen Organisation, beginnt diese Expansion der Beobachtbarkeit gerade. Sie hat allerdings eine Schwelle, unsere Selbsterfahrung, mit der sie interagiert oder gar kollidiert. Diese Schwelle ist entweder gar nicht oder nur mit großer Schwierigkeit zu überwinden.[30] Die Grunddynamik (Beobachten, Rekonstruieren) und die philosophischen Probleme des Selbstbezuges (auf den Beobachter) sind aber durchaus analog mit denjenigen der kosmologischen Theoretiker des 16. Jh. Vielleicht ist dies der Grund, weshalb uns der kosmologische, gedächtnistheoretische und religionsphilosophische Abenteurer Giordano Bruno heute so interessant erscheint. Sein Erfolg *und* sein Scheitern sind es wert, genauer betrachtet zu werden, ebenso wie die Reaktion seiner Zeitgenossen und der damaligen Gesellschaft.

---

[30] Eine ähnliche Schwelle gibt es in der Kosmologie bei der Beobachtung sogenannter „schwarzer Löcher". Da diese im inneren Bereich Licht und damit die Information über sich selbst „verschlingen", sind sie prinzipiell nicht (direkt) beobachtbar.

7 Reflexion zum Abschluß: Über die Rolle einer innovativen Wissenschaft in der Gesellschaft

Ein junger Mann will ins Rampenlicht, er hat Freunde und Feinde, es gibt Dinge, die er durchschaut (besser als andere), es gibt Optionen der Exzellenz, es gibt (wie sollte es anders sein) Grenzen der Erkenntnis. Diese Grenzen sind einmal Grenzen in der Zeit, selbst große Begabungen können nur einen gewissen Weg zurücklegen, brauchen Zeit und - am wichtigsten - sie benötigen Vorarbeiten, die sie zum krönenden Abschluß bringen können. Dies war im 16. Jh. so, ist heute so und wird wohl nie anders sein. Wissenschaft ist ein Langzeitprozeß, der von vielen getragen wird; der Erfolg kann nur partiell und relativ zur Arbeit vieler anderer eintreten. Der „Erfolg" mag vielleicht subjektiv etwas Festes sein, d.h. relativ zum Kenntnisstand des Forschers gestern kann er heute weiter sein, aber zwischen „gestern" und „heute" liegen viele Denkprozesse anderer Personen. Kollektiv ist „Erfolg" sowieso eine unfaßbare Größe. Wenn nur Zufall oder Gunst und nicht Betrug und Mißgunst Regie führen, liegt bereits ein Glücksfall vor.

Bruno hat im Laufe seines Lebens mehrere Fäden aufgenommen, um daran sein Genie zu prüfen. Seine Versuche, als intellektuelle Person hervorzutreten, lassen sich am besten an den kleinen und großen Katastrophen seines Lebens ablesen.

Der erste Konflikt, derjenige mit den Glaubensinstitutionen, sein Interesse für die erasmischen Kommentare der Kirchenväter, seine Verachtung der gefühlsbetonten Marienverehrung, sie werden bereits von seinen Oberen in Neapel gerügt; mit dieser Revolte wird aber nur ein Prozeß eingeleitet, der ihn als „verstockten Ketzer" auf den Scheiterhaufen bringen sollte.

Das Theater hat ihn bereits in Neapel gereizt, und sein Landsmann Goanbattista Della Porta wird später mit Theaterstücken in Neapel Erfolg haben und damit die Repression durch die Kirche zumindest überspielen können. Brunos Komödie bleibt nur ein Talentbeweis, denn sie wird zu seinen Lebzeiten nicht aufgeführt.

Die Gedächtniskunst ist eigentlich sein klassisches Thema und auch das erfolgreichste. Beim Papst, beim König von Frankreich, in Venedig beim Adeligen Mocenigo, der ihn wenig später denunziert, wird er mit dieser Kunst identifiziert. Spätestens seit Paris (1582) verbindet er sie mit dem Lullismus und knüpft damit an eine Moderichtung, den erneuerten Lullismus des Agrippa von Nettesheim, an. Diese Option stößt auf zwei übermächtige Feinde. Für Bellarmin war der Lullismus eine sektiererische Strömung und sie wurde nur mit Rücksicht auf die spanische Vormacht in Italien (und Europa) nicht intensiver bekämpft; viele Kalvinisten (in Genf, Cambridge und später in Wittenberg) waren Ramisten und Ramus hatte ein neues, methodisches Ordnungssystem entwickelt, im Vergleich

Die Aktualität der Semiotik Brunos   245

zu dem das Lullische System mittelalterlich obskur wirkte. Bruno hatte also die beiden großen religiösen Parteien gegen sich (die relative Sympathie der Spanier für seinen Lullismus versuchte er in Prag zu nutzen, aber seine abgebrochene Klosterkarriere machte ihn als Partner der spanischen Partei ungeeignet). Und schließlich sein Copernicanismus: In Paris, an der Palastakademie, konnte man mit den „Paradoxen" des Copernicus liebäugeln, ansonsten war dessen Buch eine Angelegenheit für Mathematiker. Selbst der Mathematiker Galilei sollte später beim Versuch, eine Philosophie aus dem Copernicanismus zu machen, scheitern. Bruno als Diplomat (oder gar als Spion)? Eine Karriere am Hof hatte immer den Interessen des Fürsten zu dienen, und Europa war auch ein Konfliktfeld der Ambitionen von Papst, Kaisern und Königen. Brunos Beitrag war aber im wesentlichen semiotischer Natur. Besonders die stark bedrohten Fürsten wie Heinrich III. und Elisabeth I. bemühten sich um die Herstellung eines Symbolfeldes, heute würde man sagen, eines politischen „Image", um so die unentschiedenen Kräfte auf ihre Seite zu bringen. Dem französischen König mißlang dies, Elisabeth I. konnte einen so ungestümen Helfer wie Bruno bei ihrer fein austarierten Politik nicht gebrauchen.

Der Erfolg eines Individuums, das quasi aus dem sozialen Nichts auftaucht und Geltung beansprucht, ist eigentlich etwas für die damalige Gesellschaft, ganz unmöglich Erscheinendes. Es gab nur zwei Wege, die zu einer intellektuellen Karriere (oder eine politischen Karriere, die auf Bildung beruhte) führten:
– Aufstieg nach den Regeln einer etablierten Religion: Die religiösen Orden waren streng geregelte Instanzen eines solchen Aufstiegs. Für einen kurzen Zeitraum bot auch die Reformation die Möglichkeit eines schnellen Aufstiegs im Konflikt mit der Kirche. Sowohl Calvin als auch Luther etablierten aber bald eine stabile Instanz zur Selektion solcher Karrieren und blockierten weitergehende Reforminitiativen. Auch Vermittlungsversuche konnten bei der schneller Polarisierung der Religionssituation keine Lorbeeren einbringen.
– Karriere am Fürstenhof: Hier galt es primär, das Geltungsbedürfnis des Fürsten zu bedienen. Auch Galilei wird seine Wissenschafts- und Publikationstrategie am Prestige-Bedürfnis Cosimos II. (vgl. Biagioli [1993]) ausrichten. Für dieses Geltungsbedürfnis wurde eine semiotische Inszenierung von Größe, Überlegenheit und Macht gefordert. Wissenschaftliche Fragen hatten sich in diesen politischen Rahmen einzufügen.

Für Giordano Bruno scheint die Gründung einer eigenen philosophischen Gemeinschaft nach seinem Deutschlandaufenthalt eine gewisse Attraktivität gehabt zu haben (schon in Paris und England hatte er Anhänger um sich geschart). Seine Hauptstrategie, welche durch die Erfolge am Pariser Hof bestätigt wurde, bestand aber darin, einen starken, fürstlichen Protektor zu finden. Die Stationen seiner Protektionssuche waren Paris (Heinrich III.), London (Elisabeth I.), Prag

(Rudolf II.), Helmstedt (Julius) und Venedig (Moncenigo). Selbst der Papst kam als fürstlicher Protektor in Frage (allerdings waren seine Gunstmöglichkeiten durch die Kurie erheblich beschränkt). Da außerhalb der streng geregelten Aufstiegsszenarien in der Kirche, der Hof für viele Intellektuelle die *einzige* Karriere- und damit Existenzmöglichkeit darstellte, war die Suche nach der Gunst des Fürsten eine schwierige und riskante Angelegenheit. Jeder Erfolg mobilisierte viele Neider und Rivalen.

Für die Wissenschaftler und Philosophen kam es im Hofkontext darauf an, innerhalb des geregelten Rituals der Verehrung und Verherrlichung des Fürsten, eine tragende Rolle zu spielen. Diese Rituale waren aber kunstvoll-künstliche Symbolkonstruktionen, die gegen die Entwürfe konkurrierender Mächte abgegrenzt wurden und die verbreiteten religiösen, mythischen, ja magischen Vorstellungen im Volke nutzen mußten (vgl. Yates, 1975). Die Wissenschaft mußte deshalb theatralisch, rhetorisch, ästhetisch gekleidet sein, ja die eigentlichen Fragen nach der Konsistenz eines Standpunktes oder gar nach seiner empirischen Validität wurden ganz nebensächlich. Dennoch hatte die Renaissance das Prestige gerade von genialen Wissenschaftlern/Künstlern und Philosophen (so z.B. Leonardo da Vinci, Michelangelo) so gesteigert, daß man auf eine Fortsetzung dieses Höhenfluges nicht verzichten wollte. Die Situation war somit durch eine gespannte Ambiguität gekennzeichnet:
- Die Wissenschaft sollte die seit der Renaissance und dem Humanismus hochgespannten Erwartungen erfüllen; sie konnte dies aber aus sachlichen Gründen nicht.
- Es gab keinen sozialen Ort für eine innovative Wissenschaft.

Die beiden Vorreiter der neuen Wissenschaftsepoche: Giordano Bruno und Galileo Galilei wurden in unterschiedlicher Weise mit dieser Problematik konfrontiert und sollten beide an ihr scheitern (und in ihrem Scheitern zu Heroen der neuen Epoche werden).

Das Grundproblem wird durch die neue Epoche aber keineswegs aufgehoben. Wahrer der Traditionen sind wie zu Brunos Zeiten die Universitäten, nur müssen die Professoren nicht mehr die Messe lesen. Die Fürstenhöfe sind von den sogenannten Drittmittelgebern verdrängt worden und für nicht kommerzielle Forschung interessieren sich Konzerne auch nur dann, wenn ihr Image davon profitiert, d.h. die semiotische Arbeit des Fürstenlobes bleibt Bestandteil dieser Disziplinen.

Wenn ich auf den einleitenden Essay zurückblicke, so bestätigt diese Bilanz die dort aufgestellte Hypothese, daß die Historizität des Themas sich kaum von seiner Aktualität trennen läßt, denn in den grundlegenden Fragen und Verhältnissen sind vierhundert Jahre keine Zeit.

Bibliographie

1 Originaldrucke und Faksimile-Reprints

Agrippa von Nettesheim, 1533.
  Henrici Cornelii Agrippae ab Nettesheim a Consiliis & Archivis Inditiarii sacrae Caesareae Maiestatis: De Occulta Philosophia Libri Tres, 1533 (Neapel, Bib. Naz.: XXX.C.143, XXXIV.D.15, Rom, Bib. Naz.: 69.2.D.6; weitere Ausgaben 1550 und 1559).
  - 1538. Henrici Cornelii Agrippae Armatae Militiae Equitis Aurati & utriusque iuris doctoris, in Artem Brevem Raymundi Lullii, Commentaria, Salingiaci, Scoter, MDXXXVIII (Bib. Vatican, Rom: Miscell., I 5 int: 6).
  - 1547. Cornelio Agrippa. Della vanita delle scienze, tradotto per M. Lodovico Demenichi, Venetiam, M.D. XLVII (Venedig, Bib. Naz.: 390.D.278).
  - 1564. (handschriftlich) Lullus Raymundus. Ars Brevis, cum commentariis Henrici Cornelii Agrippae (handschriftlich) 1564 (stark mit Tinte verstümmelt unter Tilgung des Namens Agrippa) (Venedig, Bib. Naz.: 4.D.229).
  - 1600. Henrici Cornelii Agrippae ab Nettesheim, armatae militiae equitis aurati, et iuris utriusque ac medicinae doctoris, Opera in duos tomos concinne digesta, Lugduni, per Beringos fratres, 1600 (Bremen, Staats- und Univ. Bib.: VIII.c.53 bzw. 2357*1).
Alciatus Andrea, 1542.
  Clarissimi viri D. Andreae Alciati Emblematum libellus, uigilanter recognitus, & iam recèns per Wolphgangum Hungerum Bauarum, rhythmis Germanicis uersus, Parisiis, Apud Christianum Wechelum, Anno. M.D.XLII. (Reprographischer Nachdruck: Wiss. Buchgesellschaft, Darmstadt.)
Alstedius, Johannes-Henricus, 1610.
  Joannis Alstedii consiliarius academicus et scholasticus, Methodus formandorum studiorum, Argentorati, Sumptibus Lazari Zetneri, 1610 (Bremen, Staats- und Univ. Bib.: I.b.11 bzw. bs 0503).
  - 1612. Johan. Henrici Alstedii Introductio in: Jordani Bruni Nolani Rhetoricam. Explicatio rhetoricae aristotelo ad Alexandrum privatim a Jordano Bruno dictata Wittenbergae anno 1587 (Anhang zu Bruno, 1591[c] Paris, Bib. Mazzarine: 47218 Rés.).
Aristoteles, 1569.
  Aristotelis Stagiritae. Topicorum libri octo, Hieronymus Scoto, Venetiis, 1569 (Wittenberg, Bib. des Ev. Predigerseminars, A 4 V6).
Charles de Bovelles 1510.
  Liber de intellectu, Liber de sensibus, Libellus de nihilo, Ars oppositorum, Liber de generatione, Liber de sapiente, Liber de duodecim numeris, Philosophiae epistolae, Liber de perfectis numeris, Libellus de Mathematicis rosis, Liber de Mathematicis corporibus, Libellus de Mathematicis supplementis, ex officina Henrici Stephani, Parisiis (Faksimile Reprint, Friedrich Frommann/Günther Holzborg), Stuttgart-Bad Cannstatt.
  - 1539. Carolo Bovillo, Samarobrinio. Liber de intellectu, Liber desensu, Liber denichilo. Ars oppositorum, Liber de generatione, Liber de sapiente, Liber de duodecim

numeris, Epistole complures, (handschriftlich) Bonoie, 1539 (Neapel, Bib. Naz.: XXIX, B. 12/2).
- 1547. Geometrie practique, composee par le noble Philosophe maistre Charles de Bouelles, & nouuellement par luy reueue, augmentee, & grandement enrichie, Regnaud Chaudiere, Paris, 1547 (Paris, Bibliothèque Regnier, Kopie vom Mikrofilm, Bib. des Instituts für Philosophie der Renaissance und des Humanismus, München).
Brahe, Tycho, 1573. De nova et nullius aevi memoria prius vista stella ... 1572 novembri contemplatio mathematica, Reprint in den Appendices von Tychonis Brahe Dani Opera Omnia, Bd. 1, Gyldendal, Hauniae, 1913.
Jordanus Brunus Nolanus
- 1582. Jordanus Brunus Nolanus. De Umbris Idearum. Implicantibus artem Quaerendi, Inveniendi, Iudicandi, Ordinandi, & Applicandi ..., Parisiis, Apud Aegidium Gorbinum, sub insigne Spei, è regione gymnasij Cameracensis. M.D. LXXXII (Paris, Bib. Sorbonne: Rra 1254, 12).
- 1582. Philotheus Jordanus Brunus Nolanus. De Compendiosa Architectura, & complemento artis Lulii. Parisiis, ... M.D. LXXXII. (Paris, Bib. des „Muséum national d'histoire naturelle", Ch 970 (G), zusammengebunden mit drei weiteren Schriften zu Lullus).
- 1582. De umbris idearum, Parisiis, 1582 (Florenz, Bib. Naz.: 23.3.6.18; Paris, Bib. des „Muséum national d'histoire naturelle": Rra 1294, 12).
- 1584. De la causa, principio, et Uno. A L'Illustrissimo Signor di Mauuissiero. Stampato in Venezia. Anno. M.D. LXXXIIII (Bremen, Staats- u. Univ. Bib.: VIII.C.168).
- 1586. Centum, et viginti articuli de natura et mundo adversus peripateticos. Per Ioh. Hennequinum nobilem Parisien. Lutetie propositi. Sub clipeo & moderamine Jordani Bruni Nolani. intra octava Pentecostes, an, 1586. Impressum Parisiis, ad Authoris instant. 1586 (photographische Reproduktion in Canone, 1992a: 161-180).
- 1587. De progressu et lampade venatoria logicorum. Ad promptè atque copiosè de quocumque proposito problemate disputandum. Anno 1587 (Wittenberg), (Florenz, Bib. Naz.: Rinasc B 505; mit Bruno 1591(a) zusammengebunden).
- 1588. Jordani Bruni Nolani Camoeracensis Acrotismus, seu Rationes Articulorum Physicorum adversus Peripateticos Parisiis propositorum etc., Vitebergae. Apud Zachariam Cratonem, Anno. 1588 (Prag, Bib. Clementinum, 15 K 22, Mikrofilm).
- 1591(a). De Triplici Minimo Mensura ad Trium speculativarum scientiarum & multarum activarum artium principia, Libri V, Francofurti, apud Ioannem Wechelum & Petrum Fischerum Consortes, M.D. LXXXXI (Florenz, Bib. Naz.: 22.9.6.18[xi]).
- 1591(b). De Monade Numero et Figura Liber Consequens Quinque De Minimo Magno & Mensura. Item De Innumerabilibus, Immenso, & Infigurabili, seu de Universo & Mundis libri octo. Ad Illustrissimum et Reverendiss. Principem Henricum Iulium Brunsuicensium & Luneburgensium ducem, Halberstadensium Episcopum, & c. Francofurti, Apud Ioan. Vvechelum & Petrum Fischerum consortes. 1591 (Bremen, Staats- und Univ. Bib.: IV.C.143; Paris, Bib. Sorbonne: R XVI b 190 in-12°).
- 1591(c). De Imaginum, signorum & Idearum compositione, Ad omnia Inventionum, Dispositionum, & Memoriae genera Libri tres, Francofurti, 1591 (Florenz, Bib. Naz.: Palat. 22.3.6.18; Padua U.B.: 108.D.188; Bremen, Staats- u. Univ. Bib.: IV.c.143(2); Paris, Bib. Mazzarine: 47218[2] Rés.).

- 1609. Summa terminorum metaphysicorum. Ristampa anastatica dell'edizione Marburg 1609 (hg. von Tullio Gregory and Eugenio Canone), Edizioni dell'Ateneo, Roma, 1989.

Cantabrigiensis, G.P. (nach Yates William Perkins), 1584(a).

Antidicsonis cuiusdam cantabrigiensis G.P. Accessit Libellus, in quo dilucide explicatur impia Dicsoni Artificiosa memoria, Londoni, Ecudebat Robertus Walde-grave (Kopie des Mikrofilms in London, Warburg Institute: NOH 2620).

- 1584(b). Libellus de memoria, verissimaque bene recordandi scientia. Authore G.P. Cantabrigiense. Huc accessit eiusdem Admonitiuncula ad A. Disconum de Artificiosae Memoriae quam publice profitetur, vanitate, Londini, Excudebat Robertus Waldegraue, Anno 1584 (London, Warburg Institute [Kopie], NOH 2620).

Copernicus, Nicolaus.

(Manuskript o.J.). Nicolaus Copernicus. De Revolutionibus. Faksimile eines Manuskripts, Gerstenberg, Hildesheim, 1974 (Bd. I der Nicolaus Copernicus Gesamtausgabe).

- 1543. Nicolai Copernici Torinensis. De revolutionibus orbium caelestium, libri VI, Nurenbergi, 1543 (Neapel, Bib. Naz.: XXX.E.43[(1)]). Weitere Exemplare der 1. Ausgabe Neapel, Bibliotèca Universitaria, und Rom, Bib. Naz., 69.2.C.8 und 201.39.I.26; 1. Auflage mit Korrekturen von Galilei, Florenz, Bib. Naz.: Postillati 121.
- 1566 (2. Auflage) Basel, 1566 (Neapel, Bib. Naz.: 102.K.21. und weitere Exemplare: ebenda, 33.7.28 sowie XXXI.II.E.43).

Dee, John, 1564.

Monas hieroglyphica Joannis Dee, Londinensis ad Maximilianum de gratia romanorum, Bohemiae et Hungariae regem sapientissimam, Silvius Typog. Regnis, Antuerpiae, 1564 (Mikrofilm, Prag, Bib. des Clementinum).

- 1570. Reprographie von: John Dee. The mathematical praeface to the Elements of Geometrie of Euclid of Megara (in Debus, 1975).
- 1573. John Dee. Parallaticae. Commentationes Praxeosque Nucleus quidam, Londini, 1573, Johannem Dugum (Prag, Bib. Clementinum: Re 677).

Dibuadio, Georgius Christophorus, 1569.

Commentarii breves in secundum librum Copernici in quibus argumentis infallibilibus demonstratur veritas doctrinae de primo motu, & ostenditur tabularum compositio, Witebergae excudebant Clemens Schleich, & Antonius Schöne, Anno M.D. LXIX (Kopenhagen, Königliche Bib.: 19-119).

Dicsonus, Alexander, 1583/1584.

Alexandri Dicsoni Arelii De umbra rationis & iudicij, siue de memoriae virtute, Prosopopaeia. Londini. Excudebat Thomas Vantrollerius Typographus (Kopie des Mikrofilms in London, Warburg Institute).

- 1584. Heius Scepsius Defensio pro Alexandro Dicson. Londini. Excudebat Thomas Vantrollierius.

Digges, Thomas, 1573.

Alae seu scalae mathematicae ... Thoma Diggesio, Cantiensi, Stemmatis Generosi, Authore, Londini, A.D., 1573 (Mikrofilm, Prag, Bib. des Clementinum).

Digges, Leonard und Thomas, 1571.

The theodelitus and topographical instrument of Leonard Digges of University College, Oxford. Described by his son Thomas Digges in 1571. (Reprinted from Longimetria the fyrst booke of Antometria, Oxford, 1927.)

Bibliographie

- 1576. A Prognostication everlastinge of righte good effecte, fruitfully augmented by the auctour, contayning plaine, briefe, pleasant, chosen rules to judge the weather by the Sunne, Moone, Stars, Comets, ... Lately corrected and augmented by Thomas Digges his sonne, imprinted at London by Thomas Marsh, Anno 1576 (Faksimile: Walter J. Johnsons, Theatrum Orbis Terrarum, Amsterdam, 1975).

Dolce, Ludovico, 1562.
Dialogo di M. Lodovico Dolce. Nel quale si ragiona del modo di accrescere & conservar la memoria (Titelseite fehlt, Jahreszahl am Ende des Vorwortes; der Text ist eine übersetzte, in die Form des Dialoges übertragene Fassung von Romberch, 1533). London, Warburg Institute: NOH 2600.

Dürer, Albrecht, 1525.
Unterweisung der Messung mit dem Zirkel und Richtscheit, Nurnberg. M.D.XXV (Faksimile, Josef Stocka-Schmid, Zürich, München, 1966 (Bayr. Staatsbib.: Hbh.Ha 4470).

Ficino, Marsilio, 1548.
Marsilii Ficini Fiorentini. De triplici vita libri tres (Venedig, Bib. Naz., 597) (dort enthalten): Liber de vita coelitus comparanda compositus ab eo inter commentaria euisdem in Plotinum. In librum de caelo, commentaria, Venetiae, 1548.

Fracostoro, Hieronymus, 1555.
Hieronymi Fracostorii Veronensis. Opera Omnia, in unum proxime post illius mortem collecta, Venetiis, Apud Iuntas, 1555 (Venedig, Bib. Naz.: 3.D.48).

Giordano, Gregor, 1577.
Gregor Giordano da Venetia. Dichiaratione de teatro de cielo a della terra, Venetia, Perchacinus, 1577 (Venedig, Bib. Naz.: Misc. 2632).

Iunctino, Francisco, 1581.
Francisco Iunctino Florentino S.T.D. Speculum Astrologiae, Universam Mathematicam scientiam, in certas classes digestam, Lugduni, 1581 (Rom, Bib. Vaticana: Barb. N.IX.64-65).

Kircher, Athanasius, 1652-1654.
Athanasij Kircheri e Soc. Iesu Oedipus Aegyptiacus, hoc est Universalis Hieroglyphiae Veterum Doctrinae temporum iniuria instauratio, Romae, Typographia Vitalis Mascardi, MDCLII, V. II-III, MDCLIII-MDCLIV. (Rom, Bib. Casanatense: M.II. 56-58).

Lacinius, Ianus, 1557.
Pretiosa Margarita. Novella de Thesauro, ac pretiosissimo philosophorum lapide. Artis huius divinae typus, & methodus: collectanea ex Arnoldo, Raymundo, Rhasi, Alberto, & Michaele Scoto, Venetiis,MDLVII. (Florenz, Bib. Naz.: Palat. D.7.6.33).

Lavinheta, Bernhard, 1523.
Practica compendiosa artis Raymundi Lullii explanatio compendosiaque applicatio artis illuminati doctoris magistri Raymundi Lull. ad omnes facultates: per reverendum magistrum Bernardum de Lavinheta artium & theologiae doctorem lucabiata et ad communem omnium utilitatem edita, 1523 (Neapel, Bibl. Universitaria: B.269.6; weitere Exemplare in der Bib. Naz.: XXV.D.54 und 84.B.28). Weitere fünf Exemplare enthält die Bib. Naz. Rom: 12.30.G.3/12.8.G9/69.2.C.9/69.2.C.27. Das erste Exemplar wurde eingesehen. Benutzerspuren fanden sich in den astrologischen und chemischen Kapiteln.)
- 1612. Bernhardi di Lavinheta, opera omnia quibus tradidit artis Raymundi Lullii compendiosam explicationem et eiusdem applicationem Edente Johannes Enrico Al-

Bibliographie

stede, Coloniae, 1612 (Neapel, Bib. Naz.: B.Branc.h.h.K.67, Wittenberg, Bib. des Ev. Predigerseminars).

Lullus, Raymundus (Ramón Llull), 1507.
Quaestiones dubitabiles super quattuor libris sententiarum cum quaestionibus solutivis Raymundi Lulli (durchgestrichen). Darin Teil II: Disputatio Haeremitae & Raymundo super aliquibus dubiis quaestionibus sententiarum magistri Petri Lombardi, 1507 (Neapel, Bib. Naz.: XXII.B.85).
- 1515. Arbor scientie venerabilis & celitus illuminati patris Raymundi Lullii Maioricensis..., Lugduni, in domo Francisci fradin impressoris, 1515 (Prag, Bib. des Clementinum: XII, H 139).
- 1517. Raymundi Lull, ars magna/generalis et ultima: quarumcucque artium & scientiarum ipsius Lull. assecutrix et clavigera: ad eas aditum faciorem prebens: ante hac nusquam arn impressone emunctus commendara: per magistrum Bernardum la Vinheta artis illius fidelissimum interpretem eliminata. 1517 (Florenz, Bib. Naz.: Moncini F.6. 3.57).
- 1519. Illuminati Doctoris & Martyris Raymundi Lulli Opusculum. De anima rationali. Et vita eisdem Doctoris, 1519 (Neapel, Bib. Naz.: XXXII.B.39).
- 1542. Divi Raymundi Lulli doctoris illuminatiss. Ars inventiva veritatis, Valentiae, 1515 (mit handschriftlichen Verweisen auf Agrippa und Agricola, 1542; Neapel, Bib. Naz.: XXX.C.143).
- 1559. Raymundii Lullij. Doctoris illuminati de nova logica, de correlativis, necnon & de aecensu & descensu intellectus, 1559 (stark kommentiert, mit eingefügten Symbolen, Bl. 15v und 16, gebunden mit anderen lullischen Schriften, Neapel, Bib. Naz.: XXI.C.54).
- 1573. Testamentum Raymundi Lulli. Doctissimi et celeberrimi philosophi, duobus libris universam artem chymicam complectens, item eiusdem compendium animae transmutationis metallorum, Apud Ioannem Birckmannum, MLXXIII, Coloniae Agrippinae (Amsterdam, Uni. Bib.: 2364 D 31).
- 1588. Rhetoricorum Raimundi Lullii nova evvulgatio qua perspicua a faciliaque traduntur de omnibus, tum Scientiae, tum eloquentiae generalia Principia. Parisiis, Apud Petrum Billaine, via Jacobaea, sub signo Bonae Fidei. M.DC.XXXVIII (Paris, Bib. Naz.: X.3268)
- 1598. Raymundi Lulli opera ea quae ad adinventam ab ipso artem universalem scientiarum artiumque omnium brevi compendio, firmaque memoria apprehendarum locupletissimaque vel oratione ex tempore pertratandarum, Argentoratum (München, Bayr. Staatsbib.: Enc 142).
- 1645. Ars generalis ultima, Mallorca. Nachdruck, Minerva, Frankfurt, 1970.
- 1722/29. Beati Raymundi Lulli Doctoris Illuminati et Martyris Operum, Moguntiae, Ex Officina Typographica Mayeriana, Per Joannem Georgium Häffner (Reprint: Frankfurt, Minerva, 1965). Tomus III. In quo continentur sequentes Tractatus: Introductoria Artis Demonstrativae (1722). Tomus V. In quo continentur: Instrumentum Intellectivae Potentiae, seu Ars Intellectiva ..., (1729).

Magini, Giovanni Antonio, 1589.
Novae coelestibus orbium theoricae congruentes cum observationibus N. Copernici, Venetiis (Genua, Bib. Naz.: 3.V.V.16).

Mordente, Fabrizio, 1598.
Propositioni geometriche, Roma, Riame, M.D.CVIII (Rudolf II. gewidmet, enthält einen Lebenslauf und eine kurze Beschreibung des Proportionalzirkels mit Zeichnung). (Rom, Bib. Vatican.: Barb. N.VII.135).
Della Porta, Ioannes Baptista, 1558.
Magiae naturalis, sive de miraculis rerum naturalium libri III (Rom, Bib. Casanatense: ^{m}.IX.14; nicht am Ort).
- 1563. De Furtivis literarum notis, vulgo de Ziferis, libri III, Neapoli, Apud Ioan. Scotum, MDLXIII (Rom, Bib. Casanatense: C.IX.140.CC).
- 1589. Magiae naturalis expurgati; & superaucti, in quibus scientiarum Naturalium diuitia, & delitia demonstrantur. Apud Horatium Saluianum, MDLXXXVIII (Rom, Bib. Casanatense: A.II.79.CC).
- 1602. De Furtivis literarum notis vulgo de Ziferis Libri Quinque. Io. Baptista Porta Neapolitano Auctori, Neapoli, Apud Ioannem Baptista in Subtilem, MDCII (Rom, Bib. Casanatense: Misc.409[2]).
- 1602. Ars reminiscendi Ioan. Babtistae Portae Neapolitani. Apud Ioan. Baptistum Subtilem. MDCII (Rom, Bib. Casanatense, N.XII.12).
- 1603. Caelestis physiognomiae libri sex. Ioan. Baptistae Portae Neapolitani quis facile ex humani vultus extima inspectione poterit ex coniectura futura praesagire ..., Neapoli, Ex Typographia Io. Baptistae Subtilis, MDCIII (Rom, Bib. Casanatense: M.XI.4).

Paepp, Galbaico, 1618.
Introductio facilis in praxim arteficiose Memoriae, Lugdunum, MDCXIIX (Padua, Bib. Univ.: B^a 350-9).

Philippus Theophrastus Bombast, genannt Paracelsus, 1571.
Astronomia magna oder Die ganze Philosophia sagax der grossen und kleinen Welt des von Gott hoch erleuchteten und bewerten teutschen Philosophi und Medici, M.D.LXXI (München, Bayr. Staatsbib.: Fiche 2. Astr. p.29q).

Pontus de Tyard, 1556.
Discours du temps, de l'An, et de ses parties. A Lion par Ian de Tournes, MDLVI (Paris, Bib. Nat.: Mikrofilm, m 17525).
- 1557. L'Univers ou, Discours des parties, et de la nature du monde, Lion, Ian de Tournes et Gvil. Gazeav, MDLVII (Paris, Bib. Nat.: R.2952).
- 1562. Ephemerides octavae sphaerae, seu Tabellae diariae Ortus, Occasus, & Mediationis Coeli illustrium stellarum inerrantium, pro universa Gallia ... authore Ponto Tyardo Bissiano, Lugduni apud Tornaesium, MDLXII (Paris, Bib. Nat.: Res. V224).
- 1575. Solitaire Premier ou Dialogue de la Fureur Poetique par Pontus de Tyard, Seigneur de Bissy (seconde edition, augmentée); Paris (chez Galiot du Pré, rue Sainct Iaques, à l'enseigne de la Galerie d'or avec privilège du Roy [o.J.], Widmung an eine Dame, 1575) (Paris, Bib. Nat.: Res. Ye-575).
- 1578. Deux Discours de la nature du Monde, & de ses parties le premier Curieux traitant des choses materielles: & le second Curieux des intellectuelles. Par Pontus de Tyard, Seigneur de Bissy. A Paris Par Mamert Patisson Imprimeur du Roy, au Logis de Robert Estienne, M.D.LXXVIII. Avec privilege du Roy (Paris, Bib. Nat.: R.8273).
Dieser Druck enthält ein Vorwort von Du Perron: Avant-discours sur l'un et l'autre curieux de Monsieur de Tyard, seigneur de Bissy, par I.O. Du Perron, Professeur du

Roy aux langues, aux Mathématiques, & en la Philosophie.
- 1587. Tyard (Pontus de) Les Discours philosophiques, Paris, A. L'Angelier, 1587 (Paris, Bib. Nat.: microfiche, m 9792).
Ravennus, Petrus, 1533.
Foenix. Domini Petri Ravennatis Memoriae Magister, Venetiis, 1533 (Venedig, Bib. Naz., Misc. 2449.12). Weitere Exemplare mit variablem Titel, z.B. Foenix, seu de memoria artificiale, 1533 (Venedig, Bib. Naz., Misc. 2194.6), 1541 (Misc. 2576.5), 1565 (Misc. 2377.7), 1600 (Misc. 2675.12).
- 1511. Alphabetum Aureum; Lugdunum, 1511 (Eine Enzyklopädie des Rechts; Neapel, Bib. Naz., IV.1.42).
Raymarus, Nicolaus Ursus, 1589.
Nicolai Raymari Ursi Dithmarsi, Metamorphosis Logicae, in qua ..., Argentorati, M.D.LXXXIX (Reproduktion des Drucks und Übersetzung von Gerhard Weng und Dieter Launert, Meldorfer Gelehrtenschule, 1994; München, Bayr. Staatsbib.).
Reisch, Gregor, 1599.
Gregor Reisch, Margarita filosofica. Nella quale si trattano con bellissimo, & breve metodo non solo tutte le doctrine comprese nella Ciclopedia dagli antichi ma molto altre ancora aggiuntevi di maio de Orontio Fineo Matematico Regio, Venetia, 1599 (übersetzt von Paolo Gallucci; Venedig, Bib. Naz.: 234.D.140).
Rheticus, Georg Joachim, 1533.
De libris revolutionum ..., narratio prima Basileae, 1541 per M. Georgium Joachimum Rheticum (Venedig, Bib. Naz.: 105. D. 204 [3]).
Romberch, Johannes
Longestorum Arteficiose Memorie. U.M.F. Ionnus Romberch de Kyrspe. Regularis observantie predicatorie: Omnium de memoria preceptiones aggregatium complectens: ..., Venetiis, 1533 (Venedig, Bib. Naz.: Rari V.503, London, Warburg Institute: NOH 2600 0/123).
Sacrobosco, 1516.
Sphera materialis (geteutscht von Conradt Heynfogel), Gedrückt zu Nürnberg durch Jost Gutknecht. Anno M.CCCCXvj (München, Bayr. Staatsbib., Res. 4°Astr U.129f., weitere Ausgaben: Köln, 1519 und Straßburg, 1533).
- 1537. Sphera volgare novamente tradutta con molte notande additioni di Geometria,Cosmographia, arte navigatoria, et Stereometria, proportioni, et quantita delle elementi, distanze, grandezze, et movimenti di tutti li corpi celesti, cose certamente rade et maravigliose autore M. Mauro fiorentino phonasco et philpanareto (auf eingelegtem Blatt), Venezia, 1537 (Genua, Bib. Naz.: Rari VII.66).
- 1563. Libellus de sphaera; Accessit eiusdem autoris computus ecclesiasticus cum praefatione Philippi Melanchtonis, Viteberga, Crato (München, Bayr. Staatsbib.: Astr. U.169a).
- 1571. Vincenzio Dante de Rinaldi, La Sfera di Messer Giovanni Sacrobosco tradotta emendata & distinta in capitoli annotazioni de medesimo, Fiorenza, 1571 (Endseite 1572; Venedig, Bib. Naz.: Mis. 2632).
- 1579. La Sfera di Messer Giovanni Sacrobosco Tradotta, Emendata, & distinta in Capitoli da Pieruincenzio Dante de'Rinaldi con molte, et utili Annotazioni del Medesimo. In Firenze. Nella Stamperia de'Giunti, 1579 (München, Bayr. Staatsbib.: Res. 4°Astr.U129r).

Bibliographie

Scotus, Johannes
  Ioannis Scoti Opera quae supersunt omnia, Tomus unicus. Apud Migne Editorem, Parisiis, 1865 (enthält u.a. De divisione naturae. Libri cinque; 439-1022).
Valerius de Valeriis, 1608.
  Raymundi Lullii Opera, quae ad inventam ab ipso artem universalem Scientiarum Artiumque omnium Brevi compendio, firmeaque, memoria apprehendarum ... accessit huic editioni Valerii de Valeriis Veneti aureum in artem Lullii generale Opus, Argentorati, Lazarum Zetneri, M.D.CVIII (Paris, Bib. des „Muséum national d'histoire naturelle": CH 7750; enthält S. 667-736: Iordan. Brun. Nol. De Lulliano Specierum scrutinio; und S. 739-786: Jord. Brunus Nol., De Progressu logicae venationis; S. 787-916: Henrici Cornelii Agrippae Armatae Militiae Equitis ... In Artem Brevem Raymundi Lullii, Commentaria).

2 Sekundärliteratur und neue Ausgaben von Werken des 16. Jh.

d'Agostino, Guido, 1972. Il Governo spagnolo nella Italia meridionale (Napoli dal 1503-1580) in: Storia di Napoli, Sociètà ed. storia di Napoli, Neapel, Bd. V (1): 1-159.
Agricola, Rudolf, 1992 (1539). De inventione dialectica libri tres / Drei Bücher über die Inventio dialectica (hg., übers. und kom. von Lothar Mundt), Niemeyer, Tübingen.
d'Amico, John F., 1985. Renaissance Humanism in Papal Rome, Humanists and Churchmen on the Eve of the Reformation, John Hopkins U.P., Baltimore (2. Aufl.).
Agrippa von Nettesheim, Heinrich Cornelius, 1987 (1533). De occulta philosophia. Drei Bücher zur Magie, Franz Greno, Nördlingen.
Aquilecchia, G. (Hg.) 1971. Giordano Bruno (Bibliothèca biographica I), Rom.
- , 1991a. Le opere italiane di Giordano Bruno. Critica testuale e oltre, Bibliopolis, Neapel.
- , 1991b. Bruno's mathematical dilemma in his poem De minimo, in: Renaissance Studies, 5 (3) : 315-326.
- , 1993. Schede bruniane (1950-1991). Vecchiarelli, Manziana (Rom).
Aquin, Thomas von, 1935. Summe der Theologie, Kröner, Leipzig (Sonderauflage).
Arens, Hans, 1969. Sprachwissenschaft. Der Gang ihrer Entwicklung von der Antike bis zur Gegenwart, Bd. 1, 2, Athenäum Fischer, Frankfurt.
Atanasijevic, Ksenija, 1972. Metaphysical and Geometrical Doctrine of Bruno, Wawen (St. Louis)
Bacon, Francis, 1939. The Great Instauration. The second part of the work, which is called the New Organon ..., in: Edwin Burtt (Hg.) The English Philosophers from Bacon to Mill, The Modern Library, Random House, New York: 24-123 (deutsch: Das Neue Organon (Novum Organon), Akademie Verlag, Berlin, 1982).
- , 1942. Essays and New Atlantis, Black & Roslyn, New York.
- , 1986. Le „Valerius Terminus" (de l'interprétation de la nature), (kommentiert und eingeleitet von Michèle Le Doeuff), Klincksieck, Paris.
Batelori, Miguel, S.J., 1957. Entorn de l'antilullisme de Sant Robert Bellarmino. (Auszug aus: Estudios Lullianos, I[1], 97-113.) Palma di Mallorca, Maioricensis schola lullistica (Sonderdruck 1-17) (Rom, Bib. Vat.: R.G. Miscell III 340).

Bédier, Joseph (Hg.), 1931. Les quatre siècles du collège de France, Bibliothèque Nationale, Paris.
Belleza, Francis S., 1987. Mnemonic devices and memory schemas, in: Mark A. McDaniel and Michal Pressley (Hg.), Imagery and related mnemonic processes. Theories, individual differences, and applications, Springer, Berlin: Kap. 2: 34-101.
Bernart, Luciana de, 1986. Immaginazione e scienza in Giordano Bruno. L'infinito nelle forme dell'esperienza, ETS editrice, Pisa.
Berns, Jörg Jochen und Wolfgang Neuber (Hg.), 1993. Ars memorativa. Zur kulturgeschichtlichen Begründung der Gedächtniskunst 1400-1750, Niemeyer, Tübingen.
Berti, Domenico, 1876. Copernico e le vicende del sistema copernicano in Italia, Rom.
Biondi, Albano, 1988. La „Nuova Inquisizione" a Modena. Tre inquisitori (1589-1607), in: Città italiane del '500 tra Riforma e Controriforma, Fazzi, Lucca: 61-76.
Blum, Herwig, 1969. Die antike Mnemotechnik, Olms, Hildesheim.
Blum, Paul Richard, 1980. Aristoteles und Giordano Bruno. Studien zur philosophischen Rezeption, Fink, München.
Blumenberg, Hans, 1966. Die Legitimität der Neuzeit (bes. Vierter Teil: Cusaner und Nolaner. Aspekte der Epochenschwelle), Suhrkamp, Frankfurt: 433-585.
Bönker-Vallon, A., 1995. Metaphysik und Mathematik bei Giordano Bruno, Akademie Verlag, Berlin.
Bolzoni, Lina und Pietro Corsi (Hg.) 1992. La cultura della memoria, Società editrice Il Mulino, Bologna.
Bossy, John, 1991. Giordano Bruno and the Embassy Affair, Vintage, London (deutsch, Der Spion der Königin, Klett/Cotta, Stuttgart, 1995).
- , 1992. Postfazione all' edizione italiana, in: Idem, 1992. Giordano Bruno e il mistero dell' ambasciata, Garzanti: 332-345.
Botton, Harry Carrington, 1904. The Follies of Science at the Court of Rudolph II, Milwaukee.
Bovelles Charles de (Bovillus), 1972. La différence des langues vulgaires et la variété de la langue française (présentation et traduction commentées par Colette Dumont-Demaizière), Musée de Picardie, Amiens.
-, 1983. Le livre du néant (trad. de P. Maynard), Vrin, Paris.
-, 1984. L'Art des opposés (hg. von Pierre Maynard), Vrin, Paris.
Brooks-Davies, Douglas, 1983. The Mercurian monarch. Magical politics, Manchester U.P., Manchester.
Brujn, Petrus Antonius de, 1837. Dissertatio philosopho-historica de vita, doctrina et moribus Jordani Bruni Nolani, Groningen.
Bruno, Giordano, 1885. Numero unico a beneficio del fondo per il monumento, Rom (21. März 1885).
- ,1904-1909. Gesammelte Werke, hg. von L. Kuhlenbeck, Leipzig/Jena.
- ,1907. Eroici furori (Zwiegespräche vom Helden und Schwärmer), Bd. 5 von Bruno (1904-1909).
- ,1957a. Due dialoghi sconosciuti e due dialoghi noti, Edizioni di Storia e Letteratura, Rom.
- , 1957b. Heroische Leidenschaften und individuelles Leben (hg. von Ernesto Grassi), Rowohlt, Hamburg.
- , 1958. Dialoghi italiani (hg. von G. Gentile und G. Aquilecchia), Sansoni, Florenz.
- , 1962 (1879-1891). Jordani Bruni Nolani Opera Latine Conscripta (hg. von Fiorentino, Tocca u.a.), Faksimile Neudruck, Stuttgart-Bad Cannstatt, Fromann-Holzboog.

- ,1964. Praelectiones geometricae e Ars deformationum (hg. Giovanni Aquilecchia), Edizioni di Storia e Letteratura, Roma.
- , 1975. The Ash-Wednesday Supper (übers. von Stanley L. Jaki), Mouton, Den Haag/Paris.
- ,1977. The Ash Wednesday Supper (übers. von Edward Gosselin und Lawrence Lerner), Archon Books, Hamden.
- , 1981. Das Aschermittwochsmahl, Insel, Frankfurt.
- , 1985. De la causa, principio e uno (hg. von Augusto Gazzo), Mursia, Mailand (2. Auflage).
- , 1987. L'Infini, L'univers et les mondes (übers., hg. u. kommentiert von Bertrand Levergeois), Berg International, Paris.
- , 1988a. Le Banquet des Cendres (übers. u. hg. von Yves Hersant), Editions de l'Eclat, Paris.
- , 1988b. Candelaio (hg. von Isa Guerrini Angrisani), Bibliotèca Universale Rizzoli, Mailand (2. Auflage).
- ,1989. Von den heroischen Leidenschaften (übers. und hg. von Christiane Bacmeister, mit einer Einleitung von F. Fellmann), Meiner, Hamburg.
- , 1991a. Über die Monas, die Zahl und die Figur als Elemente einer sehr geheimen Physik, Mathematik und Metaphysik (hg. von Elisabeth von Samsonov, Kommentare von Martin Mulsow), Meiner, Hamburg.
- , 1991b. De Umbris Idearum (hg. Von Rita Sturlese), Bd. 1 von: Le Opere Latine. Editione storico-critica, Instituto Nazionale di Studi sul Rinascimento, Florenz.
- , 1991c. On the Composition of Images, Signs and Ideas (hg. von D. Higgins), Willis, Locker & Owens, New York.
- , 1992. Cabala del cavallo pegaseo. Con l'aggiunta dell'"Asino cillenico" (hg. von Nicola Bardaloni), Sellerio, Palermo.
- , 1993. Chandelier, Bd. 1 von: Les Belles Lettres (übers. von Yves Hersant), Oeuvres Complètes, Paris.
- , 1994a. Spaccio de la bestia trionfante (hg. von Michele Ciliberto), Bibliotèca Universale Rizzoli, Mailand (2. Auflage).
- , 1994b: Cabale du cheval pégaséen (übers. von Tristan Dagron) (Oeuvres complètes, VI), Les Belles Lettres, Paris.
- , 1995a. Il sigillo dei sigilli e i diagrammi ermetici. Giordano Bruno filosofo e pittore (hg. von Ubaldo Nicola), Collana Mimesis, Mailand.
- , 1995b. De rerum principiis, una riforma della „Magia" (hg. von Nicoletta Tirinnanzi; Vorwort von Michele Ciliberto), Procaccini, Neapel.
- , 1995c. Eroici furori (hg. von Simonetta Bassi; Einführung von Michele Ciliberto), Laterza, Bari.
- , 1995d. Giordano Bruno. Ausgewählt und vorgestellt von Elisabeth von Samsonow, Diederichs (Reihe: Philosophie jetzt!), München.
Bunde, Armin und Shlomo Havlin, 1991. Percolation I, in: Dies. (Hg.), 1991. Fractals and Disordered Systems, Springer, Heidelberg: 1-95.
Burks, Arthur W., 1986. Von Neumann's Self-Reproducing Automata, in: William Aspray und Arthur Burks (Hg.), 1986. Papers of John von Neumann on Computing and Computer Theory, The Charles Babbage Institute: 491-553.
Cambridge Enzyklopädie der Astronomie, 1989. Hg. von Simon Mitton, Orbis, München.
Cametti, Alberto, 1916. La Torre di Nona e la contrada circonstante, dal medio evo al sec. XVII, Rom.

Bibliographie 257

Camillo, Guilio, 1991. L'idea del teatro (hg. von Lino Bolzoni, Original 1550), Sellerio, Palermo.
Cannavale, Ercole, 1980. Lo studio di Napoli nel rinascimento, Forni (Neudruck von 1895), Neapel.
Canone, Eugenio, 1989. Nota su Raphael Egli e la *Summa Terminorum Metaphysicorum*, in: Bruno, 1609 (Facsimile): XI-XXII.
- , (Hg.) 1992a. Giordano Bruno. Gli anni napoletani e la 'peregrinatio' europea, Immagini. Testi. Documenti. Università degli Studi, Cassino.
- , 1992b. Contributo per una ricostruzione dell'antica 'Libraria'di S. Domenico Maggiore, in: Canone, 1992a: 191-246.
- , 1992c. Nolanus ... Neapolitanus, in: Canone, 1992a: 15-22.
Canosa, Romano, 1990. Storia dell'Inquisizione in Italia dalla metà de Cinquecento alla fine del Settecento, Sapere 2000, Neapel.
Caramella Santino, 1925. Giordano Bruno a Genova e in Liguria, in: Giornale storico e letterario della Liguria, 1: 48-51.
Cárcel, Ricardo Garcia, 1994. L'inquisizione (Piccola bibliotèca di base. La storia), Fenice, Mailand.
Cassirer, Ernst, 1924/1973. Philosophie der symbolischen Formen, Bd. 2. Das mythische Denken (3. Auflage, 1973), Wiss. Buchgesellschaft, Darmstadt.
- , 1949. Vom Mythos des Staates (übers. von Franz Stoessl), Artemis, Zürich.
- , 1963. Individuum und Kosmos in der Philosophie der Renaissance, Wiss. Buchges., Darmstadt.
Castris, Perluigi Leone de, 1992. La pittura del Cinquecento nell'Italia meridionale, in: La Pittura in Italia. Il Cinquecento, Electra, Rom.
Cavalli-Björkman, Gözel, 1988. Mythologische Themen am Hofe des Kaisers, in: Prag um 1600.
Cernigliaro, Aurelio, 1983. Sovranità e feud nel regno di Napoli (1505-1557), Editori Jovene, Neapel.
Cicero, Marcus Tullius, 1991. De oratore. Über den Redner (lateinisch/deutsch), Reclam, Stuttgart (Universalbibliothek, Nr. 6884).
Ciliberto, Michele, 1986. La ruota del tempo. Interpretazione di Giordano Bruno, Editori Riuniti, Rom.
- , 1992. Giordano Bruno, Editori Laterza, Bari.
Clulee, Nicholas H., 1988. John Dee's Natural Philosophy, Routledge, London.
Conforto, Giuliana, 1995. Giordano Bruno e la scienza odierna, Noesis, Rom.
Contardi, Bruno (Hg.) 1984. Quando gli dei si spogliano. Il bagno di Clemente VII a Castel Sant'Angelo e le altre stufe romane del primo Cinquecento, Romana Società Editrice, Rom.
Constanzi, Enrico, 1897. La chiesa e le doctrine copernicane, noti e considerazioni storiche, Bibliotèca del Clero, Bd. XX.
Copernicus, Nicolaus, Gesamtausgabe:
- , 1974, Bd. I. De Revolutionibus. Faksimile des Manuskriptes, Gerstenberg, Hildesheim.
- , 1984. Bd. II. De Revolutionibus. Kritische Ausgabe (hg. von Maria Nolis und Berhard Sticker), Gerstenberg, Hildesheim.
- , 1994, Bd., VI, 1. Documenta Copernicana. Briefe, Texte, Übersetzungen (hg. von Andreas Kühne), Akademie Verlag, Berlin.1984. De revolutionibus. Libri sex (hg. von

Heribert M. Nolis und Bernhard Sticker), Gerstenberg, Hildesheim (Bd. II der Nicolaus Copernicus Gesamtausgabe; Bd. I. siehe Teil 1).
-, 1990. Das neue Weltbild. Drei Texte: Commentariolus, Brief gegen Werner, De revolutionibus I (hg. Von Hans Günter Zekl; lateinisch-deutsch), Meiner, Hamburg.
Croce, Benedetto, 1949. La spagna nella vita italiana durante la rinascenza, Laterza, Bari.
- , 1945. Poeti e scrittori de pieno e del tarde rinascimento, Laterza, Bari (bes. Bd. 2: Letterati e poeti in Napoli ...).
Cundy, Martyn M. und A.P. Rollett, 1981. Mathematical Models, Tarquin Publications, Stadbroke (3. Auflage).
Curry, Haskell Brooks, 1968. Combinatory Logic, North Holland, Amsterdam.
David, Madeleine, 1961. Leibniz et le „Tableau de Cébès" (Nouveau Essais, IV, § 20) ou le problème du langage par images, in: Revue philosophique de la France et de l'Etranger, 151: 39-50.
Davies, Paul, 1981. Mehrfachwelten. Entdeckungen der Quantenphysik, Diederichs, Düsseldorf.
Davidson, N.S., 1988. Chiesa di Roma ed Inquisizione veneziana, in: Città italiane del '500 tra Riforma e Controriforma, Fazzi, Lucca: 283-292.
Dee, John, 1964. A translation of John Dee's „Monas hieroglyphica" (Antwerpen, 1564), in: Ambix, 12 (2&3): 113-121.
Debus, Allen G., 1975. Introduction, in Dee, 1570: The mathematicall praeface to the Elements of Geometrie of Euclid of Megara (1570), Science History Publications, New York.
Dobrzycki, Jercy, 1972. The Reception of Copernicus' Heliocentric Theory, Reidl, Dordrecht.
Donahue, William H., 1975. The Solid Planetary Spheres in Post-Copernican Natural Philosophy, in: Westman, 1975: 244-275.
Dornseiff, Franz, 1925. Das Alphabet in Mystik und Magie, Leipzig (2. Auflage); (Reprint-Ausgabe; Reprint Verlag, Leipzig, o.J.)
Dreyfus, Hubert L., 1987. Künstliche Intelligenz. Von den Grenzen der Denkmaschine und dem Wert der Intuition (übers. von Miachel Mutz), Rowohlt, Reinbek.
Drewermann, Eugen, 1995. Giordano Bruno oder Der Spiegel des Unendlichen, Deutscher Taschenbuch Verlag, München.
Dubois, Claude-Gilbert, 1989. L'imaginaire au seizième siècle: romans de l'objet, construction du sujet, in: Michniko Ishigami-Iagolnitzer (Hg.), Les humanistes et l'antiquité grécque, CNRS-Publications, Paris.
Duhem, Pierre, 1913-17. Le Système du Monde. Histoire des doctrines cosmologiques de Platon à Copernic, 5 Bde, Paris 1913-1917 (2. Auflage in 10 Bden: 1954-1958).
- , 1971. To save the phenomena. An essay on the idea of physical theory from Plato to Galileo (bes. Kap. 5-7), The University of Chicago Press, Chicago.
Durham, Frank und Robert D. Purrington, 1983. Frame of the Universe. A History of Physical Cosmology, Columbia University Press, New York.
Dušek, R. Valentine, 1993. Peirce as a philosophical topologist, in: Edward C. Moore (Hg.), Charles S. Peirce and the Philosophy of Science, The University of Alabama Press, Tuscaloosa & London: 49-59.
Eco, Umberto, 1973. Das offene Kunstwerk, Suhrkamp, Frankfurt.
- , 1992. Mnemotecniche come semiotiche, in: Bolzoni und Corsi, 1992: 35-56.
- , 1994a. Die Suche nach der vollkommenen Sprache, Beck, München.

- , 1994b. Zwischen Autor und Text. Interpretation und Überinterpretation, Hauser, München.
Edgerton, Samuel Y., 1990. The Heritage of Giotto's Geometry. Art and Science on the Eve of the Scientific Revolution, Cornell U.P., Ithaca/London.
Einstein, Gilles O. and Mark A. McDaniel, 1987. Distinctiveness and the mnemonic benefits of bizarre imagery, in: M. McDaniel and M. Pressley (Hg.). Imagery and related mnemonic processes, Springer, Berlin: 78-101.
Eisele, Carolyne (Hg.), 1985. Historical Perspectives on Peirce's Logic of Science, Mouton, Berlin.
Erasmus von Rotterdam, 1947. Vertraute Gespräche (Colloquia Familiaria), Pick Verlag, Köln (Neudruck, o.J., Magnus Verlag, Wien).
Eusterschulte, Anne, 1997. Giordano Bruno zur Einführung, Junius, Hamburg
Evans, R.J.W., 1980. Rudolf II. Ohnmacht und Einsamkeit, Verlag Styria, Graz.
- , 1986. Das Werden der Habsburgmonarchie 1550-1760. Gesellschaft, Kultur, Institutionen, Böhlau, Wien.
Fattori, Marta, 1985. La mémoire chez Françis Bacon, in: Les Etudes philosophiques, Juli-September: 347-357.
Fellmann, Ferdinand, 1989. Einleitung, in:Bruno, 1989a: VII-XL.
Feuerbach, Ludwig, 1974. Vorlesungen über die Geschichte der neueren Philosophie (von G. Bruno bis G.W.F. Hegel), Wissenschaftliche Buchgesellschaft, Darmstadt (besonders V. und VI. Vorlesung).
Field, Geoffrey C., 1981. Evangelist of Race. The German Vision of Houston Stewart Chamberlain, Columbia U.P., New York.
Filippini, S., 1990. L'Homme incendié, editions Phébus, Paris (2. Aufl., Presses Pocket, 1991; Roman zu Giordano Bruno).
Firpo, Giordano, 1993. Il processo di Giordano Bruno (hg. und eingeleitet von Diego Quaglioni), Salerno Editrice, Rom; erste Ausgabe 1949, in: Quadèrni della rivista storica italiana, 1.
Fleckenstein, J.O., 1967. Leibniz's algorithmic interpretation of Lullus' art, in: Organon, 4: 171-180.
Flögel, Karl Friedrich (1862), 1978. Flögels Geschichte des Grotesk-Komischen (neu bearbeitet und erweitert von Friedrich W. Ebeling), Werl, Leipzig. (Reprint in der Reihe: Die bibliophilen Taschenbücher, Harenberg Kommunikation, Dortmund.)
Flor, Ferdinando R. de la, 1985. Mnemotechnica y barroco: il Fénix de Minerva de Juan Velàsquez de Acevedo, in: Cuadernos Salmantinos di Filosofia, XII, 182-203.
Fondazione G. Bruno-Nola, 1993. Provocazione Bruniane, Nola.
Frey, Uwe, 1997. Synaptic tagging - ein genereller Mechanismus der neuronalen Informationsspeicherung, in: Spektrum der Wissenschaften, Oktober 1997: 16-20.
Frick, Karl R.H., 1973. Die Erleuchteten. Gnostisch-theosophische und alchemistisch-rosenkreuzerische Geheimgesellschaften bis zum Ende des 18. Jahrhunderts - ein Beitrag zur Geistesgeschichte der Neuzeit, Akademische Druck- u. Verlagsanstalt, Graz.
Friedensburg, Walter, 1917. Geschichte der Universität Wittenberg, Niemeyer, Halle.
Galilei, Galileo, 1982. Dialogo sopra i due massimi sistemi del mondo tolemaico e copernicano (hg. von Libero Sosio), Einaudi, Turin.
Gandoglia, Bernardo, 1897. Storia del comune di Noli, Savona.
Gatto, Romano, 1994. Tra scienza e immaginazione. Le matematiche presso il collegio gesuitico napolitano (1552-1670ca), Olschki, Florenz.

Gaya, J., 1982. Réminiscences lulliennes dans l'anthropologie de Charles de Bovelles, in: Charles de Bovelles et son cinquième centenaire, Paris: 143-156.
Giehlow, K., 1915. Die Hieroglyphenkunde des Humanismus in der Allegorie der Renaissance, Tempsky und Freytag, Wien und Leipzig.
Gilbert, William, 1958. De Magnete (übers. von P. Fleury Mottelay), Dover, New York (Original, 1600).
Gingerich, Owen, 1985. The Censorship of Copernicus's De revolutionibus, in: ders. The Eye of Heaven. Ptolemy, Copernicus, Kepler, The American Institute of Physics, New York: 269-285.
Goethe, Wolfgang von, 1809/1939. Die Wahlverwandtschaften. Ein Roman, Insel, Leipzig (Goethes Werke, hg. von A. Kippenberg, J. Petersen und H. Wahl).
- , 1820/1955. Nacharbeiten und Sammlungen, in: Werke, Hamburger Ausgabe (Bd. 13, Naturwiss. Schriften), Wegner, Hamburg.
Granada, Miguel, 1996. Il problema astronomico-cosmologico e le sacre scitture dopo Copernico: Christoph Rottmann e la „Theoria dell' Accomodazione", in: Rivista di storia della filosofia, 4: 589-828.
Grimm, Jacob, 1835. Deutsche Mythologie, Dietrichsche Buchhandlung, Göttingen.
Guida storico-artistica, 1991. La basilica di S. Domenico Maggiore in Napoli (hg. von PP. Domenicani), Neapel.
Haase, Hans und Günter Schöne, 1976. Die Universität Helmstedt. Bilder aus ihrer Geschichte, Jacobi-Verlag, Bremen.
Hanson, Norwood Russel, 1973. Constellations and Conjectures (hg. Von W.C. Humphrey), Reidel, Dordrecht.
Haydu, H., 1936. Das mnemotechnische Schrifttum des Mittelalters, Franz Leo & Comp, Wien/Amsterdam/Leipzig.
Haverkamp, Anselm und R. Lachmann, 1991. Gedächtniskunst: Raum-Bild-Schrift. Studien zur Mnemotechnik, Suhrkamp, Frankfurt/Main.
- , 1993. Memoria. Vergessen und Erinnern (Reihe: Poetik und Hermeneutik, XV).
Hegselmann, Rainer (Hg.), 1979. Otto Neurath Wissenschaftliche Weltauffassung, Sozialismus und Logischer Empirismus, Suhrkamp, Frankfurt.
Heipke, K., W. Neuser und E. Wicke (Hg.), 1991. Die Frankfurter Schriften Giordano Brunos und ihre Voraussetzungen, Acta Humaniora, VCH, Weinheim.
Henner, Camillo, 1890. Beiträge zur Organisation und Kompetenz der päpstlichen Ketzergerichte, Duncker & Humblot, Leipzig.
Heuser-Kessler, Marie-Luise, 1991a. Georg Kantors transfinite Zahlen und Giordano Brunos Unendlichkeitslehre, in: Selbstorganisation, 1(2): 221-244.
- , 1991b. Maximum und Minimum. Zu Brunos Grundlegung der Geometrie in den *Articuli adversus mathematicos* und ihrer weiterführenden Anwendung in Keplers Neujahrsgabe oder Vom sechseckigen Schnee, in: Heipke, Neuser und Wicke, 1991: 181-200.
Hillis, Daniel W., 1987. The Connection Machine, MIT-Press, Cambridge (Mass.) (4. Auflage).
Hjelmslev, Louis, 1935. La catégorie des cas. Etude de grammaire générale, Aarhus. (Reprint: Fink, München, 1972.)
Hofmann, N.G., 1971. Quidam Italus ... Die Tübinger Episode des Giordano Bruno, in: Attempto, 41-42: 108-115.
Hofmann, Werner (Hg.), 1977. Runge in seiner Zeit, Prestel, München.
Hölscher, Gisela, 1995. Brunos architekturale Gedächtnissyteme, Seminararbeit, Bremen.

Horský, Zdenek, 1988. Die Wissenschaft am Hofe Rudolf II., in: Prag um 1600: 69-74.
Ifrah, Georges, 1994. Histoire universelle des chiffres. L'intelligence des hommes racontée par les nombres et le calcul, Editions Robert Laffont, Paris (2. Auflage).
Ingegno, Alenso, 1978. Cosmologia e filisofia nel pensiero di Giordano Bruno, La Nuova Italia, Florenz.
- , 1984. La sommersa nave della religione. Studio sulla polemica antichristiana del Bruno, Bibliopolis, Neapel.
Jaendet, J.-P.-Abel, 1860. Pontus de Tyard. Signeur de Bissy, depuis évêque de Chalon, Auguste Ambry, Paris.
Johnson, Francis R., 1936. The influence of Thomas Digges on the progress of modern astronomy, in: OSIRIS, 1: 390-410.
Johnston, Mark, D., 1987. The spiritual logic of Ramon Llull, Clarendon Press, London.
Josten, C.H., 1964. Introduction and Annotation to the translation of John Dee's „Monas hieroglyphica", in: Ambix, 12 (2&3): 84-113.
Kepler, Johannes, 1609/1937. Astronomia Nova, neu hg. von Max Caspar, in: Gesammelte Werke, Bd. III, Akademie der Wiss., München.
- , (1596), 1938. Prodomus Dissertationum cosmographicarum, continens mysterium cosmographicum, de admirabili proportione orbium calestium, de que causis caelorum numeri, magnitudinis, motuumque periodicorum genuinis & propriis, demonstratum, per quinque regularia corpora Geometrica, Neudruck in: Johannes Kepler, Gesammelte Werke (hg. von Max Caspar), Beck, München, 1938: 1-80.
- , 1987. Vom sechseckigen Schnee (Strena seu de Nive sexangula) (hg. von Dorothea Goetz), Akademische Verlagsanstalt, Leipzig.
Keßler, E., 1992. Selbstorganisation in der Naturphilosophie der Renaissance, in: Selbstorganisation, 3: 15-29.
Klibansky, Raymond, Erwin Panowsky und Fritz Saxl, 1979. Saturn and melancholy. Studies in the history of natural philosophy, religion and art (Reproduktion der Ausgabe von 1964), Kraus Reprint, Mendeln.
Knobloch, Eberhard, 1994. Harmonie und Kosmos: Mathematik im Dienste eines teleologischen Weltverständnisses, in: Sudhoffs Archiv, 78(1): 14-40.
Koyré, Alexandre, 1969. Von der geschlossenen Welt zum unendlichen Universum, Suhrkamp, Frankfurt (bes. Kap. II: Die neue Astronomie und die neue Metaphysik: 36-62).
Ksanfomaliti, Leonid W., 1986. Planeten. Neues aus unserem Sonnensystem, Harri Deutsch Verlag, Thun (russ. Original 1978)
Künzel, Werner und Peter Bexte, 1993. Allwissen und Absturz. Der Ursprung des Computers, Insel, Frankfurt/Main.
Lackner, Michael, 1986. Das vergessene Gedächtnis. Die jesuitische mnemotechnische Abhandlung Xigno Jifa. Übersetzung und Kommentar, Steiner, Wiesbaden.
Lang, Kenneth R. und Charles A. Whitney, 1993. Planeten. Wanderer im All, (eng. Original 1991).
La Porta, Gabriele, 1991. Giordano Bruno, Vita e aventure di un pericoloso maestro del pensiero, Bompiani, Mailand.
Lattis, James M., 1994. Between Copernicus and Galileo. Christoph Clavius and the collapse of Ptolemaic cosmology, University of Chicago Press, Chicago.
Layzer, David, 1987. Das Universum. Aufbau, Entdeckungen, Theorien, Spektrum Verlag, Heidelberg (2. Auflage).

Lea, Henry Charles, 1908. The Inquistion in the Spanish Dependencies. Sicily, Naples, Sardinia, Milan, the Canaries, Mexico, Peru, New Granada. Macmillan, New York (Bib. Vat., Rom: R.G. Storia IV 13032).
Le Flem, Jean Paul u.a., 1993. La frustración de un imperio (1476-1714). Editiorial Labor, Barcelona.
Levergeois, Bertrand, 1995. Giordano Bruno, Fayard, Paris.
Loria, Gino, 1950. Storia delle matematiche. Dell'alba della civilità al tramonte del secolo XIX, Hoepli, Milano.
Lichtenstern, Christa, 1992. Metamorphose. Vom Mythos zum Prozeßdenken, Acta Humaniora, Weinheim.
Lullus, Raymundus, 1953. El libro de la „Nova Geometria" (hg. von J. Millás Vallicrosa), Ramón Torra, Barcelona.
- , 1972. Opuscula II (hg. und eingeleitet von E.-W. Platzeck), Verlag Gerstenberg, Hildesheim.
- , 1988. Traité d'astrologie (traduit et présenté par Armand Llinarès), Centre National des Lettres, Stock/Moyen Age, Paris.
- , 1990. Raimundi Lulli Opera Latina. Supplementi Lulliani, Tomus I: Breviculum seu electorium parvum Thomae Migerii (Le Myésier) (hg. von Ch. Lohr, Th. Pindl-Büchel, W. Büchel), Brepols, Freiburg.
- , 1993. Le Livre du Gentil et des Trois Sages, Les éditions du Cerf, Paris.
Luu, Jane X and David X. Jewitt, 1996. Der Kuiper-Gürtel, in: Spektrum der Wissenschaft, Juli 1996: 56-62.
Maor, Eli, 1987. To infinity and beyond. A cultural history of the infinite, Birkhäuser, Boston.
Mandelbrot, Benoît B., 1991. Die fraktale Geometrie der Natur, Birkhäuser, Basel (Sonderausgabe).
Mangano, Vicenzo, 1907. Scoto Erigena e Giordano Bruno, Palermo.
Marostica Ana H., 1994. Tychistische Logik, in: Helmut Pape (Hg.); Kreativität und Logik. Charles S. Peirce und das philosophische Problem des Neuen, Suhrkamp, Frankfurt: 126-143.
Massing, Jean Michel, 1993. From Manuscript to Engravings. Late Medieval Mnemonic Bibles, in: Bers und Neuber, 1993: 101-115.
McMullin, Eran, 1987. Bruno and Copernicus, in: ISIS, 78: 55-74.
Mercati, A., 1942. Il sommario del processo di Giordano Bruno, con appendice di documenti sull'eresia e sull'Inquisizione a Modena nel secolo XVI, Città del Vaticano, Roma (Reprint, Akademische Druck- und Verlagsanstalt, Graz, 1992).
Meyer-Abich, Adolf, 1967. Alexander von Humboldt in Selbstzeugnissen und Bilddokumenten, Rowohlt, Reinbek.
Michaud, 1970. Biographie Universelle. Ancienne et Moderne, Nouvelle Edition, Bd. 41, Akademische Verlagsanstalt, Graz.
Michel, Paul-Henri, 1964. Les notions de contenu et de discontinu dans les systèmes physiques de Bruno et de Galilée, in: Mélanges Alexandre Koyré, Bd. 2, L'Aventure de l'Esprit: 345-359.
- , 1962. La cosmologie de Giordano Bruno, Hermann, Paris (engl. Übersetzung, Methuen, London, 1973).
Miele, Michele, 1963. La riforma Domenicana a Napoli nel periodo post-Tridentino (1583-1725), Diss. Historicae Sabina, Rom: Fasc. XVI.

Bibliographie

- , 1992. L'organizzazione degli studi dei dominicani di Napoli al tempo di Giordano Bruno, in: Canone, 1992a: 29-48.
Mirti, Grazia, 1991. Il messagio ermetico di Giordano Bruno nei suoi risvolti teosofici ed astrologici, in: Linguaggio Astrale, XXI (83): 66-85.
Mönch, Walter, 1936. Die italienische Platonrenaissance und ihre Bedeutung für Frankreichs Literatur- und Geistesgeschichte (1450-1550), Ebering, Berlin.
Molland, A. George, 1987. Colonizing the world for mathematics: the diversity of medieval strategies, in: Essays in honor of Marshall Clagett, Cambridge U.P., London: 45-66. (Nachdruck der Ausgabe von 1854 ff, Paris.)
Mottron, Laurent, 1987. Morphogenese und Bedeutungsstruktur, in: Wildgen, 1987: 233-423.
Mulsow, M., 1991. Prolegomena zu einem Sachkommentar für De Monade, in: Bruno, 1991a: 181-269.
Munca, Giosue, 1996. Nolano e la Regina. Giordano Bruno nell' Inghilterra di Elisabeth, Dedalo.
Namer, Emile, 1967. La philosophie italienne, Seghers, Paris.
Nebelsick, Harold P., 1985. Circles of God. Theology and Science from the Greeks to Copernicus, Scottish Academic Press, Edinburgh.
Neher, André, 1974. L'école du maharal de Prague. David Gans (1541-1613), Klincksieck, Paris.
Neumann, John von, 1987. Papers of John von Neumann on computing and computer theory (hg. von William Aspray and Arthur Burks), Charles Babbage Institute. Reprint Series, Bd. 12, MIT-Press and Tomash Publishers, Cambridge.
Neuser, Wolfgang, 1994. Infinitas infinitatis et finitas infinitatis. Zur Logik der Argumentation im Werke Giordano Brunos (1548-1600), in: Gudrun Wolfschmidt (Hg.) Nicolaus Copernicus. Revolutionär wider Willen, Verlag für Geschichte der Naturwissenschaften und der Technik, Stuttgart: 157-166.
- , 1996a. Bruno, Junguis und Leibniz. Vorstellungen von Raum und Atom im 16./17. Jahrhundert. Vortrag beim Kongreß der Allgemeinen Gesellschaft für Philosophie, 24.9.1996, Vorabdruck, Universität Kaiserslautern.
- , 1996b. Productive Memory and Thought in Giordano Bruno's Mnemotechnics, erscheint in: Memory and History, Haifa, Vorabdruck, Universität Kaiserslautern.
Nowicki, Andrzej, 1965. Il pluralismo metodologico e i modelli lulliani di Giordano Bruno, Polnische Akademie der Wissenschaften, Warschau.
Ordine, Nuccio, 1993. Le mystère de l'âne. Essai sur Giordano Bruno (préface d'Eugenio Garin), Les Belles Lettres, Paris.
Otto, Stephan, 1991. Figur, Imagination und Intention. Zu Brunos Begründung seiner *konkreten* Geometrie, in: Heipke, Neuser, Wicke, 1991: 37-50.
Panofsky, E. und F. Saxl, 1923. Dürer's Melencholia I, in: Studien der Bibliothek Warburg, 2.
Pape, Helmut (Hg.), 1994. Kreativität und Logik, Suhrkamp, Frankfurt (Reihe: Wissenschaft, 1110).
Paracelsus, 1993. Il medico, l'arte, la scienza, la virtu. Materiali per una ricerca bibliografica su Paralso nella Bibliotèca Casanatense, Edizioni Paracelso, Roma (Rom, Bib. Casanatense: CONS.3.346).
Parmelee, Lisa Ferraro, 1996. Good Newes from Fraunce. French Anti-League Propaganda in Late Elisabethan England, University of Rochester Press, Rochester (N.Y.).

Peirce, Charles Sanders, 1935-1938. Collected Papers of Charles Sanders Peirce (hg. von C. Hartshorne, P. Weiss und A. Burks), Harvard University Press, Cambridge (3. Auflage, 1987, The Belknap Press, Cambridge (Mass.). Wir zitieren nach den Nr. im Text, da dies so üblich geworden ist).
- , 1984-1992. Writings of Charles Sanders Peirce. A Chronological Edition, Bd. 5 (1884-1886), Indiana University Press, Bloomington.
- , 1991. Naturordnung und Zeichenprozeß, Suhrkamp, Frankfurt (Reihe: Wissenschaft 912).
Pereira, Michela, 1973. Sulle opere scientifiche di Raimondo Lullo. I. La Nova Astronomia, in: Physis, 15: 40-48.
Peitgen, Heinz-Otto, Hartmut Jürgens und Dietmar Saupe, 1992. Bausteine des Chaos. Fraktale, Springer/Klett-Cotta, Berlin/Stuttgart.
Pellizari, Achille, 1924. Il quadrivio nel rinascimento, Soc. Perella, Genua.
Pepe, Luigi, 1993. Copernico e la questione copernicana, Corbo, Rom.
Piaget, Jean, 1970. L'épistémologie génétique, Presses universitaires de France, Paris (Que sais-je, Nr. 1399).
Pinelli, Antonio, 1981. La maniera: definitione di campo e modelli di lettura, in: Storia dell'arte italiana, II, 2: „Cinquecento e Seicento", Einaudi, Torino: 87-181.
Poncelin, M., 1781. Histoire de Paris et description de ses plus beaux monuments, Bd. 3 (Collège de Cambrai: 274 ff.), Paris.
Pontieri, Ernesto, 1958. L'agitazione napoletana del 1564 contro il Tribunale dell'Inquisitione e la missione del teatino Paolo Burali d'Arezzo presso Filippo II, in: Atti della Academia Pontaniana, Nuova Serie, Bd. VI, Giannini, Neapel: 305-335.
Powell, Corey S., 1993. Kosmos im Aufruhr, in: Spektrum der Wissenschaft, 7 (Juli): 66-75.
Prag um 1600. 1988. Kunst und Kultur am Hofe Rudolf II., Luca Verlag, Freren.
Prosperi, Adriano, 1992. Teleologi i pittura: la questione delle imagine nel Cinquecento italiano, in: La Pittura in Italia: Il Cinquecento, Electra, Rom: 581-592.
Pumfrey, Stephen, 1991. The history of science and the Renaissance science of history, in: Pumfrey, Rossi und Slawinski, 1991: 48-70.
Pumfrey, Stephen, Paolo L. Rossi und Maurice Slawinski (Hg.), 1991. Science, culture and popular belief in Renaissance Europe, Manchester University Press, Manchester.
Quetif, Jacobus und Echard, Jacobus (Hg.), 1721. Scriptores ordinis praedicatorum recensiti notisque historicis et criticis illustrati, Bd. 1 und Bd. 2, Ballard, Lutetia Parisiorum.
Ranke, Leopold von, 1930. Die römischen Päpste in den letzten vier Jahrhunderten, Phaidon, Wien (2. Auflage).
Renou, Xavier, 1978. L'infini aux limites du calcul (Anaximandre-Platon-Galilée), Maspero, Paris
Ricci, Saverio, 1997. La fortuna di Giordano Bruno in Francia al tempo di Descartes, in: Giornale critico della ilosofia italiana, anno LXXV, vol. XVI: 20-51.
Ripellino, Angelo Maria, 1973. Praga Magica, Einaudi, Turin (in Englisch: Magic Prague, MacMillan, London 1994).
Rocchi, Jean, 1989. L'errance et l'hérésie ou le destin de Giordano Bruno, Editions François Bouron, Paris.
Ronan, Colin A., 1992. Leonard and Thomas Digges, in: Endeavour, New Series, 16 (2): 91-94.

Rosen, Edward, 1971. Three Copernican Treatises. The *Commentariolus* of Copernicus, and the *Narratio prima* of Rheticus (the letter against Werner), Octagon Books, New York.
Rossi, Paolo, 1960. Clavis universalis arti mnemoniche e logica combinatoria da Lullo a Leibniz, Kap. IV: La logica fantastica di Giordano Bruno, Mailand.
- , 1970. Philosophy, technology, and the arts in the early modern era, Harper Torchbooks, New York.
- , Mnemonical loci and natural loci, in: Marcella Pera und William R. Shea (Hg.) Persuading science. The art of scientific rhetoric, Science History Publications, USA.
Rossmann, Fritz (Hg.), 1948. Nicolaus CÅÅopernicus. Erster Entwurf seines Weltsystems, München.
Rumelhart, David E. und James McClelland (Hg.), 1986. Parallel distributed processing, Bd. 1 und 2, Bradford (MIT-Press), Cambridge (Mass.).
Rumelhart, David E. und Norman, D.A., 1983. Representation in memory, in: R.D. Atkinson u.a. (Hg.) Handbook of Experimental Psychology, Wiley, New York.
Saari, Lars, 1984. Lettura della decorazione pittorica del bagno di Clemente VII, in: Contardi, 1984: 73-95.
Sabbatino, Pasquale, 1993. Giordano Bruno e la „mutazione" del rinascimento, Olschki, Florenz.
Schank, Roger C., 1982. Dynamic memory: a theory of reminding and learning in computers and people, Cambridge U.P., Cambridge.
Schmidt, H.-V., 1968. Zum Problem des Heros bei Giordano Bruno, Bouvier, Bonn.
Schrödter, Hermann (Hg.), 1991. Die Neomythische Kehre. Aktuelle Zugänge zum Mythischen in Wissenschaft und Kunst, Königshausen & Neumann, Würzburg.
Schücking, Engelbert L., 1993. Probleme der modernen Kosmologie, in: Gerhard Börner, Jürgen Ehlers und Heinrich Meur (Hg.) Vom Urknall zum komplexen Universum, Piper, München: 9-32.
Segondo, Alain Philippe, 1993. Tycho Brahe et l'alchimie, in: Margolin, J.C. und S. Motton (Hg.), Alchimie et philosophie à la Renaissance, Vrin, Paris.
Seidel Menchi, Silvana, 1993. Erasmus als Ketzer. Reformation und Inquisition im Italien des 16. Jahrhunderts, E.J. Brill, Leiden.
Seidengard, Jean, 1989. Bruno (Giordano) 1548-1600, in: Encyclopaedia Universalis, Bd. 4, Paris: 602-604.
Senofonte, Ciro, 1994. Arnauld et Malbranche, in: Revue Internationale de Philosophie, 4.
Sidney, Sir Philip, 1989. [Auswahl seiner Schriften](hg. Von Katherine Duncan-Jones), Oxford University Press, Oxford.
Sheldrake, Rupert, 1990. Das Gedächtnis der Natur. Das Geheimnis der Enstehung der Formen in der Natur, Wiss. Buchgesellschaft, Darmstadt.
Singer, Dorothea Waley, 1968. Giordano Bruno. His life and thought. With annotated translation of his work: On the Infinite, Universe and Worlds, Greenwood Press, New York.
Simondon, Michèle, 1982. La mémoire de l'oubli dans la pensée grecque jusqu'à la fin du Ve siècle avant J.C. (psychologie archaïque, mythes et doctrines), Les Belles Lettres, Paris.
Slodowy, Peter, 1988. Platonic solids, Kleinian singularities, elementary catastrophes, and Lie groups, in: Jean Petitot (Hg.), Logos et théorie des catastrophes, Patino, Genf: 73-98.

Sondheimer, Ernst und Alan Rogerson, 1981. Numbers and infinity. A historical account of mathematical concepts, Cambridge University Press, Cambridge.
Spergel, David N. und Neil G. Turok, 1992. Texturen - Ursache der kosmischen Grobstruktur?, in: Spektrum der Wissenschaft, 5 (Mai): 72-81.
Spinosa, Nicola, 1981. Spazio infinito e decorazione barocca, in: Storia dell'arte italiana, II, 2: Cinquecento e Seicento, Einaudi, Turin.
Spruit, Leen, 1988. Il problema della conoscenza in Giordano Bruno, Bibliopolis, Neapel.
Stampanato, V. 1921. Vita di Giordano Bruno con documenti editi e inediti, Messina (Neudruck mit Nachwort von N. Ordine, Rom, 1988).
Storia del Mezzogiorno, 1986. Bd. IV (1): Il regno dagli Angioni ai Borboni, Rom.
Storia di Napoli, 1972. Bd. 5(1) und 5 (2), Società éditrice Storia di Napoli, Neapel.
Sturlese, Maria Rita Pagnoni, 1985. Su Bruno e Tycho Brahe, in: Rinascimento, 25: 309-333.
- , 1987a. Bibliograpfia, censimento et storia delle antiche stampe di Giordano Bruno, Olschki, Florenz.
- , 1987b. Un nuovo autografo del Bruno. Con una postilla sul „De umbris rationis" di A. Dickson, in: Rinascimento, 27: 387-391.
- , 1990. Il „De imaginum, signorum et idearum compositione" di Giordano Bruno ed il significato filosofico dell'arte delle memoria, in: Giornale Critico della Filosofia Italiana, 69: 182-203.
- , 1991a. Giordano Brunos Schrift De imaginum, signorum et idearum compositione und die philosophische Lehre der Gedächtniskunst, in: Heipke u.a., 1991: 51-73.
- , 1991b. Introduzione, in: Bruno, 1991b: VII-LXXVII.
- , 1992. Per un interpretazione de De umbris idearum di Giordano Bruno, in: Ann. Sci. Norm. Sup., Pisa, Coll. Lett. Fil., 22: 943-968.
- , 1994. Die Gedächtniskunst zwischen Bruno und Leibniz. Die mnemotechnischen Schriften des Adam Brux, Arzt und Paracelsianer, in: Sudhoffs Archiv, 77 (2): 192-219.
Swerdlow, N.M. und O. Neugebauer, 1984. Mathematical Astronomy in Copernicus's De Revolutionibus (Studies in the History of Mathematics and Physical Sciences 10), Part 1 and 2, Springer, Berlin.
Taschenatlas der Sternbilder, 1968. Text von Josef Klepestra, illustriert von Antonin Rükl, Dausien, Hanau.
Thom René, 1974. La linguistique, discipline morphologique exemplaire, in: Critique. Revue générale des publ. françaises et étrangères, 30, 1: 235-245.
- , 1979. Towards a revival of natural philosophy, in: Güttinger, W. & H. Eikemeier (Hg.). Structural Stability in Physics, Springer, Berlin: 5-11.
- , 1988. Esquisse d'une sémiophysique. Physique aristotéliciene et théorie des catastrophes, Interéditions, Paris.
- , 1990. Apologie du Logos, Hachette, Paris.
Thorem, Victor E., 1990. The lord of Uraniborg, Cambridge U.P., Cambridge.
Tocco, F., 1889. Le opere latine di Giordano Bruno (esposte et confrontate con le italiane), Le Monnier, Florenz.
Trunz, Erich, 1988. Späthumanismus und Manierismus im Kreise Kaiser Rudolf II., in: Prag um 1600: 57-60.
Pontus de Tyard, 1980. Solitaire Second (hg. von Cathy M. Yandell), Librairie Droz, Genf.

Ulbrich, Hans Joachim und Michael Wolfram, 1994. Giordano Bruno. Dominikaner, Ketzer, Gelehrter, Königshausen & Neumann, Würzburg.

Vallemont, Abbé de, 1707. La sphère du monde. Selon l'hypothèse de Copernic, Prosper Marchand, Paris (Museo de Storia delle Scienze, Florenz: Antico 26).

Védrine, Hélène, 1967. Les conceptions de la nature chez Giordano Bruno, Vrin, Paris.

- , 1976. L'obstacle réaliste en mathématiques chez deux philosophes du XVIe siècle: Bruno et Patrizi, in: XVIe Colloque de Tours. Platon et Aristote à la Renaissance, Vrin, Paris.

Vivaldo, Lorenzo, 1994. Storia di Noli, Sabatella, Savona.

Vocelka, Karl, 1981. Die politische Propaganda Kaiser Rudolf II. (1576-1612), Verlag der Österreichischen Akademie der Wissenschaften, Wien.

Volkmann, Rolf, 1980. Die geschichtliche Entwicklung der Universität Helmstedt - Ein Überblick -, Sonderdruck. Ehemalige Universitätsbibliothek, Helmstedt.

Wattenberg, Dietrich, 1966. Astronomische Denkwürdigkeiten in Prag. Kulturhistorische Betrachtungen (Vorträge und Schriften der Archenhold-Sternwarte, Berlin-Treptow, 26), Berlin-Treptow.

Weng, Gerhard und Dieter Launert, 1994. Nicolaus Reymers. Ein berühmter Mathematiker und Naturwissenschaftler aus Dithmarschen und seine *Metamorphosis Logicae* , Meldorfer Gelehrtenschule, Meldorf (enthält eine Kopie des Textes von Reymers und dessen Übersetzung).

Westman, Robert S. (Hg.), 1975a. The Copernican achievement. University of California Press, Berkeley.

- , 1975b. Three responses to the Copernican Theory: Johannes Praetorius, Tycho Brahe and Michael Maestlin, in: Westman, 1975a: 285-345.

Wildgen, W., 1973. F. M. van Helmont (1614-1699), His Contribution to Phonetics, in: Language Sciences, 24: 7-10.

- , 1981. Archetypical dynamics in word semantics: An application of catastrophe theory, in: Hans-Jürgen Eikmeyer und Hannes Rieser (Hg.), Words, Worlds, and Contexts. New approaches to word semantics, de Gruyter, Berlin: 234-295.

- , 1982. Catastrophe Theoretical Semantics. An Elaboration and Application of René Thom's Theory, Benjamins, Amsterdam.

- , 1983. Goethe als Wegbereiter einer universalen Morphologie (mit besonderer Berücksichtigung der Sprachform), in: Universität Bayreuth: Kolloquium „Goethes Bedeutung für das Verständnis der Naturwissenschaften heute", Universitätsverlag, Bayreuth: 235-277.

- , 1985a. Archetypensemantik. Grundlagen für eine dynamische Semantik auf der Basis der Katastrophentheorie, Narr, Tübingen.

- , 1985b. Dynamische Sprach- und Weltauffassungen von der Antike bis heute. Schriftenreihe des Zentrums, Philosophische Grundlagen der Wissenschaften, Bd. 3, Universitätsbuchhandlung, Bremen.

- , 1987 (mit Laurent Mottron). Dynamische Sprachtheorie, Brockmeyer, Bochum.

- , 1993. Anschauung, Phantasie und mentale Repräsentation (von Giordano Bruno bis zur kognitiven Semantik), in: H.J. Sandkühler (Hg.), Repräsentation und Modell, Formen der Welterkenntnis, Schriftenreihe des Zentrums Philosophische Grundlagen der Wissenschaft, Bremen, Universitätsverlag, Bd. 14: 61-88.

- , 1994a. Embleme der Leidenschaft oder Leidenschaft der Embleme, in: B. Rosenbaum, H. Sonne et A. M. Ninesen (Hg.), PIANO. Hommage à Per Aage Brandt. Center for Semiotisk Forskning, Aarhus University Press, Aarhus: 338-351.

- , 1994b. Process, Image, and Meaning. A Realistic Model of the Meanings of Sentences and Narrative Texts, Benjamins, Amsterdam.
- , 1994c. Les métamorphoses de l'abbaye de Maulbronn dans les textes de Hermann Hesse (essai de sémantique réaliste), Vortrag beim Kolloquium: L'Objet, in Urbino, Juli 1994 (Ms.).
- , 1996a. Le discours philosophique entre satire et comédie (chez Giordano Bruno), Vortrag beim Kolloquium: Semiotica del discurso filosofico, Urbino, 11.-13. Juli 1996 (Ms.)
.- , 1996b. Giordano Bruno comme philosophe européen: un essai de morphodynamique dans l'histoire des idées, in: Roger Chartier und Pietro Corsi (Hg.) Sciences et langues en Europe, Commission Européenne, Paris: 169-185.
- , 1996c. Le mythe germanique dans le „Mein Kampf" de Hitler et le „Mythus des 20. Jahrhunderts de Rosenberg", Vortrag gehalten beim Int. Symposium: Los relatos de los origines", Bilbao, Dezember 1996 (Ms.).
- , 1997. Deutsch als Wissenschaftssprache der Astronomie zwischen Copernicus und dem Ende des 16. Jahrhunderts (1541-1600), in: Gisela Brandt (Hg.) Historische Soziolinguistik des Deutschen, III, Akademischer Verlag, Stuttgart: 111-122.
- , 1998a, De la grammaire au discours. Une approche morphodynamique, Peter Lang, Bern.
- , 1998b. Kosmologische Metaphern vor und nach Giordano Bruno. Ein Essay zur semiotischen Konstitution von Erkenntnis, erscheint voraussichtlich in: Bruno & Campanella (Ms.).
Wind, Edgar, 1967. Pagan Mysteries in the Renaissance, Penguin Books, London (deutsch: 1984, Suhrkamp, Frankfurt).
Yates, Frances A., 1934. John Florio. The Life of an Italian in Shakespeare's England, Cambridge U.P., Cambridge.
- , 1947 (1968). The French Academies of the Sixteenth Century, The Warburg Institute, London (Kraus Reprint, Nendeln, 1968).
- , 1964. Giordano Bruno and the Hermetic Tradition, London.
- , 1966. The Art of Memory, U.P. Chicago, Chicago (deutsch, Gedächtnis und Erinnern. Mnemonik von Aristoteles bis Shakespeare, 3. Auflage, Akademie Verlag, Berlin, 1994).
- , 1975. Aufklärung im Zeichen des Rosenkreuzes, Klett, Stuttgart (engl. Original, Routledge & Kegan, London, 1972).
- , 1975. Astrea. The Imperial Theme in the Sixteenth Century, Routledge & Kegan, London and Boston.
- , 1983-1984. Collected Essays. Vol. I: Lull & Bruno; Vol. II: Renaissance and Reform: The Italian Contribution (1983); Vol. III: Ideas and Ideals in the North European Renaissance (1984), Routledge & Kegan, London.
- , 1989. Giordano Bruno und die englische Renaissance, Klaus Wagenbach, Berlin.
- , 1991. Die okkulte Philosophie im Elisabethanischen Zeitalter, Weber, Amsterdam.
Zekl, Hans Günter, 1990. Einleitung zu Copernicus, 1990. Das neue Weltbild, Meiner, Hamburg: XIII-LXXXIV.
Zetterberg, Peter I., 1979. Hermetic Geocentricity: John Dee's Celestial Egg, in: Osiris, 79: 385-393.
Zimmermann, Paul und Franz Häberlein, 1927. Die Gründung der Universität Helmstedt und der weitere Verlauf der Geschichte, Schmidt, Helmstedt.

Index der Personen- und Ortsnamen

A

Agrippa von Nettesheim 77; 81f; 84f; 95; 135; 142; 156; 159; 190; 193; 244; 247; 251; 254
Alberigo Gentile 35; 40
Albertus Magnus 82; 134
Alciatus, A 188
Alpetrage 108
Alstedius, J. H. 79; 82; 220; 247
Amsterdam 84; 250f; 258; 260; 267; 268
Anaximander 111; 264
Andria (Apulien) 18
Anjou 14; 15
Archimedes 87; 88; 97; 108
Arcimboldo, G. 183; 184
Arens, H. 143; 254
Aristarch von Samos 108; 130
Aristoteles 10; 35; 41; 45f; 48; 56; 59; 75; 102; 109; 132; 134; 137; 146; 157; 224; 226; 241; 247; 255; 268
ash-Shatir, Ibn 120
Athen 130
Atlantis 5; 33; 203; 254
Augsburg 115; 116
Austin, J. L. 224
Averroes 75

B

Babylon 206
Bacon, F. 10; 33; 118; 198; 201; 202; 203; 220; 254; 259
Batelori, M. 83; 254
Bayle, P. 204
Bellarmin 53; 83; 204; 205; 244
Belleza, F. S. 234; 255
Benedetti, G. B. 105
Bergamo 22; 25
Bergmann, T. O. 216
Bérigard, C. 204
Berni, F. 150
Bernini 49
Besler, H. 36; 38; 45
Bibliander 143
Blagrave, J. 111
Blois 28; 34; 106; 117
Bombelli, R. 89
Bossy, J. 29; 30; 31; 32; 33; 255
Botton, H. C. 255
Bovillus, C. 6; 87; 89; 90; 92-96; 98; 100; 156; 167; 247f; 255; 260
Brahe, T. 6; 37f; 42-44; 88; 103; 115; 116-118; 124; 126; 157; 220; 248; 265-267
Braunschweig 35; 44
Bruno, G. 1; 5-11; 13-56; 60; 70-72; 75f; 79;82-90; 93-102; 104-109; 111-114; 116-119; 120-152; 170-171; 173-185; 187; 189; 190; 194-199; 201-207; 209-215; 217-227; 229-248; 254-268
Burks, A. W. 237; 256; 263; 264

C

Calvin, J. 245
Cambridge 33; 34; 107; 244; 256; 260; 263-266; 268
Camillo, G. 257; 260
Cannavale, E. 17; 257
Canone, E. 13; 17f; 36-39; 45; 157; 248f; 257; 263
Capella, M. 109f

Index der Personen und Ortsnamen

Capua 104
Caramella, S. 22; 257
Caravaggio (Merisi, M.) 7; 194; 195
Carnap, R. 218
Casaubon, I. 208
Cassirer, E. 201; 212; 213; 257
Cernigliaro, A. 15; 257
Cesalpinus, A. 105
Chamberlain, H. St. 210; 259
Christina von Schweden 51
Chytraeus, D. 45
Cicero, M. T. 6; 45; 130-132; 134; 257
Ciliberto, M. 13; 256; 257
Collège de Cambrai 27f; 39; 127; 264
Collège Royal 26; 27; 28
Copernicus, N. 6; 10; 41; 44f; 55; 83; 87; 97; 102-105; 107-116; 118; 119; 120-126; 137; 157; 203; 207; 210; 220; 227; 241; 243; 245; 249; 257f; 260-63; 265; 268
Cosenza 104
Croce, B. 14; 258
Curry, H. B. 66; 258
Cusanus 6; 56; 87- 90; 156f; 255

D

Dalgarno, J. 198
Darwin, Ch. 56; 209; 210; 225; 226
Davies, P. 240; 255; 258
de Saussure, F. 179; 227
Dee, J. 33; 37; 42; 111; 117; 194; 208; 249; 257; 258; 261; 268
Degenstein, H. H. H. von 39
Della Porta, G. 6; 76-79; 183-184; 244; 252
Demokrit 111; 150
Descartes, R. 10; 11; 44; 46; 51; 59; 84; 90; 128; 130; 198; 201; 203; 217f
Dicson, A. 34; 202; 249
Digges, L. 112; 122; 249

Digges, Th. 111; 112; 113; 122; 249; 261
Doria A. 23
Dornseiff, F. 139; 258
Dreyfus, H. L. 225; 258
Duhem, P. 105; 111; 114f; 258
Dürer, A. 7; 100; 168; 190f; 193; 250; 263

E

Eco, U. 189; 197f; 258
Einstein, A. 240f; 259
Eisele, C. 220; 259
Epikur 111
Erasmus von Rotterdam 19; 33; 56; 83; 110; 115; 134; 184; 259; 265
Euklid 87f; 97; 101
Euler, L. 220
Evans, R. J. W. 42; 259

F

Faber Stapulensis 156
Faber, J. 82
Fattori, M. 259
Ferrara 23
Ferrari 89
Ficino, M. 28; 105; 111; 198; 206; 208f; 212; 215; 250
Field, G. C. 210; 259
Firpo, G. 13; 18; 19; 22; 25; 35; 47; 50; 259
Fleckenstein, J. O 10; 84f; 259
Florenz 19; 209; 248-251; 255-256; 261; 265-267
Fludd, R. 203
Forgacz, M. 36
Fracostoro, H. 250
Frankfurt 35; 38f; 41; 43; 79; 95; 105; 136; 147; 158f; 168; 183; 207; 218; 220; 251; 254-256; 258; 260-264; 268

Frege, G. 224
Frey, U. 236; 259
Frick, K. R. H. 203; 259
Friedensburg, W. 36; 259

G

Galilei, G. 88; 114; 204; 258f; 261
Gassa, A. 114
Gassendi, P. 124; 203
Gemma Frisius 114
Genf 19; 22; 24; 25; 27f; 40; 244
Genua 5; 22; 23; 251; 253; 264
Gerona 61
Gessner, C. 143
Giani, F. 51
Giese, T. 114
Gilbert. W. 38; 216; 258; 260
Goethe, J. W. von 8; 52; 201; 205; 210; 215; 216; 217; 218; 219; 224; 260; 267
Greville, F. 30
Grimm, J. 209; 260
Guillé de Sanclemente 42
Guintini, F. 105
Guise, H. de 28; 117

H

Hadrian 49
Hainzel, J. H. 39
Harriot, Th. 111
Hegel, G. W. F. 9; 205; 259
Heinrich III. 27
Helmont, F. M. van 198; 267
Helmstedt 5; 38f; 41; 44-46; 158; 159; 207; 214; 246; 260
Hemann, C. A. 204
Herder, J. G. 228
Hermes Trismegistos 207; 208
Hesse, H. 55; 268
Hillis, D. W. 236; 260
Hjelmslev, L. 132; 260

Hofmann, W. 38; 196; 260
Horrevad 115
Humboldt, A. von 217; 262

I

Ifrah, G. 89; 261

J

Jacobi, F. H. 9; 204; 260
Jamblichus 215
Jehuda Rokeach, E. ben 61
Jewitt, D. X. 167; 262
Johnson, F. R. 113; 250; 261
Johnston, M. D. 57; 261
Jordanus Saxo 156
Jungius, J. 99

K

Kepler, J. 11; 37; 41; 44; 87-89; 94; 97; 107; 114; 116-118; 124; 142; 167; 214; 216; 220; 232f; 242; 260f
Kircher, A. 83; 199; 204; 250
Klein, F. 43; 233
Krakau 113
Kuhlenbeck, L. 210; 255

L

Lacinius, I. 82; 250
Lacroze, M. 204
Lagarde, P. de 205
Lamarck, J. B. 225
Lambert, H. 220
Lattis, J. M. 89; 261
Lavinheta, B. von 79; 80; 84; 136; 250
Layzer, D. 126; 227; 239; 243
Le Flem, J. P. 118; 262
Le Myésier, Th. 6; 66; 75; 86; 262
Leibniz, G. W. 6; 10; 55; 63; 66; 71; 84f; 100f; 220; 258f; 263; 265f

Leipzig 114f;
Leonardo Da Vinci 79; 246
Leuven 83
Levergeois, B. 13; 135; 205f; 256; 262
Locke, J. 198
London 5; 7; 28-34; 39; 79; 104-106;
    135f; 142; 147; 149; 151f; 155-159;
    202; 206f; 245;
Lorenz, K. 228
Loria, G. 262
Lullus, R. 5-7; 11; 41f; 55-65; 67-76;
    79-88; 95; 101; 125; 129; 132; 136-
    141; 144; 147; 156; 159; 169; 192f;
    198; 213; 220; 229-231; 234; 236;
    247f; 251; 259; 262
Luther, M. 21; 36; 39f; 53; 104; 113;
    194; 245
Luu, J. X. 167; 262
Lyon 25; 79

M

Magdeburg 38; 45
Mailand 25; 183
Mainz 35
Mallorca 55; 251
Mandelbrot, B. B. 242; 262
Marburg 35; 36; 39; 249
Maria Stuart 27; 29
Maria Tudor 14
Marostica, A. H. 226; 262
Meier, J. 36
Mersenne, M. 203; 204
Mesmer, F. 216
Methodor 111
Michelangelo Buanarotti 50; 246
Miechowita, M. 104
Mirandola, P. della 212f
Moncenigo, G. 28; 47; 168; 230; 244; 246
Mordente, F. 37; 95; 117; 252
Morus, J. 33; 136
Moses 129; 207

Mottron, L. 229; 263; 267
Mulsow, M. 96; 100f; 168; 256; 263
Mussolini 20; 53; 205

N

Nachmani 61
Napoleon 17
Neapel 5; 13-15; 17-19; 23f; 48f; 76;
    78; 83; 90; 104; 118; 132; 134; 183;
    197; 206; 220; 244; 247-251; 253f;
    256f; 260f; 264; 266
Nero 195
Neugebauer, O. 120; 121f; 266
Neumann, J. von 139; 256; 263
Neurath, O. 218; 260
Neuser, W. 99; 113; 260; 263
Newton, I. 8; 10; 44; 97; 118; 201;
    214; 215; 218; 232; 240
Nola 5; 13; 14; 16; 24; 259
Noli 5; 22; 23; 24; 41; 259; 267
Nürnberg 19; 113; 114; 253

O

Ochino, B. 19
Ockham, W. von 56
Orvieto 196
Ossiander, A. 111; 114
Otto, St. 218; 260; 263; 264

P

Pacius, J. 82
Padua 45; 47; 90; 158; 248; 252
Paepp, G. 81; 252
Pagot 29
Palazzo del Sant'Uffizio 48; 49
Panofsky, E. 191; 263
Pantheon 20; 26; 52
Paracelsus (Bombast, Ph. Th.) 156;
    157; 203; 207; 220; 252; 263

Index der Personen und Ortsnamen 273

Paris 5; 7; 22; 24; 26; 28; 34f; 37; 39;
 42; 56; 71; 75; 79; 82; 90; 104f; 111;
 135f; 142; 147; 149; 157; 169; 206;
 244-248; 251-256; 258-268
Pascal, B. 85
Pavia 23
Peirce, Ch. S. 8; 11; 59; 219-226;
 258f; 262; 264
Peitgen, H.-O. 231; 264
Petersdom 20; 48
Petreius, J. 114
Petrus von Ravenna 136; 253
Peucer, K. 40; 115
Peuerbach, G. 115
Piaget, J. 228; 264
Pietro de Toledo 15
Pinelli, A. 196; 264
Pinturicchio, B. 196
Planudes, Max. 132
Platon 6; 28; 33; 88f; 92; 111; 124;
 129; 150; 184; 193; 202f; 207; 212;
 240; 258; 264; 267
Plotin 215
Pompeius 52
Pontieri, E. 19; 264
Powell, C. S. 243; 264
Prag 5; 35; 37-39; 41-44; 76; 79; 82;
 95; 115; 117; 127; 136; 147; 156f;
 159; 207; 230; 245
Ptolemäus 97; 103; 110; 112; 115;
 118; 120
Publicius, J. 81
Pythagoras 60; 169

R

Rabelais 151
Raffael Santi 39; 196; 257
Ramus, P. 27; 29; 34; 82; 116; 176;
 202f; 224; 244
Ranke, L. von 19; 21
Recorde, R. 111; 112
Regius, R. 134

Reinhold, E. 110
Reisch, G. 136; 253
Rheticus, G. J. 103; 113f; 119; 253;
 265
Rhodos 130
Rittershausen, K. 50
Romberch, J. 81; 250; 253
Rosen, E. 104; 114; 265
Rosenberg, A. 210; 268
Rostock 115
Rothmann, Chr. 37
Rubens, P. P. 30
Ruffo, T. 17
Rumelhart, D. E. 238; 265
Runge, Ph. O. 196

S

Sacrobosco, J. von 23; 45; 253
Salamanca 118
Salisbury Court 29; 30; 32
Santa Maria Sopra Minerva 5; 20; 48
Savona 5; 22-25; 259; 267
Saxl, F. 191; 261; 263
Schank, R. C. 235; 265
Schelling, F. W. J. 9; 205; 225
Schleicher, A. 226
Schönberg, N. 104; 113; 260
Schoppe, K. 50; 52f
Schott, C. 198
Schreckenfuchs, E. O. 115
Schrödter, H. 205; 265
Scotus, J. 156
Senofonte, C. 204; 265
Shakespeare, W. 202; 268
Sheldrake, R. 228; 265
Sidney, Sir Ph. 34
Siena 196
Simonides 131
Slodowy, P. 233; 265
Sondheimer, E. 61; 266
Sorbonne 26f; 248
Spergel, D. N: 242; 266

Spinoza, N. 204
Stampanato, V. 13; 33; 36; 47; 135; 266
Sturlese, M. R. P. 37; 142; 170; 174; 177; 256; 266
Swerdlow, N. M. 120; 121f; 266

T

Tartaglia, 10; 89
Tasso, T. 23
Telesio, B. 104
Temple 29; 30; 31; 32; 33
Temple Bar 31; 32
Temple, W. 33
Theodor von Gaza 132
Thom, R. 6; 8; 17; 46; 86; 101f; 111f; 129f; 132-135; 143; 204; 210; 217-219; 223; 226-230; 249f; 254; 261; 266f
Thomas von Aquin 6; 17; 46; 101f; 129f; 132-135; 143; 204; 227; 230
Throckmorton, F. 29
Tiber 20; 48; 51
Tintoretto (Robusti, J.) 7; 194; 195
Tocco, F. 164; 170; 171; 174; 266
Toland, J. 204
Tolkien, J.R.R. 212; 214
Toulouse 24; 25; 28; 42; 105
Trient 84
Tübingen 38; 45; 157f; 254f; 260; 267
Turin 25; 259; 264; 266
Tyard, P. de 28; 104; 106; 107; 110f; 252; 261

U

Uranienburg 37; 95; 117

V

Valence 82
Valla 134

Vatikan 49; 53; 113; 196; 205
Védrine, H. 267
Venedig 5; 18; 20; 22-25; 28; 35; 39; 45-48; 76; 122; 136; 158; 168; 194f; 197; 230; 244; 246; 247; 250; 253
Venn, J. 220
Viète, F. 90
Villanova, A. de 82
Vivaldo, L. 24; 267
Vives, J. L. 220
Volterra, F. di 51

W

Wagner, A. 205
Walsingham, F. Sir 29
Warburg Institute 29; 249f; 253; 268
Werner, J. H. 115; 258; 261; 265
Whitehall 29-31; 33; 206
Wicke, E. 260
Wiesbaden 35; 261
Wildgen, W. 1; 9; 55; 128; 132; 144; 151; 198; 218; 223; 227; 233; 263; 267
Wind, E. 179; 268
Wittenberg 5; 35-37; 39-41; 45; 79; 113-115; 136; 147; 156-157; 194; 207; 244; 247f; 251; 259
Wright, E. 111

Y

Yates, F. A. 10; 16; 32; 104; 106; 131; 134; 136; 142f; 184; 191-194; 205-207; 234; 246; 249; 268

Z

Zeileisen, W. 38; 45
Zekl, H. G. 104; 258; 268
Zetterberg, P. I 268
Zimmermann, P. 268
Zürich 39; 158; 250; 257

Index der Sachbegriffe

A

Akademie 15; 105; 106; 129; 156; 158; 206;
Alchimie 74; 83; 183; 206; 265
Algebra 87; 89; 130
Aristotelismus 29; 45; 97
Astronomie 6; 23; 37; 41; 45; 71f; 87; 94; 102; 104f; 107; 109; 113; 115-118; 123; 125-127; 152; 243; 256; 261; 268

B

Barock 7; 10; 84; 197-199
Baum 5; 16; 56-58; 147f; 172f; 180
Bilder 7; 13; 21; 60; 78; 101; 131; 146; 150; 160; 163; 171; 175; 177-180; 183; 187f; 194; 196; 211; 219; 230; 235; 260
Biographie 5; 13; 142; 146; 262
Böhmen 117

C

Chaos 43; 57; 82; 227; 230; 231; 236; 264
Chemie 57; 93; 216; 218; 224; 225
Copernicanismus 6; 28; 83; 87; 90; 102; 105f; 111; 113; 116; 118; 125; 135; 146; 156; 184; 206; 208; 234; 245

D

Dänemark 95; 115

Deutschland 5; 19; 22; 34; 35; 39; 41; 61; 82; 90; 95; 102; 114; 115; 117; 198; 203
Dialektik 18; 45; 224
Dominikaner 17; 25; 81; 130; 132; 134
Dreieck 52; 64-66; 71; 94; 96; 98-100; 140; 141; 153; 164; 165; 178; 186; 193; 232

E

Elemente 57f; 67; 72-74; 82; 86; 109; 125; 146; 180; 185; 192; 197; 208; 211f; 214f; 234; 236; 239; 240; 256
England 14; 22; 27f; 35; 40; 102; 111; 117; 202f; 210; 245; 263; 268
Ethik 7; 10; 86; 106; 132; 152; 154; 184
Europa 14; 47; 69; 83; 244

F

Feld 8; 57; 66; 70; 75; 77f; 80; 82; 115; 147; 155; 163; 166f; 169; 173; 175; 178; 194; 199; 214f; 221; 227-229; 242
Figur 5f; 41; 55f; 61f; 64-68; 70; 72; 79-82; 84f; 93; 95; 98-101; 107; 135; 137; 139; 140f; 147; 149; 165; 168; 170; 181; 187; 192; 210; 216; 256; 263
Fläche 21; 72; 88; 90; 92-94; 98; 100; 122; 128; 161; 167; 221; 222; 223; 233
Flucht 5; 18-20; 24f; 34; 41; 48f; 53; 76; 182; 207; 227
Frankreich 14; 22-24; 102; 104; 198; 244

G

Gedächtnis 1; 6-8; 10f; 72; 74; 76; 82; 101; 129-132; 134f; 137; 140; 150; 155f; 159f; 178-180; 192; 194; 196; 199; 201f; 206; 211-213; 215; 219; 226-229; 234; 236; 238; 240f; 261; 265; 268
Gedächtniskunst 1; 5; 29; 55; 74; 79; 81; 90; 134-136; 138; 145; 152; 214; 230; 231; 244; 255; 260; 266
Gedächtnisort 7; 78; 81; 98; 132; 140; 141; 152; 163f; 166f; 170f; 179; 234f
Gedächtnissystem 7; 71; 75; 135; 142; 197; 211; 214; 221; 224; 229; 236; 242
Gefängnis 19; 21; 25; 48; 51; 98
Geometrie 6; 8; 10; 35; 41; 71; 72; 87; 88; 89; 90; 93; 95; 96; 97; 98; 101; 127; 130; 136; 152; 156; 160; 167; 173; 213; 218; 223; 226; 229; 231; 232; 237; 239; 241; 248; 249; 258; 260; 262; 263
Griechisch 26; 143; 209

H

Häresie 27; 84
Häretiker 9; 53; 81
Hebräisch 26; 143; 209
Hermetiker 10; 20; 37; 117
Hermetismus 206; 208
Humanisten 29; 106

I

Idol 202; 203
Inquisition 15; 19; 21; 22; 23; 28; 40; 48; 49; 76; 82; 168; 255; 257; 258; 262; 265
Institution 25; 26; 39; 48; 51
Intentionen 59; 146; 229

Interpretation 9; 11; 25; 63; 67; 87; 89; 102; 104-106; 109; 113-116; 138; 142; 151; 182-184; 188; 190; 195; 201; 206; 208; 225; 259
Italien 5; 20; 25; 41f; 46f; 49; 102; 104f; 113; 182; 198; 220; 244; 265

J

Jesuiten 42; 83; 199; 204
Juden (jüdisch) 15; 55; 57; 61; 83; 86; 129; 208f

K

Kabbala 61f; 138; 194; 208
Katastrophentheorie 226; 232f; 267
Kategorie 68; 71; 80; 82; 138; 197; 229; 233
Komödie 17; 18; 22; 28; 78; 134; 150f; 206; 244
Komposition 90; 168; 176; 186; 195; 196
Kontinuum 61; 71; 93; 98
Kosmologie 1; 6; 9-11; 16; 37; 72; 87; 90; 92f; 97; 102; 105f; 111; 115; 118; 120; 127f; 135f; 146; 159; 161; 184; 197; 204; 208; 211; 214; 223; 226f; 229; 239-243; 265
Kosmos 43; 97; 225f; 241; 243; 257; 261; 264
Kreis 33; 36; 42; 53; 62f; 71f; 77; 80f; 88; 90f; 93-96; 98-100; 108; 112f; 119; 124; 128; 137; 139f; 142; 146; 158; 161; 164; 166; 168; 194; 221; 232; 266
Kryptokalvinisten 40
Kugel 122; 192
künstlich 86; 131; 157; 213f

L

Latein 26; 78; 143; 151

Index der Sachbegriffe

Linie 10; 22; 28; 45; 52; 90-92; 98; 114; 116; 129; 134; 135; 137; 163; 186; 203; 205; 208; 226; 243
Logik 17; 66; 75; 79; 85; 95; 97; 144; 184; 197; 212; 217; 220; 224; 226; 262f
Lullismus 6; 11; 28; 45; 71; 75; 79; 83f; 87; 118; 125; 135; 156f; 206f; 220; 244

M

Magie 8; 37; 45f; 53; 60; 83; 118; 135; 155; 194; 206-208; 213; 215; 229f; 254; 258
Mars 107-109; 112; 115; 125; 146; 179; 192
Märtyrer 9; 184; 204
Mathematiker 41; 89f; 103; 111; 118; 127; 136; 245
Merkur 105; 107; 108; 110; 112; 115; 119; 121-127; 146; 179
Metamorphose 29; 180; 262
Metaphysik 10; 18; 87; 136; 159; 184; 218; 255; 256; 261
Mnemonik 6; 130; 138; 234; 268
Mnemotechnik 160; 255; 260
Monaden 248; 263
Morphodynamik 186; 217f; 226; 229; 231
Morphologie 8; 59; 217f; 267
Mythos 7; 8; 33; 189f; 205-209; 211-214; 257; 262

N

Naturphilosophie 8-11; 18; 184; 207; 225; 239; 261
Naturwissenschaftler 10f; 267
Nova 6; 43; 72; 88; 115; 216; 261f; 264

O

Okkultismus 33; 194

P

Papst 19; 21; 26; 34; 44; 49; 135; 151; 244; 246
Parkettierung 167; 233; 235; 242
Peripatetiker 37; 41; 157
Physik 79; 104; 118; 126; 157; 159; 184; 218; 240; 256
Platonismus 28; 89; 111; 129; 184; 203; 212
Politiques 27; 34; 40
Polyeder 89; 192f; 232f
Polygon 72; 88-90; 93f; 141; 232f
Prädikat 62f; 138; 140
Prozeß 5; 18f; 22; 25; 46f; 59; 83; 118; 151; 182; 188; 204; 210f; 213; 224; 227f; 244
Psychologie 8; 134; 234f
Punkt 10; 16; 89-91; 98; 103; 122; 125; 142; 168; 187; 195; 227; 241
Pythagoräer 61; 124; 149; 168

Q

Quadrat 71; 72; 80; 88; 91; 93f; 98-100; 137-139; 141; 163f; 166; 168f; 171; 193; 224; 232

R

Raum 13; 43; 77; 92; 98; 112; 122; 124; 127f; 131f; 161; 166; 176; 180; 187; 193; 215; 219; 221; 228; 231; 234f; 237; 239f; 260; 263
Reform 154; 155f; 203; 268
Reformation 36; 40; 245; 254; 265
Rekonstruktion 5; 7; 17; 70; 96f; 115; 140; 142; 159; 172; 177; 187; 201; 211; 234

Religion 14; 21f; 202; 206-208; 213; 245
Renaissance 6; 10; 21; 23; 26; 28; 33; 44; 49; 60; 71; 75; 86; 87; 89; 98; 105f; 111; 129; 131; 151; 160; 184; 198f; 204-208; 211f; 214; 223; 230; 233; 246; 248; 254; 257; 261; 264-268
Rhetorik 18; 28; 41; 45; 79; 82; 129-132; 137; 213; 224; 246
Risorgimento 53; 205; 210
Rosenkreuzer 10

S

Saturn 73; 107; 108; 109; 112; 115; 146; 179; 190; 192; 261
Scheiterhaufen 13; 14; 52; 244
Schweiz 19; 39; 158
Selbstorganisation 238; 260f
Semiophysik 8; 226-230
Semiotik 1; 5; 7-11; 13; 23; 48; 56; 59f; 70; 84; 86; 147; 149; 159; 180; 182; 184-188; 194; 198; 201; 212; 218f; 223; 225f; 241
Sonne 5; 14; 26; 40; 53; 105; 107-110; 112f; 115f; 120; 122-128; 146; 148f; 179; 185; 187; 189; 208; 214; 216; 242; 261; 267
Spanien 14f; 23f; 27; 43; 55; 61; 117f; 245
Sprache 71; 106; 184; 197; 198; 211-213; 218; 225f; 229-231; 241; 243; 258
Sterne 184; 215; 242
Synthese 10; 60; 99; 208; 234

T

Templer 33; 177
Theater 18; 51-53; 203; 244
Theologie 18; 38f; 86; 129; 203-205; 254
Topologie 219; 223
Türken 25
Türme 16; 22

U

Umlaufbahn 120; 125f
Universität 17; 26-28; 35f; 38-41; 45; 82; 118; 135; 259; 260; 263; 267f
Ursprungsmythen 24

V

Vandalen 24
Venedig 5; 18; 20; 22-25; 35; 39; 45-48; 76; 122; 136; 158; 168; 194f; 197; 230; 244; 246f; 250; 253

W

Wortgedächtnis 7; 131; 162; 167; 179

Z

Zeichen 5; 7; 11; 13; 33; 48; 54; 59; 61; 77; 78; 82; 119; 131; 143; 145; 152; 157; 171; 175; 177; 179; 182-187; 192; 197; 210; 215; 268

PHILOSOPHIE UND GESCHICHTE DER WISSENSCHAFTEN

Studien und Quellen

Band 1　Roland Daniels: Mikrokosmos. Entwurf einer physiologischen Anthropologie. Erstveröffentlichung des Manuskripts von 1850/51, hg. vom Karl-Marx-Haus, Trier. 1988.

Band 2　V.A. Lektorskij: Subjekt - Objekt - Erkenntnis. Grundlegung einer Theorie des Wissens. 1985.

Band 3　Martin Hundt: Geschichte des Bundes der Kommunisten 1836 bis 1852. 1993.

Band 4　Lothar Knatz: Utopie und Wissenschaft im frühen deutschen Sozialismus. Theoriebildung und Wissenschaftsbegriff bei Wilhelm Weitling. 1984.

Band 5　Ferdinando Vidoni: Ignorabimus! Emil du Bois-Reymond und die Debatte über die Grenzen wissenschaftlicher Erkenntnis im 19. Jahrhundert. Mit einem Vorwort von Ludovico Geymonat. 1991.

Band 6　Vesa Oittinen: Spinozistische Dialektik. Die Spinoza-Lektüre des französischen Strukturalismus und Poststrukturalismus. 1994.

Band 7　Lars Lambrecht: Intellektuelle Subjektivität und Gesellschaftsgeschichte. Grundzüge eines Forschungsprogramms zur Biographik und Fallstudie zu F. Nietzsche und F. Mehring. 1985.

Band 8　Frank Unger: Politische Ökonomie und Subjekt der Geschichte. Empirie und Humanismus als Voraussetzung materialistischer Geschichtstheorie. 1985.

Band 9　Bernhard Delfgaauw, Hans Heinz Holz, Lolle Nauta (Hrsg.): Philosophische Rede vom Menschen. Studien zur Anthropologie Helmuth Plessners. 1985.

Band 10　Christfried Tögel (Hrsg.): Struktur und Dynamik wissenschaftlicher Theorien. Beiträge zur Wissenschaftsgeschichte und Wissenschaftstheorie aus der bulgarischen Forschung. 1986.

Band 11　Gerhard Pasternack (Hrsg.): Philosophie und Wissenschaften. Das Problem des Apriorismus. 1987.

Band 12　Gerhard Pasternack (Hrsg.): Philosophie und Wissenschaften. Zum Verhältnis von ontologischen, epistemologischen und methodologischen Voraussetzungen der Einzelwissenschaften. 1990.

Band 13　Wilhelm Weitling: Grundzüge einer allgemeinen Denk- und Sprachlehre. Herausgegeben und eingeleitet von Lothar Knatz. 1991.

Band 14　Hans Jörg Sandkühler (Hrsg.): Geschichtlichkeit der Philosophie. Theorie, Methodologie und Methode der Historiographie der Philosophie. 1991.

Band 15　Rolf-Dieter Vogeler: Engagierte Wissenschaftler. Bernal, Huxley und Co.: Über das Projekt der "Social Relations of Science"-Bewegung. 1992.

Band 16　Volkmar Schöneburg (Hrsg.): Philosophie des Rechts und das Recht der Philosophie. Festschrift für Hermann Klenner. 1992.

Band 17　Axel Horstmann: Antike Theoria und moderne Wissenschaft. August Boeckhs Konzeption der Philologie. 1992.

Band 18　Hans Jörg Sandkühler (Hrsg.): Wirklichkeit und Wissen. Realismus, Antirealismus und Wirklichkeits-Konzeptionen in Philosophie und Wissenschaft. 1992.

Band 19　Georg Quaas: Dialektik als philosophische Theorie und Methode des 'Kapital'. Eine methodologische Untersuchung des ökonomischen Werkes von Karl Marx. 1992.

Band 20 Volker Schürmann: Praxis des Abstrahierens. Naturdialektik als relationsontologischer Monismus. 1993.

Band 21 Theodor Celms: Der phänomenologische Idealismus Husserls und andere Schriften 1928 - 1943. Herausgegeben von Juris Rozenvalds. 1993.

Band 22 Hans Jörg Sandkühler (Hrsg.): Konstruktion und Realität. Wissenschaftsphilosophische Studien. 1994.

Band 23 Hans Jörg Sandkühler (Hrsg.): Freiheit, Verantwortung und Folgen in der Wissenschaft. 1994.

Band 24 Hyong-Sik Yun: Semiotische Tätigkeitsphilosophie. Interner Realismus in neuer Begründung. 1994.

Band 25 Hans Jörg Sandkühler (Hrsg.): Theorien, Modelle und Tatsachen. Konzepte der Philosophie und der Wissenschaften. 1994.

Band 26 Detlev Söffler: Auf dem Weg zu Kants Theorie der Zeit. Untersuchung zur Genese des Zeitbegriffs in der Philosophie Immanuel Kants. 1994.

Band 27 Hyondok Choe: Gaston Bachelard. Epistemologie. Bibliographie. 1994.

Band 28 Reinhard Mocek: Johann Christian Reil (1759-1813). Das Problem des Übergangs von der Spätaufklärung zur Romantik in Biologie und Medizin in Deutschland. 1995.

Band 29 Detlev Pätzold: Spinoza - Aufklärung - Idealismus. Die Substanz der Moderne. 1995.

Band 30 Martina Plümacher: Identität in Krisen. Selbstverständigungen und Selbstverständnisse der Philosophie in der Bundesrepublik Deutschland nach 1945. 1995.

Band 31 Hans Jörg Sandkühler (Hrsg.): Interaktionen zwischen Philosophie und empirischen Wissenschaften. Philosophie- und Wissenschaftsgeschichte zwischen Francis Bacon und Ernst Cassirer. 1995.

Band 32 Seungwan Han: Marx in epistemischen Kontexten. Eine Dialektik der Philosophie und der 'positiven Wissenschaften'. 1995.

Band 33 Martina Plümacher / Volker Schürmann (Hrsg.): Einheit des Geistes. Probleme ihrer Grundlegung in der Philosophie Ernst Cassirers. 1996.

Band 34 Dagmar Borchers: Der große Graben – Heidegger und die Analytische Philosophie. 1997.

Band 35 Anneliese Griese / Hans Jörg Sandkühler (Hrsg.): Karl Marx – zwischen Philosophie und Naturwissenschaften. 1997.

Band 36 Hans Jörg Sandkühler (Hrsg.): Philosophie und Wissenschaften. Formen und Prozesse ihrer Interaktion. 1997.

Band 37 Hyondok Choe: Ideologie. Eine Geschichte der Entstehung des gesellschaftskritischen Begriffs. 1997.

Band 38 Wolfgang Wildgen: Das kosmische Gedächtnis. Kosmologie, Semiotik und Gedächtnistheorie im Werke Giordano Brunos (1548-1600). 1998.